21 世纪法学系列教材

经济法

Economic Law

第八版

殷洁 编著

法律出版社
——北 京——
始创于 1954 年

图书在版编目(CIP)数据

经济法 / 殷洁编著. -- 8 版. -- 北京 : 法律出版社, 2024
ISBN 978-7-5197-9093-6

Ⅰ. ①经… Ⅱ. ①殷… Ⅲ. ①经济法-中国 Ⅳ. ①D922.29

中国国家版本馆 CIP 数据核字(2024)第 086349 号

经济法(第八版)
JINGJIFA(DI-BA BAN)

殷 洁 编著

责任编辑 陈 慧
装帧设计 凌点工作室

出版发行 法律出版社
编辑统筹 法律教育出版分社
责任校对 李慧艳
责任印制 刘晓伟
经　　销 新华书店

开本 787 毫米×1092 毫米 1/16
印张 22 **字数** 490 千
版本 2024 年 5 月第 8 版
印次 2024 年 5 月第 1 次印刷
印刷 固安华明印业有限公司

地址:北京市丰台区莲花池西里 7 号(100073)
网址:www.lawpress.com.cn
投稿邮箱:info@lawpress.com.cn
举报盗版邮箱:jbwq@lawpress.com.cn
销售电话:010-83938349
客服电话:010-83938350
咨询电话:010-63939796

书号:ISBN 978-7-5197-9093-6
定价:52.00 元
凡购买本社图书,如有印装错误,我社负责退换。电话:010-83938349

第八版修订说明

本教材自2019年6月修订出版第七版以来，其中许多相关立法已修改或被废止，同时也有不少新的立法公布施行。

新颁行的法律、法规、规章和司法解释主要有：《外商投资法》、《耕地占用税法》、《资源税法》、《城市维护建设税法》、《契税法》、《印花税法》、《关税法》、《外商投资法实施条例》、《公平竞争审查制度实施细则》、《市场主体登记管理条例》、《市场主体登记管理条例实施细则》、《企业名称登记管理规定实施办法》、《禁止垄断协议规定》、《禁止滥用市场支配地位行为规定》、《经营者集中审查规定》、《制止滥用行政权力排除、限制竞争行为规定》、《消费者权益保护法实施条例》、最高人民法院《关于审理劳动争议案件适用法律问题的解释(一)》、最高人民法院《关于审理侵犯商业秘密民事案件适用法律若干问题的规定》、最高人民法院《关于适用〈中华人民共和国反不正当竞争法〉若干问题的解释》、最高人民法院《关于审理网络消费纠纷案件适用法律若干问题的规定(一)》等。

已修改的法律、法规、规章和司法解释主要有：《证券法》、《广告法》、《反垄断法》、《公司法》、《车船税法》、《企业名称登记管理规定》、《企业所得税法实施条例》、《城镇土地使用税暂行条例》、《预算法实施条例》、《税务登记管理办法》、《侵害消费者权益行为处罚办法》、《关于经营者集中申报标准的规定》、《公平竞争审查制度实施细则》、《证券市场禁入规定》、《上市公司信息披露管理办法》、《证券发行与承销管理办法》、《证券发行上市保荐业务管理办法》、《公司债券发行与交易管理办法》、最高人民法院《关于适用〈中华人民共和国保险法〉若干问题的解释(二)(三)(四)》、最高人民法院《关于适用〈中华人民共和国公司法〉若干问题的规定(二)(三)(四)(五)》、最高人民法院《关于适用〈中华人民共和国企业破产法〉若干问题的规定(二)(三)》、最高人民法院《关于审理票据纠纷案件若干问题的规定》、最高人民法院《关于审理因垄断行为引发的民事纠纷案件应用法律若干问题的规定》等。

已废止的法律、法规、规章和司法解释主要有：《中外合资经营企业法》、《中外合作经营企业法》、《外资企业法》、《耕地占用税暂行条例》、《中外合资经营企业法实施条例》、《中外合作经营企业法实施细则》、《外资企业法实施细则》、《公司登记管理条例》、《合伙企业登记管理办法》、《企业法人登记管理条例》、《企业法人登记管理条例施行细则》、《个人独资企业登记管理办法》、《企业经营范围登记管理规定》、《企业登记程序规定》、《禁止滥用市场支配地位行为暂行规定》、《禁止垄断协议暂行规定》、《经营者集中审查暂行规定》、《制止滥用行政权力排除、限制竞争行为暂行规定》、《上市公司证券发行管理办法》、《首次公开发行股票并上市管理办法》、《房产税暂行条例》、《城市维护建设税暂行条例》、最高人民法院《关于审理劳动争议案件适用法律若干问题的解释》、最高人民法院《关于审理劳动争议案件适用法律若干问题的解释(二)(三)(四)》、最高人民法院《关于审理不正当竞争民事案件应用法律若干问题的解释》等。

本版教材根据这些立法的变化做了全面修订。敬请广大师生对本书提出宝贵的意见和建议。

殷　洁

2024 年 4 月

目　　录

第一编　经济法基础理论

第二编　经济组织法

第三编 市场规制法

第四编　金融与保险法

第五编 财政与税收法

第六编 劳动与社会保障法

第一编　经济法基础理论

第一章　经济法基础理论

内容导读

经济法产生并形成部门法，有深厚的社会经济根源。它是市场经济内在矛盾发展的必然产物，是国家经济职能转变在法制上的必然反映，是法对社会经济关系调整的必然结果。19世纪末20世纪初，在西方主要资本主义国家政府干预、调节经济的背景下，经济法得以形成和发展。与西方国家不同，我国经济法的形成和发展有其独特的历程。本章讲述经济法的产生和发展、经济法的调整对象、经济法的地位、经济法与相邻部门法的关系、经济法的基本原则以及经济法律关系等经济法的基础理论知识。

第一节　经济法的产生和发展

一、经济法产生的基础条件

在资本主义社会以前以及资本主义社会的初期，社会生产经营活动一般被视为民间事务，因而社会经济关系主要是由民法加以调整，国家较少干预社会经济生活。18世纪至19世纪末，是西方自由放任市场经济理论盛行的自由竞争资本主义阶段，西方主要资本主义国家所推崇的是亚当·斯密的古典市场经济理论。亚当·斯密在其《国富论》一书中指出，在“一只看不见的手”——建立在劳动价值论基础上的完全竞争市场的调节机制的引导下，每个人追求私利，无形之中会促进社会整体利益增长。所以，对社会经济越少干预的政府就是最好的政府，政府只需要为市场提供最必要的经济服务。在其理论指导下，西方国家推行的是埋性主义国家经济职能政策，国家在社会经济领域充当的是“守夜人”的角色，国家只为市场提供最必要的经济服务。

19世纪后半期，西方主要国家相继完成产业革命，推动了经济的高速发展与生产的社会化进程。与此同时，由于自由竞争引起生产和资本的不断集中，各种类型的垄断组织相继出现，控制了某些行业和部门甚至整个国家的经济命脉，扭曲了价值规律，加剧了资本主义的固有矛盾，引发了周期性的经济危机，并爆发了两次世界大战。由于市场调节失灵，西方国家迫切需要另外一种机制来弥补其缺陷，于是，凯恩斯的国家全面干预经济理论应运而生，并被西方各国所奉行。为了有效地组织社会经济、保护国家利益和社会公共利益，克服和避免经济危机给国家、社会造成的危害，西方资本主义国家开始关注社会经济调节机制,即用“有形之手”(国家调节)弥补“无形之手”(市场调节)的缺陷。正是由于社会经济生活和经济政策的巨大变化,使采用传统民法调整社会经济关系已难以保障经济的有效运行和社会公共利益。于是,以国家干预经济为特征的新的法律部门产生了,这就是现代意义上的经济法。

综上所述,经济法产生的基础条件是:市场经济发展到社会化大生产阶段,由于市场调节机制不足,国家需要发挥组织协调作用,对经济进行规制。因此,经济法产生的根源是经济的社会化,直接原因则是垄断引发的经济危机和帝国主义战争。

二、西方国家经济法的沿革

经济法是在西方主要资本主义国家(包括日本)对社会经济进行干预的过程中应运而生的。但由于各国具体情况不同,政府对经济介入的方式和强度也有所差异,因而经济法的表现也不尽相同,并且经历了由初创到逐渐成熟的过程。

美国在19世纪60年代出现了初级的垄断形式“普尔”(pool),这是以生产和资本实力比较雄厚的企业为核心建立的企业间关于价格和销量的短期协定。其后出现了托拉斯(trust)垄断方式,生产同类商品或在生产上有密切联系的企业从生产到销售全面合并,实行股权式联合,形成垄断经营。从1879年出现第一个托拉斯“洛克菲勒美孚石油公司”,到1887年,棉籽油、亚麻油、制糖、铅冶炼、威士忌酿造等行业都出现了托拉斯,许多行业被托拉斯独占或操纵。如洛克菲勒美孚石油公司掌握美国全部石油生产,美国制糖公司控制全美90% ~95%的制糖业,美国钢铁公司控制了美国70%的炼钢设备。托拉斯从某一产品的最初原料开采或收购,到生产、销售,全部予以控制,非托拉斯成员企业在市场和价格方面无力与之开展竞争,中小企业纷纷倒闭。垄断和限制竞争现象引起人们普遍忧虑和不满,加深了社会矛盾,威胁着自由市场体系。为此,美国于1890年通过了参议员约翰·谢尔曼提出的《美国保护贸易和商业不受非法限制和垄断侵害法案》,其中规定:“任何以契约、托拉斯或其他形式的联合、共谋、垄断而限制贸易的行为是违法或犯罪的行为,应受行政处罚或刑事制裁。”该法被认为是现代反垄断法之母,也被认为是经济法成为一个独立的法律部门的标志。1914年颁布了《美国克莱顿法》和《美国联邦贸易委员会法》。在1929年经济危机之前,美国的经济法内容几乎仅限于反垄断和限制竞争。20世纪30年代经济危机期间,美国总统罗斯福推行新政以恢复经济,大规模兴办公共工程,调整农业,对银行、证券业进行彻底检查和管制,颁布了《美国国家复兴法》(1933年)、《美国农业调整法》(1938年)、《美国证券法》(1933年)以及《美国证券交易法》(1934年)等。

德国在19世纪70年代出现了生产与资本的迅速集中,卡特尔垄断组织在许多经济部门得以广泛发展。由于德国是新兴资本主义国家,垄断导致的市场失灵与市场缺陷较之老牌的英国、美国等资本主义国家不是很明显。为了与老牌资本主义国家争霸欧洲以及争夺海外市场,使私人垄断资本向国家垄断资本转化,发展国家资本主义,德国于1910年出台了扶持卡特尔的《钾矿业法》,抑制新设企业进入钾矿业,该法被认为是最初的经济法。从19世纪末开始,俾斯麦政府通过对海关进行保护和制定单行的经济监督法律(如1896年《德国股票交易所法》、1899年《德国抵押银行法》、1901年《德国保险监督法》等),开始对自由经济进行干预,并于第一次世界大战之初对经济和企业实行全面干预。1914 年 8 月 4 日,德国制定了 16 项战争经济法,其中最重要的法律是《有关对经济措施授权联邦参议院和有关在战争时期延长汇票和支票权利期限的法律》。第一次世界大战后,为了满足战后国家对财政的巨大需要,解决战后重建和战争赔款问题,以及强化国家职能,德国于 1919 年制定了《德国税收征收条例》,并建立了完整的税收体系。同年,德国还颁布《德国煤炭经济法》,这是世界上第一部以经济法命名的法律。针对当时存在的卡特尔和康采恩等引发的社会矛盾,德国又于 1923 年 11 月 2 日制定了《德国卡特尔条例》。1929 年世界性的经济危机给德国经济造成了灾难性后果,德国不得不开始强化对经济的调控手段,颁布了许多措施,进一步加强行业监管;其中最重要的是 1931 年对金融业实施的监管。在第二次世界大战后,德国处在一片废墟中,国家被一分为四,由美国、苏联、英国、法国临时占领。1948 年 6 月,美国、英国、法国三国经磋商签订协定,同意建立德意志联邦政府。随着东西方冷战的开始,西德被纳入马歇尔计划,实行市场经济的经济政策,经济逐步得到复兴。此后,德国联邦议会进行了大量的立法和修法活动。

第二次世界大战结束后,日本在盟军的管理下,实行了经济非军事化和经济民主化改革,制定了《日本劳动关系调整法》(1946 年)、《日本劳动基准法》(1947 年)、《日本经济力过度集中排除法》(1947 年)、《日本反垄断法》(1947 年)等。日本恢复独立后,随即出台了《日本出口交易法》(1952 年)和《日本关于稳定特定中小企业合作社临时措施法》(1952 年)两个《反垄断法》适用除外法,1953 年又对《反垄断法》作出根本性修正,从而使卡特尔的适用除外范围日趋扩大。自 1966 年起,物价问题成为日本社会焦点问题,适用反垄断法的呼声日益高涨,政府为控制物价、避免直接的价格统制,转而趋向适用反垄断法,公正交易委员会的活动也活跃起来。

20 世纪 70 年代以后,经济发达国家出现了经济滞胀,接着又爆发了经济危机。政府干预的失败导致国家干预论失宠,新经济自由主义卷土重来,“怀疑主义国家职能说”受到推崇。“怀疑主义国家职能说”认为,“政府失灵”与“市场失灵”一样是客观存在的,市场失灵并不是把问题转交给政府处理的充分条件,市场解决不好的,政府不一定能解决。因此,该理论既不同意国家全面干预经济,也不同意国家盲目处理“市场失灵”,而是认为应有选择地干预“市场失灵”。1986 年获得诺贝尔经济学奖的布坎南提出了公共选择理论,认为市场存在缺陷,国家同样也存在缺陷,国家应当有选择地对市场根本性的缺陷进行积极弥补,以减少市场体制的摩擦、降低交易费用。在这一时期,联邦德国实行社会市场经济政策,在经济法上集中表现为建立反垄断制度;英国撒切尔政府推行现代货币主义政策;美国里根政府采纳供给学派和货币学派的主张,推行稳定物价、自由放任、私有化、减税、削减社会福利等一系列新自由主义政策,在经济法上则表现为制定一系列产业政策法;日本、法国、意大利等发达国家也都采取了类似的做法,如日本制定了《日本促进基本技术研究税则》、法国制定了《法国技术开发投资税收优惠制度》等。

可见,19 世纪末 20 世纪初主要在国家调节(政府干预)经济的背景下形成的经济法经历了 1 个世纪的发展之后已日益走向成熟,已由最初的战时经济法、危机对策经济法发展成为自觉维护经济协调发展的经济法。当代经济法不仅是为了弥补“市场失灵”缺陷而由国家制定的调节经济之法,而且也是匡正"国家失灵"之法。此外,随着经济自由化和全球化的发展,国与国之间的经济交往日益频繁,经济关系日益密切,为了维护国家经济正常秩序,国家与国家之间的关系也需要置于一个统一的国际经济法律关系之中。因此,加速区域经济立法和国际经济立法也成为经济法发展的一个重要趋势。

三、我国经济法的形成和发展

清末以来,西方的新现象、新思潮频频流入中国,经济法也不例外。1929 年,国民政府制定了《训政时期立法工作按年分配简表》,其中"经济立法规划"与"民法之起草"、"财政立法之规划"、"关于军事立法之规划"等项并列,包括自治县经济建设法规、中央协助地方兴业殖产之法规、银行法、合作社法、粮食整理法、渔业法、森林法、采矿法、公路条例等的制定计划,完成期限为 1930 年。这是中国历史上第一次出现经济法相关概念。此后在 20 世纪 30 年代至 40 年代,国民政府还进行过经济法规汇编工作。

我国社会主义经济法肇始于土地革命、抗日战争和解放战争时期。中国共产党领导的人民政权在革命根据地和解放区制定了以土地法和劳动法为中心内容的经济法规,如《中华苏维埃共和国土地法》《中华苏维埃共和国劳动法》《陕甘宁边区土地条例》等。

中华人民共和国成立之初,为了适应国民经济的恢复和发展的需要,国家颁布了《土地法》《私营企业暂行条例》《预算决算暂行条例》《矿业暂行条例》《对外贸易管理暂行条例》等一批重要的经济法规。此后,为了配合对资本主义工商业的社会主义改造,我国又颁行了《公私合营企业暂行条例》《关于对私营工商业、手工业、私营运输业的社会主义改造中若干问题的指示》等法规和规范性文件。据统计,1949 年 9 月至 1959 年 12 月,我国共颁布法律、法规 1500 多件,其中经济法律、法规近 800 件,基本适应了当时社会经济发展的需要。但在随后的经济建设中,我国在指导思想上受"左"倾错误和法律虚无主义的影响,过度地强调国家对经济的直接管理作用,没有认识到我国的生产力水平决定国家管理经济必须与市场调节相结合、实行适度的国家协调,因此经济立法工作受到很大的影响,特别是"文革"时期,整个社会主义法制遭到严重破坏。

党的十一届三中全会以后,国家工作重心转移到经济建设上来,实行经济体制改革和对外开放。我国的经济法从此进入了一个崭新的发展时期。1979 年至 1992 年第八届全国人大会议召开之前,我国共制定经济法律及有关决定 135 件,经济法规 434 件,地方人大制定经济法规 700 余件,国民经济运行的最基本方面已有法可依。但是,由于对资源配置方式这一基本理论问题没有突破性认识,我国经济立法与理论还不能摆脱行政干预的影响,甚至产生了经济法就是经济行政法这样的认识。这一问题在党的十四大明确了社会主义市场经济的建设目标后开始逐步得到解决。党的十四大以来,经济法获得了进一步发展,1993 年 3 月至 1999 年 10 月,全国人大及其常委会制定经济法律近 50 件,我国社会主义经济法体系日臻完善。目前,我国已形成由经济组织法、市场规制(监管)法、宏观调控法、劳动与社会保障法等有机组成的多层次的、门类较为齐全的经济法体系。

从 2001 年 12 月 11 日开始,我国正式成为世界贸易组织(World Trade Organization, WTO)成员国。WTO 是一个以市场为走向的、提倡贸易自由化的国际组织,它通过消除关税及非关税壁垒和限制政府权力来鼓励国际贸易的自由化。WTO 协议为国际商业活动提供了基本的法律规则。加入 WTO 即意味着引进 WTO 的一整套制度,因此,建立一套与 WTO 规则相衔接的国内经济法成为我国立法工作的一大问题。

2014 年 10 月 23 日,党的十八届四中全会通过的中共中央《关于全面推进依法治国若干重大问题的决定》中明确提出:“全面推进依法治国,总目标是建设中国特色社会主义法治体系,建设社会主义法治国家……社会主义市场经济本质上是法治经济。使市场在资源配置中起决定性作用和更好发挥政府作用,必须以保护产权、维护契约、统一市场、平等交换、公平竞争、有效监管为基本导向,完善社会主义市场经济法律制度。”这是对经济法地位和作用的经典总结,并为我国经济法制建设指明了方向。

为了进一步优化营商环境,保障公平竞争,2019 年 10 月 22 日国务院发布了《优化营商环境条例》,其中明确规定:“优化营商环境应当坚持市场化、法治化、国际化原则,以市场主体需求为导向,以深刻转变政府职能为核心,创新体制机制、强化协同联动、完善法治保障,对标国际先进水平,为各类市场主体投资兴业营造稳定、公平、透明、可预期的良好环境。”“国家加快建立统一开放、竞争有序的现代市场体系,依法促进各类生产要素自由流动,保障各类市场主体公平参与市场竞争。”

近年来,我国《反垄断法》《反不正当竞争法》《消费者权益保护法》《广告法》《预算法》《政府采购法》《证券法》《公司法》《外商投资法》等一大批经济法律制度均进行了修订、修改,经济法制建设得以进一步完善。

第二节 经济法的概念及其体系

一、经济法的概念

“经济法”一词最早出现在 18 世纪法国著名的空想社会主义者摩莱里(Morelly)于 1755 年出版的《自然法典》一书中。该书第四篇“合乎自然意图的法制蓝本”第二部分“分配法或经济法”有 12 条,主要就未来公有制社会的“自然产品或人工产品的分配”作出了规定。19 世纪,法国空想社会主义者德萨米(Dezamy)在 1843 年出版的《公有法典》一书中再次使用“经济法”一词,并且发展了摩莱里关于经济法的思想,但他们所谓的“经济法”意即产品分配法。

进入 20 世纪以来,德国学者莱特(Ritter)在 1906 年创刊的《世界经济年鉴》中首先使用“经济法”这一概念。之后,不仅在许多国家的法学著作中,而且在有些国家颁布的法律中,也直接使用了“经济法”一词,如 1919 年《德国煤炭经济法》、1964 年《捷克斯洛伐克社会主义共和国经济法典》等。自 1979 年以来,我国在全国人大和中共中央、国务院的文件中,也多次使用“经济法”这一概念。

由于社会制度、时代背景以及分析问题时的视角不同,人们对“经济法”这一概念存在不同的理解。日本学者丹宗昭信认为,“现代经济法的核心是垄断禁止法”。日本学者正田彬认为,经济法是“规制垄断资本主义阶段固有的以垄断为中心的从属关系的法”,是“国家规制市场的法”,是“国家为了维护竞争秩序而介入市场的法”。法国有学者认为,经济法是旨在保证特定时刻和特定社会中,国家与私人经济代理人的特殊利益和普遍经济利益平衡的规则的总称。德国学者库拉乌捷和日本学者西原宽一认为,经济法就是关于企业的法。苏联学者拉普捷夫认为,经济法是规定领导经济活动和进行经济活动的方法,调整社会主义组织及其所属内部单位之间的经济关系,并运用各种不同的法律调整方法以保证合理地进行社会主义经营管理的法律规范的总和,是苏联法律体系中的独立部门。

我国学者对“经济法”这一概念的理解分歧也较大,主要有以下观点:(1)王家福、王保树教授(综合经济法论)认为,经济法是国家认可或制定的以经济民法方法、经济行政法方法、经济劳动法方法分别调整平等的、行政管理性的、劳动的社会经济关系的法律规范的总和。(2)佟柔教授(学科经济法论)认为,经济法是门学科而不是一个独立的法律部门,它的任务是遵循和运用各种基本法的法律手段综合调整具体的经济事务,达到一定的经济效果。(3)梁慧星、王利明教授(经济行政法论)认为,经济法是国家行政权力深入经济领域,对国民经济实行组织、管理、监督、调节的法律规范的总称。(4)孙亚明教授(纵向经济法论)认为,经济法就是调整我国社会主义经济关系中的宏观纵向经济关系的法律规范的总和。(5)谢怀栻教授(计划经济论)认为,经济法是调整社会主义计划经济中各种关系的法律部门的总和。(6)郭锐、谢次昌教授(国民经济管理论)认为,经济法是调整宏观国民经济管理关系和微观企业管理关系的法律规范的总和。(7)徐杰教授(纵横经济法论)认为,经济法是调整经济管理和经营协作中所产生的经济关系的法律规范的总和。(8)杨紫烜教授(协调经济关系论)认为,经济法是调整在国家协调本国经济运行过程中发生的经济关系的法律规范的总称。(9)李昌麒教授(国家干预论)认为,经济法是国家为了克服市场失灵而制定的调整需要由国家干预的具有全局性和社会公共性的经济关系的法律规范的总称。(10)张守文教授(调制关系说)认为,经济法是调整在现代国家进行宏观调控和市场规制过程中发生的社会关系的法律规范的总称。简单地说,经济法就是调整调制关系的法律规范的总称。

综上所述,现代意义上的经济法是指调整在社会经济管理和经济组织活动中发生的一定范围的经济关系的法律规范的总称。社会经济管理是指国家经济管理机关依法在其职权范围内对国民经济运行进行监督和管理的行为。经济组织活动既包括创设、变更、终止经济组织的行为,也包括经济组织的经营行为及经济组织内部管理行为。经济法并不调整所有的经济关系,而只调整与社会经济管理和经济组织活动有关的一部分经济关系。由于每个国家在不同时期所面临的社会问题和总体经济目标不同,因而各经济法的调整范围、调整方法以及调整强度也各不相同。

二、经济法的体系

如前所述,经济法有其特定的调整对象。由多方面、多层次的部门经济法所组成的有机联系的统一整体,即为经济法的体系。大致而言,经济法包括以下几方面:

（一）经济组织法

经济组织是由人和物等要素结合而成的、从事生产经营活动的组织体。在以往自给自足的自然经济条件下，人们开展经济活动主要以个人行为方式进行，各经济组织（大多属于家族营业团体）单纯或主要根据自身需要开展经济活动，对社会经济生活影响甚微。然而，在经济活动日益社会化的市场经济条件下，各类经济组织（一般称为企业）成为社会经济领域最普遍的经济活动主体。为了保障各类经济组织自身的正当权益、维护社会整体利益和长远利益，国家有必要对经济组织（包括其分支机构）进行一定的规制，尤其是对银行、保险、邮政等特种行业的经济组织应进行有效的监督和管理。由此各国制定公司法、合伙企业法、独资企业法、破产法等经济组织法，规范经济组织在设立、变更、终止过程中发生的经济关系。

（二）市场规制法

市场规制法，也称市场监管法。现代市场由商品市场、金融市场、劳动力市场、技术市场、房地产市场、信息市场等组成。与计划经济显著不同，市场经济以各类市场作为配置资源的基本方式。市场的有效性又是建立在自由、公平竞争规则的基础上的。不正当竞争和垄断都是市场经济的异己力量，它们会削弱市场调节的功能，阻碍经济的发展。因此，为了建立统一开放和竞争有序的市场体系，维护公平竞争的市场秩序，保护市场主体和消费者的正当权益，国家有必要对市场行为进行适度规制。由此，各国制定反不正当竞争法、反垄断法、广告法、商标法、价格法、产品质量法、消费者权益保护法等法律规范以维护市场正常运行秩序与公平竞争关系，保护消费者合法权益。

（三）宏观调控法

在计划经济条件下，国家通过指令性计划，直接分配社会资源，指挥企业的生产经营活动，并实现对国民经济的宏观调控。在市场经济条件下，社会资源的配置主要通过市场调节进行。但是，市场调节具有自发性、滞后性和一定的盲目性。为了实现社会总需求与社会总供给之间的平衡，抑制通货膨胀，保证国民经济持续、稳定、协调发展，国家有必要对关系国计民生的、长远重大的、社会公共性的经济因素，实行干预和管理。国家对经济进行宏观调控主要是通过计划、财政、税收、金融、投资、价格等经济手段来实现。宏观调控也应依法进行。由此，各国制定计划法、财政法、投资法、税收法、金融法、价格法、统计法等宏观调控法，规范宏观经济调控过程中发生的计划关系、财政关系、税务关系、金融关系等经济关系。

（四）劳动与社会保障法

劳动是人类社会赖以发展的基础，因而劳动者是最宝贵的社会资源。由于劳动者相对过剩是社会发展的基本规律之一，劳动者在大多数情况下属于弱势群体，因此如果完全放任劳动力市场则会使形式上平等、自由的劳动合同掩盖劳动者与用人单位之间实质上的不平等和不自由。再者，劳动者及其家属难免遭遇天灾人祸等不测，而市场本身无法解决社会成员遇到风险后的基本生活保障问题。为了充分开发和合理利用劳动力资源,保障劳动者的身心健康和其他正当权益,提高劳动生产率,促进社会生产力的发展,以及维持劳动力资源的再生和可持续发展,国家有必要制定劳动与社会保障法规制劳动关系,强制实施社会保障制度。劳动关系包括劳动者与用人单位之间为实现劳动过程而发生的关系,以及劳动力管理关系、劳动监察关系等。所谓社会保障是指为保证社会成员的基本生活权利而提供的救助和补贴,大体包括社会救助、社会保险、社会福利和社会优抚四方面的内容。

(五)涉外经济法

随着经济全球化和国际经济一体化趋势的不断加强,国际经济相互依赖程度不断加深。加强国际经济的竞争与合作,已成为国际社会面临的共同问题,这既需要国际规则的构建,也需要国内规则的完善。涉外经济法就是指调整具有涉外因素的经济活动的法律规范的总称,包括对外贸易法、外商投资企业法、反倾销法、反补贴法等。

当然,以上部门经济法的划分不是绝对的,如价格法,既涉及市场秩序问题,也涉及价格调控问题;金融法既涉及金融监管问题,也涉及金融调控问题。此外需要特别说明的是,考虑到篇幅、体例编排以及财经管理类专业大学生知识结构的合理需要,本教材既没有严格按照部门经济法的体系编写,也没有覆盖经济法的全部内容,如土地管理法、城市房地产管理法、环境保护法、自然资源法、对外贸易法、反倾销法、反补贴法等内容未被编入本教材。

第三节　经济法的地位

一、经济法的地位

(一)经济法是一个独立的部门法

众所周知,法学上将一国现行的法律规范按照调整对象的不同划分为若干类。调整特定社会关系的一类全部现行法律规范即为一个独立的部门法。比如,调整平等民事主体之间的人身关系和财产关系的法律规范组成了民法这一部门法,规定什么是犯罪以及对犯罪如何处罚的法律规范组成了刑法这一部门法。

经济法是否为一个独立的部门法,长期以来成为法学界颇具争议的问题。有的学者认为,各种单行的经济法规只是民法的补充,因此不能说经济法是一个独立的法的部门。也有的学者认为,经济法的调整对象是经济行政管理关系(实质上是经济行政管理所引起的社会关系),经济法应该从属于行政法,是行政法下面的一个部门法,经济法应该被称为经济行政法。还有学者认为,商事法和经济法都以企业为对象,因此主张商法应包容并取代经济法,否定经济法的独立性及其存在的必要性。

以上观点都有一定的片面性,其错误均在于不能透过现象看本质。由于经济法调整的对象是在社会经济管理和经济组织活动中发生的一定范围内的经济关系,因此从不同的角度，将其理解为财产关系、行政关系或者商事关系似乎都有一定的道理。但从整体角度综合把握经济法的调整对象就不难发现，经济法所调整的经济关系不是一般的财产关系、行政关系或商事关系，而是涉及商事主体（或称市场主体、经济主体）、物质利益（或称财产利益）以及社会经济管理秩序的社会关系。经济法有其特定的调整对象，是一个独立的部门法。

当然，我们也必须注意到，由于经济法所调整的经济关系受迅速发展的经济形势的影响而存在易变性，因此，各国经济立法的稳定性远不如民法、刑法等部门法。迄今为止，只有捷克斯洛伐克于1964年制定并颁行过经济法典（《捷克斯洛伐克社会主义共和国经济法典》）。各国经济法都是以大量的经济法规形式存在的。因此，形式意义上的经济法典的缺乏，并不能成为否定经济法作为独立的部门法存在的充分理由。

（二）经济法日益成为十分重要的部门法

经济法自其产生以来日益成为一个重要的部门法，各国在不同历史时期，分别以战争经济法、危机对策经济法、维护正当竞争经济法为其主要内容。特别是在当代，和平和发展已成为国际社会面临的两大主题，经济法在维护各国经济稳定、促进国际经济交往和技术交流、防范经济危机等方面日益发挥着重要作用。

改革开放以来，我国经济迅速恢复并得到长足发展；但是与发达国家相比，还存在差距，我国仍属于发展中国家。我国《宪法》明确规定："我国将长期处于社会主义初级阶段。国家的根本任务是，沿着中国特色社会主义道路，集中力量进行社会主义现代化建设。""国家实行社会主义市场经济。""国家加强经济立法，完善宏观调控。"我国经济法是一个重要的部门法，从根本上来说，是因为它在保障和促进以经济建设为中心的社会主义现代化建设中发挥着巨大的作用。这种作用主要表现在四个方面：一是坚持以公有制为主体、多种所有制经济共同发展；二是引导、推进和保障社会主义市场经济体制的建立和完善；三是扩大对外经济技术交流和合作；四是保证国民经济持续、快速、健康发展。

二、经济法与相邻部门法

（一）经济法与行政法的关系

经济法调整具有政府干预因素的经济关系，行政法调整包括经济行政管理关系在内的行政关系。在现代经济条件下，为了维护社会经济的正常秩序，平衡、协调社会经济运行过程中的各方利益，促进国民经济持续、快速、健康发展，国家对社会经济从宏观到微观、从组织到个人、从市场主体到市场行为、从运用行政手段到运用经济手段等进行多角度、多方位、多手段的干预和管理。因此，经济法和行政法具有相同的目标取向，存在重要的联系。但是两者还存在诸多差异，主要表现在：

1. 产生的历史条件不同。现代意义的经济法，是在资本主义由自由竞争进入垄断时期后，西方主要资本主义国家（包括日本）对社会经济进行干预的过程中应运而生的。现代意义的行政法则产生于资产阶级革命后，它是三权分立体制的产物。

2. 调整的社会关系不同。经济法调整的是在社会经济管理和经济组织活动中发生的一定范围的经济关系,具有物质利益性(经济性),不完全体现为经济法律关系主体之间的权力隶属关系。行政法调整的是国家行政机关在行政管理和监督过程中所产生的行政关系,即国家行政机关在行政活动中与相对主体发生的社会关系和基于行政关系而产生的行政监督关系,在大多数情况下不直接具有经济性,同时它所体现的完全是行政法律关系主体之间的权力隶属关系。

3. 调整的主体的构成不同。尽管经济法律关系的主体和行政法律关系的主体都包括国家机关、经济组织和个人,但是在具体的经济法律关系(如经营者之间的正当竞争关系、经济组织的破产清算关系)中,国家机关不一定作为直接的主体。只有在出现不正当竞争关系、关系国计民生的经济组织破产清算等需要政府干预或协调时,国家机关才介入当事人之间的经济法律关系。在具体的行政法律关系中,至少一方为国家行政机关或其授权的组织。

4. 调整的方法不同。经济法综合运用财政、金融、计划、投资、价格等多种经济手段甚至行政手段,采取指导、引导、鼓励、禁止、限制、监督、处罚等自愿与强制相结合的方法来调整经济关系。行政法则主要采取命令、禁止、限制、处罚等行政强制性方法来调整行政关系。

5. 法律作用不同。经济法的作用在于确认经济体制改革的成果,维护市场经济的健康发展。行政法的作用在于确认政治体制改革的成果,维护国家行政机关的工作秩序,确保依法行政、依法治国的实现。

(二)经济法与商法的关系

经济法和商法都是在市场经济条件下关于市场主体和市场行为的法域,两者相辅相成。随着商法公法化趋势的加强,两者存在相互交融的现象,表现为商法中存在大量的经济规范,经济法中也存在大量的商法内容。但两者也存在许多差异。

1. 产生的历史条件不同。一般认为,商法源于中世纪地中海沿岸的一些自治城市,其最初的形式是商人习惯法,即商人法。商法的产生是对民法一般性调整而不能适应具有风险性的商事活动简捷、高效、安全、营利要求的扬弃和发展;而经济法的形成,则是对商法强调商人营利和商事行为自由、安全、简捷的个体倾向而难以避免走向垄断、妨碍竞争、滥用权利,造成整体不平衡的纠正。商法是经济活动中的基础性、前置性法律,经济法是经济活动的平衡性、后续性法律。现代意义的经济法,是在资本主义由自由竞争进入垄断时期后,西方主要资本主义国家(包括日本)对社会经济进行干预的过程中应运而生的。

2. 调整的社会关系不同。经济法调整的是在社会经济管理和经济组织活动中发生的一定范围的经济关系,主要基于社会经济整体和社会公共利益而规定市场主体的竞争行为规范,国家如何保障合理配置资源,促进经济振兴和持续、快速发展等内容。商法调整的则是商事主体之间的商事关系,主要基于商人个体营利和交易安全而规定商主体资格的取得及其法律地位、商事交易的规则等内容。

3. 调整的主体构成不同。经济法调整的主体包括国家机关、经济组织和个人,在具体的经济法律关系中,主体之间有时存在行政权力隶属关系。商法调整的主体则仅限于商事主体,商事主体之间的法律地位是平等的,不存在行政权力隶属关系。

4. 性质和理念不同。经济法是具有私法因素的公法,自由、平等、公平、效益、安全、秩序等法律应当具备的基本理念则被侧重于从公法的角度去阐释,强调社会整体效益和交易安全,反对个体暴利和私权绝对。商法是属于具有公法因素的私法,其中自由、平等、公平、效益、安全等法律理念被侧重于从私法方面来理解和阐释,即强调个体的自由、个体之间的平等、个体相互关系的公平以及个体行为的效益和安全。

5. 法律作用不同。经济法的作用在于维护社会的公共经济利益,确保社会资源的合理配置和社会经济秩序协调发展,其作用过程是立足一般,兼顾个别。商法的作用在于保护商事主体的个体经济利益,确保商事交易安全,其作用过程是立足个别,兼顾一般。

(三)经济法与民法的关系

经济法与民法的关系问题,一直是法学界争论不休的问题。在我国,经过 20 多年的讨论,虽然人们对经济法的认识越来越清晰,对经济法也越来越重视,经济法是一个独立的法的部门的观点已经被大多数人所接受,但仍有一些人持否定意见。最为典型的是大民法学派的观点,他们认为经济法所调整的经济关系只是民法所调整的民事主体之间的财产关系的一部分,经济法属于民法的组成部分或民法的特别法,因而不是一个独立的法的部门。

相较而言,经济法与民法产生的历史条件、调整的社会关系的范围、调整的主体范围、调整的方法以及作用都存在显著的差别。因此,在现代市场经济条件下,经济法已成为一个独立的法的部门是不以人的意志为转移的客观现实。大民事审判格局的设计者对中国经济强势发展中出现的司法问题,并没有给予应有的注意。经济法是克服市场失灵的法,同时也是克服政府失灵的法。大民事审判格局源于陈旧的理念。这一理念认为,市场经济关系运行的法制基础是由实体法、程序法和与审判机构相对应的由刑事法、民事法和行政法组成的法律调整机制所构成的。事实上,经济法的地位跟经济审判庭的存在与否没有必然的联系。经济法的出现虽然直接导致各级法院相继设立经济审判庭,但是经济法绝不是伴随经济审判庭的设立而产生的,因而也绝对不会由于法院撤销经济审判庭而不复存在。经济法是实体法,而不是程序法,在审理经济法的案件中借用民事或行政程序并无不妥,并不能说明经济法就不重要了。

第四节　经济法的基本原则

一、经济法基本原则的含义

经济法的基本原则是作为经济法规则的基础或本源的综合性、稳定性原则和准则,是贯穿经济立法、经济执法、经济司法、经济守法、经济法律监督全过程,具有直接指导意义和普遍适用价值的根本性准则。经济法的基本原则是经济法诸多原则中最抽象、最稳定、具有指导性、普遍适用的原则,是经济法的宗旨、价值和理念的最充分、最集中体现。在内容上,经济法基本原则不包括同一层次的各部门法所共有的原则,如诚实信用原则、依法行使权利原则等,也不同于经济原则。

二、我国经济法的基本原则

(一)维护宪定经济制度原则

宪法是国家的根本大法,经济法应有利于宪法所确立的经济制度的巩固和完善。这主要包括两方面的内容:

1. 坚持以公有制为主体、多种所有制经济共同发展的原则。我国宪法明确规定,中华人民共和国的社会主义经济制度的基础是生产资料的社会主义公有制,即全民所有制和劳动群众集体所有制。国家在社会主义初级阶段,坚持公有制为主体、多种所有制经济共同发展的基本经济制度,坚持按劳分配为主体、多种分配方式并存的分配制度。国有经济,即社会主义全民所有制经济,是国民经济中的主导力量。国家保障国有经济的巩固和发展。国有企业在法律规定的范围内有权自主经营。国有企业依照法律规定,通过职工代表大会和其他形式,实行民主管理。农村集体经济组织实行家庭承包经营为基础、统分结合的双层经营体制。农村中的生产、供销、信用、消费等各种形式的合作经济,是社会主义劳动群众集体所有制经济。参加农村集体经济组织的劳动者,有权在法律规定的范围内经营自留地、自留山、家庭副业和饲养自留畜。集体经济组织在遵守有关法律的前提下,有独立进行经济活动的自主权。集体经济组织实行民主管理,依照法律规定选举和罢免管理人员,决定经营管理的重大问题。在法律规定范围内的个体经济、私营经济等非公有制经济,是社会主义市场经济的重要组成部分。国家保护个体经济、私营经济等非公有制经济的合法的权利和利益。国家鼓励、支持和引导非公有制经济的发展,并对非公有制经济依法实行监督和管理。因此,我国经济立法、经济执法、经济司法、经济守法、经济法律监督都不得与宪法的规定相抵触。

2. 有利于建立健全社会主义市场体制。综观当今世界,在资源配置方式上,大体上有两种基本方式。一种是以计划为主的配置方式,其显著特点是行政权力因素在资源配置中起着主导作用,它的典型形式是通过国家计划特别是指令性计划配置资源,其主要出发点是通过国家的计划干预,解决经济短缺等问题;另一种是以市场为主的配置方式,其显著特点是价值规律在资源配置中起着主导作用,其典型形式是运用经济杠杆促进经济发展,主要出发点是通过价值规律的自发作用,解决供需矛盾。中外历史都已证明,以市场为主的资源配置方式优于以计划为主的资源配置方式。我国《宪法》第 15 条明确规定:“国家实行社会主义市场经济。国家加强经济立法,完善宏观调控。国家依法禁止任何组织或者个人扰乱社会经济秩序。”我国现在所建立的社会主义市场经济体制,就是要使市场在国家宏观调控下对资源配置起基础性作用。但这并不意味着完全排斥国家的干预。在这种体制下应注意发挥市场调节和国家适度干预两方面的作用。经济法就是为了适应国家有效管理社会经济而产生的法律形式。但无论如何,经济法制都应有利于我国社会主义市场经济体制的建立和完善,努力克服市场失灵和政府失灵,这是经济法的一项基本原则和任务。

(二)维护公平竞争原则

市场经济的本质属性是竞争。市场主体通过竞争实现利益的最大化,社会资源通过竞争实现优化配置。然而,由于市场主体利益的多元化和相互冲突,经营者容易采取不正当手段开展竞争,自由竞争还容易导致垄断。尤其在我国,由于财政税收体制尚存在不合理之处,地方利益、部门利益会渗入市场主体的经济活动中,地方保护主义、行政垄断现象时有发生,影响了全国统一市场的形成,妨碍了公平竞争,制约了国民经济的发展。因此,维护公平竞争是社会主义市场经济的内在要求,是经济法的基本原则。维护公平竞争的要求不仅直接体现在竞争法中,而且在经济法的各项制度诸如发展计划,产业政策,财政税收、金融外汇、企业组织、经济合同等制度和具体执法与司法中,都必须考虑市场主体公平竞争的问题,政府的经济管理和市场操作也应该做到公开、公平、公正,不得违背和破坏市场公平竞争的客观法则。

(三)社会本位原则

法律部门的本位思想是指体现在这个法律部门中的解决社会矛盾的基本立场。就调整社会经济关系的法律部门的本位思想而言,有三种情况:一是“国家本位”,一般来讲,是以国家利益为主导的行政法的本位思想;二是“个体本位”,是以当事人利益为主导的民法的本位思想;三是“社会本位”,是以维护社会公共利益为出发点的经济法的本位思想。国家利益、社会公共利益和个体利益既相互联系,又相互区别,有时甚至相互对立。比如,扩大积累、增加货币发行、加重税赋等,可能暂时对国家有利,但是对社会公共利益和纳税人利益有损;过度开采自然资源、超标排污,对经营者而言无疑节约了成本、提高了经济效益,但破坏了环境,妨碍了经济可持续发展;制假、贩假增加了参与者的财富,“繁荣”了地方经济,但损害了其他经营者和消费者的合法权益;公司多提公积金,有利于长远发展、保障交易安全和债权人的利益,但减少了股东暂时可分派的股利;等等。经济法应确立社会本位原则,即意味着经济法在调整涉及货币发行、产业政策、市场竞争、产品质量、价格水平、环境保护、资源开发、市场准入等经济关系时,应注重保障社会利益。经济主体不得以损害社会公共利益的手段来谋取自身利益。当个体利益与社会公共利益相冲突时,经济法应优先保护社会公共利益。

(四)责权利效相统一原则

责即责任,指违反法定或约定的义务所应承担的法律后果;权即权利和权力,指法律赋予经济法律关系主体享有的职权和资格;利即利益,指经济法律关系依法获得的物质利益;效即效益,包括经济法律关系主体的个体经济效益和社会效益。

责权利效相统一原则是指经济法律关系的主体所享有的职权、权利与义务、责任必须相一致,同时经济活动必须以提高经济效益和社会效益为中心。这一基本原则要求经济法在调整经济关系时,应以有利于提高经济效益和社会效益为价值目标,充分赋予经济法律关系主体的经济职权和经济权利,同时应明确相应的义务和责任,包括对环境、资源保护与合理利用的社会义务和责任。特别应注重防治经济管理机关、国有经济组织及其工作人员滥用经济管理职权和经济优势,妨碍公平竞争,挥霍公共财产等不法行为。在调整方式上,经济法不应单纯采取“命令—服从”的方式,而应利用利益驱动机制,通过税收、价格、利率、信贷等经济手段,引导经济主体的经济行为,以实现宏观经济调控的目标。

第五节　经济法律关系

一、经济法律关系的概念和特征

(一)经济法律关系的概念

法律关系是指基于法律规范在法律主体之间所形成的权利和义务关系。

经济法律关系是指基于经济法律规范在经济法主体之间所形成的经济权利和经济义务关系。它由经济法律关系主体、经济法律关系内容和经济法律关系客体三要素构成。

(二)经济法律关系的特征

1. 经济法律关系是由经济法规定和确认的社会关系,属于思想意志关系。它不同于经济关系。经济关系是人们在生产、交换、分配和消费过程中所形成的社会物质关系(或称为物质利益关系),属于经济基础的范畴。经济法律关系是由经济法规定和确认的当事人之间的关系,既体现了国家的意志,又体现了当事人的意志,是一种思想意志关系,属于上层建筑的范畴。经济法律关系实质上是经济关系在经济法上的反映,但并非所有的经济关系都能成为经济法律关系。只有当该经济关系被经济法调整和确认时,才能上升为经济法律关系。因此,经济法律关系的产生、存续和变更,必须以相应的经济法律规范的存在为前提。

2. 经济法律关系是具有经济内容的权利义务关系。任何法律关系都体现为当事人之间的权利义务关系。由于经济法律关系实质上是特定的经济关系在经济法上的反映,因此,经济法律关系区别于其他法律关系的一个重要方面在于经济法律关系当事人所享有的权利或所承担的义务具有直接的经济内容。这种直接的经济内容具体表现为权利的行使会对权利人或社会产生经济效益,义务的履行会促使权利人实现经济效益或产生社会经济效益。相应地,如果权利人抛弃或者怠于行使权利,或者义务人不履行义务或者不适当履行义务,将导致权利人预期的经济效益减损、丧失或者影响社会经济效益。

3. 经济法律关系是由国家强制力保证实现的社会关系。经济法律关系是经济法所确认的社会关系,对当事人具有法律约束力。任何一方违反经济法律关系所确定的义务,对方当事人都可以请求获得法律保护,直至追究其相应的法律责任。

二、经济法律关系的主体

(一)经济法律关系主体的概念

经济法律关系的主体,也称经济法主体,是指依据经济法律规范享受经济权利和承担经济义务的当事人。其中享有权利的一方当事人被称为权利主体;承担义务的一方当事人被称为义务主体。当然,在市场经济活动中,双方当事人通常均既享有一定的权利,又承担一定的义务。

(二)经济法律关系主体的范围

经济法律关系的主体范围是由经济法调整的对象范围所决定的。在现代市场条件下,国家干预经济关系涉及众多领域,经济法调整的经济关系极为广泛,因此经济法律关系的主体具有多样性和广泛性,大致可以划分为以下几类:

1. 国家行政机关。这里主要指国家经济行政管理机关,如企业登记机关(市场监督管理机关)、税收征收管理机关、中国人民银行等。这些行政机关在行使经济法赋予的宏观经济调控权和其他经济职权,以及履行经济法规定的培养市场和完善市场体系、建立和完善社会保障体系、为企业提供社会服务等经济义务和职责时,必然与市场主体形成经济法律关系。

2. 企业。企业指由人和物等要素结合而成的、以营利为目的、从事生产经营活动的组织。这是最普遍、最重要的经济法主体。根据法律地位的不同,企业分为法人企业和非法人企业。法人企业,即依法具有法人资格的企业,属于营利法人,是以取得利润并分配给股东等出资人为目的成立的法人,包括有限责任公司、股份有限公司和其他企业法人等。非法人企业即不具有法人资格的企业,主要有合伙企业、个人独资企业、法人企业的分支机构等。

3. 其他经济组织。目前主要指个体工商户和农村承包经营户。根据《民法典》的规定,自然人从事工商业经营,经依法登记,为个体工商户;农村集体经济组织的成员,依法取得农村土地承包经营权,从事家庭承包经营的,为农村承包经营户。

4. 自然人。自然人包括我国公民、外国人以及无国籍人。自然人在参与经济活动受经济法调整时,即成为经济法律关系的主体。

5. 社会经济服务机构。社会经济服务机构指为市场主体的经济活动提供社会服务的各种组织,如会计师事务所、律师事务所、资产评估机构、证券投资咨询机构等。

6. 事业单位和其他社会团体。事业单位是指由国家财政或其他单位拨款,不以营利为目的的文化、教育、卫生等组织。社会团体是指由人民群众或组织依据自愿原则组织的进行社会活动的社会组织。有的事业单位和社会团体依据行政法规或行政机关的授权,行使部分经济监管职能,或者参加与市场主体的经济活动相关的事务,也可能成为经济法律关系的主体,如证券交易所、中华工商联合会等。

值得注意的是,经济法律关系的一方不一定是特定的人或单位,有时可能是社会公众或不特定的其他经营者。这主要是由于经济法强调社会本位原则,侧重保障社会公共利益和社会经济的持续、快速、健康发展。比如,中国人民银行行使宏观调控职权,调整存贷款利率,所有经营存贷款业务的金融机构都有义务执行;在公平正当竞争时,权利主体和义务主体则为所有从事同一业务的经营者;经营者应当生产合格产品、提供优质服务、保护环境、合理利用资源,其权利主体则为社会公众。

(三)经济法律关系的主体资格

经济法律关系的主体必须具备一定的资格,否则相关的权利、义务就不具有法律上的约束力。

对于经济法律关系的主体资格,一般根据法律规定的条件、程序或方式而取得或获得认可。具体而言包括以下情形:依照宪法和法律由国家各级权力机关批准成立;依照法律和行政法规由国家各级行政机关批准、核准或直接登记成立;依照法律、行政法规或合法有效的章程由经济组织自身设立;由法律、行政法规直接赋予一定身份而成立;等等。

三、经济法律关系的内容

(一)经济法律关系的内容的概念

经济法律关系的内容是指经济法主体依法享有的经济权利和承担的经济义务,包括经济权利和经济义务两方面的内容。它是经济法律关系的基础和核心,是经济法律关系的基本要素,也是经济法律关系中最重要的要素。一方所享有的经济权利即为对方所应承担的经济义务,另一方所享有的经济权利与其所承担的经济义务应大体相当。

(二)经济权利

经济权利是指经济法主体在社会经济管理和经济组织活动中依法享有的为或不为一定行为以及要求他人为或不为一定行为的资格。具体而言有四层含义:首先,按照经济法的规定,经济法的主体有权作出一定行为。如投资者有权依法投资创设企业,经营者有权参与公平竞争,国家行政机关有权依法运用利率、税率、汇率、价格等经济手段对经济进行宏观调控等。其次,经济法主体可以依法不作出一定作为。如企业有权拒绝任何机关、单位摊派人力、物力、财力。再次,经济法主体可以依法要求他人作出一定行为。如企业登记管理机关可要求企业办理年检,审计机关有权要求被审计单位按照规定报送财务预算或者财务收支计划、财务报告等有关资料。最后,经济法主体可以依法要求他人不作出一定行为。如市场监督管理机关有权要求非法经营者停业整顿,经营者有权要求其他经营者停止不正当竞争行为。

根据我国现行有关规定,经济权利主要有以下几类:

1. 经济职权。经济职权是指国家机关及其委托的单位或者法律、行政法规授权的单位依法进行社会经济管理时所享有的权利。具体表现为经济决策权、命令权、资源配置权、指挥权、审批权、准许权、确认权、监督权、撤销权、免除权、任免权、奖惩权、检查权等。国家担负着领导和组织国民经济建设的职能。经济职权就是国家为有效管理社会经济而赋予有关国家机关或单位的权利,具有法定性和专属性,其他经济法主体无权享有这种权利,因此经济职权不能随意转让。经济职权同时也是一种职责、义务,有关机关和单位应当依法切实行使其职权,而不能滥用职权,也不得放弃或抛弃其职权。一切失职、渎职行为均应受法律制裁。

2. 经营权。经营权是指经济法主体利用自己的财产或合法占有的他人财产,以营利为目的，依法从事生产经营活动的权利。尽管经营权与财产所有权密切相关，但它不同于财产所有权。财产所有权是指民事主体对其所有的财产所享有的占有、使用、收益和处分的权利。财产所有权就其属性而言，应属于民事权利。只有当财产被用于生产经营过程，才能在其上产生经营权。根据我国现行法律规定，经营权主要有以下几类：

（1）投资权。该权利即自然人、法人或其他组织以获取收益为目的，用其财产作为资本投入生产经营环节的权利。投资可以是直接投资，也可以是间接投资；可以是国内投资，也可以是国外投资。但资金投向必须符合国家的产业政策，必须是正当的经营活动，必须符合有关法律、行政法规的规定。任何单位和个人不得参与非法集资、走私、传销等违法活动。违法从事投资的，不仅其投资收益不受经济法保护，而且应追究其相应的民事责任、行政责任甚至刑事责任。

（2）国有企业经营权。该权利即国有企业对于国家授予其经营管理的财产享有的占有、使用和依法处分的权利。国家通过授权形式，将国有资产授予企业经营管理，企业依法自主经营、独立核算、自负盈亏。当然，国有企业应当在法律规定和国家授权的范围内行使企业经营权，并承担国有资产保值增值的责任。

（3）集体经济组织和个体经济、私营经济组织的自主经营权。集体经济组织在遵守有关法律的前提下，有独立进行经济活动的自主权。国家保护个体经济、私营经济等非公有制经济的合法权利和利益，并对非公有制经济依法实行监督和管理。

（4）承包经营权。该权利即承包人根据其与发包人订立的承包合同的约定而享有的自主经营权。

（5）租赁经营权。该权利即承租人与出租人（或称发包人）根据双方签订的租赁经营合同，向出租人（发包人）交纳租金而取得的有期限地经营所租赁企业的权利。

（6）自然资源开采、开发、利用权。在我国，矿藏、水流、森林、山岭、草原、荒地、滩涂等自然资源，都属于国家所有，即全民所有；由法律规定属于集体所有的森林和山岭、草原、荒地、滩涂除外。国家保障自然资源的合理利用。这方面的权利主要包括土地使用权、采矿权、取水权、渔业权等。

3. 经济请求权。该权利即经济法主体依法享有的请求他人为一定行为或不为一定行为，以维护其合法经济利益的权利。经济请求权主要有以下几类：

（1）管理性的请求权。该权利即在经济管理过程中，管理机关未依法履行管理职责给被管理者造成损害时，被管理者享有的请求管理者满足自己要求的权利。

（2）复议请求权。该权利即经济法主体在认为国家经济管理机关的行政行为不合法或不适当时请求有关上级机关进行复议的权利。

（3）损害赔偿请求权。该权利即经济法主体的经济权利在受到侵害并遭受损失时，要求侵权行为人赔偿财产损失的权利，如土地征用补偿请求权、行政侵权赔偿请求权、环境污染损害赔偿请求权等。

（4）其他请求权。包括申诉权、举报权、起诉权等。

（三）经济义务

经济义务，是指经济法主体在社会经济管理和经济组织活动中依法或应经济权利人的要求必须为一定行为和不为一定行为的约束。具体而言有三层含义:首先,承担经济义务的经济法主体必须为一定的行为,以保证国家利益和相应享有权利的另一方经济法主体的权益得以实现。其次,承担经济义务的经济法主体必须抑制一定的行为以不妨碍他人经济权利的行使或实现。最后,经济法主体不自觉履行或不适当履行经济义务,将承担相应的法律责任。

根据我国现行有关规定,经济义务主要有以下几类:

1. 依法履行经济管理职责。这是专属于经济管理机关的法定义务。经济管理机关的职权和职责是一致的,不依法履行其国民经济管理的职责,就是失职。

2. 依法开展经营活动。这是市场主体必须履行的基本义务。只有合法的经营活动才受法律保护,才能获得预期的经济利益,并有利于巩固社会主义市场经济秩序。

3. 依法纳税。征缴税款不仅是国家取得财政收入的主要方法,而且是调整经济的重要经济手段之一。经济法主体必须依法纳税。

4. 服从合法干预的义务。经济法主体的个体利益必须服从整体利益、全局利益,对于经济管理机关依法采取的经济干预措施,有服从的义务。

四、经济法律关系的客体

(一)经济法律关系的客体的概念

经济法律关系的客体,也称经济法律关系的标的,是指在经济法律关系中经济权利和经济义务所共同指向的对象。它是经济权利和经济义务的载体或外在表现形式,因而也是经济法律关系中不可缺少的要素。如果没有客体,经济法律关系主体既无法享受经济权利,也无法承担经济义务。

(二)经济法律关系客体的种类

由于经济法调整的经济关系既涉及经济组织的经济活动,又涉及社会经济管理活动,因而经济法律关系的客体的范围既广泛,又有一定的局限性。大致可分为以下四类:

1. 经济管理行为。法律上的行为一般是指当事人为实现一定目的而进行的有意识的活动。作为经济法律关系客体的行为主要表现为经济管理行为,即国家经济管理机关依法对国民经济进行管理的活动,它包括调控行为、许可行为、批准行为、登记行为、监督行为等。比如,审计机关审查财务账目的行为、中央银行调整利率的行为、税务机关征缴税款的行为。经济管理行为是经济法律关系中普遍发生的行为,因而也是经济法律关系最重要和最常见的客体。

2. 物。法律上的物一般是指现实存在的,能为人们所控制的,并具有经济价值的生产资料和生活资料,包括货币和有价证券。但是,作为经济法律关系客体的“物”没有这么宽泛。只有与社会经济管理以及经济组织活动相关的物,才能成为经济法律关系的客体。

3. 智力成果。智力成果是指由人们的智力创造而形成的文学艺术成果和科学技术成果。一般的智力成果都可以成为民事法律关系的客体,但只有那些与社会经济管理或经济组织活动有关的科学技术成果才能成为经济法律关系的客体。随着科技的进步,新的科技成果将会不断出现,充当经济法律关系客体的智力成果也将更加广泛。

4. 经济信息。经济信息是反映社会经济活动发生、变化等基本情况的各种消息、数据、情报和资料的总称。当今人类正处于信息时代,经济信息作为一种重要的资源,无论是对宏观经济调控,还是对微观经济运行都起着十分重要的作用。

五、经济法律关系的发生、变更和终止

(一)经济法律关系的发生、变更和终止的概念

经济法律关系的发生,是指在本不存在经济法律关系的当事人之间形成了经济法上的权利义务关系。经济法律关系一经发生,双方当事人即从理论意义上的、抽象的经济法主体变为现实的、具体的经济法主体,因而双方当事人都必须依据经济法律规范行使相关权利和履行相关义务。

经济法律关系的变更,是指现存的经济法律关系在主体、内容或客体方面发生变化。这种变化可以是部分,也可以是全部,但无论如何,变化后仍应当符合经济法律规范,否则其法律效力会受影响。

经济法律关系的终止,是指现存的经济法律关系消灭,即原经济法主体相互之间的权利义务不复存在。

(二)经济法律关系发生、变更和终止的原因

经济法确认和保护经济法律关系,但经济法律关系不会自生自灭。经济法律关系的发生、变更和终止都是有原因的。能够引起经济法律关系发生、变更或终止的客观情况,一般被称为经济法律事实。换言之,经济法律事实即经济法律关系发生、变更、终止的原因。在现实中,经济法律事实多种多样。根据是否受经济法主体主观意志的控制,经济法律事实可分为经济行为和事件两类。

1. 经济行为。经济行为是指经济法主体有意识地进行的,能够导致经济法律关系发生、变更或消灭的行为。作为经济法律事实的经济行为不同于一般意义上的经济行为。一般意义上的经济行为,是指当事人为实现一定的经济目的而进行的活动。一般意义上的经济行为只有在导致了经济法上的后果时才是经济法律事实。经济行为又可以分为单方行为和双方行为以及经济合法行为和经济非法行为。单方行为是指当事人基于单方意志而进行的行为,如经济管理部门的宏观调控行为、经营者的不正当竞争行为等。双方行为是指当事人双方基于共同合意而进行的行为,如企业设立登记、证券发行等。经济合法行为也被称为经济法律行为。经济合法行为会导致经济法律关系的发生、变更或消灭,经济非法行为也可能导致经济法律关系的发生、变更或消灭。比如,不正当竞争行为会导致合法经营者取得请求停止不正当竞争行为的权利;非法募集资金会导致金融监管机关行使监管职权;未经清算即解散、注销企业会导致原企业经济权利义务消灭,当然有关人员应承担相应的法律责任。

2. 事件。事件是指不以经济法主体的主观意志为转移而发生的客观情况。按其发生的原因不同,事件又可分为两种:自然事件与社会事件。自然事件是由自然现象引起的,如地

震、台风、水灾、旱灾、冰雹、雷击、海啸、火山爆发等;社会事件,如战争、政治动乱、政府禁令等。它虽然与某些人的主观意志有关,但它对经济法律关系主体来说,都是无法避免和克服的事件。自然事件和社会事件的发生,都可能引起经济法律关系的发生、变更和终止,因而计划的改变、价格的调整、税收的减免等情况,都可能成为经济法律事实。

第六节　经济法律责任

一、经济法律责任的概念

经济法律责任,是指经济法主体因其行为违反经济法律规范而应承受的法律制裁或强制性义务。具体而言包含以下几层含义:首先,它是针对经济法主体而适用的责任,也就是说只有参与社会经济管理或经济组织活动的单位或个人,才可能承担经济法律责任。在从事一般的民事活动和其他的行政管理活动过程中不发生经济法律责任问题。其次,它是违反经济法律规范导致的责任。违反经济法律规范主要表现为违反经济法律关系中的经济义务。最后,经济法律责任承担的方式体现为接受某种(些)制裁或履行一定义务,或者既接受制裁又履行一定义务。比如责令不正当竞争者停止不正当竞争行为、消除影响,并赔偿损失。

值得注意的是,经济法律责任不同于经济责任。经济责任是指违法行为人所承担的以经济利益减损为内容的法律责任,如赔偿损失、支付违约金、罚款、没收非法所得、交纳滞纳金、双倍返还定金、查封财产、冻结银行账户等。经济责任是经济法律责任中最常用的措施。

二、经济法律责任的种类

经济法律责任是一个具有综合性的范畴,它是由不同性质、多种责任形式构成的统一体。有的学者主张将经济法律责任分为经济责任、行政责任和刑事责任三种。这种分类不科学。理由之一,通常所说的经济责任包括罚款、没收非法所得等行政处罚措施,可见经济责任与行政责任是交叉关系而非并列关系;理由之二,将经济法律责任中责令停止不正当竞争行为、消除影响等归入经济责任不够准确。因此,根据性质的不同,经济法律责任应当分为民事责任、行政责任和刑事责任三种。

1. 经济法中的民事责任。经济法中的民事责任,是指经济法主体违反经济法律规范,不履行或不适当履行其经济义务(包括经济职责)所承担的具有民事责任性质的责任。具体的措施主要有:责令停止侵害、消除影响、返还财产、赔偿损失、支付违约金、交纳滞纳金、双倍返还定金等。

2. 经济法中的行政责任。经济法中的行政责任,是指经济法主体违反经济法律规范,不履行或不适当履行其经济义务(包括经济职责)所承担的具有行政制裁性质的责任。它分为行政处罚和行政处分两种。行政处罚是国家行政机关依照法定职权对违反经济法律规范的单位或个人处以的行政制裁,主要有罚款、责令停业、加收滞纳金、没收非法所得、吊销营业执照等。行政处分是国家行政机关按照行政隶属关系依法对违反经济法律规范或内部规章制度的个人所进行的一种纪律处分，主要有警告、记过、记大过、降级、降职、撤职、留用察看、开除等。

3. 经济法中的刑事责任。经济法中的刑事责任，是指经济法主体严重违反经济法律规范，构成犯罪，所必须承受的刑事制裁。刑事责任可以从适用属性上划分为主刑和附加刑两种。主刑是指只能独立适用不能附加适用的刑罚，附加刑是指既可独立适用也可附加适用的刑罚。前者包括管制、拘役、有期徒刑、无期徒刑和死刑，后者包括罚金、剥夺政治权利、没收财产。从适用的内容上可以分为生命刑（死刑）、自由刑（包括管制、拘役、有期徒刑和无期徒刑）、财产刑（包括罚金和没收财产）、资格刑（包括剥夺政治权利和驱逐出境）。对构成犯罪的单位一般判处罚金或没收财产，同时追究直接责任人相应的刑事责任。

三、经济法律责任的一般构成要件

经济法律责任的构成要件，是指国家有关机关据以追究经济法主体法律责任的条件。行为人承担经济法律责任一般应符合以下条件：

1. 行为人的行为违反了经济法律规范。经济法主体违反经济法律规范是承担经济法律责任的基本前提，没有违法行为也就不存在法律责任。经济法主体的违法行为既包括违反法定经济义务的行为，如生产伪劣产品、抗税等；也包括不正确行使经济权利的行为，如滥用职权进行行政垄断、企业超越登记的经营范围营业等。此外，违法行为可以表现为作为和不作为两种形式。作为的违法是指经济法主体通过积极的经济活动，实施了经济法所禁止的行为，如私设金融机构、诈骗贷款等。不作为的违法是指行为人消极地不实施法律要求实施的行为，如偷税、玩忽职守等。

2. 有一定的损害事实。损害事实是指对国家、社会或其他经济法主体造成财产损害和非财产损害的客观情况。财产损害又包括直接损害和间接损害两种。直接损害是指导致受害人现有财产的减少或丧失，而间接损害是指导致受害人正常的预期收入的减少或丧失。非财产损害，包括对其他经营者商业信誉的损毁、经济秩序的破坏等。一般而言，追究经济法律责任必须有一定的损害事实发生。但由于经济法侧重保护社会公共利益，有些行为尽管尚未导致损害，但存在损害的危险，如果任其发展则必然影响社会经济秩序，损害社会公共利益，因而有追究其行为人责任的必要。所以，在特殊情况下损害事实不是追究行为人经济法律责任的必要条件，如不正当竞争行为、许诺销售专利侵权产品行为。

3. 违法行为与损害事实之间存在因果关系。经济法主体的违法行为与损害事实存在因果关系，是指经济法主体的违法行为与受害人的损害事实之间存在内在的必然的联系。因果关系是客观存在的，不以行为人的主观意志为转移。如果经济法主体的违法行为与损害事实之间不存在这种必然的因果关系，则对损害事实不承担法律责任。也就是说，经济法主体所实施的行为对于受害人的损害结果的发生，起着直接的或者决定性的作用。当然，在社会经济生活中，原因和结果之间的联系往往是十分复杂的，既存在一一对应的因果关系，也存在一果多因、多果一因或多因多果的情况。应当注意的是，在多因一果的情况下，一定要区分主要原因和次要原因，以便确定行为人应承担的法律责任。总之，确认违法行为与损害事实之间的因果关系,应以唯物辩证法为理论基础,结合经济法律规范的规定和行为时的实际情况来考量,而不能主观臆断。

4. 行为人主观上有过错。在一般情况下,经济法主体只对在错误的思想支配下的违法行为承担相应的经济法律责任。换言之,追究经济法律责任一般适用"过错责任原则",无过错则不承担责任,比如因不可抗力不能履行义务、紧急避险的行为造成他人财产损害的,当事人可以免除责任。过错是行为人在实施违法行为时的主观心理状态。过错在法律上可分为故意和过失。故意是指行为人明知自己的违法行为会造成危害的结果,追求或者放任这种结果发生的心理状态。过失是指行为人应当预见自己的行为会发生危害的结果,由于疏忽大意而未能预见或已经预见到但轻信能够避免,导致危害结果发生的一种心理状态。经济法主体无论是故意还是过失,对自己的违法行为,都应承担相应的经济法律责任。过错理论在司法实践中,是个十分复杂的问题,除了主体单方违法的过错外,还存在混合过错和共同过错两种形式。混合过错是指对于损害事实的发生,不仅加害人有过错,受害人也存在过错。混合过错的双方应按各自的过错程度来分担相应的责任。共同过错是指两个以上的经济法主体的共同不法行为,造成他人损害。共同过错行为在主观上表现为串通或虽无事先串通但客观上造成了他方的损失。在串通的情况下,共同过错行为人应承担连带的法律责任;在无串通的情况下,行为人应分别承担相应的法律责任。由于不可抗力或意外事件发生,经济法主体不能履行法定义务,则不承担法律责任。

复习与思考

一、名词解释

经济法　　经济法律关系　　经济权利　　经济义务

二、简答

1. 经济法的调整对象。
2. 经济法的地位。
3. 经济法的基本原则。
4. 经济权利与经济职权的区别。
5. 经济法律责任的含义及其类型。

第二编　经济组织法

第二章　企　业　法

内容导读

企业是现代经济关系中最重要、最基本、最普遍、最活跃的经济主体。现代企业法律制度是社会主义市场经济法律体系的重要组成部分。规范企业的组织和行为、保护投资者与企业的合法权益、维护社会经济秩序,是现代各国经济立法的重要内容。本章讲述企业法的一般制度以及国有企业、集体企业、合伙企业、个人独资企业、外商投资企业法律制度。

第一节　企业法概述

一、企业的概念和种类

(一)企业的概念与特征

企业是指依法成立并具备一定的组织形式,以营利为目的,独立从事生产经营活动的组织。企业具有以下特征:

1. 企业必须依法成立,否则不被法律所认可,即不能取得合法的地位。

2. 企业必须具备一定的组织形式。企业是由一定的人的要素和物的要素(统称为生产要素)有机结合而组成的组织体。

3. 企业是以营利为目的的经济组织。企业是运用资本赚取利润的组织。

4. 企业是从事生产、流通或服务性活动的经济组织。企业有别于行使立法、司法和行政权力的国家机关,也有别于从事社会公益活动的事业单位和社会团体。

5. 企业具有一定的独立性。具有法人资格的企业(如公司)具有完全独立的法律上的主体资格;没有法人资格的企业(如合伙企业、个人独资企业)也具有相对独立的法律上的主体资格,可以自己的名义从事生产经营活动。

(二)企业的种类

1. 以生产资料所有制性质为标准,企业可分为全民所有制企业、集体所有制企业、私营企业和混合所有制企业。

2. 以组织形式和责任承担为标准,企业可分为独资企业、合伙企业和公司企业。

3. 以企业是否含有涉外因素为标准,企业可分为涉外企业和非涉外企业。其中涉外企业即外商投资企业,包括中外合资经营企业、中外合作经营企业和外资企业。

4. 以企业所属的经济部门或行业为标准,企业可分为工业企业、农业企业、交通运输企业、商业企业、金融企业等。

5. 以企业的法律地位为标准,企业可分为法人企业和非法人企业。

二、我国企业法的立法概况

企业法是规范企业在设立、存续和终止过程中所发生的各种社会关系的法律规范的总称。它以企业这种经济组织为规范对象,规定企业的设立、变更、终止,企业的法律地位和能力,企业的资本,投资者相互之间及其与企业的关系,企业内部的组织机构及其职权等内容。

我国企业法体系是在1979年以后改革开放过程中逐步形成并不断完善的。在20世纪80年代和90年代初,我国主要是以所有制、部门、地域、行业等为标准来界定并规范企业类型,建立了包括全民所有制企业法律制度、集体所有制企业法律制度、私营企业法律制度以及外商投资企业法律制度的企业法体系。主要立法如下表所示:

名称	发文机关	发布时间	修正(修订)时间	废止时间
工商企业登记管理条例	国务院	1982.08.09	—	1988.07.01
公司登记管理暂行规定	国家工商总局	1985.08.25	—	1988.07.01
企业破产法(试行)	全国人大常委会	1986.12.02	—	2007.06.01
全民所有制工业企业法	全国人大常委会	1988.04.13	2009	—
私营企业暂行条例	国务院	1988.06.25	—	2018.03.19
私营企业暂行条例实施办法	国家工商总局	1989.01.16	1996、1998	2018.03.19
企业法人登记管理条例	国务院	1988.06.03	2011、2014、2016、2019	2022.03.01
企业法人登记管理条例施行细则	国家工商总局	1988.11.03	1996、2000、2011、2014、2016、2017、2019、2020	2022.03.01
农民股份合作企业暂行规定	农业部	1990.02.12	1997	—
乡村集体所有制企业条例	国务院	1990.06.03	2011	—
企业名称登记管理规定	国务院	1991.07.22	2012、2020	—
城镇集体所有制企业条例	国务院	1991.09.09	2011、2016	—
全民所有制工业企业转换经营机制条例	国务院	1992.07.23	2011	—

这一时期关于外商投资企业的主要立法如下表所示：

名称	发文机关	发布时间	修正(修订)时间	废止时间
中外合资经营企业法	全国人大常委会	1979.07.08	1990、2001、2016	2020.01.01
中外合资经营企业登记管理办法	国务院	1980.07.26	—	1988.07.01
中外合资经营企业法实施条例	国务院	1983.09.20	1986、1987、2001、2011、2014、2019	2020.01.01
中外合作经营企业法	全国人大常委会	1988.04.13	2000、2016.09、2016.11、2017	2020.01.01
中外合作经营企业法实施细则	对外贸易经济合作部	1995.09.04	2014、2017.03、2017.11	2020.01.01
外资企业法	全国人大常委会	1986.04.12	2000、2016	2020.01.01
外资企业法实施细则	对外经济贸易部	1990.12.12	2001、2014	2020.01.01
中外合资经营企业合营期限暂行规定	对外经济贸易部	1990.10.22	2011	2020.01.01
外商投资产业指导目录	国家计委、国家经贸委、外经贸部	1995.06.20	1997、2002、2004、2007、2011、2015、2017	2018.07.28

自20世纪90年代以来，随着我国经济体制改革的不断深化和对外开放的不断扩大，过去的企业法体系已越来越不适应社会主义市场经济发展的需要。我国开始借鉴国际上通行的做法按照组织形式划分企业类型并进行相应立法规范，主要立法如下表所示：

名称	发文机关	发布时间	修正(修订)时间	废止时间
股份制企业试点办法	国家体改委等五部门	1992.05.15	—	2016.01.01
股份有限公司规范意见	国家体改委	1992.05.15	—	2015.05.30
有限责任公司规范意见	国家体改委	1992.05.15	—	2015.05.30
公司法	全国人大常委会	1993.12.29	1999、2004、2005、2013、2018、2023	—
合伙企业法	全国人大常委会	1997.02.23	2006	—
个人独资企业法	全国人大常委会	1999.08.30	—	—
企业破产法	全国人大常委会	2006.08.27	—	—

这一时期出台的其他有关企业的立法如下表所示:

名称	发文机关	发布时间	修正(修订)时间	废止时间
乡镇企业法	全国人大常委会	1996.10.29	—	—
企业国有资产监督管理暂行条例	国务院	2003.05.27	2011、2019	—
企业国有资产法	全国人大常委会	2008.10.28	—	—
农民专业合作社法	全国人大常委会	2006.10.31	2017	—

至此,我国形成了以公司企业、合伙企业和个人独资企业为基本类型划分的新型企业法体系。

为进一步扩大对外开放,积极促进外商投资,保护外商投资合法权益,规范外商投资管理,推动形成全面开放新格局,促进社会主义市场经济健康发展,2019年3月15日,发布《外商投资法》,该法自2020年1月1日起施行;2019年12月26日,发布《外商投资法实施条例》,该法自2020年1月1日起施行;2021年6月10日,发布施行《海南自由贸易港法》。

此外,为确认企业的经营资格,并规范企业登记行为,我国陆续出台了一系列法规、规章,主要如下表所示:

名称	发文机关	发布时间	修正(修订)时间	废止时间
公司登记管理条例	国务院	1994.06.24	2005、2014、2016	2022.03.01
合伙企业登记管理办法	国务院	1997.11.19	2007、2014、2019	2022.03.01
企业年度检验办法	国家工商总局	1996.12.13	1998、2006	2014.10.01
企业法人法定代表人登记管理规定	国务院	1998.04.07	1999	2022.03.01
个人独资企业登记管理办法	国家工商总局	2000.01.13	2014、2019	2022.03.01
企业经营范围登记管理规定	国家工商总局	2004.06.14	2015	2022.03.01
企业登记程序规定	国家工商总局	2004.06.10	—	2022.03.01
农民专业合作社登记管理条例	国务院	2007.05.28	2014	2022.03.01
外商投资合伙企业登记管理规定	国家工商总局	2010.01.29	2014、2019	2021.06.01
个体工商户登记管理办法	国家工商总局	2011.09.30	2014、2019	2022.03.01
企业经营异常名录管理暂行办法	国家工商总局	2014.08.19	—	—
企业名称禁限用规则	国家工商总局	2017.07.31	—	—
企业名称相同相近比对规则	国家工商总局	2017.07.31	—	—
市场主体登记管理条例	国务院	2021.07.21	—	—
市场主体登记管理条例实施细则	国家市场监管总局	2022.03.01	—	—
企业名称登记管理规定	国家市场监管总局	2023.08.29	—	—

三、企业(市场主体)登记管理

(一)登记管理的原则

市场主体登记管理应当遵循依法合规、规范统一、公开透明、便捷高效的原则。

1. 依法合规原则。市场主体应当依法办理登记。未经登记,不得以市场主体名义从事经营活动。法律、行政法规规定无须办理登记的除外。市场主体登记申请人应当对提交材料的真实性、合法性和有效性负责。市场主体登记申请不符合法律、行政法规或者国务院决定规定,或者可能危害国家安全、社会公共利益的,登记机关不予登记。

2. 规范统一原则。国家市场监督管理总局应当加强信息化建设,统一登记管理业务规范、数据标准和平台服务接口,归集全国市场主体登记管理信息。各级登记机关依法履行登记管理职责,执行全国统一的登记管理政策文件和规范要求,使用统一的登记材料、文书格式,以及省级统一的市场主体登记管理系统,优化登记办理流程,推行网上办理等便捷方式,健全数据安全管理制度,提供规范化、标准化登记管理服务。

3. 公开透明原则。国务院市场监督管理部门应当根据市场主体类型分别制定登记材料清单和文书格式样本,通过政府网站、登记机关服务窗口等向社会公开。登记机关能够通过政务信息共享平台获取的市场主体登记相关信息,不得要求申请人重复提供。

4. 便捷高效原则。国务院市场监督管理部门和国务院有关部门应当推动市场主体登记信息与其他政府信息的共享和运用,提升政府服务效能。县级以上地方人民政府承担市场主体登记工作的部门应当优化市场主体登记办理流程,提高市场主体登记效率,推行当场办结、一次办结、限时办结等制度,实现集中办理、就近办理、网上办理、异地可办,提升市场主体登记便利化程度。

(二)登记管理体制

国家市场监督管理总局主管全国市场主体统一登记管理工作,制定市场主体登记管理制度,推进登记全程电子化,规范登记行为,指导地方登记机关依法有序开展登记管理工作。

县级以上地方市场监督管理部门主管本辖区市场主体登记管理工作,加强对辖区内市场主体登记管理工作的统筹指导和监督管理,提升登记管理水平。县级市场监督管理部门的派出机构可以依法承担个体工商户等市场主体的登记管理职责。

省级以上人民政府或者其授权的国有资产监督管理机构履行出资人职责的公司,以及该公司投资设立并持有50%以上股权或者股份的公司的登记管理由省级登记机关负责;股份有限公司的登记管理由地市级以上地方登记机关负责。

省级市场监督管理部门依法对本辖区登记管辖作出统一规定;上级登记机关在特定情形下,可以依法将部分市场主体登记管理工作交由下级登记机关承担,或者承担下级登记机关的部分登记管理工作。

外商投资企业登记管理由国家市场监督管理总局或者其授权的地方市场监督管理部门负责。

在地域管辖方面,申请人应当根据市场主体类型依法向其住所(主要经营场所、经营场所)所在地具有登记管辖权的登记机关办理登记。市场主体设立分支机构,应当向分支机构所在地的登记机关申请登记。

(三)登记、备案事项

市场主体应当按照类型依法登记下列事项:(1)公司需登记名称、类型、经营范围、住所、注册资本、法定代表人姓名、有限责任公司股东或者股份有限公司发起人姓名或者名称。(2)非公司企业法人需登记名称、类型、经营范围、住所、出资额、法定代表人姓名、出资人(主管部门)名称。(3)个人独资企业需登记名称、类型、经营范围、住所、出资额、投资人姓名及居所。(4)合伙企业需登记名称、类型、经营范围、主要经营场所、出资额、执行事务合伙人名称或者姓名,合伙人名称或者姓名、住所、承担责任方式。执行事务合伙人是法人或者其他组织的,登记事项还应当包括其委派的代表姓名。(5)农民专业合作社(联合社)需登记名称、类型、经营范围、住所、出资额、法定代表人姓名。(6)分支机构需登记名称、类型、经营范围、经营场所、负责人姓名。(7)个体工商户需登记组成形式、经营范围、经营场所,经营者姓名、住所。个体工商户使用名称的,登记事项还应当包括名称。(8)法律、行政法规规定的其他事项。

市场主体应当按照类型依法备案下列事项:(1)公司需备案章程、经营期限、有限责任公司股东或者股份有限公司发起人认缴的出资数额、董事、监事、高级管理人员、登记联络员、外商投资公司法律文件送达接受人。(2)非公司企业法人需备案章程、经营期限、登记联络员。(3)个人独资企业需备案登记联络员。(4)合伙企业需备案合伙协议、合伙期限、合伙人认缴或者实际缴付的出资数额、缴付期限和出资方式、登记联络员、外商投资合伙企业法律文件送达接受人。(5)农民专业合作社(联合社)需备案章程、成员、登记联络员。(6)分支机构需备案登记联络员。(7)个体工商户需备案家庭参加经营的家庭成员姓名、登记联络员。(8)公司、合伙企业等市场主体受益所有人相关信息。(9)法律、行政法规规定的其他事项。上述备案事项由登记机关在设立登记时一并进行信息采集。

(四)登记规范

1. 申请规范

申请人申请登记市场主体法定代表人、执行事务合伙人(含委派代表)、注册资本(出资额)的,应当符合章程或者协议约定。合伙协议未约定或者全体合伙人未决定委托执行事务合伙人的,除有限合伙人外,申请人应当将其他合伙人均登记为执行事务合伙人。

法律、行政法规或者国务院决定规定市场主体申请登记、备案事项前需要审批的,在办理登记、备案时,应当在有效期内提交有关批准文件或者许可证书。若有关批准文件或者许可证书未规定有效期限,则自批准之日起超过90日的,申请人应当报审批机关确认其效力或者另行报批。

办理市场主体登记、备案事项的,申请人可以到登记机关现场提交申请,也可以通过市场主体登记注册系统提出申请。申请人可以委托其他自然人或者中介机构代其办理市场主体登记。受委托的自然人或者中介机构代为办理登记事宜应当遵守有关规定,不得提供虚假信息和材料。

申请人应当按照国家市场监督管理总局发布的经营范围规范目录,根据市场主体主要行业或者经营特征自主选择一般经营项目和许可经营项目,申请办理经营范围登记。

市场主体只能登记一个名称,市场主体名称由申请人依法自主申报。

市场主体只能登记一个住所或者主要经营场所。电子商务平台内的自然人经营者可以根据国家有关规定,将电子商务平台提供的网络经营场所作为经营场所。

出资方式应当符合法律、行政法规的规定。公司股东、非公司企业法人出资人、农民专业合作社(联合社)成员不得以劳务、信用、自然人姓名、商誉、特许经营权或者设定担保的财产等作价出资。

申请人应当对提交材料的真实性、合法性和有效性负责。申请人办理市场主体登记、备案事项,应当遵守法律法规,诚实守信,不得利用市场主体登记,牟取非法利益,扰乱市场秩序,危害国家安全、社会公共利益。

2. 确认登记规范

登记机关应当对申请材料进行形式审查。对申请材料齐全、符合法定形式的予以确认并当场登记,出具登记通知书,及时制发营业执照。营业执照分为正本和副本,具有同等法律效力。电子营业执照与纸质营业执照具有同等法律效力。营业执照签发日期为市场主体的成立日期。

登记机关不能当场登记的,应当在3个工作日内予以登记;情形复杂的,经登记机关负责人批准,可以再延长3个工作日。

申请材料不齐全或者不符合法定形式的,登记机关应当一次性告知申请人需要补正的材料。

市场主体登记申请不符合法律、行政法规或者国务院决定规定,或者可能危害国家安全、社会公共利益的,登记机关不予登记,并出具不予登记通知书。

不属于市场主体登记范畴或者不属于本登记机关登记管辖范围的事项,登记机关应当告知申请人向有关行政机关申请。

3. 外国投资者和我国港澳台投资者登记特别规定

外国投资者在中国境内设立外商投资企业,其主体资格文件或者自然人身份证明应当经所在国家公证机关公证并经中国驻该国使(领)馆认证。中国与有关国家缔结或者共同参加的国际条约对认证另有规定的除外。

我国香港特别行政区、澳门特别行政区和台湾地区投资者的主体资格文件或者自然人身份证明应当按照专项规定或者协议,依法提供当地公证机构的公证文件。按照国家有关规定,无须提供公证文件的除外。

(五)登记的种类

1. 设立登记

申请办理设立登记,应当提交下列材料:(1)申请书;(2)申请人主体资格文件或者自然人身份证明;(3)住所(主要经营场所、经营场所)相关文件;(4)公司、非公司企业法人、农民专业合作社(联合社)章程或者合伙企业合伙协议。

申请办理公司设立登记,还应当提交法定代表人、董事、监事和高级管理人员的任职文件和自然人身份证明。募集设立股份有限公司还应当提交依法设立的验资机构出具的验资证明;公开发行股票的,还应当提交国务院证券监督管理机构的核准或者注册文件。发起人首次出资属于非货币财产的,还应当提交已办理财产权转移手续的证明文件。

申请设立非公司企业法人,还应当提交法定代表人的任职文件和自然人身份证明。

申请设立合伙企业,还应当提交下列材料:(1)法律、行政法规规定设立特殊的普通合伙企业需要提交合伙人的职业资格文件的,提交相应材料;(2)全体合伙人决定委托执行事务合伙人的,应当提交全体合伙人的委托书和执行事务合伙人的主体资格文件或者自然人身份证明。执行事务合伙人是法人或者其他组织的,还应当提交其委派代表的委托书和自然人身份证明。

申请设立农民专业合作社(联合社),还应当提交下列材料:(1)全体设立人签名或者盖章的设立大会纪要;(2)法定代表人、理事的任职文件和自然人身份证明;(3)成员名册和出资清单,以及成员主体资格文件或者自然人身份证明。

申请办理分支机构设立登记,还应当提交负责人的任职文件和自然人身份证明。

个体工商户申请转变为企业组织形式,应当按照拟变更的企业类型设立条件申请登记。

2. 变更登记

市场主体变更登记事项,应当自作出变更决议、决定或者法定变更事项发生之日起30日内申请办理变更登记。市场主体登记事项变更涉及分支机构登记事项变更的,应当自市场主体登记事项变更登记之日起30日内申请办理分支机构变更登记。

市场主体变更登记事项属于依法须经批准的,申请人应当在批准文件有效期内向登记机关申请变更登记。市场主体变更经营范围,属于依法须经批准的项目的,应当自批准之日起30日内申请变更登记。许可证或者批准文件被吊销、撤销或者有效期届满的,应当自许可证或者批准文件被吊销、撤销或者有效期届满之日起30日内向登记机关申请变更登记或者办理注销登记。

市场主体变更住所或者主要经营场所跨登记机关辖区的,应当在迁入新的住所或者主要经营场所前,向迁入地登记机关申请变更登记。迁出地登记机关无正当理由不得拒绝移交市场主体档案等相关材料。

市场主体法定代表人依法受到任职资格限制的,在申请办理其他变更登记时,应当依法及时申请办理法定代表人变更登记。

市场主体变更登记涉及营业执照记载事项的,登记机关应当及时为市场主体换发营业执照。

3. 歇业备案

因自然灾害、事故灾难、公共卫生事件、社会安全事件等造成经营困难的,市场主体可以自主决定在一定时期内歇业。法律、行政法规另有规定的除外。市场主体应当在歇业前向登记机关办理备案。

市场主体歇业的期限最长不得超过 3 年。市场主体延长歇业期限，应当于期限届满前 30 日内按规定办理。

市场主体恢复营业时，登记、备案事项发生变化的，应当及时办理变更登记或者备案。以法律文书送达地址代替住所（主要经营场所、经营场所）的，应当及时办理住所（主要经营场所、经营场所）变更登记。

4. 注销登记

市场主体因解散、被宣告破产或者其他法定事由需要终止的，应当依法向登记机关申请注销登记。登记机关办理注销登记后，市场主体终止。

市场主体注销依法须经批准的，应当经批准后向登记机关申请注销登记。

市场主体未发生债权债务或者已将债权债务清偿完结，未发生或者已结清清偿费用、职工工资、社会保险费用、法定补偿金、应缴纳税款（滞纳金、罚款），并由全体投资人书面承诺对上述情况的真实性承担法律责任的，可以按照简易程序办理注销登记。市场主体应当将承诺书及注销登记申请通过国家企业信用信息公示系统公示，公示期为 20 日。在公示期内无相关部门、债权人及其他利害关系人提出异议的，市场主体可以于公示期届满之日起 20 日内向登记机关申请注销登记。市场主体注销依法须经批准的，或者市场主体被吊销营业执照、责令关闭、撤销，或者被列入经营异常名录的，不适用简易注销程序。

市场主体备案的歇业期限届满，或者累计歇业满 3 年，视为自动恢复经营，决定不再经营的，应当及时办理注销登记。

市场主体申请注销后，不得从事与注销无关的生产经营活动。自登记机关予以注销登记之日起，市场主体终止。

（六）撤销登记

对涉嫌提交虚假材料或者采取其他欺诈手段隐瞒重要事实取得市场主体登记的行为，登记机关可以根据当事人申请或者依职权主动进行调查。

受虚假登记影响的自然人、法人和其他组织，可以向登记机关提出撤销市场主体登记申请。登记机关收到申请后，应当在 3 个工作日内作出是否受理的决定，并书面通知申请人。登记机关受理申请后，应当于 3 个月内完成调查，并及时作出撤销或者不予撤销市场主体登记的决定。情形复杂的，经登记机关负责人批准，可以延长 3 个月。

在调查期间，相关市场主体和人员无法联系或者拒不配合的，登记机关可以将涉嫌虚假登记市场主体的登记时间、登记事项，以及登记机关联系方式等信息通过国家企业信用信息公示系统向社会公示，公示期为 45 日。相关市场主体及其利害关系人在公示期内没有提出异议的，登记机关可以撤销市场主体登记。

有下列情形之一的，登记机关可以不予撤销市场主体登记：（1）撤销市场主体登记可能对社会公共利益造成重大损害；（2）撤销市场主体登记后无法恢复到登记前的状态；（3）法律、行政法规规定的其他情形。

登记机关作出撤销登记决定后，应当通过国家企业信用信息公示系统向社会公示。

同一登记包含多个登记事项，其中部分登记事项被认定为虚假，撤销虚假的登记事项不影响市场主体存续的,登记机关可以仅撤销虚假的登记事项。

撤销市场主体备案事项的,参照撤销登记事项的规定执行。

(七)登记监督管理

1. 年度报告公示

市场主体应当于每年1月1日至6月30日,通过国家企业信用信息公示系统报送上一年度年度报告,并向社会公示。

歇业的市场主体应当按时公示年度报告。

2. 营业执照管理

市场主体应当将营业执照(含电子营业执照)置于住所(主要经营场所、经营场所)的醒目位置。从事电子商务经营的市场主体应当在其首页显著位置持续公示营业执照信息或者其链接标识。

在营业执照记载的信息发生变更时,市场主体应当于15日内完成对应信息的更新公示。市场主体被吊销营业执照的,登记机关应当将吊销情况标注于电子营业执照中。

3. 双随机抽查

登记机关应当随机抽取检查对象、随机选派执法检查人员,对市场主体的登记备案事项、公示信息情况等进行抽查,并将抽查检查结果通过国家企业信用信息公示系统向社会公示;必要时可以委托会计师事务所、税务师事务所、律师事务所等专业机构开展审计、验资、咨询等相关工作,依法使用其他政府部门作出的检查、核查结果或者专业机构作出的专业结论。

4. 经营异常名录公示

市场主体被撤销设立登记、吊销营业执照、责令关闭,6个月内未办理清算组公告或者未申请注销登记的,登记机关可以在国家企业信用信息公示系统上对其作出特别标注并予以公示。

(八)违反登记管理的法律责任

未经设立登记从事一般经营活动的,由登记机关责令改正,没收违法所得;拒不改正的,处1万元以上10万元以下的罚款;情节严重的,依法责令关闭停业,并处10万元以上50万元以下的罚款。

提交虚假材料或者采取其他欺诈手段隐瞒重要事实取得市场主体登记的,由登记机关责令改正,没收违法所得,并处5万元以上20万元以下的罚款;情节严重的,处20万元以上100万元以下的罚款,吊销营业执照。明知或者应当知道申请人提交虚假材料或者采取其他欺诈手段隐瞒重要事实进行市场主体登记,仍接受委托代为办理,或者协助其进行虚假登记的,由登记机关没收违法所得,处10万元以下的罚款。虚假市场主体登记的直接责任人自市场主体登记被撤销之日起3年内不得再次申请市场主体登记。登记机关应当通过国家企业信用信息公示系统予以公示。

实行注册资本实缴登记制的市场主体虚报注册资本取得市场主体登记的,由登记机关责令改正，处虚报注册资本金额5%以上15%以下的罚款；情节严重的，吊销营业执照。实行注册资本实缴登记制的市场主体的发起人、股东虚假出资，未交付或者未按期交付作为出资的货币或者非货币财产的，或者在市场主体成立后抽逃出资的，由登记机关责令改正，处虚假出资金额5%以上15%以下的罚款。

市场主体未按规定办理变更登记的，由登记机关责令改正；拒不改正的，处1万元以上10万元以下的罚款；情节严重的，吊销营业执照。

市场主体未按规定办理备案的，由登记机关责令改正；拒不改正的，处5万元以下的罚款。依法应当办理受益所有人信息备案的市场主体，未办理备案的，按照上述规定处理。

市场主体未按规定将营业执照置于住所或者主要经营场所醒目位置的，由登记机关责令改正；拒不改正的，处3万元以下的罚款。

从事电子商务经营的市场主体未在其首页显著位置持续公示营业执照信息或者相关链接标识的，由登记机关依照《电子商务法》处罚。

市场主体伪造、涂改、出租、出借、转让营业执照的，由登记机关没收违法所得，处10万元以下的罚款；情节严重的，处10万元以上50万元以下的罚款，吊销营业执照。

市场主体未规定公示终止歇业的，由登记机关责令改正；拒不改正的，处3万元以下的罚款。

利用市场主体登记，牟取非法利益，扰乱市场秩序，危害国家安全、社会公共利益的，法律、行政法规有规定的，依照其规定；法律、行政法规没有规定的，由登记机关处10万元以下的罚款。

市场主体未按规定的期限公示或者报送年度报告的，由登记机关列入经营异常名录，可以处1万元以下的罚款。

登记机关及其工作人员违反本条例规定未履行职责或者履行职责不当的，对直接负责的主管人员和其他直接责任人员依法给予处分。

违反规定，构成犯罪的，依法追究刑事责任。

情节轻微并及时改正，没有造成危害后果的，依法不予行政处罚。初次违法且危害后果轻微并及时改正的，可以不予行政处罚。当事人有证据足以证明没有主观过错的，不予行政处罚。

第二节 国有企业法律制度

一、国有企业的概念

国有企业，在国际惯例中仅指一个国家的中央政府或联邦政府投资或控制的企业。我国国有企业在改革开放之前称为国营企业；在改革开放初期称为全民所有制企业。随着改革开放的不断深化和扩大，特别是在全民所有制企业基本完成公司改制以后，通常所称的国有企业，是指国务院和地方人民政府分别代表国家履行出资人职责的国有独资企业、国有独资公司以及国有资本控股公司等企业或公司。而国家出资企业的范围就更大,不仅包括上述国有企业,还包括国有资本参股公司。

本节重点讲述《全民所有制工业企业法》和《全民所有制工业企业转换机制条例》(以下简称《转换机制条例》)的主要内容,因此,本节所称国有企业,仅指适用于这两部法律、法规以及相关规章的全民所有制企业,是指生产资料归全体劳动人民所有,依法自主经营、自负盈亏、独立核算的商品生产和经营单位,是独立享有民事权利和承担民事义务的企业法人。

二、国有企业的设立、变更和终止

(一)国有企业的设立

国有企业的设立即全民所有制企业的设立,是指依法组建全民所有制企业并使之成为企业法人的活动。

1. 国有企业设立的条件

根据《全民所有制工业企业法》的规定,设立国有企业,必须具备以下条件:(1)产品为社会所需要;(2)有能源、原材料、交通运输的必要条件;(3)有自己的名称和生产经营场所;(4)有符合国家规定的资金;(5)有自己的组织机构;(6)有明确的经营范围;(7)法律、法规规定的其他条件。

2. 国有企业设立的程序

国有企业设立程序如下:(1)依照法律和国务院规定,报请政府或者政府主管部门审核批准。对一些特殊经营范围的国有企业,还须经有关监督管理部门或者人民政府批准。(2)办理工商登记。国有企业只有在登记主管机关依法核准登记,并领取企业法人营业执照后,才能正式成立。

(二)国有企业的变更和终止

国有企业变更的主要形式包括国有企业的合并、分立和国有企业其他重要事项的变更。国有企业的合并或者分立,依照法律、法规的规定,由政府或者政府主管部门批准。国有企业的变更,应当在审批机关批准30日内,向登记主管机关申请办理变更登记、开业登记或者注销登记。

国有企业终止原因包括:违反法律、法规被责令撤销,政府主管部门依照法律、法规的规定决定解散,依法被宣告破产,其他原因。国有企业解散或者被撤销的,应当由其主管部门组织清算组进行清算。国有企业被宣告破产的,应当由人民法院组织清算组进行清算。国有企业终止,应当依法经市场监督管理部门核准登记,并向国有资产管理部门办理产权变更或注销登记。

三、国有企业的权利和义务

(一)国有企业的权利和义务概述

国有企业的权利大致可分为两大类:一类是国有企业作为民事法律主体享有的权利,

如企业名称专用权、注册商标专用权等,多由民法来调整;另一类是国有企业作为经济法律主体享有的权利,由企业法加以规定。《全民所有制工业企业法》对国有企业的权利作出了原则性的规定,《转换经营机制条例》又以“企业经营权”专章对国有企业的权利作出了具体的规定。

根据权利与义务对等一致的法律原则,国有企业的义务是对其权利的适当限制,是防止全民所有制工业企业滥用经营权的重要措施。《全民所有制工业企业法》也原则性地规定了国有企业的基本义务,《转换经营机制条例》以“企业自负盈亏的责任”专章作出了具体详细的规定。

(二)国有企业的权利

国有企业经营权是指国有企业对国家授予其经营管理的财产享有占有、使用和依法处分的权利。根据《全民所有制工业企业法》和《转换经营机制条例》的规定,国有企业享有的权利有:

1. 生产经营决策权。生产经营决策权是企业经营权的核心。国有企业根据国家宏观计划指导和市场需求,编制本企业的生产经营计划,自主作出生产经营决策,生产产品或为社会提供有偿服务。国有企业可以自主决定在本行业内或者跨行业调整生产经营范围,凡符合国家产业政策导向的,政府有关部门应当给予支持,市场监督管理部门应当办理变更登记手续。

2. 产品、劳务定价权。国有企业生产的产品,除国务院物价部门和省级政府的物价部门管理的价格以外,国有企业有权自主定价。国有企业提供的加工、维修、技术协作等劳务,由国有企业自主定价。

3. 产品销售权。国有企业有权自行销售本企业的产品。国有企业生产国家规定由特定单位收购的产品,有权要求与政府指定的收购单位签订合同。收购单位不按照合同收购的,国有企业可以向政府或者政府有关部门申诉,要求协调解决,也可以依照有关合同法规规定,向人民法院起诉,追究收购单位的违约责任;已经按照合同生产的产品,收购单位不按照合同收购的,国有企业可以自行销售。法律另有规定或者国家明令禁止在市场上销售的产品除外。

4. 物资采购权。国有企业有权自行选择供货单位,购进生产需要的物资。

5. 进出口权。国有企业可以在全国范围内自行选择外贸代理企业从事进出口业务,并有权参与同外商的谈判;具备条件的国有企业,经政府的有关部门批准,依法享有进出口经营权,在获得进出口配额、许可证等方面,享有与外贸企业同等的待遇。经国务院授权,国有企业可以自行审批出境手续。国有企业根据国家规定,可以在境外承揽工程,进行技术合作或者提供其他劳务。

6. 投资决策权。国有企业有权依照法律和国务院关于国有资产管理的规定向国内的其他企、事业单位投资,购买和持有其他企业的股份;经批准可以向境外投资或者在境外开办企业。国有企业的投资行为符合国家产业政策和地区行业规划布局,以留用资金和自筹资金从事生产性建设,能够自行解决建设和生产条件的,可自主立项。

7. 留用资金支配权。国有企业在保证实现企业资产增值的前提下，有权自主确定税后留用利润中各项基金的比例和用途，报政府有关部门备案。除国务院有特殊规定外，国有企业有权拒绝任何部门和单位无偿调拨企业留用资金或者强令企业以折旧费、大修理费补交上缴利润。

8. 资产处置权。除法律法规另有规定外，国有企业根据生产经营的需要，对一般固定资产，可以自主决定出租、抵押或者有偿转让；对关键设备、成套设备或者重要建筑均可以出租，经政府主管部门批准也可以抵押、有偿转让。但处置生产性固定资产应当依照国家有关规定进行评估，所得收入必须全部用于设备更新和技术改造。

9. 联营兼并权。国有企业有权与其他企业、事业单位组成新的经济实体、共同经营或以订立联营合同的形式联营，也可以按照自愿、有偿的原则兼并其他企业。

10. 劳动用工权。国有企业根据生产经营的需要，有权按照面向社会、公开招收、全面考核、择优录用的原则自主决定招工，并有权选择用工形式，与职工签订劳动合同，有权对现有职工实行合理的劳动组合，对富余人员进行适当的安置。此外，对违法、违纪职工，国有企业有权依法解除劳动合同，辞退或开除。

11. 人事管理权。国有企业按照德才兼备、任人唯贤的原则和责、权相统一的要求，有权在本企业内设置专业技术职务，给予相应的待遇；有权确定企业管理人员、技术人员的选拔和任用方式，经政府有关部门批准，可以进行境外招聘。

12. 工资、奖金分配权。国有企业的工资总额依照政府规定的工资总额与经济效益挂钩的办法确定，在确定的工资总额内，工资、奖金的具体分配办法及数额由企业自主确定。国有企业有权结合本企业实际情况，选择确定具体的工资分配制度，自主制定职工晋级增薪、降级减薪的办法，明确相关条件和时间。

13. 内部机构设置权。国有企业有权决定企业内部机构的设立、调整和撤销，决定企业的人员编制。除法律另有规定和国务院有特殊规定外，国有企业有权拒绝任何部门和单位提出的设置对口机构、规定人员编制和人员级别待遇的要求。

14. 拒绝摊派权。国有企业有权拒绝任何部门、单位向企业摊派人力、物力、财力的要求和行为。国有企业有权向审计部门、监察部门或其他政府有关部门控告、检举摊派行为，要求作出处理。除法律和国务院另有规定外，任何部门、单位不得强行组织对国有企业的检查、评比、评优、达标、升级、鉴定、考试、考核，国有企业也有权予以抵制。

国有企业的经营权受法律保护，任何部门、单位和个人不得干预和侵犯，国有企业有权通过向政府有关部门申诉、举报或向人民法院起诉等方式保护经营权不受侵犯。

（三）国有企业的义务

《全民所有制工业企业法》《转换经营机制条例》在规定国有企业享有权利的同时，也明确规定了国有企业应当履行的义务。国有企业的义务体现在国有企业对国家、社会和职工三个方面的责任，主要有以下几个方面：

1. 国有企业必须遵守国家法律、法规。国家制定的各项法律、法规，是国有企业进行各种生产经营活动的基本准则。守法是所有经济组织和个人的义务。严格履行这一义务，不仅是办好国有企业的需要，而且对于加强经济法制建设、发展国民经济具有重要意义。

2. 国有企业必须完成指令性计划。随着社会主义市场经济的建立，国家指令性计划将会进一步减少。但由于我国经济发展的不平衡以及国家宏观调控的必要性，在今后相当长一段时期内，不可能完全取消指令性计划。这些指令性计划往往涉及国民经济中的核心产业和产品，国有企业必须完成。

3. 国有企业必须有效地利用企业全部资产，保障固定资产的正常维修、改进和更新设备，努力实现企业财产的保值或增值。

4. 国有企业必须加强产品质量管理，建立质量保证体系，保证产品质量，对用户和消费者负责，积极开发新产品，以适应市场的不断变化所产生的客观要求。

5. 国有企业应当在大力利用科学技术成果、推进科学技术进步的基础上，节约能源、原材料，降低产品成本，提高经济效益。

6. 国有企业必须遵守财务制度、劳动工资制度以及物价管理等方面的规定，依法缴纳税金、利润费用和接受财政审计、税务劳动工资、物价和市场监督管理部门的监督检查。

7. 国有企业必须严格履行依法订立的经济合同，保障社会主义市场经济正常运行的秩序。

8. 国有企业必须加强保卫工作，维护生产秩序，保护国家财产。

9. 国有企业必须贯彻安全生产制度，改善劳动条件，做好劳动保护和环境保护工作，做到安全生产和文明生产。

10. 国有企业应当加强思想政治教育、法制教育、国防教育、科学文化教育和技术培训，提高职工队伍的素质。

11. 国有企业应当支持和奖励职工进行科学研究、发明创造，开展技术革新、合理化建议和社会主义劳动竞赛活动。

12. 国有企业应当支持企业工会的活动，按《工会法》确定的比例核拨工会活动经费，鼓励职工参与企业民主管理。

四、国有企业的内部管理体制

（一）厂长负责制

1. 厂长负责制的概念

厂长负责制，就是国有企业的厂长对企业的生产指挥、经营管理全权负责的一种企业内部领导制度。厂长是国有企业的法定代表人，在国有企业的生产和经营管理中处于中心地位，对国有企业的物质文明建设和精神文明建设负有全面责任。

2. 厂长的任职条件及产生、任期

关于厂长的条件，《全国所有制工业企业厂长工作条例》从政治素质、业务能力、思想作风、文化学历和身体条件等方面对厂长提出了具体要求：第一，有从事社会主义建设事业的革命精神，能坚持企业的社会主义经营方向；第二，熟悉本行业生产业务，懂得有关的经济政策和法律、法规，善于经营管理，有组织领导能力；第三，廉洁奉公，联系群众，有民主作风；第四，大中型企业的厂长一般应当具有大专以上文化水平，小型企业的厂长一般不应低于中专文化水平,或者通过国家规定的厂长考试,成绩及格;第五,身体健康,能适应工作需要。

符合厂长条件的人担任厂长,必须经过法定的形式和程序产生。《全民所有制工业企业法》第44条规定,厂长的产生,除国务院另有规定外,应由政府主管部门根据企业的情况决定采取下列方式中的一种:一是由政府主管部门委任或者招聘;二是企业职工代表大会选举。《全民所有制工业企业法》规定:政府主管部门委任或者招聘的厂长人选,须征求职工代表的意见;企业职工代表大会选举的厂长,须报政府主管部门批准。政府主管部门委任或者招聘的厂长,由政府主管部门免职或者解聘,并须征求职工代表的意见;企业职工代表大会选举的厂长,由职工代表大会罢免,并须报政府主管部门批准。

厂长实行任期制,每届任期3~5年,可以连任。

3. 厂长的职权

在国有企业的生产经营管理中,厂长行使下列职权:(1)依照法律和国务院规定,决定或者报请审查批准国有企业各项计划。(2)决定国有企业行政机构的设置。(3)提请政府主管部门任免或者聘任、解聘副厂级行政领导干部。法律和国务院另有规定的除外。(4)任免或者聘任、解聘国有企业中层行政领导干部。法律另有规定的除外。(5)提出工资调整方案、奖金分配方案和重要的规章制度,提请职工代表大会审查同意。提出福利基金使用方案和其他有关职工生活福利的重大事项的建议,提请职工代表大会审议决定。(6)依法奖惩职工,提请政府主管部门奖惩副厂级行政领导干部。

(二)职工民主管理制度

1. 职工代表大会的性质和地位

根据《全民所有制工业企业法》第51条的规定,国有企业的职工代表大会是国有企业实行民主管理的基本形式,是职工行使民主管理权力的机构。

2. 职工代表大会的职权

根据法律规定,国有企业职工代表大会行使下列职权:(1)国有企业重大经营决策审议权。听取和审议厂长关于国有企业的经营方针、长远规划、年度计划、基本建设方案、重大技术改造方案、职工培训计划,留用资金分配和使用方案等,提出意见和建议。(2)国有企业重要规章制度核准权。审查同意或否决企业工资调整方案、奖金分配方案、劳动保护措施、奖惩办法和其他重要规章制度。(3)重大生活福利事项审议决定权。审议决定职工福利基金使用方案、职工住宅分配方案和其他有关职工生活福利的重大事项。(4)评议、监督国有企业行政领导干部权。评议、监督国有企业各级行政领导干部,提出奖惩和任免建议。(5)推荐、选举厂长权。根据主管部门的决定选举厂长,并报政府主管部门批准。

3. 职工代表大会的组织制度

按照《全民所有制工业企业职工代表大会条例》的规定,职工代表大会至少每半年召开一次。每次会议必须有2/3以上的职工代表出席。遇有重要事项,经厂长、企业工会委员会或1/3以上的职工代表的提议可召开临时会议。职工代表大会进行选举和作出决议,必须经全体职工代表过半数通过。职工代表大会的工作机构是国有企业的工会委员会,国有企业的工会委员会负责职工代表大会的日常工作。

（三）党委保证监督制度

在坚持和完善厂长负责制的同时，必须发挥中国共产党的基层组织在国有企业中的政治核心作用。充分发挥党委的保证和监督作用，监督国有企业对党和国家的方针政策、法律、法规以及干部政策的执行，保证国有企业的社会主义方向。

（四）企业管理委员会制度

根据法律规定，大、中型国有企业设立企业管理委员会，协助厂长对企业重大问题作出决策。企业管理委员会是国有企业建立的以厂长为首的民主决策机构。企业管理委员会由厂长、副厂长、总工程师、总经济师、总会计师、党委书记、团委书记、工会主席和职工代表大会选出的职工代表组成。职工代表（含工会主席）人数一般应当为管理委员会全体成员的1/3，厂长任企业管理委员会主任，当企业管理委员会对重大决策不能形成决议时，厂长有最终的决定权。

五、国有企业与政府的关系

国有企业和政府的关系表现在两个方面：一是政府作为国有企业资产的所有者（国家）的代表，在行使财产所有权时与国有企业发生的关系；二是政府作为行政管理者，在行使管理经济的职能时与国有企业发生的关系。《全民所有制工业企业法》和《转换经营机制条例》在政府和国有企业的关系方面主要规范了政府应尽的职责。

（一）政府作为所有者代表的职责

国有企业财产属于全民所有，即国家所有。国务院代表国家行使国有企业的财产所有权。为确保国有企业财产的国家所有权，政府及其有关部门分别行使下列职责：

1. 考核国有企业保值、增值指标，对国有企业资产负债和损益情况进行审查和审计监督。

2. 根据国务院的有关规定，决定国家与国有企业之间财产收益的分配方式、比例或定额。

3. 根据国务院的有关规定，决定、批准国有企业生产性建设项目，但法律规定由国有企业自主决定的投资项目除外。

4. 决定或者批准国有企业的资产经营形式和国有企业的设立、合并（不含兼并）、分立、终止、拍卖，批准国有企业提出的被兼并申请和破产申请。

5. 根据国务院的有关规定，审批国有企业财产的报损、冲减、核销及关键设备、成套设备或重要建筑的抵押，有偿转让，组织清算和收缴被撤销、解散国有企业的财产。

6. 依照法定条件和程序，决定或者批准国有企业厂长的任免（聘任、解聘）或奖惩。

7. 拟定国有企业财产管理法规，并对执行情况进行监督、检查。

8. 维护国有企业依法行使经营权，保障国有企业的生产经营活动不受干预，协助国有企业解决实际困难。

(二)政府作为行政管理者的职责

1. 政府应当采取下列措施,加强宏观调控和行业管理:(1)制定经济和社会发展战略、方针和产业政策、控制总量平衡、规划和调整产业布局;(2)运用利率、税率、汇率等经济杠杆和价格政策,调控和引导国有企业行为;(3)根据产业政策和规模经济要求,引导国有企业产业结构调整,实现资源合理配置;(4)建立和完善适应商品经济发展的国有企业劳动人事工资制度、财务制度、成本制度、会计制度、折旧制度、收益分配制度和税收征管制度,制定考核国有企业的经济指标体系,逐步将国有企业职工的全部工资性收入纳入成本管理;(5)推动技术进步,开展技术和业务培训,为国有企业决策和经营活动提供信息、咨询。

2. 政府应采取下列措施,培育和完善市场体系:(1)打破地区、部门分割和封锁,建立和完善平等竞争,规划健全的全国统一市场;(2)按照国民经济发展总体规划布局,统筹规划、协调和建立生产资料市场、劳务市场、金融市场、技术市场、信息市场和国有企业产权转让市场等,促进市场体系的发育和完善;(3)发布市场信息,加强市场管理,制止违法经营和不正当竞争。

3. 政府应当采取下列措施,建立和完善社会保障体系:(1)建立和完善养老保险制度,实行基本养老保险、国有企业补充养老保险、职工个人储蓄养老保险相结合的制度;(2)建立和完善职工的待业保险制度,使职工在待业期间能够得到一定数量和一定期限的待业保险金,保证其基本生活;(3)建立和完善医疗保险、工伤保险和生育保险等保障制度。

4. 政府应当采取下列措施,为国有企业提供社会服务:(1)发展和完善与国有企业有关的公共设施和公益事业,减轻国有企业的社会负担;(2)建立和发展会计师事务所、审计师事务所、职业介绍所、律师事务所、资产评估机构和信息、咨询服务机构等社会服务组织;(3)完善劳动就业服务体系,培训待业人员,帮助其再就业;(4)健全劳动争议仲裁制度,及时妥善处理劳动纠纷,维护国有企业和职工的合法权益;(5)协调国有企业与其他单位的关系,保障国有企业的正常生产经营秩序。

六、企业国有资产监督管理

(一)企业国有资产和国家出资企业的概念

企业国有资产,是指国家对企业各种形式的出资所形成的权益。国家出资企业,是指国家出资设立的国有独资企业、国有独资公司,以及国有资本控股公司、国有资本参股公司。

(二)企业国有资产管理体制

根据党的十六大精神和第十届全国人大第一次会议审议通过的国务院机构改革方案,2003 年 3 月,国务院国有资产监督管理委员会成立,并依据国务院授权对中央企业履行出资人职责。2003 年 5 月国务院公布了《企业国有资产监督管理暂行条例》(已被修改),确定了企业国有资产管理体制改革的方向和原则。根据《企业国有资产法》的规定,我国目前的企业国有资产管理体制为:国务院和地方人民政府依照法律、行政法规的规定,分别代表国家对国家出资企业履行出资人职责,享有出资人权益;国务院和地方人民政府应当按照政企分开、社会公共管理职能与国有资产出资人职能分开、不干预企业依法自主经营的原则，依法履行出资人职责；国务院国有资产监督管理机构和地方人民政府按照国务院的规定设立的国有资产监督管理机构，作为履行出资人职责的机构，根据本级人民政府的授权，代表本级人民政府对国家出资企业履行出资人职责。

（三）国有资产监督管理机构的职权和责任

国有资产监督管理机构对国家出资企业依法享有资产收益、参与重大决策和选择管理者等出资人权利，有权依照法律、行政法规的规定，制定或者参与制定国家出资企业的章程，委派股东代表参加国有资本控股公司、国有资本参股公司召开的股东（大）会会议等。

国有资产监督管理机构应当对本级人民政府负责，保障出资人权益，对国有资产保值增值负责，防止国有资产流失，维护企业作为市场主体依法享有的权利，除依法履行出资人职责外，不得干预企业经营活动。

（四）国家出资企业的财产权及其对出资人的相关责任

国家出资企业对其动产、不动产和其他财产依照法律、行政法规以及企业章程享有占有、使用、收益和处分的权利。国家出资企业依法享有的经营自主权和其他合法权益受法律保护。国家出资企业对其所出资企业依法享有资产收益、参与重大决策和选择管理者等出资人权利。同时，国家出资企业应当依法经营管理，接受政府及政府有关部门、机构依法实施的监督管理，接受社会公众的监督，承担社会责任，对出资人负责。国家出资企业应当建立和完善法人治理结构，建立健全内部监督管理和风险控制制度，依照法律、行政法规和国务院财政部门的规定，建立健全财务、会计制度，设置会计账簿，进行会计核算，依照法律、行政法规以及企业章程的规定向出资人提供真实、完整的财务、会计信息。国家出资企业应当依照法律、行政法规以及企业章程的规定，向出资人分配利润。国家出资企业依照法律规定，通过职工代表大会或者其他形式，实行民主管理。

七、违反全民所有制工业企业法的法律责任

（一）国有企业违反全民所有制工业企业法的法律责任

1. 违反国家企业法人登记管理规定，未经政府或者政府主管部门审核批准和市场监督管理部门核准登记，以国有企业名义进行生产经营活动的，将受到责令停业、没收违法所得的处罚。国有企业向登记机关登记时，弄虚作假、隐瞒真实情况的，将受到警告、罚款或吊销营业执照的处罚。

2. 国有企业因生产、销售质量不合格的产品，给用户和消费者造成财产、人身损害的，应承担赔偿责任；构成犯罪的，对企业、直接负责的主管人员和其他直接责任人员依法追究刑事责任。

（二）国有企业领导干部违反全民所有制工业企业法的法律责任

1. 国有企业领导干部滥用职权，侵犯职工合法权益，情节严重的，由政府主管部门给予

行政处分。国有企业领导干部滥用职权,假公济私,对职工实行报复陷害,构成犯罪的,依法追究刑事责任。

2. 国有企业领导干部因工作过失给企业和国家造成较大损失的,由政府主管部门给予行政处分。

3. 国有企业领导干部玩忽职守,致使企业财产、国家和人民利益遭受重大损失,构成犯罪的,依法追究刑事责任。

(三)政府有关部门领导干部违反全民所有制工业企业法的法律责任

政府有关部门的领导干部,因工作过失给国有企业和国家造成较大损失的,由上级机关给予行政处分。政府有关部门领导干部玩忽职守,致使国有企业财产、国家和人民利益遭受重大损失,构成犯罪的,依法追究刑事责任。

第三节 集体企业法律制度

一、集体企业的概念和种类

集体企业即集体所有制企业,是指以生产资料的劳动群众集体所有制为基础,实行共同劳动,在分配方式上以按劳分配为主的独立的商品经济组织。

集体所有制企业按照所处地域的不同,可分为城镇集体所有制企业和乡村集体所有制企业。

城镇集体所有制企业,是在城镇区域内设立的,以生产资料的劳动群众集体所有制为基础的,实行共同劳动,在分配方式上以按劳分配为主的社会主义经济组织。劳动群众集体所有,应当符合下列中任一项的规定:(1)本集体企业的劳动群众集体所有;(2)集体企业的联合经济组织范围内的劳动群众集体所有;(3)投资主体为两个或者两个以上的集体企业,其中前两项劳动群众集体所有的财产应当占主导地位。主导地位,是指劳动群众集体所有的财产占企业全部财产的比例,一般情况下应不低于51%,特殊情况经过原审批部门批准,可以适当降低。

乡村集体所有制企业,是指在乡村区域内设立的,由乡(含镇)、村(含村民小组)农民集体举办的独立的社会主义经济组织。

与乡村集体所有制企业相近的概念还有农民专业合作社(联合社)、乡镇企业等。

农民专业合作社,是指在农村家庭承包经营基础上,农产品的生产经营者或者农业生产经营服务的提供者、利用者,自愿联合、民主管理的互助性经济组织。农民专业合作社适用《农民专业合作社法》的规定。

乡镇企业,是指农村集体经济组织或者农民投资为主,在乡镇(包括所辖村)举办的承担支援农业义务的各类企业。乡镇企业适用《乡镇企业法》的规定。

限于本书的篇幅,以下仅讲述城镇集体所有制企业和乡村集体所有制企业的主要规定。

二、城镇集体所有制企业

（一）城镇集体所有制企业的设立

根据《城镇集体所有制企业条例》的规定，设立城镇集体所有制企业必须具备下列条件：(1)有企业名称、组织机构和企业章程；(2)有固定的生产经营场所、必要的设施并符合规定的安全卫生条件；(3)有符合国家规定并与其生产经营和服务规模相适应的资金数额和从业人员；(4)有明确的经营范围；(5)能够独立承担民事责任；(6)法律、法规规定的其他条件。

设立城镇集体所有制企业应经省、自治区、直辖市人民政府规定的审批部门批准，并依法经市场监督管理机关核准登记，领取企业法人营业执照，可取得法人资格后，方可进行生产经营活动。设立城镇集体所有制企业的审批部门，法律、法规有专门规定的，从其规定。城镇集体所有制企业应当在核准登记的经营范围内从事生产经营活动。

（二）城镇集体所有制企业的权利和义务

1. 城镇集体所有制企业的权利

城镇集体所有制企业在生产经营活动中，享有下列权利：(1)对其全部财产享有占有、使用、收益和处分的权利，有权拒绝任何形式的平调；(2)自主安排生产、经营、服务活动；(3)有权自行确定产品、劳务价格，国家规定由物价部门和有关主管部门控制的价格除外；(4)有权依照国家规定与外商谈判并签订合同，提取和使用分成的外汇收入；(5)依照国家信贷政策的规定，向银行申请贷款；(6)确定本企业的经济责任制形式，工资形式及资金、分红办法；(7)享受国家政策规定的各种优惠待遇权；(8)吸收职工和其他单位集资入股，与其他单位联营、投资、持股；(9)机构设置和人事劳动权；(10)奖惩职工权。

2. 城镇集体所有制企业的义务

城镇集体所有制企业在生产经营活动中，应当履行下列义务：(1)遵守国家法律、法规，接受国家计划指导；(2)依法缴纳税金和缴纳费用；(3)依法履行合同；(4)改善经营管理，推进技术进步，提高经济效益；(5)保证产品质量和服务质量，对用户和消费者负责；(6)贯彻安全生产制度，落实劳动保护和环境保护措施；(7)做好企业内部的安全保卫工作；(8)维护职工合法权益，尊重职工的民主管理权利，改善劳动条件，做好计划生育工作，提高职工物质文化生活水平；(9)加强对职工的思想政治教育、法制教育、国防教育、科学文化教育和技术业务培训，提高职工队伍素质。

（三）城镇集体所有制企业的内部管理

1. 企业内部领导体制

城镇集体所有制企业内部实行厂长负责制，厂长是企业的法定代表人。但与国有企业的“厂长负责制”不同，城镇集体所有制企业的厂长是由职工（代表）大会选举或招聘产生的，对企业职工（代表）大会负责，职工（代表）大会有权决定企业“经营管理的重大问题”，而国有企业的厂长则有权决定“企业的重大问题”。厂长的主要职权是:依法领导和组织企业日常生产经营和行政工作;主持编制企业的规划、计划和固定资产投资、机构设置、预决算和分配等重大方案;任免企业中层领导干部,奖惩职工等。

城镇集体所有制企业实行民主管理。城镇集体所有制企业必须建立健全职工(代表)大会制度:100人以下的企业,建立职工大会制度;300人以上的企业,建立职工代表大会制度;100人以上300人以下的企业,建立职工大会或职工代表大会制度。与国有企业的职工代表大会不同,城镇集体所有制企业的职工(代表)大会是企业的权力机构,有权选举、罢免、聘任、解聘厂长、副厂长和其他管理人员;审议厂长提交的各项议案,决定企业经营管理的重大问题;审议、决定企业各项分配方案和有关职工生活福利的重大事项;审议、决定企业职工奖惩办法和其他重要规章制度。

2. 财产管理和收益分配

《城镇集体所有制企业条例》根据企业的财产来源多渠道的特点,对各项财产所有权的归属作出了明确规定:城镇集体所有制企业的公共积累,归本企业劳动群众集体所有;内部职工股金,归职工个人所有;企业外单位和个人的投资,归投资者所有。城镇集体所有制企业如果是在其他企业、事业单位、社会团体等扶持下设立的,则应明确划清它们之间的产权关系和财产关系;扶持资金如系向扶持单位的借款,则按双方约定的方法、期限归还;如系向城镇集体所有制企业的投资,扶持单位则按投资比例参与分配利润。扶持单位不得干预集体所有制企业的经营管理活动,城镇集体所有制企业也不得依赖扶持单位。

城镇集体所有制企业的分配必须兼顾国家、集体和个人三者利益的原则。城镇集体所有制企业的税后利润,由企业自主支配,按国家规定确立公积金、公益金、劳动分红和股金分红的比例;劳动报酬应坚持按劳分配原则,具体分配形式由企业自行确定;股金分红须同企业盈亏相结合,有营利则分红,若亏损,在未弥补前不得分红。此外,城镇集体所有制企业还必须依照国家规定,在税前即提取职工养老、待业保险基金、专存专用。

(四)城镇集体所有制企业和政府的关系

国家鼓励、扶持城镇集体经济的发展。各级人民政府应当把发展城镇集体经济纳入各级政府的国民经济和社会发展计划,从各方面给予扶持和指导,保障城镇集体经济的健康发展,保护城镇集体所有制企业的合法权益。

国务院城镇集体经济主管机构,负责全国城镇集体经济的宏观指导和管理。市级以上人民政府应当根据需要,确定城镇集体所有制企业的指导部门,加强对城镇集体所有制企业的指导、协调、监督和检查。政府有关行业部门在各自职责范围内,依法负责本行业城镇集体所有制企业的行业指导和管理。其他有关部门依法对城镇集体所有制企业进行监督和提供服务。

国家保护城镇集体所有制企业的合法权益,任何政府部门、其他单位和个人,都不得改变城镇集体所有制企业的集体所有制性质和损害城镇集体所有制企业的财产所有权;不得向城镇集体所有制企业摊派人力、物力、财力;不得干预城镇集体所有制企业的生产经营和民主管理。

三、乡村集体所有制企业

（一）乡村集体所有制企业的设立

设立乡村集体所有制企业应当具备下列条件：(1)产品和提供的服务为社会所需要，并符合国家法律、法规和政策规定；(2)有自己的名称、组织机构和生产经营场所；(3)有确定的经营范围；(4)有与生产经营和服务规模相适应的资金、设备、从业人员和必要的原材料条件；(5)有必要的劳动卫生、安全生产条件和环境保护措施；(6)符合当地乡村建设规划，合理利用土地。

设立乡村集体所有制企业必须依照法律、法规，经乡级人民政府审核后，报请县级人民政府乡镇企业主管部门以及法律、法规规定的有关部门批准，持有关批准文件向乡村集体所有制企业所在地市场监督管理机关办理登记，经核准领取企业法人营业执照或者营业执照后始得营业，并向税务机关办理税务登记。乡村集体所有制企业应当在核准登记的经营范围内从事生产经营活动。

（二）乡村集体所有制企业的权利和义务

1. 乡村集体所有制企业的权利

乡村集体所有制企业在生产经营活动中享有下列权利：(1)占有和使用企业资产，依照国家规定筹集资金；(2)在核准登记范围内自主安排生产经营活动；(3)确定企业内部机构和人员配备，依法招聘、辞退职工，并确定工资形式和奖惩办法；(4)有权自行销售本企业的产品，但国务院另有规定的除外；(5)有权自行确定本企业的产品价格、劳务价格，但国务院规定由物价部门和有关主管部门控制价格的除外；(6)自愿参加行业协会和产品评比；(7)依照国家规定自愿参加各种招标、投标活动，申请产品定点生产，取得生产许可证；(8)自主订立经济合同，开展经济技术合作；(9)依法开发和利用自然资源；(10)依法利用外资，引进先进技术和设备，开展进出口贸易等涉外经济活动，并依照国家规定提留企业的外汇收入；(11)拒绝摊派和非法罚款，但法律、法规规定应当提供财力、物力、人力的除外。

2. 乡村集体所有制企业的义务

乡村集体所有制企业在生产经营活动中应当履行下列义务：(1)依法缴纳税金；(2)依照国家以及省、自治区、直辖市人民政府的规定，上交支农资金和管理费；(3)依法建立健全财务会计、审计、统计等制度，按期编报财务、统计报表；(4)保护自然资源和环境，防止和治理污染；(5)努力降低原材料和能源消耗，发展符合国家产业政策的产品；(6)做好劳动保护工作，实行安全生产；(7)保证产品质量和服务质量；(8)依法履行合同；(9)对职工进行政治思想、科学文化、技术业务和职业道德等方面的教育；(10)遵守法律、法规和政策的其他规定。

（三）乡村集体所有制企业的内部管理

乡村集体所有制企业并非企业所有者。乡村集体所有制企业财产属于举办该企业的乡或者村范围内的全体农民集体所有,由乡或村的农民大会(农民代表会议)或者代表全体农民的集体经济组织行使企业的财产所有权。

企业所有者依法决定企业的经营方向、经营方式、厂长人选或者选聘方式;依法决定企业税后利润在其与企业之间的具体分配比例;有权作出企业分立、合并、迁移、停业、申请破产等决议;其职责主要是为企业的生产、供应、销售提供服务,并尊重企业的自主权。企业所有者应采用招聘、推荐等方式,确定选用经营者,即确定乡村集体所有制企业的厂长。乡村集体所有制企业亦实行厂长负责制,厂长对企业全面负责,代表企业行使职权。对取得法人资格的乡村集体所有制企业,厂长为企业的法定代表人。乡村集体所有制企业职工有参加企业民主管理,对厂长和其他管理人员提出批评和控告的权利。乡村集体所有制企业职工代表大会或者职工大会有权对企业经营管理中的问题提出意见和建议,评议、监督厂长和其他管理人员,维护职工的合法权益。

乡村集体所有制企业应当兼顾国家、集体和个人利益,合理安排积累与消费的比例。乡村集体所有制企业税后留利,留给乡村集体所有制企业的部分不应低于60%,由企业自主安排。乡村集体所有制企业实行各尽所能,按劳分配;实行男女同工同酬;不得招用童工;乡村集体所有制企业与职工依法签订劳动合同,实行灵活用工方式。乡村集体所有制企业职工有返回其所属农民集体经济组织从事农业生产的权利。

(四)乡村集体所有制企业与政府的关系

国家对乡村集体所有制企业实行积极扶持、合理规划、正确引导、加强管理的方针。各级人民政府的乡镇企业主管部门,应根据法律、法规和政策,对乡村集体所有制企业的发展进行指导、管理、监督、协调和服务。

政府有关行业管理部门应对乡村集体所有制企业的发展方向进行指导和监督;对乡村集体所有制企业开展技术指导,人才培训和经济、技术信息服务;指导、帮助和监督乡村集体所有制企业开展劳动保护、环境保护等工作。

政府有关部门应当为符合国家产业政策,经济和社会效益好的乡村集体所有制企业创造发展条件:根据国家有关规定,对生产名、优产品和出口创汇产品的乡村集体所有制企业,应当在信贷、能源、原材料和运输等方面给予扶持;为乡村集体所有制企业培训、招用专业技术人才和引进先进技术创造条件。

第四节　合伙企业法律制度

一、合伙企业的概念及其种类

合伙是两个以上的合伙人为了共同目的,相互约定共同出资、共同经营、共享收益、共担风险的自愿联合。

合伙企业分为普通合伙企业和有限合伙企业。普通合伙企业由普通合伙人组成,合伙人对合伙企业债务承担无限连带责任。有限合伙企业由普通合伙人和有限合伙人组成，普通合伙人对合伙企业债务承担无限连带责任，有限合伙人以其认缴的出资额为限对合伙企业债务承担责任。

二、普通合伙企业

（一）普通合伙企业的设立

设立普通合伙企业应当具备下列条件：

1. 有两个以上合伙人。合伙人为自然人的，应当具有完全民事行为能力。外国企业或者个人在中国境内设立普通合伙企业的管理办法由国务院规定。

2. 有书面合伙协议。合伙协议是各合伙人通过协商，共同决定相互间权利义务的具有法律约束力的协议。合伙协议应当依法由全体合伙人协商一致，以书面形式订立。合伙协议应当载明下列事项：普通合伙企业的名称和主要经营场所；合伙目的和合伙经营范围；合伙人的姓名或者名称、住所；合伙人的出资方式、数额和缴付期限；利润分配、亏损分担方式；合伙事务的执行；入伙与退伙；争议解决办法；普通合伙企业的解散与清算；违约责任。合伙协议经全体合伙人签名、盖章后生效。合伙人按照合伙协议享有权利，履行义务。修改或者补充合伙协议，应当经全体合伙人一致同意；但是，合伙协议另有约定的除外。合伙协议未约定或者约定不明确的事项，由合伙人协商决定；协商不成的，依照本法和其他有关法律、行政法规的规定处理。

3. 有合伙人认缴或者实际缴付的出资。合伙协议生效后，合伙人应当按照合伙协议的约定缴纳出资。合伙人可以用货币、实物、知识产权、土地使用权或者其他财产权利出资，也可以用劳务出资。合伙人以实物、知识产权、土地使用权或者其他财产权利出资，需要评估作价的，可以由全体合伙人协商确定，也可以由全体合伙人委托法定评估机构评估。合伙人以劳务出资的，其评估办法由全体合伙人协商确定，并在合伙协议中载明。合伙人应当按照合伙协议约定的出资方式、数额和缴付期限，履行出资义务。以非货币财产出资的，依照法律、行政法规的规定，需要办理财产权转移手续的，应当依法办理。

4. 有普通合伙企业的名称和生产经营场所。根据《合伙企业法》和《企业名称登记管理规定》的有关规定，普通合伙企业在其名称中应当标明“普通合伙”字样。特殊的普通合伙企业名称中应当标明“特殊普通合伙”字样。

5. 法律、行政法规规定的其他条件。

（二）普通合伙企业的财产

1. 普通合伙企业财产的构成

合伙人的出资、以普通合伙企业名义取得的收益和依法取得的其他财产，均为普通合伙企业的财产。由此可见，普通合伙企业财产由原始财产和积累财产两个部分组成。原始财产即指全体合伙人的“出资”。积累财产，即普通合伙企业成立以后以普通合伙企业的名义依法取得的全部收益。

2. 普通合伙企业财产的性质

在性质上,上述普通合伙企业的两部分财产都是合伙人的共有财产。普通合伙企业的财产由全体合伙人依法共同管理和使用。除法律另有规定外,在普通合伙企业清算前,合伙人不得请求分割普通合伙企业的财产,合伙人在普通合伙企业清算前私自转移或者处分普通合伙企业财产的,普通合伙企业不得以此对抗不知情的善意第三人。

3. 普通合伙企业财产份额的转让

合伙人向合伙人以外的人转让其在普通合伙企业中的全部或者部分财产份额的,除合伙协议另有约定外,须经其他合伙人一致同意。合伙人之间转让在普通合伙企业中的全部或者部分财产份额时,应当通知其他合伙人。合伙人向合伙人以外的人转让其在普通合伙企业中的财产份额的,在同等条件下,其他合伙人有优先购买权;但是,合伙协议另有约定的除外。合伙人以外的人依法受让合伙人在普通合伙企业中的财产份额的,经修改合伙协议即成为普通合伙企业的合伙人,依照《合伙企业法》和修改后的合伙协议享有权利,履行义务。

4. 普通合伙企业财产份额的出质

合伙人以其在普通合伙企业中的财产份额出质的,须经其他合伙人一致同意;未经其他合伙人一致同意,其行为无效,由此给善意第三人造成损失的,由行为人依法承担赔偿责任。

(三)普通合伙企业的内部关系

1. 普通合伙企业事务执行

合伙人执行普通合伙企业事务,可以有两种形式:第一,全体合伙人共同执行普通合伙企业事务;第二,委托一名或数名合伙人执行普通合伙企业事务。当普通合伙企业事务依协议或全体合伙人决定委托一名或者数名合伙人执行合伙事务的,其他合伙人不再执行普通合伙企业事务。

合伙人对执行合伙事务享有同等的权利。受托执行普通合伙企业事务的合伙人,对外代表普通合伙企业,并应当定期向其他不参加执行事务的合伙人报告事务执行情况以及普通合伙企业的经营状况和财务状况,其执行合伙事务所产生的收益归普通合伙企业,所产生的费用和亏损由普通合伙企业承担。不参加执行事务的合伙人有权监督执行事务的合伙人,监督的方式包括随时检查其执行合伙企业事务的情况、了解财产状况、查阅账簿等。合伙人分别执行合伙事务的,执行事务合伙人可以对其他合伙人执行的事务提出异议。提出异议时,应当暂停该项事务的执行。如果发生争议,依照有关规定作出决定。受委托执行合伙事务的合伙人不按照合伙协议或者全体合伙人的决定执行事务的,其他合伙人可以决定撤销该委托。上述“依照有关规定作出决定”是指合伙人对普通合伙企业有关事项作出决议,按照合伙协议约定的表决办法办理。合伙协议未约定或者约定不明确的,实行合伙人一人一票并经全体合伙人过半数通过的表决办法。

2. 对合伙人权利的限制

为保证合伙企业业务的正常开展,各合伙人在行使权利时,应根据法律规定履行下列义务:(1)合伙人不得自营或者同他人合作经营与本合伙企业相竞争的业务;(2)除合伙协议另有约定或者经全体合伙人一致同意外,合伙人不得同本普通合伙企业进行交易;(3)合伙人不得从事损害本普通合伙企业利益的活动。

3. 合伙事务执行的决议办法

合伙人对普通合伙企业有关事项作出决议,除合伙企业法另有规定外,均按照合伙协议约定的表决办法办理。合伙协议未约定或者约定不明确的,实行合伙人一人一票并经全体合伙人过半数通过的表决办法。根据《合伙企业法》的规定,除合伙协议另有约定外,普通合伙企业的下列事项须经全体合伙人一致同意:(1)改变合伙企业的名称;(2)改变合伙企业的经营范围、主要经营场所的地点;(3)处分合伙企业的不动产;(4)转让或者处分合伙企业的知识产权和其他财产权利;(5)以合伙企业名义为他人提供担保;(6)聘任合伙人以外的人担任合伙企业的经营管理人员。

4. 合伙企业的损益分配

普通合伙企业内部的损益分配,直接关系合伙人的切身利益,所以其分配方法应在合伙协议中明确规定。《合伙企业法》第33条规定:普通合伙企业的利润分配、亏损分担,按照合伙协议的约定办理;合伙协议未约定或者约定不明确的,由合伙人协商决定;协商不成的,由合伙人按照实缴出资比例分配、分担;无法确定出资比例的,由合伙人平均分配、分担。合伙协议不得约定将全部利润分配给部分合伙人或者由部分合伙人承担全部亏损。

5. 非合伙人参与经营管理

经全体合伙人一致同意,普通合伙企业可以聘任合伙人以外的人担任普通合伙企业的经营管理人员。被聘任的普通合伙企业的经营管理人员应当在普通合伙企业授权范围内履行职务。超越普通合伙企业授权范围履行职务,或者在履行职务过程中因故意或者重大过失给普通合伙企业造成损失的,依法承担赔偿责任。

(四)普通合伙企业的外部关系

在合伙企业的任何一个合伙人在执行普通合伙企业事务时,都是普通合伙企业和其他合伙人的代理人。为了保护善意第三人,《合伙企业法》规定,普通合伙企业对合伙人执行合伙事务以及对外代表普通合伙企业权利的限制,不得对抗善意第三人。

普通合伙企业对其债务,应先以其全部财产进行清偿,不足清偿的到期债务,各合伙人承担无限连带责任。合伙人由于承担连带责任,所清偿数额超过了其应当承担的数额时,有权向其他合伙人追偿。

对于合伙人发生的与普通合伙企业无关的债务,相关债权人不得以其债权抵消其对普通合伙企业的债务;也不得代位行使合伙人在普通合伙企业中的权利。合伙人的自有财产不足清偿其与普通合伙企业无关的债务的,该合伙人可以以其从普通合伙企业中分取的收益用于清偿;债权人也可以依法请求人民法院强制执行该合伙人在普通合伙企业中的财产份额用于清偿。人民法院强制执行合伙人的财产份额时,应当通知全体合伙人,其他合伙人有优先购买权;其他合伙人未购买,又不同意将该财产份额转让给他人的,依照《合伙企业法》的规定为该合伙人办理退伙结算,或者办理削减该合伙人相应财产份额的结算。

(五)入伙和退伙

1. 入伙

入伙,是指在普通合伙企业存续期间,合伙人以外的第三人加入合伙,从而取得合伙人资格的行为。

新合伙人入伙,除合伙协议另有约定外,应当经全体合伙人一致同意并依法订立书面入伙协议,原合伙人应当向新合伙人如实告知原普通合伙企业的经营状况和财务状况。除另有约定外,新合伙人与原合伙人享有同等的权利和义务,新合伙人对入伙前合伙企业的债务承担连带责任。

2. 退伙

退伙是指合伙人退出普通合伙企业,从而丧失其合伙人资格的行为。合伙人退伙,一般有三种原因:一是自愿退伙;二是法定退伙;三是除名退伙。

自愿退伙,是指合伙人基于自愿的意思表示而退伙。《合伙企业法》第45条规定,合伙协议约定合伙期限的,在合伙企业存续期间,有下列情形之一的,合伙人可以退伙:(1)合伙协议约定的退伙事由出现;(2)经全体合伙人一致同意;(3)发生合伙人难以继续参加合伙的事由;(4)其他合伙人严重违反合伙协议约定的义务。合伙人违反上述规定退伙的,应当赔偿由此给合伙企业造成的损失。《合伙企业法》第46条规定,合伙协议未约定合伙期限的,合伙人在不给合伙企业事务执行造成不利影响的情况下,可以退伙,但应当提前30日通知其他合伙人。合伙人违反上述规定退伙的,应当赔偿由此给合伙企业造成的损失。

法定退伙,也称当然退伙,是指合伙人因出现法律规定的事由而退伙。《合伙企业法》第48条规定,合伙人有下列情形之一的,当然退伙:(1)作为合伙人的自然人死亡或者被依法宣告死亡;(2)个人丧失偿债能力;(3)作为合伙人的法人或者其他组织依法被吊销营业执照、责令关闭撤销,或者被宣告破产;(4)法律规定或者合伙协议约定合伙人必须具有相关资格而丧失该资格;(5)合伙人在合伙企业中的全部财产份额被人民法院强制执行。合伙人被依法认定为无民事行为能力人或者限制民事行为能力人的,经其他合伙人一致同意,可以依法转为有限合伙人,普通合伙企业依法转为有限合伙企业。其他合伙人未能一致同意的,该无民事行为能力或者限制民事行为能力的合伙人退伙。当然退伙以法定事由实际发生之日为退伙生效日。

关于除名退伙,《合伙企业法》第49条规定,合伙人有下列情形之一的,经其他合伙人一致同意,可以决议将其除名:(1)未履行出资义务;(2)因故意或者重大过失给合伙企业造成损失;(3)执行合伙事务时有不正当行为;(4)发生合伙协议约定的事由。对合伙人的除名决议应当书面通知被除名人。被除名人接到除名通知之日,除名生效,被除名人退伙。被除名人对除名决议有异议的,可以自接到除名通知之日起30日内,向人民法院起诉。

合伙人死亡或者被依法宣告死亡的,对该合伙人在普通合伙企业中的财产份额享有合法继承权的继承人,按照普通合伙协议的约定或者经全体合伙人一致同意,从继承开始之日起,取得该普通合伙企业的合伙人资格。有下列情形之一的,普通合伙企业应当向合伙人的继承人退还被继承合伙人的财产份额:(1)继承人不愿意成为合伙人;(2)法律规定或者合伙协议约定合伙人必须具有相关资格,而该继承人未取得该资格;(3)合伙协议约定不能成为合伙人的其他情形。合伙人的继承人为无民事行为能力人或者限制民事行为能力人的,经全体合伙人一致同意,可以依法成为有限合伙人,普通合伙企业依法转为有限合伙企业。全体合伙人未能一致同意的,普通合伙企业应当将被继承合伙人的财产份额退还该继承人。

合伙人退伙,其他合伙人应当与该退伙人按照退伙时的普通合伙企业财产状况进行结算,退还退伙人的财产份额。退伙人对给普通合伙企业造成的损失负有赔偿责任的,相应扣减其应当赔偿的数额。退伙时有未了结的普通合伙企业事务的,待该事务了结后进行结算。退伙人在普通合伙企业中财产份额的退还办法,由合伙协议约定或者由全体合伙人决定,可以退还货币,也可以退还实物。合伙人退伙时,普通合伙企业财产少于合伙企业债务的,退伙人应当依照法律规定分担亏损。退伙人退伙以后,并不能解除对于普通合伙企业既往债务的连带责任。根据《合伙企业法》的规定,退伙人对基于其退伙前的原因发生的普通合伙企业债务,承担无限连带责任。

(六)特殊的普通合伙企业

1. 特殊的普通合伙企业的概念

特殊的普通合伙企业,是指以专业知识和专门技能为客户提供有偿服务的专业机构性质的合伙公司。特殊的普通合伙企业名称中应当标明“特殊普通合伙”字样。

2. 特殊的普通合伙企业的责任形式

特殊的普通合伙企业与普通合伙企业的不同在于承担责任的原则不同。在特殊普通合伙企业中,各合伙人仍对合伙债务承担无限连带责任,但这种责任仅局限于合伙人本人的业务范围及过错,即对企业形成的债务属于本人职责范围或过错所导致的方可承担无限责任。这种制度将使有关专业服务机构的合伙人避免承担过度风险,有利于其发展壮大和异地发展业务。《合伙企业法》第57条规定,特殊的普通合伙企业中,一个合伙人或者数个合伙人在执业活动中因故意或者重大过失造成合伙企业债务的,应当承担无限责任或者无限连带责任,其他合伙人以其在合伙企业中的财产份额为限承担有限责任。合伙人在执业活动中非因故意或者重大过失造成的合伙企业债务以及合伙企业的其他债务,由全体合伙人承担无限连带责任。

对于合伙人在执业活动中因故意或者重大过失造成的合伙企业债务,以合伙企业财产对外承担责任后,该合伙人应当按照合伙协议的约定对合伙企业造成的损失承担赔偿责任。

3. 特殊的普通合伙企业的执业风险防范

特殊的普通合伙企业应当建立执业风险基金、办理职业保险。

执业风险基金,主要是指为了化解经营风险,特殊的普通合伙企业从其经营受益中提取相应比例的资金留存或者根据相关规定上缴至指定机构所形成的资金。执业风险基金用于偿付合伙人执业活动造成的债务。执业风险基金应当单独立户管理。

职业保险,是指承保各种专业技术人员因工作上的过失或疏忽大意所造成的合同一方或他人的人身伤害或财产损失的经济赔偿责任的保险。

三、有限合伙企业

(一)有限合伙企业的法律适用

凡是合伙企业法中对有限合伙企业及其合伙人有特殊规定的,应当适用有关《合伙企业法》中对有限合伙企业的特殊规定;无特殊规定的,适用有关普通合伙企业及其合伙人的一般规定。

(二)设立有限合伙企业的特殊规定

1. 有限合伙企业的合伙人

有限合伙企业由2个以上50个以下合伙人设立;但是,法律另有规定的除外。有限合伙企业至少应当有1个普通合伙人。根据规定,自然人、法人和其他组织可以依照法律规定设立有限合伙企业,但国有独资公司、国有企业、上市公司以及公益性的事业单位、社会团体不得成为普通合伙人。

在有限合伙企业存续期间,有限合伙人的人数可能发生变化,但无论如何变化,有限合伙企业必须包括有限合伙人与普通合伙人两部分。否则,有限合伙企业应当进行组织形式变化。《合伙企业法》第75条规定:有限合伙企业仅剩有限合伙人的,应当解散;有限合伙企业仅剩普通合伙人的,转为普通合伙企业。

2. 有限合伙企业的名称

有限合伙企业应当在名称中标明“有限合伙”字样。

3. 有限合伙企业协议

有限合伙企业协议是有限合伙企业生产经营的重要法律文件。有限合伙协议除应当具备普通合伙企业应当载明的有关事项外,还应当载明下列事项:(1)普通合伙人和有限合伙人的姓名或者名称、住所;(2)执行事务合伙人应具备的条件和选择程序;(3)执行事务合伙人权限与违约处理办法;(4)执行事务合伙人的除名条件和更换程序;(5)有限合伙人入伙、退伙的条件、程序以及相关责任;(6)有限合伙人和普通合伙人相互转变程序。

4. 有限合伙人的出资形式

有限合伙人可以用货币、实物、知识产权、土地使用权或者其他财产权利作价出资。由于有限合伙人并不参与有限合伙企业的日常经营管理活动,所以,有限合伙人不得以劳务出资。有限合伙人应当按照合伙协议的约定按期足额缴纳出资;未按期足额缴纳的,应当承担补缴义务,并对其他合伙人承担违约责任。有限合伙企业登记事项中应当载明有限合伙人的姓名或者名称及认缴的出资数额。

(三)有限合伙企业事务执行的特殊规定

1. 有限合伙企业事务执行人

有限合伙企业由普通合伙人执行合伙事务。执行事务合伙人可以要求在合伙协议中确定执行事务的报酬及报酬提取方式。

有限合伙人不执行合伙事务，不得对外代表有限合伙企业。有限合伙人的下列行为，不视为执行合伙事务：(1)参与决定普通合伙人入伙、退伙；(2)对企业的经营管理提出建议；(3)参与选择承办有限合伙企业审计业务的会计师事务所；(4)获取经审计的有限合伙企业财务会计报告；(5)对涉及自身利益的情况，查阅有限合伙企业财务会计账簿等财务资料；(6)在有限合伙企业中的利益受到侵害时，向有责任的合伙人主张权利或者提起诉讼；(7)执行事务合伙人怠于行使权利时，督促其行使权利或者为了本企业的利益以自己的名义提起诉讼；(8)依法为本企业提供担保。

第三人有理由相信有限合伙人为普通合伙人并与其交易的，该有限合伙人对该笔交易承担与普通合伙人同样的责任。有限合伙人未经授权以有限合伙企业名义与他人进行交易，给有限合伙企业或者其他合伙人造成损失的，该有限合伙人应当承担赔偿责任。

2. 有限合伙企业利润分配

有限合伙企业不得将全部利润分配给部分合伙人；但是，合伙协议另有约定的除外。

3. 有限合伙人的权利

在不违反合伙协议的情况下，有限合伙人可以同本有限合伙企业进行交易；有限合伙人可以自营或者同他人合作经营与本有限合伙企业相竞争的业务。

(四)有限合伙企业财产出质与转让的特殊规定

有限合伙人可以将其在有限合伙企业中的财产份额出质。有限合伙人可以按照合伙协议的约定向合伙人以外的人转让其在有限合伙企业中的财产份额，但应当提前30日通知其他合伙人。

(五)有限合伙企业债务清偿的特殊规定

有限合伙人的自有财产不足清偿其与合伙企业无关的债务的，该合伙人可以以其从有限合伙企业中分取的收益用于清偿；债权人也可以依法请求人民法院强制执行该合伙人在有限合伙企业中的财产份额用于清偿。人民法院强制执行有限合伙人的财产份额时，应当通知全体合伙人。在同等条件下，其他合伙人有优先购买权。

(六)有限合伙企业入伙与退伙的特殊规定

1. 入伙

新入伙的有限合伙人对入伙前有限合伙企业的债务，以其认缴的出资额为限承担责任。须强调的是，在普通合伙企业中，新合伙人对入伙前合伙企业的债务承担无限连带责任。

2. 退伙

有限合伙人出现下列情形之一的，当然退伙：(1)作为合伙人的自然人死亡或者被依法宣告死亡；(2)作为合伙人的法人或其他组织，被依法吊销营业执照、责令关闭、撤销或者被依法宣告破产；(3)法律规定或者协议约定合伙人必须具备一定资格而丧失资格；(4)合伙人在合伙企业中的全部财产份额被人民法院强制执行。但是,作为有限合伙人的自然人在有限合伙企业存续期间丧失民事行为能力的,其他合伙人不得因此要求其退伙。作为有限合伙人的自然人死亡、被依法宣告死亡或者作为有限合伙人的法人及其他组织终止时,其继承人或者权利承受人可以依法取得该有限合伙人在有限合伙企业中的资格。有限合伙人退伙后,对基于其退伙前的原因发生的有限合伙企业债务,以其退伙时从有限合伙企业中取回的财产承担责任。

(七)合伙人性质转变的特殊规定

除合伙协议另有约定外,普通合伙人转变为有限合伙人,或者有限合伙人转变为普通合伙人,应当经全体合伙人一致同意。有限合伙人转变为普通合伙人的,对其作为有限合伙人期间有限合伙企业发生的债务承担无限连带责任。普通合伙人转变为有限合伙人的,对其作为普通合伙人期间合伙企业发生的债务承担无限连带责任。

四、合伙企业解散、清算

(一)合伙企业解散

合伙企业有下列情形之一的,应当解散:(1)合伙期限届满,合伙人决定不再经营;(2)合伙协议约定的解散事由出现;(3)全体合伙人决定解散;(4)合伙人已不具备法定人数满30日;(5)合伙协议约定的合伙目的已经实现或者无法实现;(6)依法被吊销营业执照、责令关闭或者被撤销;(7)法律、行政法规规定的其他原因。

(二)合伙企业清算

合伙企业解散,应当由清算人进行清算。清算人由全体合伙人担任;经全体合伙人过半数同意,可以自合伙企业解散事由出现后15日内指定1个或者数个合伙人,或者委托第三人,担任清算人。自合伙企业解散事由出现之日起15日内未确定清算人的,合伙人或者其他利害关系人可以申请人民法院指定清算人。

清算人在清算期间执行下列事务:(1)清理合伙企业财产,分别编制资产负债表和财产清单;(2)处理与清算有关的合伙企业未了结事务;(3)清缴所欠税款;(4)清理债权、债务;(5)处理合伙企业清偿债务后的剩余财产;(6)代表合伙企业参加诉讼或者仲裁活动。

清算人应自被确定之日起10日内将合伙企业解散事项通知债权人,并于60日内在报纸上公告。债权人应当自接到通知书之日起30日内,未接到通知书的自公告之日起45日内,向清算人申报债权。债权人申报债权,应当说明债权的有关事项,并提供证明材料。清算人应当对债权进行登记。清算期间,合伙企业存续,但不得开展与清算无关的经营活动。

合伙企业财产在支付清算费用和职工工资、社会保险费用、法定补偿金以及缴纳所欠税款,清偿债务后的剩余财产,依照《合伙企业法》的有关规定进行分配。清算结束,清算人应当编制清算报告,经全体合伙人签名、盖章后,在15日内向企业登记机关报送清算报告,申请办理合伙企业注销登记。合伙企业注销后,原普通合伙人对合伙企业存续期间的债务仍应承担无限连带责任。合伙企业不能清偿到期债务的,债权人可以依法向人民法院提出破产清算申请,也可以要求普通合伙人清偿。合伙企业依法被宣告破产的,普通合伙人对合伙企业债务仍应承担无限连带责任。

第五节 个人独资企业法律制度

一、个人独资企业的概念

个人独资企业是指依法在中国境内设立,由一个自然人投资,财产为投资人个人所有,投资人以其个人财产对企业债务承担无限责任的经营实体。但是,个人独资企业投资人在申请企业设立登记时明确以其家庭共有财产作为个人出资的,应当依法以家庭共有财产对企业债务承担无限责任。

二、个人独资企业的设立

设立个人独资企业应当具备下列条件:

1. 投资人为一个自然人,且只能是中国公民。

2. 有合法的企业名称。名称是企业的标志,企业必须有相应的名称,并应符合法律、法规的要求。个人独资企业的名称中不得使用“有限”“有限责任”“公司”字样。

3. 有投资人申报的出资。

4. 有固定的生产经营场所和必要的生产经营条件。生产经营场所包括企业的住所和与生产经营相适应的处所。住所是企业的主要办事机构所在地,是企业的法定地址。

5. 有必要的从业人员。也就是说,要有与其生产经营范围、规模相适应的从业人员。

个人独资企业设立分支机构的,应当在分支机构所在地的企业登记机关申请设立登记,领取营业执照。分支机构的民事责任由设立该分支机构的个人独资企业承担。

三、个人独资企业的投资人及其事务管理

(一)个人独资企业的投资人

根据《个人独资企业法》的规定,个人独资企业的投资人为一个自然人。但法律、行政法规禁止从事营利性活动的人,不得作为投资人申请设立个人独资企业。

(二)个人独资企业的事务管理

个人独自企业投资人可以自行管理企业事务,也可以委托或者聘用其他具有民事行为能力的人负责企业的事务管理。投资人委托或者聘用他人管理个人独资企业事务,应当与委托人或者聘用的人签订书面合同,明确委托的具体内容和授予的权利范围。委托人或者被聘用的人应当履行诚信、勤勉义务,按照与投资人签订的合同负责个人独资企业的事务

管理。投资人对受托人或者被聘用的人员职权的限制,不得对抗善意第三人。

投资人委托或者聘用的管理个人独资企业事务的人员不得有下列行为:(1)利用职务上的便利,索取或者收受贿赂;(2)利用职务或者工作上的便利侵占企业财产;(3)挪用企业的资金归个人使用或者借贷给他人;(4)擅自将企业资金以个人名义或者以他人名义开立账户储存;(5)擅自以企业财产提供担保;(6)未经投资人同意,从事与本企业相竞争的业务;(7)未经投资人同意,同本企业订立合同或者进行交易;(8)未经投资人同意,擅自将企业商标或者其他知识产权转让给他人使用;(9)泄露本企业的商业秘密;(10)法律、行政法规禁止的其他行为。

个人独资企业应当依法设置会计账簿,进行会计核算。个人独资企业招用职工的,应当依法与职工签订劳动合同,保障职工的劳动安全,按时、足额发放职工工资。个人独资企业应当按照国家规定参加社会保险,为职工缴纳社会保险费。

四、个人独资企业的权利

1. 依法申请贷款权。个人独资企业可以根据《商业银行法》、《合同法》和中国人民银行发布的《贷款通则》等一系列法律、法规的规定申请贷款。

2. 依法取得土地使用权。个人独资企业可根据《土地管理法》《土地管理法实施条例》《城镇国有土地使用权出让和转让暂行条例》等规定取得土地使用权。

3. 拒绝摊派权。摊派是指在法律、法规的规定之外,以任何方式要求企业提供财力、物力和人力的行为。任何单位和个人不得违反法律、行政法规的规定,以任何方式强制个人独资企业提供财力、物力、人力;对于违法强制要求提供财力、物力、人力的行为,个人独资企业有权拒绝。

4. 法律、行政法规规定的其他权利。

五、个人独资企业的解散和清算

(一)个人独资企业的解散

个人独资企业有下列情形之一时,应当解散:(1)投资人决定解散;(2)投资人死亡或者被宣告死亡,无继承人或者继承人决定放弃继承;(3)被依法吊销营业执照;(4)法律、行政法规规定的其他情形。

(二)个人独资企业的清算

个人独资企业解散时,应当进行清算。个人独资企业的清算可以由投资人自行进行,也可以由债权人申请人民法院指定清算人进行。投资人自行清算的,应当在清算前15日内书面通知债权人;无法通知的,应当予以公告。债权人应当在接到通知之日起30日内,未接到通知的应当在公告之日起60日内,向投资人申报债权。个人独资企业解散后,原投资人对个人独资企业存续期间的债务仍应承担偿还责任,但债权人在5年内未向债务人提出偿债请求的,该责任消灭。

个人独资企业解散的,财产应当按照下列顺序清偿:(1)所欠职工工资和社会保险费用;(2)所欠税款;(3)其他债务。清算期间,个人独资企业不得开展与清算目的无关的经营活动。在按规定清偿债务前,投资人不得转移、隐匿财产。个人独资企业财产不足以清偿债务的,投资人应当以其个人的其他财产予以清偿。个人独资企业清算结束后,投资人或者人民法院指定的清算人应当编制清算报告,并于15日内到登记机关办理注销登记。

第六节 外商投资企业法律制度

一、外商投资与外商投资企业的概念

外商投资,是指外国的自然人、企业或者其他组织(以下简称外国投资者)直接或者间接在中国境内进行的投资活动,包括下列情形:(1)外国投资者单独或者与其他投资者共同在中国境内设立外商投资企业;(2)外国投资者取得中国境内企业的股份、股权、财产份额或者其他类似权益;(3)外国投资者单独或者与其他投资者共同在中国境内投资新建项目;(4)法律、行政法规或者国务院规定的其他方式的投资。

外商投资企业,是指全部或者部分由外国投资者投资,依照中国法律在中国境内经登记注册设立的企业。按照我国以往《中外合资经营企业法》《中外合作经营企业法》《外资企业法》(以下简称"外资三法")的规定,外商投资企业可分为中外合资经营企业、中外合作经营企业和外资企业。中外合资经营企业是由外国公司、企业和其他经济组织或者个人,按照平等互利的原则,经中国政府批准,依法在中国境内,同中国的公司、企业或者其他经济组织共同举办的,具有中国法人资格的企业。中外合作经营企业是指中国合作者和外国合作者,依法在中国境内以合作企业合同为基础而共同举办的企业。外资企业,是指依法在中国境内设立的全部资本由外国投资者投资的企业(不包括外国的企业和其他经济组织在中国境内设立的分支机构)。

自2020年1月1日《外商投资法》实施以后,外商投资企业应当按照公司企业、合伙企业和独资企业等类型设立。但是,在该法施行前依照"外资三法"设立的外商投资企业,在该法施行后5年内可以依照《公司法》《合伙企业法》等法律的规定调整其组织形式、组织机构等,并依法办理变更登记,也可以继续保留原企业组织形式、组织机构等。也就是说,自2025年1月1日起,对未依法调整组织形式、组织机构等并办理变更登记的现有外商投资企业,市场监督管理部门不予办理其申请的其他登记事项,并将相关情形予以公示。

二、我国特别投资者

我国香港特别行政区、澳门特别行政区投资者在内地投资,参照《外商投资法》及其实施条例执行;法律、行政法规或者国务院另有规定的,从其规定。

我国台湾地区投资者在大陆投资,适用《台湾同胞投资保护法》及其实施细则的规定;《台湾同胞投资保护法》及其实施细则未规定的事项,参照《外商投资法》及其实施条例执行。

定居在国外的中国公民在中国境内投资,参照《外商投资法》及其实施条例执行;法律、行政法规或者国务院另有规定的,从其规定。

三、外商投资法的主要内容

(一)投资促进

国家坚持对外开放的基本国策,鼓励外国投资者依法在中国境内投资。国家实行高水平投资自由化、便利化政策,建立和完善外商投资促进机制,营造稳定、透明、可预期和公平竞争的市场环境。

外商投资企业依法平等适用国家支持企业发展的各项政策。国家制定的强制性标准平等适用于外商投资企业。国家保障外商投资企业依法通过公平竞争参与政府采购活动。政府采购依法对外商投资企业在中国境内生产的产品、提供的服务平等对待。

国家根据需要,设立特殊经济区域,或者在部分地区实行外商投资试验性政策措施,促进外商投资,扩大对外开放。国家根据国民经济和社会发展需要,鼓励和引导外国投资者在特定行业、领域、地区投资。外国投资者、外商投资企业可以依照法律、行政法规或者国务院的规定享受优惠待遇。

(二)投资保护

国家依法保护外国投资者在中国境内的投资、收益和其他合法权益。

国家对外国投资者的投资原则上不实行征收。在特殊情况下,国家为了公共利益的需要,可以依照法律规定对外国投资者的投资实行征收或者征用。征收、征用应当依照法定程序进行,并及时给予公平、合理的补偿。各级人民政府及其有关部门制定的涉及外商投资的规范性文件,应当符合法律法规的规定;没有法律、行政法规依据的,不得减损外商投资企业的合法权益或者增加其义务,不得设置市场准入和退出条件,不得干预外商投资企业的正常生产经营活动。地方各级人民政府及其有关部门应当履行向外国投资者、外商投资企业依法作出的政策承诺以及依法订立的各类合同。因国家利益、社会公共利益需要改变政策承诺、合同约定的,应当依照法定权限和程序进行,并依法对外国投资者、外商投资企业因此受到的损失予以补偿。

外国投资者在中国境内的出资、利润、资本收益、资产处置所得、知识产权许可使用费、依法获得的补偿或者赔偿、清算所得等,可以依法以人民币或者外汇自由汇入、汇出。

国家鼓励外商在投资过程中基于自愿原则和商业规则开展技术合作。技术合作的条件由投资各方遵循公平原则平等协商确定。行政机关及其工作人员不得利用行政手段强制转让技术。

(三)投资管理

国家对外商投资实行准入前国民待遇加负面清单管理制度。准入前国民待遇,是指在投资准入阶段给予外国投资者及其投资不低于本国投资者及其投资的待遇;负面清单,是指国家规定在特定领域对外商投资实施的准入特别管理措施。负面清单由国务院发布或者批准发布。外商投资准入负面清单规定禁止投资的领域，外国投资者不得投资；负面清单规定限制投资的领域，外国投资者进行投资应当符合负面清单规定的条件。外商投资准入负面清单以外的领域，按照内外资一致的原则实施管理。

国务院办公厅于2015年、2017年分别发布了《自由贸易试验区外商投资准入特别管理措施（负面清单）》（已失效）和《自由贸易试验区外商投资准入特别管理措施（负面清单）》（2017年版）（已失效）。国家发展和改革委员会等于2020年、2021年分别发布了《自由贸易试验区外商投资准入特别管理措施（负面清单）》2020年版（已失效）和2021年版。国家发展和改革委员会等于2018年、2019年、2020年、2021年分别发布了《外商投资准入特别管理措施（负面清单）》2018年版（已失效）、2019年版（已失效）、2020年版（已失效）、2021年版。

外国投资者并购中国境内企业或者以其他方式参与经营者集中的，应当依照《反垄断法》的规定接受经营者集中审查。

国家建立外商投资安全审查制度，对影响或者可能影响国家安全的外商投资进行安全审查；依法作出的安全审查决定为最终决定。

国家建立外商投资信息报告制度。外国投资者或者外商投资企业应当通过企业登记系统以及企业信用信息公示系统向商务主管部门报送投资信息。

复习与思考

一、名词解释

国有企业	城镇集体所有制企业	乡村集体所有制企业	普通合伙企业
有限合伙企业	特殊的普通合伙企业	个人独资企业	外商投资企业

二、简答

1. 市场主体登记的类型。
2. 全民所有制企业的内部管理体制。
3. 普通合伙企业的设立条件。
4. 退伙的法律效力。
5. 个人独资企业的设立条件。
6. 外商投资准入前国民待遇加负面清单管理制度的含义。

第三章　公　司　法

内容导读

公司是依照公司法设立的企业法人。我国《公司法》规定了有限责任公司和股份有限公司两种公司形态。国有独资公司和一人有限责任公司是有限责任公司的特殊形态。本章讲述公司法的基本理论以及我国公司法关于有限责任公司和股份有限公司的设立、组织机构，公司财务会计制度，公司的合并、分立、变更、解散，外国公司的分支机构等内容。

第一节　公司法概述

一、公司的概念

公司是指依照公司法规定的条件和程序设立的、以营利为目的的企业法人。公司具有独立的法律人格，有独立的法人财产，享有法人财产权。公司以其全部财产对公司的债务承担责任。

二、公司的种类

1. 按股东对公司所承担的责任不同，公司可以分为无限责任公司、有限责任公司、股份有限公司、两合公司和股份两合公司。

无限责任公司，又称无限公司，是指全体股东就公司债务对公司的债权人负无限连带责任的公司。有限责任公司，又称有限公司，是指股东以其所认缴的出资额为限对公司承担责任，公司以其全部财产对公司债务承担责任的企业法人。股份有限公司，又称股份公司，是指全部资本被划分为等额股份，股东以其认购的股份为限对公司承担责任，公司以其全部财产对公司债务承担责任的企业法人。两合公司，是指一部分股东（至少 1 个）对公司债务负有限责任，而另一部分股东（至少 1 个）对公司债务负无限责任的公司。两合公司实际上是有限责任公司和无限责任公司的混合体。股份两合公司，是指由无限责任股东和有限股份股东出资设立的公司。股份两合公司实际上是股份公司和两合公司的结合体。我国《公司法》仅规定了有限责任公司和股份有限公司两种公司形态。

2. 按公司信用基础的不同，公司可分为人合公司、资合公司和人合兼资合公司。

人合公司，是指以股东个人信用为基础的公司。无限公司即属于典型的人合公司。资合公司，是指以资本额作为其对外信用基础的公司。股份公司即属于典型的资合公司。人合兼资合公司，是指兼具股东信用和资本信用两种因素的公司，如有限责任公司、两合公司和股份两合公司。

3. 按公司国籍的不同，公司可分为本国公司、外国公司。

本国公司，是指取得本国国籍的公司。关于公司的国籍目前有住所地说、登记国说、设立人国籍说、实际控制说、复合标准说等。我国采用复合标准说，即依照我国法律在我国境内设立的公司均属于本国公司。外国公司，是指不具有本国国籍的公司。我国所称的外国公司是指依照外国法律在中国境外登记成立的公司。

4. 按公司之间的控制与依附关系，公司可分为母公司和子公司。

母公司，是指实际控制着其他公司的公司。子公司，是指实际被其他公司控制的公司。但是子公司具有企业法人资格，依法独立承担民事责任。在此必须注意区分母公司和控股公司。所谓控股公司，指持有其他公司一定比例以上的股份而能够对其他公司进行控制的公司。控股公司是母公司的一种，但母公司的地位还可以通过其他途径（如人事连锁、特殊契约等）取得。

5. 按公司内部的管辖与被管辖关系，公司可分为总公司和分公司。

总公司，又称本公司，是指管辖公司全部组织的总机构。分公司，是指受总公司管辖的分支机构。分公司不同于子公司，分公司不具有法人资格，不能独立承担财产责任，但分公司可以在核准登记的范围内以自己的名义开展业务活动。

三、我国公司法的立法概况

中华人民共和国成立前，我国公司立法有近50年的历史。1903年（光绪二十九年）1月正式颁行的《公司律》，是我国最早的成文公司法。中华民国成立后仍援用，并在略加修订后于1914年以《公司条例》的名义公布。1929年12月，国民政府颁布新的《公司法》。1946年作了大修正，增加了“有限责任公司”。该法后经多次修改，至今仍在我国台湾地区适用。

中华人民共和国成立后，我国公司立法经历了一个曲折发展的过程。在成立初期，相关法律法规肯定了公司可以作为私营企业的主要组织形式，并确认了五种公司形式，即无限公司、有限公司、两合公司、股份有限公司和股份两合公司。但随着社会主义改造的完成，不再有现代意义上的公司组织，真正的公司立法是从党的十一届三中全会后开始的。主要立法如下表所示：

名称	发文机关	发布时间	修正（修订）时间	废止时间
公司法	全国人大常委会	1993.12.29	1999、2004、2005、2013、2018、2023	—
公司登记管理暂行规定	国家工商总局	1985.08.25	—	1988.07.01
私营企业暂行条例	国务院	1988.06.25	—	—

续表

名称	发文机关	发布时间	修正(修订)时间	废止时间
股份制企业试点办法	国家体改委等五部门	1992.05.15	—	2016.01.01
股份有限公司规范意见	国家体改委	1992.05.15	—	2015.05.30
有限责任公司规范意见	国家体改委	1992.05.15	—	2015.05.30
公司登记管理条例	国务院	1994.06.24	2005、2014、2016	2022.03.01
关于适用《中华人民共和国公司法》若干问题的规定(一)	最高人民法院	2006.04.28	2014	—
关于适用《中华人民共和国公司法》若干问题的规定(二)	最高人民法院	2008.05.12	2014、2020	—
关于适用《中华人民共和国公司法》若干问题的规定(三)	最高人民法院	2011.01.27	2014、2020	—
关于适用《中华人民共和国公司法》若干问题的规定(四)	最高人民法院	2017.08.25	2020	—
关于适用《中华人民共和国公司法》若干问题的规定(五)	最高人民法院	2019.04.28	2020	—

2023 年 12 月 29 日,第十四届全国人大常委会第七次会议修订的《公司法》,自 2024 年 7 月 1 日起施行。

四、公司法相关用语的含义

1. 高级管理人员,是指公司的经理、副经理、财务负责人,上市公司董事会秘书和公司章程规定的其他人员。

2. 控股股东,是指其出资额占有限责任公司资本总额超过 50% 或者其持有的股份占股份有限公司股本总额超过 50% 的股东;出资额或者持有股份的比例虽然低于 50%,但依其出资额或者持有的股份所享有的表决权已足以对股东会的决议产生重大影响的股东。

3. 实际控制人,是指通过投资关系、协议或者其他安排,能够实际支配公司行为的人。

4. 关联关系,是指公司控股股东、实际控制人、董事、监事、高级管理人员与其直接或者间接控制的企业之间的关系,以及可能导致公司利益转移的其他关系。但是,国家控股的企业之间不因为同受国家控股而具有关联关系。

第二节 有限责任公司

一、有限责任公司的特征

1. 股东责任的有限性。有限责任公司的股东以其出资额为限对公司的债务承担责任,公司以其全部财产对其债务承担责任。

2. 股东出资的非股份性。有限责任公司的资本不进行等额划分，股东出资也不表现为证券形式的股票。有限责任公司向股东签发作为出资凭证的出资证明书。这是有限责任公司与股份有限公司最主要的区别。

3. 股东人数的限制性。绝大多数国家和地区的公司法对有限责任公司的股东人数有上限的规定。

4. 公司资本的相对封闭性。有限责任公司不公开发行股份募集资本。有限责任公司的股东之间可以相互转让其全部或者部分股权。但是，股东向股东以外的人转让股权会受到一定的限制。正因为有限责任公司具有封闭性的特点，有的国家或地区直接将其称为封闭性公司。

5. 公司设立程序的简便性。有限责任公司只有发起设立方式，而无募集设立方式，即无发行股份的繁琐过程，因而其设立程序较为简便。

6. 公司组织机构设立的灵活性。有限责任公司一般设立董事会、监事会，但是，股东人数较少或者规模较小的有限责任公司，可以不设立董事会、监事会。

二、有限责任公司的设立

（一）有限责任公司设立的条件

1. 股东符合法定人数。有限责任公司由 1 个以上 50 个以下股东出资设立。

2. 股东共同制定公司章程。公司章程是规定公司的性质、宗旨、经营范围和法定代表人等重大事项的文件，是以书面形式固定下来的全体股东共同一致的意思表示。设立有限责任公司，应当由股东共同制定公司章程。有限责任公司章程应当载明下列事项：(1)公司名称和住所；(2)公司经营范围；(3)公司注册资本；(4)股东的姓名或者名称；(5)股东的出资额、出资方式和出资日期；(6)公司的机构及其产生办法、职权、议事规则；(7)公司法定代表人的产生、变更办法；(8)股东会认为需要规定的其他事项。股东应当在公司章程上签名或者盖章。

3. 股东认缴出资和注册资本符合规定。有限责任公司的注册资本为在公司登记机关登记的全体股东认缴的出资额。全体股东认缴的出资额由股东按照公司章程的规定自公司成立之日起 5 年内缴足。法律、行政法规以及国务院决定对有限责任公司注册资本实缴、注册资本最低限额、股东出资期限另有规定的，从其规定。股东可以用货币出资，也可以用实物、知识产权、土地使用权、股权、债权等可以用货币估价并可以依法转让的非货币财产作价出资；但是，法律、行政法规规定不得作为出资的财产除外。

4. 公司名称符合规定。有限责任公司必须在公司名称中标明有限责任公司或者有限公司的字样。关于公司名称的其他具体规定，参见《企业名称登记管理规定》和《企业名称登记管理规定实施办法》。

5. 公司组织机构设立符合规定。关于有限责任公司的组织机构设立的具体规定，参见本节“三、有限责任公司的组织机构”。

6. 有公司住所。住所为公司的主要办事机构所在地。

7. 法律、行政法规规定的其他条件。例如,法律、行政法规或者国务院决定规定市场主体在申请登记、备案事项前需要审批的,在办理登记、备案时,应当在有效期内提交有关批准文件或者许可证书。

(二)有限责任公司的设立方式

有限责任公司只能以发起设立方式设立,即发起人只能通过认缴公司章程规定的全部注册资本设立公司。有限责任公司的股东可以签订设立协议,明确各自在公司设立过程中的权利和义务。

有限责任公司设立时,股东未按照公司章程规定实际缴纳出资,或者实际出资的非货币财产的实际价额显著低于所认缴的出资额的,设立时的其他股东与该股东在出资不足的范围内承担连带责任。

三、有限责任公司的组织机构

(一)股东会

1. 股东会的组成及其职权

有限责任公司股东会由全体股东组成。只有 1 个股东的有限责任公司不设股东会。

股东会是公司的权力机构,依法行使下列职权:(1)选举和更换董事、监事,决定有关董事、监事的报酬事项;(2)审议批准董事会的报告;(3)审议批准监事会的报告;(4)审议批准公司的利润分配方案和弥补亏损方案;(5)对公司增加或者减少注册资本作出决议;(6)对发行公司债券作出决议;(7)对公司合并、分立、解散、清算或者变更公司形式作出决议;(8)修改公司章程;(9)公司章程规定的其他职权。股东会可以授权董事会对发行公司债券作出决议。

2. 股东会的召集和议事规则

首次股东会会议由出资最多的股东召集和主持,依照《公司法》规定行使职权。

股东会会议分为定期会议和临时会议。定期会议应当按照公司章程的规定按时召开。代表 1/10 以上表决权的股东、1/3 以上的董事或者监事会提议召开临时会议的,应当召开临时会议。

股东会会议由董事会召集,董事长主持;董事长不能履行职务或者不履行职务的,由副董事长主持;副董事长不能履行职务或者不履行职务的,由过半数的董事共同推举 1 名董事主持。董事会不能履行或者不履行召集股东会会议职责的,由监事会召集和主持;监事会不召集和主持的,代表 1/10 以上表决权的股东可以自行召集和主持。

召开股东会会议,应当于会议召开 15 日前通知全体股东;但是,公司章程另有规定或者全体股东另有约定的除外。

股东会会议由股东按照出资比例行使表决权;但是,公司章程另有规定的除外。股东会的议事方式和表决程序,除《公司法》有规定的外,由公司章程规定。

股东会作出决议,应当经代表过半数表决权的股东通过。股东会作出修改公司章程、增加或者减少注册资本的决议,以及公司合并、分立、解散或者变更公司形式的决议,应当经代表2/3以上表决权的股东通过。股东会应当对所议事项的决定作成会议记录,出席会议的股东应当在会议记录上签名或者盖章。

对股东会职权范围内的事项,股东以书面形式一致表示同意的,可以不召开股东会会议,直接作出决定,并由全体股东在决定文件上签名或者盖章。

一人有限责任公司的股东作出《公司法》第60条第1款所列事项的决定时,应当采用书面形式,并由股东签名或者盖章后置备于公司。

(二)董事会、经理

1. 董事会的组成及其职权

有限责任公司设董事会。有限责任公司董事会成员为3人以上,其成员中可以有公司职工代表。职工人数为300人以上的有限责任公司,除依法设监事会并有公司职工代表外,其董事会成员中应当有公司职工代表。董事会中的职工代表由公司职工通过职工代表大会、职工大会或者其他形式民主选举产生。董事会设董事长1人,可以设副董事长。董事长、副董事长的产生办法由公司章程规定。

董事会行使下列职权:(1)召集股东会会议,并向股东会报告工作;(2)执行股东会的决议;(3)决定公司的经营计划和投资方案;(4)制订公司的利润分配方案和弥补亏损方案;(5)制订公司增加或者减少注册资本以及发行公司债券的方案;(6)制订公司合并、分立、解散或者变更公司形式的方案;(7)决定公司内部管理机构的设置;(8)决定聘任或者解聘公司经理及其报酬事项,并根据经理的提名决定聘任或者解聘公司副经理、财务负责人及其报酬事项;(9)制定公司的基本管理制度;(10)公司章程规定或者股东会授予的其他职权。公司章程对董事会职权的限制不得对抗善意相对人。

规模较小或者股东人数较少的有限责任公司,可以不设董事会,但要设1名董事,行使公司法规定的董事会的职权。该董事可以兼任公司经理。

2. 董事的任期

董事任期由公司章程规定,但每届任期不得超过3年。董事任期届满,连选可以连任。董事任期届满未及时改选,或者董事在任期内辞任导致董事会成员低于法定人数的,在改选出的董事就任前,原董事仍应当依照法律、行政法规和公司章程的规定,履行董事职务。董事辞任的,应当以书面形式通知公司,公司收到通知之日辞任生效,但存在前款规定情形的,董事应当继续履行职务。

股东会可以决议解任董事,决议作出之日解任生效。无正当理由,在任期届满前解任董事的,该董事可以要求公司予以赔偿。

3. 董事会会议的召集与议事规则

董事会会议由董事长召集和主持;董事长不能履行职务或者不履行职务的,由副董事长召集和主持;副董事长不能履行职务或者不履行职务的,由过半数的董事共同推举1名董事召集和主持。

董事会的议事方式和表决程序,除公司法有规定的外,由公司章程规定。董事会会议应当有过半数的董事出席方可举行。董事会作出决议,应当经全体董事的过半数通过。董事会决议的表决,应当一人一票。董事会应当将所议事项的决定作成会议记录,出席会议的董事应当在会议记录上签名。

4. 经理

有限责任公司可以设经理,由董事会决定聘任或者解聘。经理对董事会负责,根据公司章程的规定或者董事会的授权行使职权。经理列席董事会会议。

(三)监事会(或审计委员会)

1. 监事会的组成及其职权

有限责任公司设监事会。监事会成员为3人以上。监事会成员应当包括股东代表和适当比例的公司职工代表,其中职工代表的比例不得低于1/3,具体比例由公司章程规定。监事会中的职工代表由公司职工通过职工代表大会、职工大会或者其他形式民主选举产生。监事会设主席1人,由全体监事过半数选举产生。董事、高级管理人员不得兼任监事。

监事会行使下列职权:(1)检查公司财务;(2)对董事、高级管理人员执行职务的行为进行监督,对违反法律、行政法规、公司章程或者股东会决议的董事、高级管理人员提出解任的建议;(3)当董事、高级管理人员的行为损害公司的利益时,要求董事、高级管理人员予以纠正;(4)提议召开临时股东会会议,在董事会不履行本法规定的召集和主持股东会会议职责时召集和主持股东会会议;(5)向股东会会议提出提案;(6)依法对董事、高级管理人员提起诉讼;(7)公司章程规定的其他职权。

监事可以列席董事会会议,并对董事会决议事项提出质询或者建议。监事会发现公司经营情况异常,可以进行调查;必要时,可以聘请会计师事务所等协助其工作,费用由公司承担。监事会可以要求董事、高级管理人员提交执行职务的报告。董事、高级管理人员应当如实向监事会提供有关情况和资料,不得妨碍监事会或者监事行使职权。

规模较小或者股东人数较少的有限责任公司,可以不设监事会,设1名监事,行使公司法规定的监事会的职权;经全体股东一致同意,也可以不设监事。

2. 监事的任期

监事的任期每届为3年。监事任期届满,连选可以连任。监事任期届满未及时改选,或者监事在任期内辞任导致监事会成员低于法定人数的,在改选出的监事就任前,原监事仍应当依照法律、行政法规和公司章程的规定,履行监事职务。

3. 监事会会议的召集与议事规则

监事会每年度至少召开1次会议,监事可以提议召开临时监事会会议。监事会主席召集和主持监事会会议;监事会主席不能履行职务或者不履行职务的,由过半数的监事共同推举1名监事召集和主持监事会会议。

监事会的议事方式和表决程序,除《公司法》有规定的外,由公司章程规定。监事会决议应当经全体监事的过半数通过。监事会决议的表决,应当一人一票。监事会应当对所议事项的决定作成会议记录,出席会议的监事应当在会议记录上签名。

4. 审计委员会

有限责任公司可以按照公司章程的规定在董事会中设置由董事组成的审计委员会,行使公司法规定的监事会的职权，不设监事会或者监事。公司董事会成员中的职工代表可以成为审计委员会成员。

四、有限责任公司的股权转让

有限责任公司的股东之间可以相互转让其全部或者部分股权。股东向股东以外的人转让股权的，应当将股权转让的数量、价格、支付方式和期限等事项书面通知其他股东，其他股东在同等条件下有优先购买权。股东自接到书面通知之日起30日内未答复的，视为放弃优先购买权。2个以上股东行使优先购买权的，协商确定各自的购买比例；协商不成的，按照转让时各自的出资比例行使优先购买权。公司章程对股权转让另有规定的，从其规定。

人民法院依照法律规定的强制执行程序转让股东的股权时，应当通知公司及全体股东，其他股东在同等条件下有优先购买权。其他股东自人民法院通知之日起满20日不行使优先购买权的，视为放弃优先购买权。

股东转让股权的，应当书面通知公司，请求变更股东名册；需要办理变更登记的，并请求公司向公司登记机关办理变更登记。公司拒绝或者在合理期限内不予答复的，转让人、受让人可以依法向人民法院提起诉讼。股权转让的，受让人自记载于股东名册时起可以向公司主张行使股东权利。依法转让股权后，公司应当及时注销原股东的出资证明书，向新股东签发出资证明书，并相应修改公司章程和股东名册中有关股东及其出资额的记载。对公司章程的该项修改不需再由股东会表决。

股东转让已认缴出资但未届出资期限的股权的，由受让人承担缴纳该出资的义务；受让人未按期足额缴纳出资的，转让人对受让人未按期缴纳的出资承担补充责任。未按照公司章程规定的出资日期缴纳出资或者作为出资的非货币财产的实际价额显著低于所认缴的出资额的股东转让股权的，转让人与受让人在出资不足的范围内承担连带责任；受让人不知道且不应当知道存在上述情形的，由转让人承担责任。

有下列情形之一的，对股东会该项决议投反对票的股东可以请求公司按照合理的价格收购其股权：(1)公司连续5年不向股东分配利润，而公司该5年连续盈利，并且符合公司法规定的分配利润条件；(2)公司合并、分立、转让主要财产；(3)公司章程规定的营业期限届满或者章程规定的其他解散事由出现，股东会通过决议修改章程使公司存续。自股东会决议作出之日起60日内，股东与公司不能达成股权收购协议的，股东可以自股东会决议作出之日起90内向人民法院提起诉讼。公司的控股股东滥用股东权利，严重损害公司或者其他股东利益的，其他股东有权请求公司按照合理的价格收购其股权。公司因上述情形收购的本公司股权，应当在6个月内依法转让或者注销。

自然人股东死亡后，其合法继承人可以继承股东资格；但是，公司章程另有规定的除外。

第三节 股份有限公司

一、股份有限公司的特征

1. 公司资本的股份性。股份有限公司的资本被划分为股份,每一股的金额相等。股份是股份有限公司资本的最小构成单位。股票是公司签发的证明股东所持股份的凭证,即股票代表的是股份。资本股份化不仅能适应股份有限公司公开发行股份,募集社会资金的需要,而且便于股东权的行使和利润分配。

2. 股东责任的有限性。股份有限公司的股东以其认购的股份为限对公司承担责任。

3. 公司资本募集的公开性。股份有限公司可以通过向社会公开发行股票筹集公司的资本,从而使其具有最广泛的社会性。

4. 公司股票的流通性。股份有限公司依法发行的股票,可以按照法律规定的条件和程序流通和转让。

5. 公司设立条件和程序的严格性。由于股份有限公司涉及投资公众,因此各国公司立法对股份有限公司的设立均规定了较为严格的条件和程序。

二、股份有限公司的设立

(一)股份有限公司设立的条件

1. 发起人符合法定人数。设立股份有限公司,应当有1人以上200人以下为发起人,其中应当有半数以上的发起人在中华人民共和国境内有住所。

2. 发起人共同制定公司章程。股份有限公司章程应当载明下列事项:(1)公司名称和住所;(2)公司经营范围;(3)公司设立方式;(4)公司注册资本、已发行的股份数和设立时发行的股份数,面额股的每股金额;(5)发行类别股的,每一类别股的股份数及其权利和义务;(6)发起人的姓名或者名称、认购的股份数、出资方式;(7)董事会的组成、职权和议事规则;(8)公司法定代表人的产生、变更办法;(9)监事会的组成、职权和议事规则;(10)公司利润分配办法;(11)公司的解散事由与清算办法;(12)公司的通知和公告办法;(13)股东会认为需要规定的其他事项。

3. 发起人认缴出资符合规定。在发起人认购的股份缴足前,不得向他人募集股份。法律、行政法规以及国务院决定对股份有限公司注册资本最低限额另有规定的,从其规定。发起人可用于出资的财产要求与有限责任公司股东相同。

4. 股份发行事项符合规定。设立股份有限公司发行股份应当符合公司法、证券法等有关法律、法规的规定。发起人向社会公开募集股份,应当公告招股说明书,并制作认股书。

5. 公司名称符合规定。股份有限公司必须在公司名称中标明股份有限公司或者股份公司字样。关于公司名称的其他具体规定,参见《企业名称登记管理规定》和《企业名称登记管理规定实施办法》。

6. 公司组织机构设立符合规定。关于股份有限公司的组织机构设立的具体规定，参见本节“三、股份有限公司的组织机构”。

7. 公司有住所。住所为公司的主要办事机构所在地。

8. 法律、行政法规规定的其他条件。

（二）股份有限公司设立的方式和相关要求

设立股份有限公司，可以采取发起设立或者募集设立的方式，也可以由有限责任公司变更为股份有限公司。发起设立，是指由发起人认购设立公司时应发行的全部股份而设立公司。募集设立，是指由发起人认购设立公司时应发行股份的一部分，其余股份向特定对象募集或者向社会公开募集而设立公司。

以发起设立方式设立股份有限公司的，发起人应当认足公司章程规定的公司设立时应发行的股份。成立大会的召开和表决程序由公司章程或者发起人协议规定。

以募集设立方式设立股份有限公司的，发起人认购的股份不得少于公司章程规定的公司设立时应发行股份总数的35%；但是，法律、行政法规另有规定的，从其规定。募集设立股份有限公司的发起人应当自公司设立时应发行股份的股款缴足之日起30日内召开公司成立大会。发起人应当在成立大会召开15日前将会议日期通知各认股人或者予以公告。成立大会应当有持有表决权过半数的认股人出席，方可举行。

发起人不按照其认购的股份缴纳股款，或者作为出资的非货币财产的实际价额显著低于所认购的股份的，其他发起人与该发起人在出资不足的范围内承担连带责任。

公司设立时应发行的股份未募足，或者发行股份的股款缴足后，发起人在30日内未召开成立大会的，认股人可以按照所缴股款并加算银行同期存款利息，要求发起人返还。

有限责任公司变更为股份有限公司时，折合的实收股本总额不得高于公司净资产额。有限责任公司变更为股份有限公司，为增加注册资本公开发行股份时，应当依法办理。

三、股份有限公司的组织机构

（一）股东会

1. 股东会的组成及其职权

股份有限公司股东会由全体股东组成。股东会是公司的权力机构，依法行使职权。《公司法》关于有限责任公司股东会职权的规定，适用于股份有限公司股东会；关于只有1个股东的有限责任公司不设股东会的规定，适用于只有1个股东的股份有限公司。

2. 股东会的召集和议事规则

股东会应当每年召开1次年会。有下列情形之一的，应当在2个月内召开临时股东会会议：（1）董事人数不足公司法规定人数或者公司章程所定人数的2/3时；（2）公司未弥补的亏损达股本总额1/3时；（3）单独或者合计持有公司10%以上股份的股东请求时；（4）董事会认为必要时；（5）监事会提议召开时；（6）公司章程规定的其他情形。

股东会会议由董事会召集，董事长主持；董事长不能履行职务或者不履行职务的，由副董事长主持;副董事长不能履行职务或者不履行职务的,由过半数的董事共同推举 1 名董事主持。董事会不能履行或者不履行召集股东会会议职责的,监事会应当及时召集和主持;监事会不召集和主持的,连续 90 日以上单独或者合计持有公司 10% 以上股份的股东可以自行召集和主持。

单独或者合计持有公司 10% 以上股份的股东请求召开临时股东会会议的,董事会、监事会应当在收到请求之日起 10 日内作出是否召开临时股东会会议的决定,并书面答复股东。

召开股东会会议,应当将会议召开的时间、地点和审议的事项于会议召开 20 日前通知各股东;临时股东会会议应当于会议召开 15 日前通知各股东。单独或者合计持有公司 1% 以上股份的股东,可以在股东会会议召开 10 日前提出临时提案并书面提交董事会。临时提案应当有明确议题和具体决议事项。董事会应当在收到提案后 2 日内通知其他股东,并将该临时提案提交股东会审议;但临时提案违反法律、行政法规或者公司章程的规定,或者不属于股东会职权范围的除外。公司不得提高提出临时提案股东的持股比例。公开发行股份的公司,应当以公告方式作出通知。股东会不得对通知中未列明的事项作出决议。

股东出席股东会会议,所持每一股份有一表决权,类别股股东除外。公司持有的本公司股份没有表决权。股东会作出决议,应当经出席会议的股东所持表决权过半数通过。股东会作出修改公司章程、增加或者减少注册资本的决议,以及公司合并、分立、解散或者变更公司形式的决议,应当经出席会议的股东所持表决权的 2/3 以上通过。

股东会选举董事、监事,可以按照公司章程的规定或者股东会的决议,实行累积投票制。累积投票制,是指股东会选举董事或者监事时,每一股份拥有与应选董事或者监事人数相同的表决权,股东拥有的表决权可以集中使用。

股东委托代理人出席股东会会议的,应当明确代理人代理的事项、权限和期限;代理人应当向公司提交股东授权委托书,并在授权范围内行使表决权。

股东会应当对所议事项的决定作成会议记录,主持人、出席会议的董事应当在会议记录上签名。会议记录应当与出席股东的签名册及代理出席的委托书一并保存。

(二)董事会、经理

1. 董事会的组成及其职权

股份有限公司设董事会。股份有限公司可以按照公司章程的规定在董事会中设置由董事组成的审计委员会和其他委员会。董事会设董事长 1 人,可以设副董事长。董事长和副董事长由董事会以全体董事的过半数选举产生。

规模较小或者股东人数较少的股份有限公司,可以不设董事会,设 1 名董事,行使公司法规定的董事会的职权。该董事可以兼任公司经理。

《公司法》关于有限责任公司的董事会组成和董事会职权的规定,适用于股份有限公司董事会。

2. 董事的任期

《公司法》关于有限责任公司的董事任期和解任董事的规定,适用于股份有限公司董事。

3. 董事会的召集和议事规则

董事会每年度至少召开 2 次会议，每次会议应当于会议召开 10 日前通知全体董事和监事。代表 1/10 以上表决权的股东、1/3 以上董事或者监事会，可以提议召开临时董事会会议。董事长应当自接到提议后 10 日内，召集和主持董事会会议。董事会召开临时会议，可以另定召集董事会的通知方式和通知时限。

董事长召集和主持董事会会议，检查董事会决议的实施情况。副董事长协助董事长工作，董事长不能履行职务或者不履行职务的，由副董事长履行职务；副董事长不能履行职务或者不履行职务的，由过半数的董事共同推举 1 名董事履行职务。

董事会会议应当有过半数的董事出席方可举行。董事会会议，应当由董事本人出席；董事因故不能出席，可以书面委托其他董事代为出席，委托书应当载明授权范围。董事会作出决议，应当经全体董事的过半数通过。董事会决议的表决，应当一人一票。

董事会应当将所议事项的决定作成会议记录，出席会议的董事应当在会议记录上签名。董事应当对董事会的决议承担责任。董事会的决议违反法律、行政法规或者公司章程、股东会决议，给公司造成严重损失的，参与决议的董事对公司负赔偿责任；经证明在表决时曾表明异议并被记载于会议记录的，该董事可以免除责任。

4. 经理

股份有限公司设经理，由董事会决定聘任或者解聘。经理对董事会负责，根据公司章程的规定或者董事会的授权行使职权。经理列席董事会会议。公司董事会可以决定由董事会成员兼任经理。

（三）监事会（或审计委员会）

1. 监事会的组成及其职权

股份有限公司设监事会。监事会成员为 3 人以上。监事会成员应当包括股东代表和适当比例的公司职工代表，其中职工代表的比例不得低于 1/3，具体比例由公司章程规定。监事会中的职工代表由公司职工通过职工代表大会、职工大会或者其他形式民主选举产生。监事会设主席 1 人，可以设副主席。监事会主席和副主席由全体监事过半数选举产生。董事、高级管理人员不得兼任监事。

规模较小或者股东人数较少的股份有限公司，可以不设监事会，设 1 名监事，行使公司法规定的监事会的职权。

《公司法》关于有限责任公司监事会的职权以及列席董事会会议，对董事会决议事项提出质询或建议，调查公司经营异常情况，要求董事、高级管理人员提交执行职务的报告等的规定，适用于股东有限公司监事会。

2. 监事的任期

《公司法》关于有限责任公司监事任期的规定，适用于股份有限公司监事。监事会行使职权所必需的费用，由公司承担。

3. 监事会的召集和议事规则

监事会每 6 个月至少召开 1 次会议。监事可以提议召开临时监事会会议。

监事会的议事方式和表决程序,除《公司法》有规定的外,由公司章程规定。监事会决议应当经全体监事的过半数通过。监事会决议的表决,应当一人一票。

监事会应当将所议事项的决定作成会议记录,出席会议的监事应当在会议记录上签名。

4. 审计委员会

股份有限公司可以按照公司章程的规定在董事会中设置由董事组成的审计委员会,行使公司法规定的监事会的职权,不设监事会或者监事。

审计委员会成员为3名以上,过半数成员不得在公司担任除董事以外的其他职务,且不得与公司存在任何可能影响其独立、客观判断的关系。公司董事会成员中的职工代表可以成为审计委员会成员。

审计委员会作出决议,应当经审计委员会成员的过半数通过。审计委员会决议的表决,应当一人一票。审计委员会的议事方式和表决程序,除《公司法》有规定的外,由公司章程规定。

(四)上市公司组织机构的特别规定

上市公司,是指其股票在证券交易所上市交易的股份有限公司。

上市公司在1年内购买、出售重大资产或者向他人提供担保的金额超过公司资产总额30%的,应当由股东会作出决议,并经出席会议的股东所持表决权的2/3以上通过。

上市公司设独立董事。上市公司的公司章程除载明《公司法》第95条规定的事项外,还应当依照法律、行政法规的规定载明董事会专门委员会的组成、职权以及董事、监事、高级管理人员薪酬考核机制等事项。

上市公司在董事会中设置审计委员会的,董事会对下列事项作出决议前应当经审计委员会全体成员过半数通过:(1)聘用、解聘承办公司审计业务的会计师事务所;(2)聘任、解聘财务负责人;(3)披露财务会计报告;(4)国务院证券监督管理机构规定的其他事项。

上市公司设董事会秘书,负责公司股东会和董事会会议的筹备、文件保管以及公司股东资料的管理,办理信息披露事务等事宜。

上市公司董事与董事会会议决议事项所涉及的企业或者个人有关联关系的,该董事应当及时向董事会书面报告。有关联关系的董事不得对该项决议行使表决权,也不得代理其他董事行使表决权。该董事会会议由过半数的无关联关系董事出席即可举行,董事会会议所作决议须经无关联关系董事过半数通过。出席董事会会议的无关联关系董事人数不足3人的,应当将该事项提交上市公司股东会审议。

上市公司应当依法披露股东、实际控制人的信息,相关信息应当真实、准确、完整。禁止违反法律、行政法规的规定代持上市公司股票。

上市公司控股子公司不得取得该上市公司的股份。上市公司控股子公司因公司合并、质权行使等原因持有上市公司股份的,不得行使所持股份对应的表决权,并应当及时处分相关上市公司股份。

四、股份有限公司的股份发行和转让

(一)股份发行

1. 股份发行的原则

股份的发行,实行公平、公正的原则,同类别的每一股份应当具有同等权利。同次发行的同类别股份,每股的发行条件和价格应当相同;认购人所认购的股份,每股应当支付相同价额。

2. 类别股的发行

按股东享有权利和承担义务的不同,可以分为普通股和类别股(或称特别股)。普通股,是指股东的权利一律平等,没有任何区别待遇的股份。类别股,是指股东权利不同于普通股股东的股份。类别股又分为优先股、劣后股、特别表决权股、限制转让股等。优先股,是指股东在公司盈余和公司剩余财产分配方面优先于普通股股东的股份。劣后股,又称后配股,是指股东在公司盈余和公司剩余财产分配方面劣后于普通股股东的股份。特别表决权股,是指每一股的表决权数多于或者少于普通股的股份。限制转让股,是指在转让时受到不同于普通股的更多限制的股份。

《公司法》规定,公司可以按照公司章程的规定发行下列与普通股权利不同的类别股:(1)优先或者劣后分配利润或者剩余财产的股份;(2)每一股的表决权数多于或者少于普通股的股份;(3)转让须经公司同意等转让受限的股份;(4)国务院规定的其他类别股。公开发行股份的公司不得发行上述第2项、第3项规定的类别股,公开发行前已发行的除外。公司发行第2项规定的类别股的,对于监事或者审计委员会成员的选举和更换,类别股与普通股每一股的表决权数相同。

发行类别股的公司,应当在公司章程中载明以下事项:(1)类别股分配利润或者剩余财产的顺序;(2)类别股的表决权数;(3)类别股的转让限制;(4)保护中小股东权益的措施;(5)股东会认为需要规定的其他事项。

发行类别股的公司,有修改公司章程、增加或者减少注册资本的决议,以及公司合并、分立、解散或者变更公司形式等事项可能影响类别股股东权利的,除应当经出席股东会会议的股东所持表决权的2/3以上通过外,还应当经出席类别股股东会议的股东所持表决权的2/3以上通过。

公司章程可以对需经类别股股东会议决议的其他事项作出规定。

3. 无面额股的发行

按票面是否标明金额,股票可以分为面额股和无面额股。面额股,是指在股票票面上标明了一定金额的股份。无面额股,又称比例股或部分股,是指股票票面不标明金额,而仅标明其占公司资本总额的一定比例的股份。

《公司法》规定,公司的全部股份,根据公司章程的规定择一采用面额股或者无面额股。采用面额股的,每一股的金额相等。公司可以根据公司章程的规定将已发行的面额股全部转换为无面额股或者将无面额股全部转换为面额股。

面额股股票的发行价格可以按票面金额,也可以超过票面金额,但不得低于票面金额。

采用无面额股的,应当将发行股份所得股款的1/2以上计入注册资本。

4. 记名股票的发行

按票面上是否记载股东的姓名,股票可以分为记名股和无记名股。记名股,是指将股东的姓名或名称记载于股票票面的股份。无记名股,是指在股票票面上不记载股东的姓名或名称的股份。

《公司法》第147条第2款规定:“公司发行的股票,应当为记名股票。”

5. 股票的形式

股票采用纸面形式或者国务院证券监督管理机构规定的其他形式。

股票采用纸面形式的,应当载明下列主要事项:(1)公司名称;(2)公司成立日期或者股票发行的时间;(3)股票种类、票面金额及代表的股份数,发行无面额股的,股票代表的股份数。股票采用纸面形式的,还应当载明股票的编号,由法定代表人签名,公司盖章。发起人股票采用纸面形式的,应当标明发起人股票字样。

6. 股票的交付

股份有限公司成立后,即向股东正式交付股票。公司成立前不得向股东交付股票。

7. 新股发行

公司发行新股,股东会应当对下列事项作出决议:(1)新股种类及数额;(2)新股发行价格;(3)新股发行的起止日期;(4)向原有股东发行新股的种类及数额;(5)发行无面额股的,新股发行所得股款计入注册资本的金额。

公司发行新股,可以根据公司经营情况和财务状况,确定其作价方案。

公司章程或者股东会可以授权董事会在3年内决定发行不超过已发行股份50%的股份。但以非货币财产作价出资的应当经股东会决议。公司章程或者股东会授权董事会决定发行新股的,董事会决议应当经全体董事2/3以上通过。董事会依照上述规定决定发行股份导致公司注册资本、已发行股份数发生变化的,对公司章程该项记载事项的修改无须再由股东会表决。

8. 向社会公开募集股份

公司向社会公开募集股份,应当经国务院证券监督管理机构注册,公告招股说明书。

招股说明书应当附有公司章程,并载明下列事项:(1)发行的股份总数;(2)面额股的票面金额和发行价格或者无面额股的发行价格;(3)募集资金的用途;(4)认股人的权利和义务;(5)股份种类及其权利和义务;(6)本次募股的起止日期及逾期未募足时认股人可以撤回所认股份的说明。公司设立时发行股份的,还应当载明发起人认购的股份数。

公司向社会公开募集股份,应当由依法设立的证券公司承销,签订承销协议。

公司向社会公开募集股份,应当同银行签订代收股款协议。代收股款的银行应当按照协议代收和保存股款,向缴纳股款的认股人出具收款单据,并负有向有关部门出具收款证明的义务。

公司发行股份募足股款后,应予公告。

（二）股份转让

1. 股份转让的一般规则

股份有限公司的股东持有的股份既可以向其他股东转让，也可以向股东以外的人转让；公司章程对股份转让有限制的，其转让按照公司章程的规定进行。

股东转让其股份，应当在依法设立的证券交易场所进行或者按照国务院规定的其他方式进行。

股票的转让，由股东以背书方式或者法律、行政法规规定的其他方式进行；转让后由公司将受让人的姓名或者名称及住所记载于股东名册。股东会会议召开前20日内或者公司决定分配股利的基准日前5日内，不得变更股东名册。法律、行政法规或者国务院证券监督管理机构对上市公司股东名册变更另有规定的，从其规定。

2. 股份转让的限制

公司公开发行股份前已发行的股份，自公司股票在证券交易所上市交易之日起1年内不得转让。法律、行政法规或者国务院证券监督管理机构对上市公司的股东、实际控制人转让其所持有的本公司股份另有规定的，从其规定。

公司董事、监事、高级管理人员应当向公司申报所持有的本公司的股份及其变动情况，在就任时确定的任职期间每年转让的股份不得超过其所持有本公司股份总数的25%；所持本公司股份自公司股票上市交易之日起1年内不得转让。上述人员离职后半年内，不得转让其所持有的本公司股份。公司章程可以对公司董事、监事、高级管理人员转让其所持有的本公司股份作出其他限制性规定。

股份在法律、行政法规规定的限制转让期限内出质的，质权人不得在限制转让期限内行使质权。

自然人股东死亡后，其合法继承人可以继承股东资格；但是，股份转让受限的股份有限公司的章程另有规定的除外。

3. 异议股东的股份回购请求权

有下列情形之一的，对股东会该项决议投反对票的股东可以请求公司按照合理的价格收购其股份，公开发行股份的公司除外：（1）公司连续5年不向股东分配利润，而公司该5年连续盈利，并且符合公司法规定的分配利润条件；（2）公司转让主要财产；（3）公司章程规定的营业期限届满或者章程规定的其他解散事由出现，股东会通过决议修改章程使公司存续。自股东会决议作出之日起60内，股东与公司不能达成股份收购协议的，股东可以自股东会决议作出之日起90日内向人民法院提起诉讼。公司因上述情形收购的本公司股份，应当在6个月内依法转让或者注销。

4. 公司股份回购的限制

公司不得收购本公司股份。但是，有下列情形之一的除外：（1）减少公司注册资本；（2）与持有本公司股份的其他公司合并；（3）将股份用于员工持股计划或者股权激励；（4）股东因对股东会作出的公司合并、分立决议持异议，要求公司收购其股份；（5）将股份用于转换公司发行的可转换为股票的公司债券；（6）上市公司为维护公司价值及股东权益所必需。公司因第1项、第2项规定的情形收购本公司股份的,应当经股东会决议;公司因第3项、第5项、第6项规定的情形收购本公司股份的,可以按照公司章程或者股东会的授权,经2/3以上董事出席的董事会会议决议。公司依照上述规定收购本公司股份后,属于第1项情形的,应当自收购之日起10日内注销;属于第2项、第4项情形的,应当在6个月内转让或者注销;属于第3项、第5项、第6项情形的,公司合计持有的本公司股份数不得超过本公司已发行股份总数的10%,并应当在3年内转让或者注销。上市公司收购本公司股份的,应当依照《证券法》的规定履行信息披露义务。上市公司因第3项、第5项、第6项规定的情形收购本公司股份的,应当通过公开的集中交易方式进行。

公司不得接受本公司的股份作为质权的标的。

5. 财务资助他人取得本公司股份的限制

公司不得为他人取得本公司或者其母公司的股份提供赠与、借款、担保以及其他财务资助,公司实施员工持股计划的除外。

为公司利益,经股东会决议,或者董事会按照公司章程或者股东会的授权作出决议,公司可以为他人取得本公司或者其母公司的股份提供财务资助,但财务资助的累计总额不得超过已发行股本总额的10%。董事会作出决议应当经全体董事的2/3以上通过。

6. 上市公司的股票转让

上市公司的股票,依照有关法律、行政法规及证券交易所交易规则上市交易。上市公司应当依照法律、行政法规的规定披露相关信息。

第四节 国家出资公司组织机构的特别规定

一、国家出资公司的概念和种类

国家出资公司,是指国家出资的国有独资公司、国有资本控股公司,包括国家出资的有限责任公司、股份有限公司。

二、国家出资人代表

国家出资公司,由国务院或者地方人民政府分别代表国家依法履行出资人职责,享有出资人权益。国务院或者地方人民政府可以授权国有资产监督管理机构或者其他部门、机构代表本级人民政府对国家出资公司履行出资人职责。

代表本级人民政府履行出资人职责的机构、部门,统称为履行出资人职责的机构。

三、国家出资公司组织机构的特别规定

国家出资公司中中国共产党的组织,按照中国共产党章程的规定发挥领导作用,研究讨论公司重大经营管理事项,支持公司的组织机构依法行使职权。

国有独资公司章程由履行出资人职责的机构制定。

国有独资公司不设股东会,由履行出资人职责的机构行使股东会职权。履行出资人职责的机构可以授权公司董事会行使股东会的部分职权,但公司章程的制定和修改,公司的合并、分立、解散、申请破产,增加或者减少注册资本,分配利润,应当由履行出资人职责的机构决定。

国有独资公司的董事会依照《公司法》规定行使职权。国有独资公司的董事会成员中,应当过半数为外部董事,并应当有公司职工代表。董事会成员由履行出资人职责的机构委派;但是,董事会成员中的职工代表由公司职工代表大会选举产生。董事会设董事长1人,可以设副董事长。董事长、副董事长由履行出资人职责的机构从董事会成员中指定。

国有独资公司的经理由董事会聘任或者解聘。经履行出资人职责的机构同意,董事会成员可以兼任经理。

国有独资公司的董事、高级管理人员,未经履行出资人职责的机构同意,不得在其他有限责任公司、股份有限公司或者其他经济组织兼职。

国有独资公司在董事会中设置由董事组成的审计委员会行使《公司法》规定的监事会职权的,不设监事会或者监事。

国家出资公司应当依法建立健全内部监督管理和风险控制制度,加强内部合规管理。

第五节 公司董事、监事、高级管理人员的资格、义务和责任

一、公司董事、监事、高级管理人员的资格

有下列情形之一的,不得担任公司的董事、监事、高级管理人员:(1)无民事行为能力或者限制民事行为能力;(2)因贪污、贿赂、侵占财产、挪用财产或者破坏社会主义市场经济秩序,被判处刑罚,或者因犯罪被剥夺政治权利,执行期满未逾5年,被宣告缓刑的,自缓刑考验期满之日起未逾2年;(3)担任破产清算的公司、企业的董事或者厂长、经理,对该公司、企业的破产负有个人责任的,自该公司、企业破产清算完结之日起未逾3年;(4)担任因违法被吊销营业执照、责令关闭的公司、企业的法定代表人,并负有个人责任的,自该公司、企业被吊销营业执照、责令关闭之日起未逾3年;(5)个人因所负数额较大债务到期未清偿被人民法院列为失信被执行人。

违反上述规定选举、委派董事、监事或者聘任高级管理人员的,该选举、委派或者聘任无效。董事、监事、高级管理人员在任职期间出现上述所列情形的,公司应当解除其职务。

二、公司董事、监事、高级管理人员的义务

董事、监事、高级管理人员应当遵守法律、行政法规和公司章程,对公司负有忠实义务和勤勉义务。

董事、监事、高级管理人员对公司负有忠实义务,应当采取措施避免自身利益与公司利益冲突,不得利用职权牟取不正当利益。董事、监事、高级管理人员对公司负有勤勉义务,执行职务应当为公司的最大利益尽到管理者通常应有的合理注意。公司的控股股东、实际控制人不担任公司董事但实际执行公司事务的,适用上述规定。

董事、监事、高级管理人员不得有下列行为:(1)侵占公司财产、挪用公司资金;(2)将公司资金以其个人名义或者以其他个人名义开立账户存储;(3)利用职权贿赂或者收受其他非法收入;(4)接受他人与公司交易的佣金归为己有;(5)擅自披露公司秘密;(6)违反对公司忠实义务的其他行为。

董事、监事、高级管理人员,直接或者间接与本公司订立合同或者进行交易,应当就与订立合同或者进行交易有关的事项向董事会或者股东会报告,并按照公司章程的规定经董事会或者股东会决议通过。董事、监事、高级管理人员的近亲属,董事、监事、高级管理人员或者其近亲属直接或者间接控制的企业,以及与董事、监事、高级管理人员有其他关联关系的关联人,与公司订立合同或者进行交易,适用上述规定。

董事、监事、高级管理人员,不得利用职务便利为自己或者他人谋取属于公司的商业机会。但是,有下列情形之一的除外:(1)向董事会或者股东会报告,并按照公司章程的规定经董事会或者股东会决议通过;(2)根据法律、行政法规或者公司章程的规定,公司不能利用该商业机会。

董事、监事、高级管理人员未向董事会或者股东会报告,并按照公司章程的规定经董事会或者股东会决议通过,不得自营或者为他人经营与其任职公司同类的业务。

董事会对董事、监事、高级管理人员及其近亲属以及与其有其他关联关系的关联人直接或者间接与本公司订立合同或者进行交易,董事、监事、高级管理人员为自己或者他人利用属于公司的商业机会,自营或者为他人经营与其任职公司同类的业务等事项决议时,关联董事不得参与表决,其表决权不计入表决权总数。出席董事会会议的无关联关系董事人数不足3人的,应当将该事项提交股东会审议。

三、公司董事、监事、高级管理人员的责任

董事、监事、高级管理人员违反《公司法》的上述规定所得的收入应当归公司所有。

董事、监事、高级管理人员执行职务违反法律、行政法规或者公司章程的规定,给公司造成损失的,应当承担赔偿责任。董事、高级管理人员有前条规定的情形的,有限责任公司的股东、股份有限公司连续180日以上单独或者合计持有公司1%以上股份的股东,可以书面请求监事会向人民法院提起诉讼;监事有上述情形的,上述股东可以书面请求董事会向人民法院提起诉讼。

监事会或者董事会收到前述股东书面请求后拒绝提起诉讼,或者自收到请求之日起30日内未提起诉讼,或者情况紧急、不立即提起诉讼将会使公司利益受到难以弥补的损害的,前款规定的股东有权为公司利益以自己的名义直接向人民法院提起诉讼。他人侵犯公司合法权益,给公司造成损失的,上述股东可以依照规定向人民法院提起诉讼。公司全资子公司的董事、监事、高级管理人员有上述情形,或者他人侵犯公司全资子公司合法权益造成

损失的，有限责任公司的股东、股份有限公司连续180日以上单独或者合计持有公司1%以上股份的股东，可以依照规定书面请求全资子公司的监事会、董事会向人民法院提起诉讼或者以自己的名义直接向人民法院提起诉讼。

董事、高级管理人员违反法律、行政法规或者公司章程的规定，损害股东利益的，股东可以向人民法院提起诉讼。

董事、高级管理人员执行职务，给他人造成损害的，公司应当承担赔偿责任；董事、高级管理人员存在故意或者重大过失的，也应当承担赔偿责任。

公司的控股股东、实际控制人指示董事、高级管理人员从事损害公司或者股东利益的行为的，与该董事、高级管理人员承担连带责任。

公司可以在董事任职期间为董事因执行公司职务承担的赔偿责任投保责任保险。公司为董事投保责任保险或者续保后，董事会应当向股东会报告责任保险的投保金额、承保范围及保险费率等内容。

第六节 公司债券

一、公司债券的概念

公司债券，是指公司发行的约定按期还本付息的有价证券。

二、公司债券的发行

1. 公司债券的发行方式

公司债券可以公开发行，也可以非公开发行。公司债券的发行和交易应当符合《证券法》等法律、行政法规的规定。

2. 公司债券的发行程序

公开发行公司债券，应当经国务院证券监督管理机构注册，公告公司债券募集办法。公司债券募集办法应当载明下列主要事项：(1)公司名称；(2)债券募集资金的用途；(3)债券总额和债券的票面金额；(4)债券利率的确定方式；(5)还本付息的期限和方式；(6)债券担保情况；(7)债券的发行价格、发行的起止日期；(8)公司净资产额；(9)已发行的尚未到期的公司债券总额；(10)公司债券的承销机构。

3. 公司债券的形式

公司以纸面形式发行公司债券的，应当在债券上载明公司名称、债券票面金额、利率、偿还期限等事项，并由法定代表人签名，公司盖章。

公司债券应当为记名债券。公司发行公司债券应当置备公司债券持有人名册。发行公司债券的，应当在公司债券持有人名册上载明下列事项：(1)债券持有人的姓名或者名称及住所；(2)债券持有人取得债券的日期及债券的编号；(3)债券总额，债券的票面金额、利率、还本付息的期限和方式；(4)债券的发行日期。

4. 可转换公司债券的发行

股份有限公司经股东会决议,或者经公司章程、股东会授权由董事会决议,可以发行可转换为股票的公司债券,并规定具体的转换办法。上市公司发行可转换为股票的公司债券,应当经国务院证券监督管理机构注册。

发行可转换为股票的公司债券,应当在债券上标明可转换公司债券字样,并在公司债券持有人名册上载明可转换公司债券的数额。

发行可转换为股票的公司债券的,公司应当按照其转换办法向债券持有人换发股票,但债券持有人对转换股票或者不转换股票有选择权。法律、行政法规另有规定的除外。

5. 公开发行公司债券

公开发行公司债券的,应当为同期债券持有人设立债券持有人会议,并在债券募集办法中对债券持有人会议的召集程序、会议规则和其他重要事项作出规定。债券持有人会议可以对与债券持有人有利害关系的事项作出决议。除公司债券募集办法另有约定外,债券持有人会议决议对同期全体债券持有人发生效力。

三、公司债券的转让

公司债券可以转让,转让价格由转让人与受让人约定。公司债券的转让应当符合法律、行政法规的规定。公司债券由债券持有人以背书方式或者法律、行政法规规定的其他方式转让,转让后由公司将受让人的姓名或者名称及住所记载于公司债券持有人名册。

四、公司债券的托管

公开发行公司债券的,发行人应当为债券持有人聘请债券受托管理人,由其为债券持有人办理受领清偿、债权保全、与债券相关的诉讼以及参与债务人破产程序等事项。

债券受托管理人应当勤勉尽责,公正履行受托管理职责,不得损害债券持有人利益。受托管理人与债券持有人存在利益冲突可能损害债券持有人利益的,债券持有人会议可以决议变更债券受托管理人。债券受托管理人违反法律、行政法规或者债券持有人会议决议,损害债券持有人利益的,应当承担赔偿责任。

第七节　公司财务、会计制度

一、公司财务、会计制度的基本要求

公司应当依照法律、行政法规和国务院财政部门的规定建立本公司的财务、会计制度。

公司聘用、解聘承办公司审计业务的会计师事务所,按照公司章程的规定,由股东会、董事会或者监事会决定。公司股东会、董事会或者监事会就解聘会计师事务所进行表决时,应当允许会计师事务所陈述意见。公司应当向聘用的会计师事务所提供真实、完整的

会计凭证、会计账簿、财务会计报告及其他会计资料,不得拒绝、隐匿、谎报。

公司除法定的会计账簿外,不得另立会计账簿。对公司资金,不得以任何个人名义开立账户存储。

二、公司财务会计报告的制作、审计、披露和使用

公司应当在每一会计年度终了时编制财务会计报告,并依法经会计师事务所审计。财务会计报告应当依照法律、行政法规和国务院财政部门的规定制作。

有限责任公司应当按照公司章程规定的期限将财务会计报告送交各股东。股份有限公司的财务会计报告应当在召开股东会年会的 20 日前置备于本公司,供股东查阅;公开发行股份的股份有限公司应当公告其财务会计报告。

三、公积金制度

(一)公积金的概念和种类

公积金,又称为储备金或准备金,是指为巩固公司的财务基础,公司依照法律和公司章程的规定或者股东会的决议,从公司利润中提取而留存于公司内部的余额以及依法所得溢价额、受领赠与的所得等。

公积金按其来源可分为资本公积金和盈余公积金。资本公积金,是指直接由资本或资产等形成的公积金,包括公司发行股票的溢价收入、资产评估增值收入、公司接受赠与的财产、公司吸收合并其他公司所承受的资产余额、公司减资时所获得的资产余额等。盈余公积金是指公司在弥补亏损后、分配股利前,在税后利润中提取的公积金。盈余公积金又分为法定盈余公积金和任意盈余公积金。法定盈余公积金,又称法定公积金,是指按法律规定的比例在公司税后利润中提取的公积金。任意盈余公积金,又称任意公积金,是指根据公司股东会决议在法定公积金以外自由提取的公积金。

(二)公积金的提取与使用

公司分配当年税后利润时,应当提取利润的 10% 列入公司法定公积金。公司法定公积金累计额为公司注册资本的 50% 以上的,可以不再提取。公司的法定公积金不足以弥补以前年度亏损的,在依照规定提取法定公积金之前,应当先用当年利润弥补亏损。

公司从税后利润中提取法定公积金后,经股东会决议,还可以从税后利润中提取任意公积金。

公司以超过股票票面金额的发行价格发行股份所得的溢价款、发行无面额股所得股款未计入注册资本的金额以及国务院财政部门规定列入资本公积金的其他项目,应当列为公司资本公积金。

公司的公积金用于弥补公司的亏损、扩大公司生产经营或者转为增加公司注册资本。公积金弥补公司亏损,应当先使用任意公积金和法定公积金;仍不能弥补的,可以按照规定使用资本公积金。法定公积金转为增加注册资本时,所留存的该项公积金不得少于转增前公司注册资本的 25% 。

四、公司利润分配

公司弥补亏损和提取公积金后所余税后利润,有限责任公司按照股东实缴的出资比例分配利润,全体股东约定不按照出资比例分配利润的除外;股份有限公司按照股东所持有的股份比例分配利润,公司章程另有规定的除外。公司持有的本公司股份不得分配利润。

公司违反公司法规定向股东分配利润的,股东应当将违反规定分配的利润退还公司;给公司造成损失的,股东及负有责任的董事、监事、高级管理人员应当承担赔偿责任。

股东会作出分配利润的决议的,董事会应当在股东会决议作出之日起6个月内进行分配。

第八节　公司合并、分立、减资、增资、解散和清算

一、公司合并

公司合并可以采取吸收合并或者新设合并。一个公司吸收其他公司为吸收合并,被吸收的公司解散。两个以上公司合并设立一个新的公司为新设合并,合并各方解散。

公司与其持股90%以上的公司合并,被合并的公司不需经股东会决议,但应当通知其他股东,其他股东有权请求公司按照合理的价格收购其股权或者股份。公司合并支付的价款不超过本公司净资产10%的,可以不经股东会决议;但是,公司章程另有规定的除外。公司依照上述规定合并不经股东会决议的,应当经董事会决议。

公司合并,应当由合并各方签订合并协议,并编制资产负债表及财产清单。公司应当自作出合并决议之日起10日内通知债权人,并于30日内在报纸上或者国家企业信用信息公示系统公告。债权人自接到通知之日起30日内,未接到通知的自公告之日起45日内,可以要求公司清偿债务或者提供相应的担保。

公司合并时,合并各方的债权、债务,应当由合并后存续的公司或者新设的公司承继。

二、公司分立

公司分立,其财产作相应的分割。

公司分立,应当编制资产负债表及财产清单。公司应当自作出分立决议之日起10日内通知债权人,并于30日内在报纸上或者国家企业信用信息公示系统公告。

公司分立前的债务由分立后的公司承担连带责任。但是,公司在分立前与债权人就债务清偿达成的书面协议另有约定的除外。

三、公司减资

公司减少注册资本,应当编制资产负债表及财产清单。

公司应当自股东会作出减少注册资本决议之日起10日内通知债权人,并于30日内在

报纸上或者国家企业信用信息公示系统公告。债权人自接到通知之日起30日内,未接到通知的自公告之日起45日内,有权要求公司清偿债务或者提供相应的担保。

公司减少注册资本,应当按照股东出资或者持有股份的比例相应减少出资额或者股份,法律另有规定、有限责任公司全体股东另有约定或者股份有限公司章程另有规定的除外。

公司依法使用任意公积金、法定公积金、资本公积金弥补亏损后,仍有亏损的,可以减少注册资本弥补亏损。减少注册资本弥补亏损的,公司不得向股东分配,也不得免除股东缴纳出资或者股款的义务。依照上述规定减少注册资本的,应当自股东会作出减少注册资本决议之日起30日内在报纸上或者国家企业信用信息公示系统公告,并且在公司减少注册资本后,在法定公积金和任意公积金累计额达到公司注册资本50%前,不得分配利润。

违反《公司法》规定减少注册资本的,股东应当退还其收到的资金,减免股东出资的应当恢复原状;给公司造成损失的,股东及负有责任的董事、监事、高级管理人员应当承担赔偿责任。

四、公司增资

有限责任公司增加注册资本时,股东在同等条件下有权优先按照实缴的出资比例认缴出资。但是,全体股东约定不按照出资比例优先认缴出资的除外。有限责任公司增加注册资本时,股东认缴新增资本的出资,依照设立有限责任公司缴纳出资的有关规定执行。

股份有限公司为增加注册资本发行新股时,股东不享有优先认购权,公司章程另有规定或者股东会决议决定股东享有优先认购权的除外。股份有限公司为增加注册资本发行新股时,股东认购新股,依照设立股份有限公司缴纳股款的有关规定执行。

五、公司解散

公司因下列原因解散:(1)公司章程规定的营业期限届满或者公司章程规定的其他解散事由出现;(2)股东会决议解散;(3)因公司合并或者分立需要解散;(4)依法被吊销营业执照、责令关闭或者被撤销;(5)人民法院依法予以解散。公司出现上述规定的解散事由,应当在10日内将解散事由通过国家企业信用信息公示系统予以公示。

公司有第1项、第2项情形,且尚未向股东分配财产的,可以通过修改公司章程或者经股东会决议而存续。修改公司章程或者经股东会决议,有限责任公司须经持有2/3以上表决权的股东通过,股份有限公司须经出席股东会会议的股东所持表决权的2/3以上通过。

公司经营管理发生严重困难,继续存续会使股东利益受到重大损失,通过其他途径不能解决的,持有公司10%以上表决权的股东,可以请求人民法院解散公司。

六、公司清算

公司因公司章程规定的营业期限届满或者公司章程规定的其他解散事由出现,股东会决议解散,因公司合并或者分立需要解散,依法被吊销营业执照、责令关闭或者被撤销,人民法院依法予以解散而解散的,应当清算。董事为公司清算义务人,应当在解散事由出现之日起15日内组成清算组进行清算。清算组由董事组成,但是公司章程另有规定或者股东会决议另选他人的除外。清算义务人未及时履行清算义务,给公司或者债权人造成损失的,应当承担赔偿责任。

公司依照规定应当清算,逾期不成立清算组进行清算或者成立清算组后不清算的,利害关系人可以申请人民法院指定有关人员组成清算组进行清算。人民法院应当受理该申请,并及时组织清算组进行清算。

公司因依法被吊销营业执照、责令关闭或者被撤销而解散的,作出吊销营业执照、责令关闭或者撤销决定的部门或者公司登记机关,可以申请人民法院指定有关人员组成清算组进行清算。

清算组在清算期间行使下列职权:(1)清理公司财产,分别编制资产负债表和财产清单;(2)通知、公告债权人;(3)处理与清算有关的公司未了结的业务;(4)清缴所欠税款以及清算过程中产生的税款;(5)清理债权、债务;(6)分配公司清偿债务后的剩余财产;(7)代表公司参与民事诉讼活动。

清算组应当自成立之日起10日内通知债权人,并于60日内在报纸上或者国家企业信用信息公示系统公告。债权人应当自接到通知之日起30日内,未接到通知的自公告之日起45日内,向清算组申报其债权。债权人申报债权,应当说明债权的有关事项,并提供证明材料。清算组应当对债权进行登记。在申报债权期间,清算组不得对债权人进行清偿。

清算组在清理公司财产、编制资产负债表和财产清单后,应当制订清算方案,并报股东会或者人民法院确认。

公司财产在分别支付清算费用、职工的工资、社会保险费用和法定补偿金,缴纳所欠税款,清偿公司债务后的剩余财产,有限责任公司按照股东的出资比例分配,股份有限公司按照股东持有的股份比例分配。

清算期间,公司存续,但不得开展与清算无关的经营活动。公司财产在未依照前述规定清偿前,不得分配给股东。

清算组成员履行清算职责,负有忠实义务和勤勉义务。清算组成员怠于履行清算职责,给公司造成损失的,应当承担赔偿责任;因故意或者重大过失给债权人造成损失的,应当承担赔偿责任。

公司清算结束后,清算组应当制作清算报告,报股东会或者人民法院确认,并报送公司登记机关,申请注销公司登记。

公司在存续期间未产生债务,或者已清偿全部债务的,经全体股东承诺,可以按照规定通过简易程序注销公司登记。通过简易程序注销公司登记,应当通过国家企业信用信息公示系统予以公告,公告期限不少于20日。公告期限届满后,未有异议的,公司可以在20日内向公司登记机关申请注销公司登记。公司通过简易程序注销公司登记,股东承诺不实的,应当对注销登记前的债务承担连带责任。

公司被吊销营业执照、责令关闭或者被撤销,满3年未向公司登记机关申请注销公司登记的，公司登记机关可以通过国家企业信用信息公示系统予以公告，公告期限不少于60日。公告期限届满后，未有异议的，公司登记机关可以注销公司登记。依照上述规定注销公司登记的，原公司股东、清算义务人的责任不受影响。

清算组在清理公司财产、编制资产负债表和财产清单后，发现公司财产不足清偿债务的，应当依法向人民法院申请破产清算。人民法院受理破产申请后，清算组应当将清算事务移交给人民法院指定的破产管理人。公司被依法宣告破产的，依照有关企业破产的法律实施破产清算。

第九节 外国公司的分支机构

一、外国公司的概念

外国公司，是指依照外国法律在中华人民共和国境外设立的公司。

二、外国公司分支机构的设立

外国公司在中华人民共和国境内设立分支机构，应当向中国主管机关提出申请，并提交其公司章程、所属国的公司登记证书等有关文件，经批准后，向公司登记机关依法办理登记，领取营业执照。

外国公司在中华人民共和国境内设立分支机构，应当在中华人民共和国境内指定负责该分支机构的代表人或者代理人，并向该分支机构拨付与其所从事的经营活动相适应的资金。

外国公司的分支机构应当在其名称中标明该外国公司的国籍及责任形式。外国公司的分支机构应当在本机构中置备该外国公司章程。

三、外国公司分支机构的地位

外国公司在中华人民共和国境内设立的分支机构不具有中国法人资格。外国公司对其分支机构在中华人民共和国境内进行经营活动承担民事责任。

经批准设立的外国公司分支机构，在中华人民共和国境内从事业务活动，应当遵守中国的法律，不得损害中国的社会公共利益，其合法权益受中国法律保护。

四、外国公司分支机构的撤销与清算

外国公司撤销其在中华人民共和国境内的分支机构时，应当依法清偿债务，依照公司法有关公司清算程序的规定进行清算。未清偿债务之前，不得将其分支机构的财产转移至中华人民共和国境外。

第十节 违反公司法的法律责任

一、违反公司法的行政责任

违反规定,虚报注册资本、提交虚假材料或者采取其他欺诈手段隐瞒重要事实取得公司登记的,由公司登记机关责令改正,对虚报注册资本的公司,处以虚报注册资本金额5%以上15%以下的罚款;对提交虚假材料或者采取其他欺诈手段隐瞒重要事实的公司,处以5万元以上200万元以下的罚款;情节严重的,吊销营业执照;对直接负责的主管人员和其他直接责任人员处以3万元以上30万元以下的罚款。

公司未依照规定公示有关信息或者不如实公示有关信息的,由公司登记机关责令改正,可以处以1万元以上5万元以下的罚款。情节严重的,处以5万元以上20万元以下的罚款;对直接负责的主管人员和其他直接责任人员处以1万元以上10万元以下的罚款。

公司的发起人、股东虚假出资,未交付或者未按期交付作为出资的货币或者非货币财产的,由公司登记机关责令改正,可以处以5万元以上20万元以下的罚款;情节严重的,处以虚假出资或者未出资金额5%以上15%以下的罚款;对直接负责的主管人员和其他直接责任人员处以1万元以上10万元以下的罚款。

公司的发起人、股东在公司成立后,抽逃其出资的,由公司登记机关责令改正,处以所抽逃出资金额5%以上15%以下的罚款;对直接负责的主管人员和其他直接责任人员处以3万元以上30万元以下的罚款。

有下列行为之一的,由县级以上人民政府财政部门依照《会计法》等法律、行政法规的规定处罚:(1)在法定的会计账簿以外另立会计账簿;(2)提供存在虚假记载或者隐瞒重要事实的财务会计报告。

公司在合并、分立、减少注册资本或者进行清算时,不依法通知或者公告债权人的,由公司登记机关责令改正,对公司处以1万元以上10万元以下的罚款。

公司在进行清算时,隐匿财产,对资产负债表或者财产清单作虚假记载,或者在未清偿债务前分配公司财产的,由公司登记机关责令改正,对公司处以隐匿财产或者未清偿债务前分配公司财产金额5%以上10%以下的罚款;对直接负责的主管人员和其他直接责任人员处以1万元以上10万元以下的罚款。

承担资产评估、验资或者验证的机构提供虚假材料或者提供有重大遗漏的报告的,由有关部门依照《资产评估法》《注册会计师法》等法律、行政法规的规定处罚。

未依法登记为有限责任公司或者股份有限公司,而冒用有限责任公司或者股份有限公司名义的,或者未依法登记为有限责任公司或者股份有限公司的分公司,而冒用有限责任公司或者股份有限公司的分公司名义的,由公司登记机关责令改正或者予以取缔,可以并处10万元以下的罚款。

公司成立后无正当理由超过6个月未开业的,或者开业后自行停业连续6个月以上的,公司登记机关可以吊销营业执照，但公司依法办理歇业的除外。

公司登记事项发生变更时，未依法办理有关变更登记的，由公司登记机关责令限期登记；逾期不登记的，处1万元以上10万元以下的罚款。

外国公司违反规定，擅自在中华人民共和国境内设立分支机构的，由公司登记机关责令改正或者关闭，可以并处5万元以上20万元以下的罚款。

利用公司名义从事危害国家安全、社会公共利益的严重违法行为的，吊销营业执照。

公司登记机关违反法律、行政法规规定未履行职责或者履行职责不当的，对负有责任的领导人员和直接责任人员依法给予政务处分。

二、违反公司法的民事责任

法定代表人因执行职务造成他人损害的，由公司承担民事责任。公司承担民事责任后，依照法律或者公司章程的规定，可以向有过错的法定代表人追偿。

公司股东滥用股东权利给公司或者其他股东造成损失的，应当承担赔偿责任。

公司的控股股东、实际控制人、董事、监事、高级管理人员利用关联关系损害公司利益，给公司造成损失的，应当承担赔偿责任。

公司股东滥用公司法人独立地位和股东有限责任，逃避债务，严重损害公司债权人利益的，应当对公司债务承担连带责任。股东利用其控制的2个以上公司实施上述行为的，各公司应当对任一公司的债务承担连带责任。

只有1个股东的公司，股东不能证明公司财产独立于股东自己的财产的，应当对公司债务承担连带责任。

设立时的股东为设立公司以自己的名义从事民事活动产生的民事责任，第三人有权选择请求公司或者公司设立时的股东承担。设立时的股东因履行公司设立职责造成他人损害的，公司或者无过错的股东承担赔偿责任后，可以向有过错的股东追偿。

有限责任公司股东未按期足额缴纳出资的，除应当向公司足额缴纳外，还应当对给公司造成的损失承担赔偿责任。有限责任公司设立时，股东未按照公司章程规定实际缴纳出资，或者实际出资的非货币财产的实际价额显著低于所认缴的出资额的，设立时的其他股东与该股东在出资不足的范围内承担连带责任。有限责任公司成立后，董事会未及时履行对股东的出资情况进行核查和催缴出资的义务，给公司造成损失的，负有责任的董事应当承担赔偿责任。

公司成立后，股东抽逃出资的，应当返还抽逃的出资；给公司造成损失的，负有责任的董事、监事、高级管理人员应当与该股东承担连带赔偿责任。

有限责任公司的股东转让已认缴出资但未届出资期限的股权的，由受让人承担缴纳该出资的义务；受让人未按期足额缴纳出资的，转让人对受让人未按期缴纳的出资承担补充责任。未按照公司章程规定的出资日期缴纳出资或者作为出资的非货币财产的实际价额显著低于所认缴的出资额的股东转让股权的，转让人与受让人在出资不足的范围内承担连带责任；受让人不知道且不应当知道存在上述情形的，由转让人承担责任。

股份有限公司的发起人不按照其认购的股份缴纳股款，或者作为出资的非货币财产的实际价额显著低于所认购的股份的,其他发起人与该发起人在出资不足的范围内承担连带责任。

董事会的决议违反法律、行政法规或者公司章程、股东会决议,给公司造成严重损失的,参与决议的董事对公司负赔偿责任;经证明在表决时曾表明异议并记载于会议记录的,该董事可以免除责任。

公司违法为他人取得本公司或者其母公司的股份提供财务资助给公司造成损失的,负有责任的董事、监事、高级管理人员应当承担赔偿责任。

董事、监事、高级管理人员执行职务违反法律、行政法规或者公司章程的规定,给公司造成损失的,应当承担赔偿责任。董事、高级管理人员执行职务,给他人造成损害的,公司应当承担赔偿责任;董事、高级管理人员存在故意或者重大过失的,也应当承担赔偿责任。

公司的控股股东、实际控制人指示董事、高级管理人员从事损害公司或者股东利益的行为的,与该董事、高级管理人员承担连带责任。

债券受托管理人违反法律、行政法规或者债券持有人会议决议,损害债券持有人利益的,应当承担赔偿责任。

公司违反规定向股东分配利润的,股东应当将违反规定分配的利润退还公司;给公司造成损失的,股东及负有责任的董事、监事、高级管理人员应当承担赔偿责任。

公司违反规定减少注册资本的,股东应当退还其收到的资金,减免股东出资的应当恢复原状;给公司造成损失的,股东及负有责任的董事、监事、高级管理人员应当承担赔偿责任。

清算组成员怠于履行清算职责,给公司造成损失的,应当承担赔偿责任;因故意或者重大过失给债权人造成损失的,应当承担赔偿责任。

公司通过简易程序注销公司登记,股东对公司存续期间未产生债务或者已清偿全部债务的承诺不实的,应当对注销登记前的债务承担连带责任。

三、违反公司法的刑事责任

违反《公司法》规定,构成犯罪的,依法追究刑事责任。

公司违反《公司法》规定,应当承担民事赔偿责任和缴纳罚款、罚金的,其财产不足以支付时,先承担民事赔偿责任。

复习与思考

一、名词解释

有限责任公司	股份有限公司	一人有限责任公司	类别股
公司债券	国有出资公司	上市公司	独立董事
累积投票制	发起设立	募集设立	股份回购
公积金	吸收合并	新设合并	

二、简答

1. 子公司与分公司的区别。

2. 有限责任公司的特征及其设立条件。
3. 股份有限公司的特征及其设立条件。
4. 股份有限公司与有限责任公司的区别。
5. 股份有限公司的组织机构。
6. 外国公司分支机构的法律地位。

第四章　企业破产法

内容导读

破产是商品经济发展到一定阶段的必然产物。破产法是程序法和实体法的统一,对商品经济的发展起着举足轻重的作用。本章讲述破产法律制度的意义、破产界限、破产申请、破产债权、破产管理人、债权人会议、重整、和解、破产宣告、破产费用和共益债务、破产清算等内容。

第一节　破产法概述

一、破产的概念

"破产"一词,源于拉丁语"falletux",即"失败"的意思。在我国,"破产"往往与"倾家荡产"相联系。传统破产法把"破产"理解为债务人不能清偿债务即无力偿债的事实状态。然而,在现代破产法上,"破产"一词至少有两层含义:一是指债务人资不抵债,无力清偿到期债务的一种事实状态;二是指法院依法审理破产案件,按照法定程序将债务人的全部财产公平地清偿给全体债权人的程序和制度。同时,在现代破产法上,"破产"已不再与倒闭清算相等同,破产法也不再是单纯的清算法,它可以通过重整以及和解制度担负起救助债务人特别是拯救困境企业的任务。

二、破产法律制度的意义

破产法是调整破产关系的法律规范的总称。它有狭义和广义之分。狭义的破产法仅指对债务人破产清算的法律。广义的破产法则还包括以避免债务人破产为目的的和解制度、重整制度等法律规范。现代破产法一般是广义上的。因此,具体而言,破产法是在债务人不能清偿到期债务时,由法院强制对其全部财产清算分配,公平清偿给债权人,或者通过和解、重整等措施清偿债务的法律规范的总称。

破产是商品经济发展的必然法律现象。破产制度作为清理债权债务关系的法律制度,在现代商品经济社会具有十分重要的意义。

1. 对于债权人而言,通过破产程序,可以使他们的债权请求得到公平的对待,避免了在缺乏公平清偿秩序的情况下受到损害。

2. 对于债务人而言，破产制度可以起到两方面作用：一是通过破产淘汰落后，促使企业努力改善经营管理；二是通过和解、重整等破产程序及制度，使债务人企业能够获得复苏机会，摆脱债务困境。

3. 对于社会而言，破产制度一方面能够真正实现优胜劣汰，充分发挥市场竞争机制的作用，使市场资源得到有效的、合理的利用，促进社会经济的发展；另一方面，通过破产和解、重整等措施，可以妥善处理破产事件，尽量减少因企业破产给社会带来的消极影响，有利于社会的安定。

三、我国企业破产法的立法概况

1906 年清朝政府起草了我国第一部有关破产的法律——《大清破产律》，采用了商人破产主义。中华民国成立后，以德国和日本破产法为蓝本，拟定了破产法草案，共 337 条，但该草案并未能公布施行。1934 年，司法行政部曾草拟破产法草案，分实体法、程序法、复权和罚则四编，共 333 条。同年，颁布《商人债务清理暂行条例》。1935 年，立法院民法委员会开始起草《破产法》，并于同年 7 月颁布，同年 10 月起施行。

中华人民共和国成立后不久，最高人民法院和司法部曾经对私营企业的破产问题颁布过一些规范性文件，如最高人民法院、司法部《关于私营企业破产还债程序中两个问题的批复》（1955 年）、最高人民法院《关于私营企业破产还债中的问题的批复》（1956 年）、最高人民法院《关于破产清偿的几个问题的复函》（1957 年）等。但此后我国破产立法进入了停滞时期，直至 1978 年实行改革开放后，随着企业法律制度的建立和完善，破产立法工作才进入了实质性发展阶段，并于 1984 年 12 月正式成立了破产法起草小组。1986 年 12 月 2 日第六届全国人大常委会第十八次会议通过了《企业破产法（试行）》，该法自 1988 年 11 月 1 日正式试行，但该法仅适用于全民所有制企业。1991 年修订的《民事诉讼法》设第十九章"企业法人破产还债程序"，共 8 条，适用于非全民所有制的企业法人。

为了配合《企业破产法（试行）》和《民事诉讼法》第十九章的实施，最高人民法院、国务院以及有关部委出台了一系列有关破产问题的司法解释、行政法规规章和规范性文件。

截至目前，我国有关企业破产的主要立法和规范如下表所示：

名称	发文机关	发布时间	修正（修订）时间	废止时间
企业破产法	全国人大常委会	2006.08.27	—	—
企业破产法（试行）	全国人大常委会	1986.12.02	—	2007.06.01
关于贯彻执行《中华人民共和国企业破产法（试行）》若干问题的意见	最高人民法院	1991.11.07	—	2013.01.18
关于审理企业破产案件若干问题的规定	最高人民法院	2002.07.30	—	—
关于在若干城市试行国有企业破产有关问题的通知	国务院	1994.10.25	—	—

续表

名称	发文机关	发布时间	修正(修订)时间	废止时间
关于试行国有企业兼并破产中若干问题的通知	国家经贸委、中国人民银行	1996.07.25	—	2021.04.10
关于审理企业破产案件指定管理人的规定	最高人民法院	2007.04.12	—	—
关于审理企业破产案件确定管理人报酬的规定	最高人民法院	2007.04.12	—	—
关于适用《中华人民共和国企业破产法》若干问题的规定(一)	最高人民法院	2011.09.09	—	—
关于适用《中华人民共和国企业破产法》若干问题的规定(二)	最高人民法院	2013.09.16	2020	—
关于适用《中华人民共和国企业破产法》若干问题的规定(三)	最高人民法院	2019.03.27	2020	—

第二节　破产申请和受理

一、破产界限

破产界限,又称破产原因,是指法院据以裁定并宣告债务人破产的法律标准。因此,把握破产界限也是申请人决定是否提出破产申请的基本前提。

《企业破产法》第2条规定:“企业法人不能清偿到期债务,并且资产不足以清偿全部债务或者明显缺乏清偿能力的,依照本法规定清理债务。企业法人有前款规定情形,或者有明显丧失清偿能力可能的,可以依照本法规定进行重整。”

二、破产案件的管辖

破产案件的管辖是指人民法院受理破产案件的分工,包括地域管辖和级别管辖。

关于地域管辖,《企业破产法》第3条规定:“破产案件由债务人住所地人民法院管辖。”债务人住所地指债务人的主要办事机构所在地。债务人无办事机构的,由其注册地人民法院管辖。

关于级别管辖,《企业破产法》未作明确规定。依据最高人民法院《关于审理企业破产案件若干问题的规定》(2002年7月30日发布)的规定:基层人民法院一般管辖县、县级市或区的市场监督管理机关核准登记企业的破产案件;中级人民法院一般管辖地区、地级市(含本级)以上市场监督管理机关核准登记企业的破产案件;纳入国家计划调整的企业破产案件,由中级人民法院管辖。个别案件的级别管辖,可以依照《民事诉讼法》第39条关于移送管辖的规定确定级别管辖,由上级人民法院审理下级人民法院管辖的案件,或由下级人民法院审理上级人民法院管辖的案件。

三、破产申请的提出

我国《企业破产法》第 7 条规定:“债务人有本法第二条规定的情形,可以向人民法院提出重整、和解或者破产清算申请。债务人不能清偿到期债务,债权人可以向人民法院提出对债务人进行重整或者破产清算的申请。企业法人已解散但未清算或者未清算完毕,资产不足以清偿债务的,依法负有清算责任的人应当向人民法院申请破产清算。”据此,债权人和债务人都有权向有管辖权的法院提出破产申请。

向人民法院提出破产申请,应当提交破产申请书和有关证据。破产申请书应当载明下列事项:(1)申请人、被申请人的基本情况;(2)申请目的;(3)申请的事实和理由;(4)人民法院认为应当载明的其他事项。

债务人提出申请的,还应当向人民法院提交财产状况说明、债务清册、债权清册、有关财务会计报告、职工安置预案,以及职工工资的支付和社会保险费用的缴纳情况。人民法院受理破产申请前,申请人可以请求撤回申请。

四、破产申请的受理

(一)人民法院受理破产申请的程序

债权人提出破产申请的,人民法院应当自收到申请之日起 5 日内通知债务人。债务人对申请有异议的,应当自收到人民法院的通知之日起 7 日内向人民法院提出。人民法院应当自异议期满之日起 10 日内裁定是否受理。债务人未对申请有异议的,人民法院应当自收到破产申请之日起 15 日内裁定是否受理。有特殊情况需要延长前述裁定受理期限的,经上一级人民法院批准,可以延长 15 日。

人民法院受理破产申请的,应当自裁定作出之日起 5 日内送达申请人。

债权人提出申请的,人民法院应当自裁定作出之日起 5 日内送达债务人。债务人应当自裁定送达之日起 15 日内,向人民法院提交财产状况说明、债务清册、债权清册、有关财务会计报告以及职工工资的支付和社会保险费用的缴纳情况。人民法院裁定不受理破产申请的,应当自裁定作出之日起 5 日内送达申请人并说明理由。申请人对裁定不服的,可以自裁定送达之日起 10 日内向上一级人民法院提起上诉。

人民法院受理破产申请后至破产宣告前,经审查发现债务人不符合《企业破产法》第 2 条规定情形的,可以裁定驳回申请。申请人对裁定不服的,可以自裁定送达之日起 10 日内向上一级人民法院提起上诉。

人民法院应当自裁定受理破产申请之日起 25 日内通知已知债权人,并予以公告。通知和公告应当载明下列事项:(1)申请人、被申请人的名称或者姓名;(2)人民法院受理破产申请的时间;(3)申报债权的期限、地点和注意事项;(4)管理人的名称或者姓名及其处理事务的地址;(5)债务人的债务人或者财产持有人应当向管理人清偿债务或者交付财产的要求;(6)第一次债权人会议召开的时间和地点;(7)人民法院认为应当通知和公告的其他事项。

(二)人民法院受理破产申请的法律后果

人民法院对债权人或债务人提出的破产申请进行审查并作出受理裁定后,产生以下法律后果:

1. 自人民法院受理破产申请的裁定送达债务人之日起至破产程序终结之日,债务人的有关人员承担下列义务:(1)妥善保管其占有和管理的财产、印章和账簿、文书等资料;(2)根据人民法院、管理人的要求进行工作,并如实回答询问;(3)列席债权人会议并如实回答债权人的询问;(4)未经人民法院许可,不得离开住所地;(5)不得新任其他企业的董事、监事、高级管理人员。这里所称有关人员,是指企业的法定代表人;经人民法院决定,可以包括企业的财务管理人员和其他经营管理人员。

2. 人民法院受理破产申请后,债务人对个别债权人的债务清偿无效。

3. 人民法院受理破产申请后,债务人的债务人或者财产持有人应当向管理人清偿债务或者交付财产。债务人的债务人或者财产持有人故意违反规定向债务人清偿债务或者交付财产,使债权人受到损失的,不免除其清偿债务或者交付财产的义务。

4. 人民法院受理破产申请后,管理人对破产申请受理前成立而债务人和对方当事人均未履行完毕的合同有权决定解除或者继续履行,并通知对方当事人。管理人自破产申请受理之日起 2 个月内未通知对方当事人,或者自收到对方当事人催告之日起 30 日内未答复的,视为解除合同。管理人决定继续履行合同的,对方当事人应当履行;但是,对方当事人有权要求管理人提供担保。管理人不提供担保的,视为解除合同。

5. 人民法院受理破产申请后,有关债务人财产的保全措施应当解除,执行程序应当中止。

6. 人民法院受理破产申请后,已经开始而尚未终结的有关债务人的民事诉讼或者仲裁应当中止;在管理人接管债务人的财产后,该诉讼或者仲裁继续进行。

7. 人民法院受理破产申请后,有关债务人的民事诉讼,只能向受理破产申请的人民法院提起。

第三节 管 理 人

一、管理人的概念

破产程序开始后,无论是进行破产和解、重整,还是进行破产清算,都需要对该债务人的财产和有关事务进行必要的管理,包括财产清理、营业维持、权利行使和财产处分等。这种专门管理债务人财产和有关破产事务的机构被称为管理人。当然,在国外破产立法中也有“受托人”“接管人”“监督人”等其他称谓。

关于管理人的性质和地位,学理上存在“债权人代表说”“债务人代表说”“财团代表说”“受托人说”“法定机构说”等诸多观点。从我国现行立法来看,管理人是为实现破产程序的目的而设立的，它应该保持独立和中立，应当维护全体债权人、债务人，以及职工、财产所有人等其他利害关系人的利益。

二、管理人的资格及其选任

根据《企业破产法》的规定，管理人由人民法院指定。人民法院裁定受理破产申请的，应当同时指定管理人。债权人会议认为管理人不能依法、公正执行职务或者有其他不能胜任职务情形的，可以申请人民法院予以更换。管理人可以由有关部门、机构的人员组成的清算组或者依法设立的律师事务所、会计师事务所、破产清算事务所等社会中介机构担任。人民法院根据债务人的实际情况，可以在征询有关社会中介机构的意见后，指定该机构具备相关专业知识并取得执业资格的人员担任管理人。有下列情形之一的，不得担任管理人：(1)因故意犯罪受过刑事处罚；(2)曾被吊销相关专业执业证书；(3)与本案有利害关系；(4)人民法院认为不宜担任管理人的其他情形。个人担任管理人的，应当参加执业责任保险。

三、管理人的职权、职责与义务

(一)管理人的职权

1. 管理人经人民法院许可，在第一次债权人会议召开之前，可以决定继续或者停止债务人的营业。

2. 管理人实施下列行为，应当及时报告债权人委员会：(1)涉及土地、房屋等不动产权益的转让；(2)探矿权、采矿权、知识产权等财产权的转让；(3)全部库存或者营业的转让；(4)借款；(5)设定财产担保；(6)债权和有价证券的转让；(7)履行债务人和对方当事人均未履行完毕的合同；(8)放弃权利；(9)担保物的取回；(10)对债权人利益有重大影响的其他财产处分行为。未设立债权人委员会的，管理人实施前述行为应当及时报告人民法院。

3. 管理人经人民法院许可，可以聘用必要的工作人员。

(二)管理人的职责

管理人履行下列职责：(1)接管债务人的财产、印章和账簿、文书等资料；(2)调查债务人财产状况，制作财产状况报告；(3)决定债务人的内部管理事务；(4)决定债务人的日常开支和其他必要开支；(5)在第一次债权人会议召开之前，决定继续或者停止债务人的营业；(6)管理和处分债务人的财产；(7)代表债务人参加诉讼、仲裁或者其他法律程序；(8)提议召开债权人会议；(9)人民法院认为管理人应当履行的其他职责。

此外，在破产程序的不同阶段，管理人还负有一些其他职责，主要有：(1)对债务人在破产程序前的不当财产处分行为行使撤销权和追回权；(2)接受债权申报，调查职工债权，编制债权表；(3)重整期间主持债务人营业或者对债务人自行营业进行监督；(4)制备重整计划草案；(5)申请人民法院批准重整计划草案；(6)监督重整计划的执行；(7)在破产宣告后拟定破产财产变价方案；(8)破产程序终结时，办理破产人的注销登记；等等。

(三)管理人的义务

管理人应当勤勉尽责,忠实执行职务。管理人没有正当理由不得辞去职务。管理人辞去职务应当经人民法院许可。

第四节 债务人财产

一、债务人财产的范围

破产申请受理时属于债务人的全部财产,以及破产申请受理后至破产程序终结前债务人取得的财产,为债务人财产。破产申请受理后至破产程序终结前债务人取得的财产,主要包括债务人财产的本身增值,债务人经营收益以及管理人行使撤销权、追回权、取回权等而获得的财产。

除债务人所有的货币、实物外,债务人依法享有的可以用货币估价并可以依法转让的债权、股权、知识产权、用益物权等财产和财产权益,均为债务人财产。但是,下列财产不应认定为债务人财产:(1)债务人基于仓储、保管、承揽、代销、借用、寄存、租赁等合同或者其他法律关系占有、使用的他人财产;(2)债务人在所有权保留买卖中尚未取得所有权的财产;(3)所有权专属于国家且不得转让的财产;(4)其他依照法律、行政法规不属于债务人的财产。

债务人已依法设定担保物权的特定财产,为债务人财产。对债务人的特定财产在担保物权消灭或者实现担保物权后的剩余部分,在破产程序中可用以清偿破产费用、共益债务和其他破产债权。

债务人对按份享有所有权的共有财产的相关份额,或者共同享有所有权的共有财产的相应财产权利,以及依法分割共有财产所得部分,均为债务人财产。

破产申请受理后,有关债务人财产的执行程序未依照企业破产法的规定中止的,采取执行措施的相关单位应当依法予以纠正。依法执行回转的财产,为债务人财产。

二、与债务人财产有关的权利

(一)撤销权

企业破产法中的撤销权是指对于在破产申请前一定期间内债务人所实施的致使其本身的财产不当减少的行为,由管理人请求人民法院予以否认并使之归于无效的权利。

1. 撤销破产欺诈行为

人民法院受理破产申请前1年内,涉及债务人财产的下列行为,管理人有权请求人民法院予以撤销:(1)无偿转让财产的;(2)以明显不合理的价格进行交易的;(3)对没有财产担保的债务提供财产担保的;(4)对未到期的债务提前清偿的;(5)放弃债权的。

2. 撤销个别清偿行为

人民法院受理破产申请前6个月内,债务人有不能清偿到期债务,并且资产不足以清偿全部债务或者明显缺乏清偿能力的情形,仍对个别债权人进行清偿的,管理人有权请求人民法院予以撤销。但是,个别清偿使债务人财产受益的除外。所谓“使债务人财产受益”是指在此期间给债务人财产带来相应的利益,例如为维持企业经营而支付电费、水费、通讯费,为维持生产购买原材料而支付材料款,为追索债务而支付律师费等。

(二)追回权

企业破产法中的追回权,是指对于债务人不当减少的财产以及本应追缴归债务人的财产,管理人应当采取积极措施予以追回。

管理人行使追回权主要有以下情形:

1. 行使撤销权追回财产。

2. 因债务人处置财产的行为无效而追回财产。涉及债务人财产的下列行为无效:(1)为逃避债务而隐匿、转移财产的;(2)虚构债务或者承认不真实的债务的。

3. 对企业管理层行使特别追回权。债务人的董事、监事和高级管理人员利用职权从企业获取的非正常收入和侵占的企业财产,管理人应当追回。

4. 追缴出资。人民法院受理破产申请后,债务人的出资人尚未完全履行出资义务的,管理人应当要求该出资人缴纳所认缴的出资,而不受出资期限的限制。

(三)取回权

企业破产法中的取回权,是指财产所有人取回属于自己所有的财产的权利,包括债务人的取回权、出卖人的取回权和其他财产所有权人的取回权。

1. 债务人的取回权

人民法院受理破产申请后,管理人可以通过清偿债务或者提供为债权人接受的担保,取回质物、留置物。债务清偿或者替代担保,在质物或者留置物的价值低于被担保的债权额时,以该质物或者留置物当时的市场价值为限。

2. 出卖人的取回权

人民法院受理破产申请时,出卖人已将买卖标的物向作为买受人的债务人发运,债务人尚未收到且未付清全部价款的,出卖人可以取回在运途中的标的物。但是,管理人可以支付全部价款,请求出卖人交付标的物。

3. 其他财产所有权人的取回权

人民法院受理破产申请后,债务人占有的不属于债务人的财产,该财产的权利人可以通过管理人取回。但法律另有规定的除外。

(四)抵销权

企业破产法中的抵销权,是指当债权人与破产企业互有债务时,债权人以自己的破产债权与该债务进行抵销的权利。

债权人在破产申请受理前对债务人负有债务的,可以向管理人主张抵销。但是,有下列情形之一的,不得抵销:(1)债务人的债务人在破产申请受理后取得他人对债务人的债权的。(2)债权人已知债务人有不能清偿到期债务或者破产申请的事实,对债务人负担债务的;但是,债权人因为法律规定或者有破产申请1年前所发生的原因而负担债务的除外。(3)债务人的债务人已知债务人有不能清偿到期债务或者破产申请的事实,对债务人取得债权的;但是,债务人的债务人因为法律规定或者有破产申请1年前所发生的原因而取得债权的除外。

第五节　债 权 申 报

债权申报是债权人在人民法院受理破产申请后,在法定期限内依照法定程序主张并证明其债权,以便参加破产程序的法律行为。

一、债权申报的期限和方式

人民法院受理破产申请后,应当确定债权人申报债权的期限。债权申报期限自人民法院发布受理破产申请公告之日起计算,最短不得少于30日,最长不得超过3个月。债权人应当在人民法院确定的债权申报期限内向管理人申报债权。

债权人申报债权时,应当书面说明债权的数额和有无财产担保,并提交有关证据。申报的债权是连带债权的,应当说明。

二、债权申报的范围

1. 未到期的债权。未到期的债权,在破产申请受理时视为到期。

2. 附利息的债权。附利息的债权,自破产申请受理时起停止计息。

3. 附条件、附期限的债权和诉讼、仲裁未决的债权。债权人可以申报。

4. 连带债权。(1)连带债权人可以由其中一人代表全体连带债权人申报债权,也可以共同申报债权;(2)连带债务人数人被裁定适用法律规定的程序的,其债权人有权就全部债权分别在各破产案件中申报债权。

5. 代位求偿权。债务人的保证人或者其他连带债务人已经代替债务人清偿债务的,以其对债务人的求偿权申报债权。债务人的保证人或者其他连带债务人尚未代替债务人清偿债务的,以其对债务人的将来求偿权申报债权。但是,债权人已经向管理人申报全部债权的除外。

6. 合同解除的损害赔偿请求权。管理人或者债务人依法解除合同的,对方当事人以因合同解除所产生的损害赔偿请求权申报债权。

7. 受托人的请求权。债务人是委托合同的委托人,被裁定适用企业破产法规定的程序,受托人不知该事实,继续处理委托事务的,受托人可以由此产生的请求权申报债权。

8. 票据付款人的请求权。债务人是票据的出票人,被裁定适用企业破产法规定的程序,该票据的付款人继续付款或者承兑的,付款人可以由此产生的请求权申报债权。

9. 债务人所欠职工的工资和医疗、伤残补助、抚恤费用,应当划入职工个人账户的基本养老保险、基本医疗保险费用,以及法律、行政法规规定应当支付给职工的补偿金,不必申报,由管理人调查后列出清单并予以公示。职工对清单记载有异议的,可以要求管理人更正;管理人不予更正的,职工可以向人民法院提起诉讼。

三、债权的审核与确认

管理人收到债权申报材料后,应当登记造册,对申报的债权进行审查,并编制债权表。债权表和债权申报材料由管理人保存,供利害关系人查阅。依法编制的债权表,应当提交第一次债权人会议核查。

债务人、债权人对债权表记载的债权无异议的,由人民法院裁定确认。债务人、债权人对债权表记载的债权有异议的,可以向受理破产申请的人民法院提起诉讼。

四、未申报和逾期申报债权的处理

在人民法院确定的债权申报期限内,债权人未申报债权的,可以在破产财产最后分配前补充申报;但是,此前已进行的分配,不再对其补充分配。为审查和确认补充申报债权的费用,由补充申报人承担。债权人未依照《企业破产法》规定申报债权的,不得根据《企业破产法》规定的程序行使权利。

第六节 债权人会议

一、债权人会议的性质与组成

债权人自治是破产法的一项重要原则。债权人会议是由全体债权人组成,以维护债权人共同利益为目的,在法院监督下讨论决定有关破产事宜,表达债权人意思的破产机构。

依法申报债权的债权人为债权人会议的成员,有权参加债权人会议,享有表决权。债权尚未确定的债权人,除人民法院能够为其行使表决权而临时确定债权额的外,不得行使表决权。对债务人的特定财产享有担保权的债权人,未放弃优先受偿权利的,对于通过和解协议、通过破产财产的分配方案不享有表决权。债权人可以委托代理人出席债权人会议,行使表决权。代理人出席债权人会议,应当向人民法院或者债权人会议主席提交债权人的授权委托书。债权人会议应当有债务人的职工和工会的代表参加,对有关事项发表意见。

债权人会议设主席 1 人,由人民法院从有表决权的债权人中指定。

二、债权人会议的职权

债权人会议行使下列职权:(1)核查债权;(2)申请人民法院更换管理人,审查管理人的费用和报酬;(3)监督管理人;(4)选任和更换债权人委员会成员;(5)决定继续或者停止债务人的营业;(6)通过重整计划;(7)通过和解协议;(8)通过债务人财产的管理方案;(9)通过破产财产的变价方案;(10)通过破产财产的分配方案;(11)人民法院认为应当由债权人会议行使的其他职权。债权人会议应当对所议事项的决议作成会议记录。

三、债权人会议的召集和议决

(一)债权人会议的召集

债权人会议主席主持债权人会议。第一次债权人会议由人民法院召集,自债权申报期限届满之日起15日内召开。以后的债权人会议,在人民法院认为必要时,或者管理人、债权人委员会、占债权总额1/4以上的债权人向债权人会议主席提议时召开。召开债权人会议,管理人应当提前15日通知已知的债权人。

(二)债权人会议的议决

债权人会议的决议,由出席会议的有表决权的债权人过半数通过,并且其所代表的债权额占无财产担保债权总额的1/2以上。但是,法律另有规定的(通过和解、重整决议)除外。债权人认为债权人会议的决议违反法律规定,损害其利益的,可以自债权人会议作出决议之日起15日内,请求人民法院裁定撤销该决议,责令债权人会议依法重新作出决议。债权人会议的决议,对于全体债权人均有约束力。

对于债务人财产的管理方案和破产财产的变价方案,经债权人会议表决未通过的,由人民法院裁定。对于破产财产的分配方案,经债权人会议二次表决仍未通过的,由人民法院裁定。对前述裁定,人民法院可以在债权人会议上宣布或者另行通知债权人。债权人对人民法院作出的关于债务人财产的管理方案和破产财产的变价方案的裁定不服的,债权额占无财产担保债权总额1/2以上的债权人对人民法院作出的关于破产财产的分配方案的裁定不服的,可以自裁定宣布之日或者收到通知之日起15日内向该人民法院申请复议。复议期间不停止裁定的执行。

四、债权人委员会

(一)债权人委员会的设立及其组成

债权人会议可以决定设立债权人委员会。债权人委员会由债权人会议选任的债权人代表和1名债务人的职工代表或者工会代表组成。债权人委员会成员不得超过9人。债权人委员会成员应当经人民法院书面决定认可。

(二)债权人委员会的职权与职责

债权人委员会行使下列职权:(1)监督债务人财产的管理和处分;(2)监督破产财产分

配;(3)提议召开债权人会议;(4)债权人会议委托的其他职权。

债权人委员会执行职务时,有权要求管理人、债务人的有关人员对其职权范围内的事务作出说明或者提供有关文件。管理人、债务人的有关人员违反规定拒绝接受监督的,债权人委员会有权就监督事项请求人民法院作出决定;人民法院应当在5日内作出决定。

管理人实施下列行为,应当及时报告债权人委员会:(1)涉及土地、房屋等不动产权益的转让;(2)探矿权、采矿权、知识产权等财产权的转让;(3)全部库存或者营业的转让;(4)借款;(5)设定财产担保;(6)债权和有价证券的转让;(7)履行债务人和对方当事人均未履行完毕的合同;(8)放弃权利;(9)担保物的取回;(10)对债权人利益有重大影响的其他财产处分行为。未设立债权人委员会的,管理人实施前款规定的行为应当及时报告人民法院。

第七节　重　　整

一、重整的概念

重整是指已具有破产原因或破产原因之虞而又有再生希望的债务人实施的旨在挽救其生存的积极程序。从破产制度的历史发展来看,单纯以清偿债务为立法目的的破产法越来越无法解决公司及企业破产所带来的一系列社会问题。于是,具有积极拯救功能的制度——重整制度产生了,它并非单纯以清偿债务为目的,也不像和解制度那样只是消极地避免债务人受破产宣告,而是对其进行积极的挽救,以期再生。从世界破产立法的发展来看,破产、和解与重整已成为现代破产制度的三大基石。

二、重整申请和重整期间

债务人或者债权人可以依法直接向人民法院申请对债务人进行重整。债权人申请对债务人进行破产清算的,在人民法院受理破产申请后、宣告债务人破产前,债务人或者出资额占债务人注册资本1/10以上的出资人,可以向人民法院申请重整。

人民法院经审查认为重整申请符合企业破产法规定的,应当裁定债务人重整,并予以公告。自人民法院裁定债务人重整之日起至重整程序终止,为重整期间。

三、重整的法律效力

在重整期间,经债务人申请,人民法院批准,债务人可以在管理人的监督下自行管理财产和营业事务。依法已接管债务人财产和营业事务的管理人应当向债务人移交财产和营业事务,管理人的职权由债务人行使。管理人负责管理财产和营业事务的,可以聘任债务人的经营管理人员负责营业事务。在重整期间,债务人或者管理人为继续营业而借款的,可以为该借款设定担保。

在重整期间,担保权人对债务人的特定财产享有的担保权暂停行使。但是,担保物有损坏或者价值明显减少的可能,足以危害担保权人权利的,担保权人可以向人民法院请求恢复行使担保权。

债务人合法占有的他人财产,该财产的权利人在重整期间要求取回的,应当符合事先约定的条件。在重整期间,债务人的出资人不得请求投资收益分配。

在重整期间,债务人的董事、监事、高级管理人员不得向第三人转让其持有的债务人的股权。但是,经人民法院同意的除外。

四、重整计划的制定和批准

(一)重整计划草案的制作

债务人或者管理人应当自人民法院裁定债务人重整之日起6个月内,同时向人民法院和债权人会议提交重整计划草案。该期限届满,经债务人或者管理人请求,有正当理由的,人民法院可以裁定延期3个月。债务人或者管理人未按期提出重整计划草案的,人民法院应当裁定终止重整程序,并宣告债务人破产。

债务人自行管理财产和营业事务的,由债务人制作重整计划草案。管理人负责管理财产和营业事务的,由管理人制作重整计划草案。

(二)重整计划草案的内容

重整计划草案应当包括下列内容:(1)债务人的经营方案;(2)债权分类;(3)债权调整方案;(4)债权受偿方案;(5)重整计划的执行期限;(6)重整计划执行的监督期限;(7)有利于债务人重整的其他方案。

(三)重整计划草案的表决

下列各类债权的债权人参加讨论重整计划草案的债权人会议,依照下列债权分类,分组对重整计划草案进行表决:(1)对债务人的特定财产享有担保权的债权;(2)债务人所欠职工的工资和医疗、伤残补助、抚恤费用,所欠的应当划入职工个人账户的基本养老保险、基本医疗保险费用,以及法律、行政法规规定应当支付给职工的补偿金;(3)债务人所欠税款;(4)普通债权。人民法院在必要时可以决定在普通债权组中设小额债权组对重整计划草案进行表决。

重整计划不得规定减免债务人欠缴的社会保险费用,该项费用的债权人不参加重整计划草案的表决。

人民法院应当自收到重整计划草案之日起30日内召开债权人会议,对重整计划草案进行表决。出席会议的同一表决组的债权人过半数同意重整计划草案,并且其所代表的债权额占该组债权总额的2/3以上的,即为该组通过重整计划草案。债务人或者管理人应当向债权人会议就重整计划草案作出说明,并回答询问。债务人的出资人代表可以列席讨论重整计划草案的债权人会议。重整计划草案涉及出资人权益调整事项的,应当设出资人组,对该事项进行表决。各表决组均通过重整计划草案时,重整计划即为通过。

(四)重整计划草案的批准

自重整计划通过之日起10日内,债务人或者管理人应当向人民法院提出批准重整计划的申请。人民法院经审查认为符合规定的,应当自收到申请之日起30日内裁定批准,终止重整程序,并予以公告。

部分表决组未通过重整计划草案的,债务人或者管理人可以同未通过重整计划草案的表决组协商。该表决组可以在协商后再表决一次。双方协商的结果不得损害其他表决组的利益。

未通过重整计划草案的表决组拒绝再次表决或者再次表决仍未通过重整计划草案,但重整计划草案符合下列条件的,债务人或者管理人可以申请人民法院批准重整计划草案:(1)按照重整计划草案,对债务人的特定财产享有担保权的债权就该特定财产将获得全额清偿,其因延期清偿所受的损失将得到公平补偿,并且其担保权未受到实质性损害,或者该表决组已经通过重整计划草案;(2)按照重整计划草案,债务人所欠职工的工资和医疗、伤残补助、抚恤费用,所欠的应当划入职工个人账户的基本养老保险、基本医疗保险费用,以及法律、行政法规规定应当支付给职工的补偿金,债务人所欠税款,将获得全额清偿,或者相应表决组已经通过重整计划草案;(3)按照重整计划草案,普通债权所获得的清偿比例,不低于其在重整计划草案被提请批准时依照破产清算程序所能获得的清偿比例,或者该表决组已经通过重整计划草案;(4)重整计划草案对出资人权益的调整公平、公正,或者出资人组已经通过重整计划草案;(5)重整计划草案公平对待同一表决组的成员,并且所规定的债权清偿顺序不违反破产财产清偿顺序的规定;(6)债务人的经营方案具有可行性。人民法院经审查认为重整计划草案符合法律规定的,应当自收到申请之日起30日内裁定批准,终止重整程序,并予以公告。

重整计划草案未获得通过且未依法获得批准,或者已通过的重整计划未获得批准的,人民法院应当裁定终止重整程序,并宣告债务人破产。

五、重整计划的执行与监督

重整计划由债务人负责执行。人民法院裁定批准重整计划后,已接管财产和营业事务的管理人应当向债务人移交财产和营业事务。自人民法院裁定批准重整计划之日起,在重整计划规定的监督期内,由管理人监督重整计划的执行。在监督期内,债务人应当向管理人报告重整计划执行情况和债务人财务状况。

监督期届满时,管理人应当向人民法院提交监督报告。自监督报告提交之日起,管理人的监督职责终止。管理人向人民法院提交的监督报告,重整计划的利害关系人有权查阅。经管理人申请,人民法院可以裁定延长重整计划执行的监督期限。经人民法院裁定批准的重整计划,对债务人和全体债权人均有约束力。

债权人未依照法律规定申报债权的,在重整计划执行期间不得行使权利;在重整计划执行完毕后,可以按照重整计划规定的同类债权的清偿条件行使权利。债权人对债务人的保证人和其他连带债务人所享有的权利,不受重整计划的影响。

六、重整的终止

债务人不能执行或者不执行重整计划的,人民法院经管理人或者利害关系人请求,应当裁定终止重整计划的执行,并宣告债务人破产。在重整期间,有下列情形之一的,经管理人或者利害关系人请求,人民法院应当裁定终止重整程序,并宣告债务人破产:(1)债务人的经营状况和财产状况继续恶化,缺乏挽救的可能性;(2)债务人实施了欺诈、恶意减少债务人财产或者其他显著不利于债权人的行为;(3)债务人的行为致使管理人无法执行职务。

人民法院裁定终止重整计划执行的,债权人在重整计划中作出的债权调整的承诺失去效力。债权人因执行重整计划所受的清偿仍然有效,债权未受清偿的部分属于破产债权。但是,已受部分清偿的债权人,只有在其他同顺位债权人与自己所受的清偿达到同一比例时,才能继续接受分配。担保人为重整计划的执行提供的担保继续有效。按照重整计划减免的债务,自重整计划执行完毕时起,债务人不再承担清偿责任。

第八节 和　　解

一、和解的概念

和解,是指在破产程序开始后,债务人与债权人会议就债务人延期清偿债务、减免债务、进行重整等事项达成协议,并经人民法院认可,以中止破产程序,挽救复苏企业的法律行为。

二、和解申请

债务人可以依法直接向人民法院申请和解;也可以在人民法院受理破产申请后、宣告债务人破产前,向人民法院申请和解。人民法院受理破产申请后,债务人与全体债权人就债权债务的处理自行达成协议的,可以请求人民法院裁定认可,并终结破产程序。

三、和解协议的通过与生效

债务人申请和解,应当提出和解协议草案。人民法院经审查认为和解申请符合规定的,应当裁定和解,予以公告,并召集债权人会议讨论和解协议草案。债权人会议通过和解协议的决议,由出席会议的有表决权的债权人过半数同意,并且其所代表的债权额占无财产担保债权总额的2/3以上。

债权人会议通过和解协议的,由人民法院裁定认可,终止和解程序,并予以公告。管理人应当向债务人移交财产和营业事务,并向人民法院提交执行职务的报告。经人民法院裁定认可的和解协议,对债务人和全体和解债权人均有约束力。和解债权人是指人民法院受理破产申请时对债务人享有无财产担保债权的人。

债务人应当按照和解协议规定的条件清偿债务。对债务人的特定财产享有担保权的权利人,自人民法院裁定和解之日起可以行使权利。和解债权人对债务人的保证人和其他连带债务人所享有的权利,不受和解协议的影响。和解债权人未依法申报债权的,在和解协议执行期间不得行使权利;在和解协议执行完毕后,可以按照和解协议规定的清偿条件行使权利。

因债务人欺诈或者其他违法行为而成立的和解协议,人民法院应当裁定无效,并宣告债务人破产。遇此情形,和解债权人因执行和解协议所受的清偿,在其他债权人所受清偿同等比例的范围内,不予返还。

四、和解程序的终结

1. 和解协议草案经债权人会议表决未获得通过,或者已经债权人会议通过的和解协议未获得人民法院认可的,人民法院应当裁定终止和解程序,并宣告债务人破产。

2. 债务人不能执行或者不执行和解协议的,人民法院经和解债权人请求,应当裁定终止和解协议的执行,并宣告债务人破产。人民法院裁定终止和解协议执行的,和解债权人在和解协议中作出的债权调整承诺失去效力。和解债权人因执行和解协议所受的清偿仍然有效,和解债权未受清偿的部分属于破产债权。已受部分清偿的债权人,只有在其他债权人同自己所受的清偿达到同一比例时,才能继续接受分配。担保人为和解协议的执行提供的担保继续有效。

3. 和解协议执行完毕,债务人按照和解协议约定的条件清偿债务的,由人民法院裁定终结破产程序。按照和解协议减免的债务,自和解协议执行完毕时起,债务人不再承担清偿责任。

第九节　破 产 清 算

一、破产宣告

(一)破产宣告的概念与方式

破产宣告,是指人民法院依当事人的申请或法定职权宣告债务人破产以清偿债务的诉讼活动。

破产宣告是一种司法行为,只能由人民法院以裁定方式作出。人民法院依法宣告债务人破产的,应当自裁定作出之日起5日内送达债务人和管理人;自裁定作出之日起10日内通知已知债权人,并予以公告。

(二)破产宣告的条件

《企业破产法》第2条规定:“企业法人不能清偿到期债务,并且资产不足以清偿全部债务或者明显缺乏清偿能力的,依照本法规定清理债务。”因此,债务人具备破产原因(或者称达到破产界限)是破产宣告的必要条件。但是,在破产宣告前,有下列情形之一的,人民法院应当裁定终结破产程序,并予以公告:(1)第三人为债务人提供足额担保或者为债务人清偿全部到期债务的;(2)债务人已清偿全部到期债务的。

(三)破产宣告的后果

破产宣告标志着破产案件不可逆转地进入清算程序。债务人被宣告破产后,债务人被称为破产人,债务人财产被称为破产财产,人民法院受理破产申请时对债务人享有的债权被称为破产债权。普通破产债权只能通过法定程序根据破产财产分配方案从破产财产中获得清偿。但是,对破产人的特定财产享有担保权的权利人,对该特定财产享有优先受偿的权利。这种债权人所享有的可以不依破产程序而能从破产人的特定财产上得到优先受偿的权利被称为别除权。债权人行使优先受偿权利未能完全受偿的,其未受偿的债权作为普通债权;放弃优先受偿权利的,其债权作为普通债权。

二、破产费用和共益债务

(一)破产费用

破产费用是指在人民法院受理破产申请后,债务人为破产程序的顺利进行而支付的费用。

人民法院受理破产申请后发生的下列费用,为破产费用:(1)破产案件的诉讼费用;(2)管理、变价和分配债务人财产的费用;(3)管理人执行职务的费用、报酬和聘用工作人员的费用。

(二)共益债务

共益债务是指在破产程序进行中,为债权人、债务人共同利益,管理人在履行管理职责时所产生或负担的债务,或者因债务人财产而产生的债务。与之相应的权利即为共益债权。根据《企业破产法》的规定,人民法院受理破产申请后发生的下列债务,为共益债务:(1)因管理人或者债务人请求对方当事人履行双方均未履行完毕的合同所产生的债务;(2)债务人财产受无因管理所产生的债务;(3)因债务人不当得利所产生的债务;(4)为债务人继续营业而应支付的劳动报酬和社会保险费用以及由此产生的其他债务;(5)管理人或者相关人员执行职务致人损害所产生的债务;(6)债务人财产致人损害所产生的债务。

(三)破产费用和共益债务的清偿

破产费用和共益债务由债务人财产随时清偿。

债务人财产不足以清偿所有破产费用和共益债务的,先行清偿破产费用。

债务人财产不足以清偿所有破产费用或者共益债务的,按照比例清偿。

债务人财产不足以清偿破产费用的,管理人应当提请人民法院终结破产程序。

三、破产财产的清偿顺序

破产财产在优先清偿破产费用和共益债务后,依照下列顺序清偿:(1)破产人所欠职工的工资和医疗、伤残补助、抚恤费用,所欠的应当划入职工个人账户的基本养老保险、基本医疗保险费用,以及法律、行政法规规定应当支付给职工的补偿金;(2)破产人欠缴的除前项规定以外的社会保险费用和破产人所欠税款;(3)普通破产债权。破产财产不足以清偿同一顺序的清偿要求的,按照比例分配。

四、破产财产的变价和分配

(一)破产财产变价和分配方案的确定

管理人应当及时拟订破产财产分配方案,提交债权人会议讨论。破产财产分配方案应当载明下列事项:(1)参加破产财产分配的债权人名称或者姓名、住所;(2)参加破产财产分配的债权额;(3)可供分配的破产财产数额;(4)破产财产分配的顺序、比例及数额;(5)实施破产财产分配的方法。

债权人会议通过破产财产分配方案后,由管理人将该方案提请人民法院裁定认可。

(二)破产财产变价和分配方案的执行

管理人应当按照债权人会议通过的或者人民法院依法裁定的破产财产变价方案,适时变价出售破产财产。变价出售破产财产应当通过拍卖进行。但是,债权人会议另有决议的除外。破产企业可以全部或者部分变价出售。企业变价出售时,可以将其中的无形资产和其他财产单独变价出售。按照国家规定不能拍卖或者限制转让的财产,应当按照国家规定的方式处理。破产企业的董事、监事和高级管理人员的工资按照该企业职工的平均工资计算。

破产财产分配方案经人民法院裁定认可后,由管理人执行。破产财产的分配应当以货币分配方式进行。但是,债权人会议另有决议的除外。管理人按照破产财产分配方案实施多次分配的,应当公告本次分配的财产额和债权额。管理人实施最后分配的,应当在公告中指明,并载明规定的事项。

对于附生效条件或者解除条件的债权,管理人应当将其分配额提存。管理人依照规定提存的分配额,在最后分配公告日,生效条件未成就或者解除条件成就的,应当分配给其他债权人;在最后分配公告日,生效条件成就或者解除条件未成就的,应当交付给债权人。

债权人未受领的破产财产分配额,管理人应当提存。债权人自最后分配公告之日起满2个月仍不领取的,视为放弃受领分配的权利,管理人或者人民法院应当将提存的分配额分配给其他债权人。

破产财产分配时,对于诉讼或者仲裁未决的债权,管理人应当将其分配额提存。自破产程序终结之日起满2年仍不能受领分配的,人民法院应当将提存的分配额分配给其他债权人。

五、破产程序的终结

破产人无财产可供分配的,管理人应当请求人民法院裁定终结破产程序。管理人在最后分配完结后,应当及时向人民法院提交破产财产分配报告,并提请人民法院裁定终结破产程序。人民法院应当自收到管理人终结破产程序的请求之日起15日内作出是否终结破产程序的裁定。裁定终结的,应当予以公告。

管理人应当自破产程序终结之日起10日内,持人民法院终结破产程序的裁定,向破产人的原登记机关办理注销登记。管理人于办理注销登记完毕的次日终止执行职务。但是,存在诉讼或者仲裁未决情况的除外。

自破产程序依法终结之日起2年内,有下列情形之一的,债权人可以请求人民法院按照破产财产分配方案进行追加分配:(1)发现有依照《企业破产法》规定应当追回的财产的;(2)发现破产人有应当供分配的其他财产的。有前述情形,但财产数量不足以支付分配费用的,不再进行追加分配,由人民法院将其上缴国库。

破产人的保证人和其他连带债务人,在破产程序终结后,对债权人依照破产清算程序未受清偿的债权,依法继续承担清偿责任。

第十节 违反企业破产法的法律责任

企业董事、监事或者高级管理人员违反忠实义务、勤勉义务,致使所在企业破产的,依法承担民事责任,并且自破产程序终结之日起3年内不得担任任何企业的董事、监事、高级管理人员。

有义务列席债权人会议的债务人的有关人员,经人民法院传唤,无正当理由拒不列席债权人会议的,人民法院可以拘传,并依法处以罚款。债务人的有关人员违反法律规定,拒不陈述、回答,或者作虚假陈述、回答的,人民法院可以依法处以罚款。

债务人违反法律规定,拒不向人民法院提交或者提交不真实的财产状况说明、债务清册、债权清册、有关财务会计报告以及职工工资的支付情况和社会保险费用的缴纳情况的,人民法院可以对直接责任人员依法处以罚款。

债务人违反规定,拒不向管理人移交财产、印章和账簿、文书等资料的,或者伪造、销毁有关财产证据材料而使财产状况不明的,人民法院可以对直接责任人员依法处以罚款。

债务人有《企业破产法》第31条(人民法院受理破产申请前1年内非正常处分财产)、第32条(人民法院受理破产申请前6个月内个别清偿)、第33条(隐匿财产、转移财产、虚构债务、承认不真实的债务)规定的行为,损害债权人利益的,债务人的法定代表人和其他直接责任人员依法承担赔偿责任。

债务人的有关人员违反规定,擅自离开住所地的,人民法院可以予以训诫、拘留,可以依法并处罚款。

管理人未依照《企业破产法》规定勤勉尽责,忠实执行职务的,人民法院可以依法处以罚款;给债权人、债务人或者第三人造成损失的,依法承担赔偿责任。

违反本法规定,构成犯罪的,依法追究刑事责任。

复习与思考

一、名词解释

破产界限	破产管理人	重整	破产费用	共益债务
撤销权	追回权	取回权	抵销权	

二、简答

1. 破产法律制度的意义。
2. 我国《企业破产法》规定的破产界限。
3. 申请重整的条件。
4. 破产费用和共益债务的清偿顺序。
5. 破产财产的清偿顺序。

第三编　市场规制法

第五章　反不正当竞争法

内容导读

竞争是市场经济的灵魂和基本法则，市场经济的实质就是竞争的经济。经营者为了获取商业机会和经济利益，必须开展竞争。统一、开放、竞争、有序是现代市场最基本的要求。公平、正当的竞争，有利于改进生产经营，提高产品质量，增进消费者的福利；而不正当竞争，不仅扰乱了市场竞争秩序，直接损害其他经营者的合法权益，而且可能损害广大消费者的合法权益。因此，促进社会主义市场经济健康发展，鼓励和保护公平竞争，制止不正当竞争行为，保护经营者和消费者的合法权益，是反不正当竞争法的基本宗旨。本章讲述不正当竞争行为的概念及其特征、不正当竞争行为的种类，以及不正当竞争行为的法律责任等内容。

第一节　反不正当竞争法概述

一、不正当竞争行为的概念和特征

不正当竞争是相对于正当竞争而言的一个概念。正当竞争，是指经营者之间遵循自愿、平等、公开、诚实信用的原则，遵守法律和商业道德，获取商业机会和经济利益的行为。所谓不正当竞争行为，是指经营者在经营活动中，违反反不正当竞争法的规定，扰乱市场竞争秩序，损害其他经营者或者消费者的合法权益的行为。其主要特征有以下几个方面：

1. 不正当竞争行为的主体是经营者。竞争是经营者之间为获取商业机会和经济利益而进行的，因此，无论是正当竞争，还是不正当竞争，其行为主体都是经营者。经营者是指从事商品生产、经营或者提供服务（以下所称商品包括服务）的自然人、法人和非法人组织。

2. 不正当竞争行为所侵害的客体是正常的市场竞争秩序和其他经营者或者消费者的合法权益。经营者实施不正当竞争行为不仅扰乱了市场竞争秩序，而且可能直接损害其他经营者或者消费者的合法权益。与经营者在生产经营活动中存在可能的争夺交易机会、损害竞争优势等关系的市场主体，人民法院可以认定为《反不正当竞争法》第 2 条规定的“其他经营者”。

3. 不正当竞争行为主体的主观动机是为了在竞争中获胜。实施不正当竞争行为者往往是以损害或者牺牲竞争对手为代价，使自身获取更多的商业机会和更大的商业利益。

4.不正当竞争行为在客观方面表现为违反法律和商业道德实施了反不正当竞争法所禁止的行为,包括混淆行为、贿赂行为、虚假或误导宣传、侵犯商业秘密、不当有奖销售、诋毁商誉以及网络不正当竞争行为。特定商业领域普遍遵循和认可的行为规范,人民法院可以认定为《反不正当竞争法》第2条规定的"商业道德"。

二、我国反不正当竞争法的立法概况

中华人民共和国成立后相当长的一段时期,由于指导思想的错误,试图用计划取代市场,忽视了市场对资源的配置作用,因此各类市场被人为地限制甚至取缔,政策和习惯维系着被严重扭曲的市场秩序,市场秩序立法几乎是空白。党的十一届三中全会以来,我国不断克服"左"的思想影响,坚持解放思想、实事求是的思想路线,破除了把社会主义与市场调节对立起来的观念。党的十四大报告明确指出,中国经济体制改革的目标是建立社会主义市场经济体制。发展市场经济就有必要建立、健全相应的法律制度来维护市场秩序。我国反不正当竞争法律制度就是在改革开放以后市场经济得到一定发展的基础上开始建立并逐步完善的。

1980年10月17日,国务院发布的《关于开展和保护社会主义竞争的暂行规定》首次提出:"在经济活动中,除国家指定由有关部门和单位专门经营的产品以外,其余的不得进行垄断、搞独家经营""开展竞争必须打破地区封锁和部门分割"。国务院于1987年颁布的《广告管理条例》中规定"在广告经营活动中,禁止垄断和不正当竞争行为"。1985年,我国加入《保护工业产权巴黎公约》,对不正当竞争行为的限制开始按国际惯例办理。1985年11月武汉市政府发布了《武汉市制止不正当竞争行为试行办法》,这是我国最早的关于反不正当竞争的地方立法。

截至目前,我国有关反不正当竞争的主要立法如下表所示:

名称	发文机关	发布时间	修正(修订)时间	废止时间
反不正当竞争法	全国人大常委会	1993.09.02	2017、2019	2007.06.01
关于审理不正当竞争民事案件应用法律若干问题的解释	最高人民法院	2007.01.12	—	2022.03.20
关于审理侵犯商业秘密民事案件适用法律若干问题的规定	最高人民法院	2020.09.10	—	—
关于适用《中华人民共和国反不正当竞争法》若干问题的解释	最高人民法院	2022.03.16	—	—

第二节　不正当竞争行为

我国现行《反不正当竞争法》明确规定了以下七类不正当竞争行为:

一、混淆行为

混淆行为，是指经营者通过使用与他人相同或近似的标识、名称等手段，引起公众的误认，诱使其他经营者与其交易或诱使消费者误购，以牟取非法利益的行为。

《反不正当竞争法》第 6 条规定，经营者不得实施下列混淆行为，引人误认为是他人商品或者与他人存在特定联系：(1)擅自使用与他人有一定影响的商品名称、包装、装潢等相同或者近似的标识；(2)擅自使用他人有一定影响的企业名称（包括简称、字号等）、社会组织名称（包括简称等）、姓名（包括笔名、艺名、译名等）；(3)擅自使用他人有一定影响的域名主体部分、网站名称、网页等；(4)其他足以引人误认为是他人商品或者与他人存在特定联系的混淆行为。

根据最高人民法院《关于适用〈中华人民共和国反不正当竞争法〉若干问题的解释》（以下简称《反不正当竞争法解释》）的规定，具有一定的市场知名度并具有区别商品来源的显著特征的标识，人民法院可以认定为《反不正当竞争法》第 6 条规定的"有一定影响的"标识。"引人误认为是他人商品或者与他人存在特定联系"，包括误认为与他人具有商业联合、许可使用、商业冠名、广告代言等特定联系。在相同商品上使用相同或者视觉上基本无差别的商品名称、包装、装潢等标识，应当视为足以造成与他人有一定影响的标识相混淆。人民法院认定与《反不正当竞争法》第 6 条规定的"有一定影响的"标识相同或者近似，可以参照商标相同或者近似的判断原则和方法。由经营者营业场所的装饰、营业用具的式样、营业人员的服饰等构成的具有独特风格的整体营业形象，人民法院可以认定为《反不正当竞争法》第 6 条第 1 项规定的"装潢"。

标识有下列情形之一的，人民法院应当认定其不具有区别商品来源的显著特征：(1)商品的通用名称、图形、型号；(2)仅直接表示商品的质量、主要原料、功能、用途、重量、数量及其他特点的标识；(3)仅由商品自身的性质产生的形状，为获得技术效果而需有的商品形状以及使商品具有实质性价值的形状；(4)其他缺乏显著特征的标识。上述第 1 项、第 2 项、第 4 项规定的标识经过使用取得显著特征，并具有一定的市场知名度，当事人请求依据《反不正当竞争法》第 6 条规定予以保护的，人民法院应予支持。

因客观描述、说明商品而正当使用下列标识，当事人主张属于《反不正当竞争法》第 6 条规定的情形的，人民法院不予支持：(1)含有本商品的通用名称、图形、型号；(2)直接表示商品的质量、主要原料、功能、用途、重量、数量以及其他特点；(3)含有地名。

二、商业贿赂行为

商业贿赂行为，是指经营者采用财物或者其他手段进行贿赂，以销售或者购买商品的行为。经营者进行商业贿赂行为的目的是利用与对方不正当的利益关系排挤竞争对手，谋取交易机会和竞争优势，扰乱公平竞争秩序，因此属于不正当竞争行为。

目前我国商业贿赂行为的主要表现形式是支付回扣。回扣是指商品交易一方为争取交易机会或者便利的交易条件而在交易成立后暗中在账外向对方单位或个人支付的一定钱物或其他利益。值得注意的是，应当将回扣与折扣、佣金区别开来。折扣是商品价格的折减,俗称让利,是在商品购销活动中,售货方在商品价格上给予对方的价格优惠。佣金是指在市场交易过程中,具有独立地位的中间人为买卖双方提供介绍、服务、撮合成交后,由卖方或买方向其支付的一定数额的酬金。

《反不正当竞争法》第7条规定,经营者不得采用财物或者其他手段贿赂下列单位或者个人,以谋取交易机会或者竞争优势:(1)交易相对方的工作人员;(2)受交易相对方委托办理相关事务的单位或者个人;(3)利用职权或者影响力影响交易的单位或者个人。经营者在交易活动中,可以以明示方式向交易相对方支付折扣,或者向中间人支付佣金。经营者向交易相对方支付折扣、向中间人支付佣金的,应当如实入账。接受折扣、佣金的经营者也应当如实入账。经营者的工作人员进行贿赂的,应当认定为经营者的行为;但是,经营者有证据证明该工作人员的行为与为经营者谋取交易机会或者竞争优势无关的除外。

三、虚假或误导性宣传行为

虚假宣传,是指经营者利用广告或者其他方法,对商品的性能、功能、质量、销售状况、用户评价、曾获荣誉等内容进行与客观事实不完全相符或纯属捏造的宣传行为。误导性宣传,是指经营者故意对商品的性能、功能、质量、销售状况、用户评价、曾获荣誉等内容作引人误解的宣传,以影响他人的认知,使他人对其商品的真实情况产生错误的联想。

《反不正当竞争法》第8条规定:经营者不得对其商品的性能、功能、质量、销售状况、用户评价、曾获荣誉等作虚假或者引人误解的商业宣传,欺骗、误导消费者。经营者不得通过组织虚假交易等方式,帮助其他经营者进行虚假或者引人误解的商业宣传。

根据《反不正当竞争法解释》的规定,经营者在商业宣传过程中,提供不真实的商品相关信息,欺骗、误导相关公众的,人民法院应当认定为《反不正当竞争法》第8条第1款规定的虚假的商业宣传。《反不正当竞争法解释》第17条规定:经营者具有下列行为之一,欺骗、误导相关公众的,人民法院可以认定为《反不正当竞争法》第8条第1款规定的“引人误解的商业宣传”:(1)对商品作片面的宣传或者对比;(2)将科学上未定论的观点、现象等当作定论的事实用于商品宣传;(3)使用歧义性语言进行商业宣传;(4)其他足以引人误解的商业宣传行为。人民法院应当根据日常生活经验、相关公众一般注意力、发生误解的事实和被宣传对象的实际情况等因素,对引人误解的商业宣传行为进行认定。

四、侵犯商业秘密的行为

根据《反不正当竞争法》的规定,商业秘密是指不为公众所知悉、具有商业价值并经权利人采取相应保密措施的技术信息、经营信息等商业信息。由此可见,商业秘密必须同时具有秘密性、经济性和保密性三项特性。缺少其中任一特性的商业信息都不能被称为商业秘密。商业秘密能为权利人带来竞争的优势,所以常成为不正当竞争者侵犯的客体。

《反不正当竞争法》第9条规定:“经营者不得实施下列侵犯商业秘密的行为:(一)以盗窃、贿赂、欺诈、胁迫、电子侵入或者其他不正当手段获取权利人的商业秘密;(二)披露、使用或者允许他人使用以前项手段获取的权利人的商业秘密;(三)违反保密义务或者违反权利人有关保守商业秘密的要求,披露、使用或者允许他人使用其所掌握的商业秘密;(四)教唆、引诱、帮助他人违反保密义务或者违反权利人有关保守商业秘密的要求，获取、披露、使用或者允许他人使用权利人的商业秘密。经营者以外的其他自然人、法人和非法人组织实施前款所列违法行为的，视为侵犯商业秘密。第三人明知或者应知商业秘密权利人的员工、前员工或者其他单位、个人实施本条第一款所列违法行为，仍获取、披露、使用或者允许他人使用该商业秘密的，视为侵犯商业秘密。”

在侵犯商业秘密的民事审判程序中，商业秘密权利人提供初步证据，证明其已经对所主张的商业秘密采取保密措施，且合理表明商业秘密被侵犯，涉嫌侵权人应当证明权利人所主张的商业秘密不属于反不正当竞争法规定的商业秘密。

商业秘密权利人提供初步证据合理表明商业秘密被侵犯，且提供以下证据之一的，涉嫌侵权人应当证明其不存在侵犯商业秘密的行为：(1)有证据表明涉嫌侵权人有渠道或者机会获取商业秘密，且其使用的信息与该商业秘密实质上相同；(2)有证据表明商业秘密已经被涉嫌侵权人披露、使用或者有被披露、使用的风险；(3)有其他证据表明商业秘密被涉嫌侵权人侵犯。

五、不正当有奖销售行为

有奖销售行为，是指经营者以提供物品、金钱或其他条件作为奖励，刺激消费者或者其他经营者购买其商品或接受其服务的行为。有奖销售行为作为一种促销手段，是经营者进行市场竞争的商业性行为，可以活跃市场、繁荣市场、促进经济的发展，因而被各国法律所认可。但有奖销售必须遵守法律规范和公认的商业道德。不正当有奖销售行为，是指以欺诈手段进行有奖销售或者以不正当的巨额抽奖刺激消费者的投机心理来推销商品的行为。

《反不正当竞争法》第 10 条规定，经营者进行有奖销售不得存在下列情形：(1)所设奖的种类、兑奖条件、奖金金额或者奖品等有奖销售信息不明确，影响兑奖；(2)采用谎称有奖或者故意让内定人员中奖的欺骗方式进行有奖销售；(3)抽奖式的有奖销售，最高奖的金额超过 5 万元。

六、诋毁商誉行为

商誉包括经营者的商业信誉、商品声誉。诋毁商誉行为，是指经营者通过编造、传播虚假信息或者误导性信息，损害竞争对手的商业信誉、商品声誉的行为。该行为的构成要件包括：其一，行为人主观上有诋毁其他经营者商誉的故意。其二，侵害的对象是与之存在某种竞争关系的其他经营者的商誉。如果诋毁的是非竞争者的商誉，则仅构成一般的民事诽谤侵权或刑事诽谤罪，而不属于不正当竞争行为。其三，行为人采取了编造、传播虚假信息或者误导性信息的手段。如果所宣传、散布的是客观事实，那么即使加大了对其他经营者商誉的负面影响，也不应认定为不正当竞争行为。

《反不正当竞争法》第 11 条规定：经营者不得编造、传播虚假信息或者误导性信息，损害竞争对手的商业信誉、商品声誉。

根据《反不正当竞争法解释》的规定，当事人主张经营者实施了《反不正当竞争法》第 11 条规定的商业诋毁行为的，应当举证证明其为该商业诋毁行为的特定损害对象。经营者传播他人编造的虚假信息或者误导性信息,损害竞争对手的商业信誉、商品声誉的,人民法院应当依照《反不正当竞争法》第 11 条予以认定。

七、网络不正当竞争行为

近年来,随着互联网的日益普及和电子商务、网络经济的迅猛发展,网络不正当竞争行为与日俱增,且花样繁多。所谓网络不正当竞争行为,是指经营者利用互联网技术手段,通过影响用户选择或者其他方式,妨碍、破坏其他经营者合法提供的网络产品或者服务正常运行的行为。其中,传统企业之间可能利用互联网技术实施不正当竞争行为,网络服务商与传统企业之间以及网络服务商之间也可能利用互联网技术实施不正当竞争行为。

《反不正当竞争法》第 12 条规定:经营者利用网络从事生产经营活动,应当遵守本法的各项规定。经营者不得利用技术手段,通过影响用户选择或者其他方式,实施下列妨碍、破坏其他经营者合法提供的网络产品或者服务正常运行的行为:(1)未经其他经营者同意,在其合法提供的网络产品或者服务中,插入链接、强制进行目标跳转;(2)误导、欺骗、强迫用户修改、关闭、卸载其他经营者合法提供的网络产品或者服务;(3)恶意对其他经营者合法提供的网络产品或者服务实施不兼容;(4)其他妨碍、破坏其他经营者合法提供的网络产品或者服务正常运行的行为。

根据《反不正当竞争法解释》的规定,未经其他经营者和用户同意而直接发生的目标跳转,人民法院应当认定为《反不正当竞争法》第 12 条第 2 款第 1 项规定的"强制进行目标跳转"。仅插入链接,目标跳转由用户触发的,人民法院应当综合考虑插入链接的具体方式、是否具有合理理由以及对用户利益和其他经营者利益的影响等因素,认定该行为是否违反《反不正当竞争法》第 12 条第 2 款第 1 项的规定。经营者事前未明确提示并经用户同意,以误导、欺骗、强迫用户修改、关闭、卸载等方式,恶意干扰或者破坏其他经营者合法提供的网络产品或者服务,人民法院应当依照《反不正当竞争法》第 12 条第 2 款第 2 项项予以认定。

第三节 对涉嫌不正当竞争行为的调查

一、立案

经营者的不正当竞争行为是一种扰乱市场竞争秩序的行为,不仅直接损害与其有竞争关系的其他经营者的合法权益,而且可能损害广大消费者的合法权益,因此除了依法追究其民事责任以外,政府有关部门还应当依法查处。

《反不正当竞争法》规定,国家鼓励、支持和保护一切组织和个人对不正当竞争行为进行社会监督。国家机关及其工作人员不得支持、包庇不正当竞争行为。县级以上人民政府履行市场监督管理职责的部门对不正当竞争行为进行查处;法律、行政法规规定由其他部门查处的,依照其规定。对涉嫌不正当竞争的行为,任何单位和个人有权向监督检查部门举报,监督检查部门接到举报后应当依法及时处理。监督检查部门应当向社会公开受理举报的电话、信箱或者电子邮件地址,并为举报人保密。

二、调查措施

《反不正当竞争法》第13条第1款规定,监督检查部门调查涉嫌不正当竞争行为,可以采取下列措施:(1)进入涉嫌不正当竞争行为的经营场所进行检查;(2)询问被调查的经营者、利害关系人及其他有关单位、个人,要求其说明有关情况或者提供与被调查行为有关的其他资料;(3)查询、复制与涉嫌不正当竞争行为有关的协议、账簿、单据、文件、记录、业务函电和其他资料;(4)查封、扣押与涉嫌不正当竞争行为有关的财物;(5)查询涉嫌不正当竞争行为的经营者的银行账户。

为了防止监督检查部门的工作人员滥用调查权,《反不正当竞争法》同时规定了调查的程序,即采取上述措施,应当向监督检查部门主要负责人书面报告,并经批准。采取上述第4项、第5项规定的措施,应当向设区的市级以上人民政府监督检查部门主要负责人书面报告,并经批准。

三、被调查者的义务

监督检查部门调查涉嫌不正当竞争行为,被调查的经营者、利害关系人及其他有关单位、个人应当如实提供有关资料或者情况。

四、公开查处结果

监督检查部门调查涉嫌不正当竞争行为,应当遵守《行政强制法》和其他有关法律、行政法规的规定,并应当将查处结果及时向社会公开。对实名举报并提供相关事实和证据的,监督检查部门应当将处理结果告知举报人。当事人对监督检查部门作出的决定不服的,可以依法申请行政复议或者提起行政诉讼。

第四节　违反反不正当竞争法的法律责任

一、经营者的法律责任

经营者违反《反不正当竞争法》的规定,给他人造成损害的,应当依法承担民事责任。经营者的合法权益受到不正当竞争行为损害的,可以向人民法院提起诉讼。因不正当竞争行为受到损害的经营者的赔偿数额,按照其因被侵权所受到的实际损失确定;实际损失难以计算的,按照侵权人因侵权所获得的利益确定。经营者恶意实施侵犯商业秘密行为,情节严重的,可以在按照上述方法确定数额的1倍以上5倍以下确定赔偿数额。赔偿数额还应当包括经营者为制止侵权行为所支付的合理开支。经营者违法实施混淆行为或者侵犯商业秘密,权利人因被侵权所受到的实际损失、侵权人因侵权所获得的利益难以确定的,由人民法院根据侵权行为的情节判决给予权利人500万元以下的赔偿。

经营者违法实施混淆行为的,由监督检查部门责令停止违法行为,没收违法商品。违法经营额5万元以上的,可以并处违法经营额5倍以下的罚款;没有违法经营额或者违法经营额不足5万元的,可以并处25万元以下的罚款。情节严重的,吊销营业执照。经营者登记的企业名称存在混淆情形的,应当及时办理名称变更登记;名称变更前,由原企业登记机关以统一社会信用代码代替其名称。但是,经营者不知道销售的商品带有违反《反不正当竞争法》规定的标识,能证明该商品是自己合法取得并说明提供者的,不承担赔偿责任。

经营者违法贿赂他人的,由监督检查部门没收违法所得,处10万元以上300万元以下的罚款。情节严重的,吊销营业执照。

经营者违法对其商品作虚假或者引人误解的商业宣传,或者通过组织虚假交易等方式帮助其他经营者进行虚假或者引人误解的商业宣传的,由监督检查部门责令停止违法行为,处20万元以上100万元以下的罚款;情节严重的,处100万元以上200万元以下的罚款,可以吊销营业执照。经营者违法发布虚假广告的,依照《广告法》的规定处罚。

经营者违法侵犯商业秘密的,由监督检查部门责令停止违法行为,处10万元以上100万元以下的罚款;情节严重的,处50万元以上500万元以下的罚款。

经营者违法进行有奖销售的,由监督检查部门责令停止违法行为,处5万元以上50万元以下的罚款。

经营者违法损害竞争对手商业信誉、商品声誉的,由监督检查部门责令停止违法行为、消除影响,处10万元以上50万元以下的罚款;情节严重的,处50万元以上300万元以下的罚款。

经营者违法妨碍、破坏其他经营者合法提供的网络产品或者服务正常运行的,由监督检查部门责令停止违法行为,处10万元以上50万元以下的罚款;情节严重的,处50万元以上300万元以下的罚款。

经营者违法从事不正当竞争,有主动消除或者减轻违法行为危害后果等法定情形的,依法从轻或者减轻行政处罚;违法行为轻微并及时纠正,没有造成危害后果的,不予行政处罚。

经营者违法从事不正当竞争,受到行政处罚的,由监督检查部门记入信用记录,并依照有关法律、行政法规的规定予以公示。

经营者违反《反不正当竞争法》的规定,应当承担民事责任、行政责任和刑事责任,其财产不足以支付的,优先用于承担民事责任。

二、监督检查部门工作人员的法律责任

各级人民政府应当采取措施,制止不正当竞争行为,为公平竞争创造良好的环境和条件。有关监督检查部门依法查处不正当竞争行为,既是法律赋予的职权,也是法律规定的职责。《反不正当竞争法》第30条规定,监督检查部门的工作人员滥用职权、玩忽职守、徇私舞弊或者泄露调查过程中知悉的商业秘密的,依法给予处分。

此外,经营者、监督检查部门工作人员违反《反不正当竞争法》规定,构成犯罪的,依法追究刑事责任。

三、妨碍执法的法律责任

妨害监督检查部门依照《反不正当竞争法》履行职责，拒绝、阻碍调查的，由监督检查部门责令改正，对个人可以处5000元以下的罚款，对单位可以处5万元以下的罚款，并可以由公安机关依法给予治安管理处罚。

复习与思考

一、名词解释

不正当竞争　　混淆行为　　商业贿赂行为　　网络不正当竞争行为

商业秘密

二、简答

1. 不正当竞争行为的特征。
2. 不正当竞争行为的种类。
3. 不正当有奖销售的适用情形。

第六章　反 垄 断 法

内容导读

反垄断法素有“经济宪法”之称。它对保护公平竞争，制止违法垄断和不正当竞争行为，维护市场经济秩序，保证市场经济的正常运行，营造公平有序的市场环境具有十分重要的意义。本章讲述垄断的概念及其特征、垄断行为的种类以及违反反垄断法的法律责任。

第一节　反垄断法概述

一、垄断的概念和特征

垄断，是指一个经营者或少数几个经营者对相应部门产品的生产、销售和服务的独占或联合控制。其主要特征有以下几方面：

1. 垄断的主体是经营者。经营者，是指从事商品生产、经营或者提供服务的自然人、法人和非法人组织。就一般经济性垄断而言，表现为个别经营者或者少数经营者（包括公用企业）对相应部门产品的生产、销售和服务的独占或联合控制。非经营者一般不能成为垄断的主体。但是，我国反垄断法将行政限制竞争也纳入了调整的范围，从而使行政机关和法律、法规授权的具有管理公共事务职能的组织可能成为垄断的特殊主体。

2. 垄断行为所侵害的客体是其他经营者和消费者的合法权益和正常的市场经济秩序。经营者实施垄断行为，不仅排除、限制其他经营者参与竞争，而且垄断经营、垄断价格，往往直接侵害消费者的合法权益。从社会整体和长远来看，垄断破坏了正常的市场经济秩序，降低了经济运行效率。

3. 垄断的主观动机是为了获取垄断利润。

4. 垄断行为在客观方面表现为个别经营者或者少数经营者违反反垄断法的规定，排除、限制竞争。

二、我国反垄断法的立法概况

我国最早提出反垄断的规范性文件是 1980 年 7 月 1 日国务院发布的《关于推动经济联合的暂行规定》，该规定提出要“打破地区封锁、部门分割”。其后，国务院又发布了一系列反垄断行政性法规。例如，1980 年 10 月 17 日国务院发布《关于开展和保护社会主义竞争的暂行规定》。此外，反垄断法律规范还散见于其他法律、法规中，例如，1987 年 10 月 26 日国务院发布的《广告管理条例》中规定“在广告经营活动中，禁止垄断和不正当竞争行为”；1987 年颁行的《技术合同法》（1999 年 10 月 1 日废止）中规定技术转让合同“不得以合同条款限制技术竞争和技术发展”；1993 年颁行的《反不正当竞争法》（2017 年、2019 年修改）将公用企业或依法具有独占地位的经营者限购、排挤行为以及政府及其所属部门滥用行政权力限制竞争的行为规定为不正当竞争行为。

但是，由于缺乏专门而系统的反垄断立法，垄断现象在我国经济生活中的表现日益突出，1994 年 5 月我国成立了反垄断法起草小组。经过数易其稿，反复审议，2007 年 8 月 30 日第十届全国人大常委会第二十九次会议通过了《反垄断法》。该法自 2008 年 8 月 1 日起施行。

截至目前，我国有关反垄断的主要立法和规范性文件如下表所示：

名称	发文机关	发布时间	修正（修订）时间	废止时间
反垄断法	全国人大常委会	2007.08.30	2022	—
关于经营者集中申报标准的规定	国务院	2008.08.03	2018、2024	—
关于经营者集中申报的指导意见	国家市场监管总局	2018.09.29	2018	—
关于相关市场界定的指南	国务院反垄断委员会	2009.07.06	—	—
工商行政管理机关查处垄断协议、滥用市场支配地位案件程序规定	国家工商总局	2009.05.26	—	2019.09.01
经营者集中审查办法	商务部	2009.11.24	—	2021.05.10
经营者集中申报办法	商务部	2009.11.21	—	2021.05.10
工商行政管理机关禁止滥用市场支配地位行为的规定	国家工商总局	2010.12.31	—	2019.09.01
工商行政管理机关禁止垄断协议行为的规定	国家工商总局	2010.12.31	—	2019.09.01
关于评估经营者集中竞争影响的暂行规定	商务部	2011.08.29	—	2021.09.01
金融业经营者集中申报营业额计算办法	商务部等五部门	2009.07.15	—	—
反价格垄断规定	国家发展改革委	2010.11.29	—	2019.09.01
关于实施经营者集中资产或业务剥离的暂行规定	商务部	2010.07.05	—	2015.01.05
未依法申报经营者集中调查处理暂行办法	商务部	2011.12.30	—	2021.05.10

续表

名称	发文机关	发布时间	修正(修订)时间	废止时间
关于经营者集中简易案件适用标准的暂行规定	商务部	2014.02.11	—	2021.09.01
关于经营者集中申报文件资料的指导意见	国家市场监管总局	2009.01.05	2018.09.29	—
关于经营者集中简易案件申报的指导意见	国家市场监管总局	2014	2018.09.29	—
关于规范经营者集中案件申报名称的指导意见	国家市场监管总局	2015	2018.09.29	—
禁止滥用市场支配地位行为暂行规定	国家市场监管总局	2019.06.26	—	2023.04.15
禁止垄断协议暂行规定	国家市场监管总局	2019.06.26	—	2023.04.15
经营者集中审查暂行规定	国家市场监管总局	2020.10.23	—	2023.04.15
制止滥用行政权力排除、限制竞争行为暂行规定	国家市场监管总局	2020.10.23	—	2023.04.15
禁止垄断协议规定	国家市场监管总局	2023.03.10	—	—
经营者集中审查规定	国家市场监管总局	2023.03.10	—	—
禁止滥用市场支配地位行为规定	国家市场监管总局	2023.03.10	—	—
制止滥用行政权力排除、限制竞争行为规定	国家市场监管总局	2023.03.10	—	—

为全面落实《反垄断法》规定的公平竞争审查制度,健全公平竞争审查机制,规范有效开展审查工作,主要立法如下表所示:

名称	发文机关	发布时间	修正(修订)时间	废止时间
公平竞争审查制度实施细则(暂行)	国家发展改革委等五部门	2017.10.23	—	2021.06.29
公平竞争审查制度实施细则	国家市场监管总局等五部门	2021.06.29	—	—
经营者反垄断合规指南	国务院反垄断委员会	2020.09.11	—	—

续表

名称	发文机关	发布时间	修正(修订)时间	废止时间
关于平台经济领域的反垄断指南	国务院反垄断委员会	2021.02.07	—	—
经营者集中反垄断合规指引	国家市场监管总局	2023.09.05	—	—

第二节　垄断行为

根据我国《反垄断法》的规定，垄断行为包括经营者达成垄断协议，经营者滥用市场支配地位，具有或者可能具有排除、限制竞争效果的经营者集中，以及行政机关和法律、法规授权的具有管理公共事务职能的组织滥用行政权力排除、限制竞争等四类。

一、经营者达成垄断协议

垄断协议，是指排除、限制竞争的协议、决定或者其他协同行为。协议或者决定可以是书面、口头等形式。其他协同行为是指经营者之间虽未明确订立协议或者决定，但实质上存在协调一致的行为。垄断协议可分为横向垄断协议和纵向垄断协议。

（一）横向垄断协议

横向垄断协议，是指具有竞争关系的经营者达成的排除、限制竞争的协议。

《反垄断法》第 17 条第 1 款规定，禁止具有竞争关系的经营者达成下列垄断协议：(1)固定或者变更商品价格；(2)限制商品的生产数量或者销售数量；(3)分割销售市场或者原材料采购市场；(4)限制购买新技术、新设备或者限制开发新技术、新产品；(5)联合抵制交易；(6)国务院反垄断执法机构认定的其他垄断协议。

（二）纵向垄断协议

纵向垄断协议是指经营者与交易相对人达成的排除、限制竞争的协议。

《反垄断法》第 18 条规定，“禁止经营者与交易相对人达成下列垄断协议：(一)固定向第三人转售商品的价格；(二)限定向第三人转售商品的最低价格；(三)国务院反垄断执法机构认定的其他垄断协议。对前款第一项和第二项规定的协议，经营者能够证明其不具有排除、限制竞争效果的，不予禁止。经营者能够证明其在相关市场的市场份额低于国务院反垄断执法机构规定的标准，并符合国务院反垄断执法机构规定的其他条件的，不予禁止”。

《反垄断法》第 19 条规定，经营者不得组织其他经营者达成垄断协议或者为其他经营者达成垄断协议提供实质性帮助。

(三)垄断协议的适用除外

考虑到有的垄断协议不会严重限制相关市场的竞争,并且在其他方面所带来的好处要大于对竞争秩序的损害,因此我国《反垄断法》也规定了一些法律适用的除外情形。

《反垄断法》第20条规定,经营者能够证明所达成的协议属于下列情形之一的,不适用该法第17条、第18条第1款、第19条的规定:(1)为改进技术、研究开发新产品的;(2)为提高产品质量、降低成本、增进效率,统一产品规格、标准或者实行专业化分工的;(3)为提高中小经营者经营效率,增强中小经营者竞争力的;(4)为实现节约能源、保护环境、救灾救助等社会公共利益的;(5)因经济不景气,为缓解销售量严重下降或者生产明显过剩的;(6)为保障对外贸易和对外经济合作中的正当利益的;(7)法律和国务院规定的其他情形。但是,属于第1项至第5项情形不适用《反垄断法》第17条、第18条第1款、第19条规定的,经营者还应当证明所达成的协议不会严重限制相关市场的竞争,并且能够使消费者分享由此产生的利益。

二、经营者滥用市场支配地位

《反垄断法》第7条规定,具有市场支配地位的经营者,不得滥用市场支配地位,排除、限制竞争。

(一)滥用市场支配地位的概念

经营者滥用市场支配地位,是指具有市场支配地位的经营者,滥用其支配地位,从事排除、限制竞争的行为。市场支配地位,是指经营者在相关市场内具有能够控制商品价格、数量或者其他交易条件,或者能够阻碍、影响其他经营者进入相关市场能力的市场地位。相关市场,是指经营者在一定时期内就特定商品或者服务(以下统称商品)进行竞争的商品范围和地域范围,包括相关商品市场和相关地域市场。

(二)市场支配地位的认定

《反垄断法》第23条规定,认定经营者具有市场支配地位,应当依据下列因素:(1)该经营者在相关市场的市场份额,以及相关市场的竞争状况;(2)该经营者控制销售市场或者原材料采购市场的能力;(3)该经营者的财力和技术条件;(4)其他经营者对该经营者在交易上的依赖程度;(5)其他经营者进入相关市场的难易程度;(6)与认定该经营者市场支配地位有关的其他因素。

第24条规定,有下列情形之一的,可以推定经营者具有市场支配地位:(1)1个经营者在相关市场的市场份额达到1/2的;(2)2个经营者在相关市场的市场份额合计达到2/3的;(3)3个经营者在相关市场的市场份额合计达到3/4的。有前条第2项、第3项规定的情形,其中有的经营者市场份额不足1/10的,不应当推定该经营者具有市场支配地位。被推定具有市场支配地位的经营者,有证据证明不具有市场支配地位的,不应当认定其具有市场支配地位。

（三）滥用市场支配地位的行为

《反垄断法》第22条第1款、第2款规定，禁止具有市场支配地位的经营者从事下列滥用市场支配地位的行为：（1）以不公平的高价销售商品或者以不公平的低价购买商品；（2）没有正当理由，以低于成本的价格销售商品；（3）没有正当理由，拒绝与交易相对人进行交易；（4）没有正当理由，限定交易相对人只能与其进行交易或者只能与其指定的经营者进行交易；（5）没有正当理由搭售商品，或者在交易时附加其他不合理的交易条件；（6）没有正当理由，对条件相同的交易相对人在交易价格等交易条件上实行差别待遇；（7）国务院反垄断执法机构认定的其他滥用市场支配地位的行为。具有市场支配地位的经营者不得利用数据和算法、技术以及平台规则等从事前述滥用市场支配地位的行为。

三、具有或者可能具有排除、限制竞争效果的经营者集中

（一）经营者集中的概念

反垄断法意义上的经营者集中，主要是指一个经营者通过特定的行为取得对另一个经营者的全部或者部分控制权。根据《反垄断法》的规定，经营者集中是指下列情形：（1）经营者合并；（2）经营者通过取得股权或者资产的方式取得对其他经营者的控制权；（3）经营者通过合同等方式取得对其他经营者的控制权或者能够对其他经营者施加决定性影响。

（二）经营者集中的申报

《反垄断法》第26条规定，经营者集中达到国务院规定的申报标准的，经营者应当事先向国务院反垄断执法机构申报，未申报的不得实施集中。经营者集中未达到国务院规定的申报标准，但有证据证明该经营者集中具有或者可能具有排除、限制竞争效果的，国务院反垄断执法机构可以要求经营者申报。经营者未依照前述规定进行申报的，国务院反垄断执法机构应当依法进行调查。

根据国务院《关于经营者集中申报标准的规定》（2024年修订）的规定，经营者集中达到下列标准之一的，经营者应当事先向国务院反垄断执法机构申报，未申报的不得实施集中：（1）参与集中的所有经营者上一会计年度在全球范围内的营业额合计超过120亿元人民币，并且其中至少2个经营者上一会计年度在中国境内的营业额均超过8亿元人民币；（2）参与集中的所有经营者上一会计年度在中国境内的营业额合计超过40亿元人民币，并且其中至少2个经营者上一会计年度在中国境内的营业额均超过8亿元人民币。

《反垄断法》第27条规定，经营者集中有下列情形之一的，可以不向国务院反垄断执法机构申报：（1）参与集中的一个经营者拥有其他每个经营者50%以上有表决权的股份或者资产的；（2）参与集中的每个经营者50%以上有表决权的股份或者资产被同一个未参与集中的经营者拥有的。

《反垄断法》第28条、第29条规定，经营者向国务院反垄断执法机构申报集中，应当提交下列文件、资料：（1）申报书；（2）集中对相关市场竞争状况影响的说明；（3）集中协议；（4）参与集中的经营者经会计师事务所审计的上一会计年度财务会计报告；（5）国务院反垄

断执法机构规定的其他文件、资料。申报书应当载明参与集中的经营者的名称、住所、经营范围、预定实施集中的日期和国务院反垄断执法机构规定的其他事项。经营者提交的文件、资料不完备的,应当在国务院反垄断执法机构规定的期限内补交文件、资料。经营者逾期未补交文件、资料的,视为未申报。

(三)经营者集中的审查和决定

《反垄断法》第33条规定,审查经营者集中,应当考虑下列因素:(1)参与集中的经营者在相关市场的市场份额及其对市场的控制力;(2)相关市场的市场集中度;(3)经营者集中对市场进入、技术进步的影响;(4)经营者集中对消费者和其他有关经营者的影响;(5)经营者集中对国民经济发展的影响;(6)国务院反垄断执法机构认为应当考虑的影响市场竞争的其他因素。

根据《反垄断法》的规定,国务院反垄断执法机构应当自收到经营者提交的符合法律规定的文件、资料之日起30日内,对申报的经营者集中进行初步审查,作出是否实施进一步审查的决定,并书面通知经营者。国务院反垄断执法机构作出决定前,经营者不得实施集中。国务院反垄断执法机构作出不实施进一步审查的决定或者逾期未作出决定的,经营者可以实施集中。

国务院反垄断执法机构决定实施进一步审查的,应当自决定之日起90日内审查完毕,作出是否禁止经营者集中的决定,并书面通知经营者。作出禁止经营者集中的决定,应当说明理由。审查期间,经营者不得实施集中。有下列情形之一的,国务院反垄断执法机构经书面通知经营者,可以延长前述审查期限,但最长不得超过60日:(1)经营者同意延长审查期限的;(2)经营者提交的文件、资料不准确,需要进一步核实的;(3)经营者申报后有关情况发生重大变化的。国务院反垄断执法机构逾期未作出决定的,经营者可以实施集中。

有下列情形之一的,国务院反垄断执法机构可以决定中止计算经营者集中的审查期限,并书面通知经营者:(1)经营者未按照规定提交文件、资料,导致审查工作无法进行;(2)出现对经营者集中审查具有重大影响的新情况、新事实,不经核实将导致审查工作无法进行;(3)需要对经营者集中附加的限制性条件进一步评估,且经营者提出中止请求。自中止计算审查期限的情形消除之日起,审查期限继续计算,国务院反垄断执法机构应当书面通知经营者。

经营者集中具有或者可能具有排除、限制竞争效果的,国务院反垄断执法机构应当作出禁止经营者集中的决定。但是,经营者能够证明该集中对竞争产生的有利影响明显大于不利影响,或者符合社会公共利益的,国务院反垄断执法机构可以作出对经营者集中不予禁止的决定。对不予禁止的经营者集中,国务院反垄断执法机构可以决定附加减少集中对竞争产生不利影响的限制性条件。国务院反垄断执法机构应当将禁止经营者集中的决定或者对经营者集中附加限制性条件的决定,及时向社会公布。

对外资并购境内企业或者以其他方式参与经营者集中,涉及国家安全的,除依照《反垄断法》规定进行经营者集中审查外,还应当按照国家有关规定进行国家安全审查。

四、滥用行政权力排除、限制竞争

《反垄断法》第10条规定，行政机关和法律、法规授权的具有管理公共事务职能的组织不得滥用行政权力，排除、限制竞争。

根据《反垄断法》的规定，行政机关和法律、法规授权的具有管理公共事务职能的组织不得滥用行政权力，限定或者变相限定单位或者个人经营、购买、使用其指定的经营者提供的商品；不得滥用行政权力，通过与经营者签订合作协议、备忘录等方式，妨碍其他经营者进入相关市场或者对其他经营者实行不平等待遇，排除、限制竞争；不得滥用行政权力，以设定歧视性资质要求、评审标准或者不依法发布信息等方式，排斥或者限制经营者参加招标投标以及其他经营活动；不得滥用行政权力，强制或者变相强制经营者从事《反垄断法》规定的垄断行为。

行政机关和法律、法规授权的具有管理公共事务职能的组织不得滥用行政权力，实施下列行为，妨碍商品在地区之间的自由流通：(1)对外地商品设定歧视性收费项目、实行歧视性收费标准，或者规定歧视性价格；(2)对外地商品规定与本地同类商品不同的技术要求、检验标准，或者对外地商品采取重复检验、重复认证等歧视性技术措施，限制外地商品进入本地市场；(3)采取专门针对外地商品的行政许可，限制外地商品进入本地市场；(4)设置关卡或者采取其他手段，阻碍外地商品进入或者本地商品运出；(5)妨碍商品在地区之间自由流通的其他行为。

行政机关和法律、法规授权的具有管理公共事务职能的组织不得滥用行政权力，制定含有排除、限制竞争内容的规定。《反垄断法》第5条规定，国家建立健全公平竞争审查制度。行政机关和法律、法规授权的具有管理公共事务职能的组织在制定涉及市场主体经济活动的规定时，应当进行公平竞争审查。《公平竞争审查制度实施细则》第2条规定，行政机关以及法律、法规授权的具有管理公共事务职能的组织，在制定市场准入和退出、产业发展、招商引资、招标投标、政府采购、经营行为规范、资质标准等涉及市场主体经济活动的规章、规范性文件、其他政策性文件以及“一事一议”形式的具体政策措施时，应当进行公平竞争审查，评估对市场竞争的影响，防止排除、限制市场竞争。经公平竞争审查认为不具有排除、限制竞争效果或者符合例外规定的，可以实施；具有排除、限制竞争效果且不符合例外规定的，应当不予出台或者调整至符合相关要求后出台；未经公平竞争审查的，不得出台。

第三节　对涉嫌垄断行为的调查

一、立案

反垄断执法机构依法对涉嫌垄断行为进行调查。对涉嫌垄断行为，任何单位和个人有权向反垄断执法机构举报。举报采用书面形式并提供相关事实和证据的，反垄断执法机构应当进行必要的调查。

二、调查措施

《反垄断法》第47条第1款规定,反垄断执法机构调查涉嫌垄断行为,可以采取下列措施:(1)进入被调查的经营者的营业场所或者其他有关场所进行检查;(2)询问被调查的经营者、利害关系人或者其他有关单位或者个人,要求其说明有关情况;(3)查阅、复制被调查的经营者、利害关系人或者其他有关单位或者个人的有关单证、协议、会计账簿、业务函电、电子数据等文件、资料;(4)查封、扣押相关证据;(5)查询经营者的银行账户。

为了防止反垄断执法机构滥用调查权,《反垄断法》同时规定了调查的程序和相关保密义务。具体而言,反垄断执法机构采取调查措施,应当向反垄断执法机构主要负责人书面报告,并经批准。反垄断执法机构调查涉嫌垄断行为,执法人员不得少于2人,并应当出示执法证件。执法人员进行询问和调查,应当制作笔录,并由被询问人或者被调查人签字。反垄断执法机构及其工作人员对执法过程中知悉的商业秘密、个人隐私和个人信息依法负有保密义务。

三、被调查者的权利和义务

被调查的经营者、利害关系人有权陈述意见。反垄断执法机构应当对被调查的经营者、利害关系人提出的事实、理由和证据进行核实。

反垄断执法机构依法对涉嫌滥用行政权力排除、限制竞争的行为进行调查,有关单位或者个人应当配合。被调查的经营者、利害关系人或者其他有关单位或者个人应当配合反垄断执法机构依法履行职责,不得拒绝、阻碍反垄断执法机构的调查。

四、中止和恢复调查

对反垄断执法机构调查的涉嫌垄断行为,被调查的经营者承诺在反垄断执法机构认可的期限内采取具体措施消除该行为后果的,反垄断执法机构可以决定中止调查。中止调查的决定应当载明被调查的经营者承诺的具体内容。反垄断执法机构决定中止调查的,应当对经营者履行承诺的情况进行监督。经营者履行承诺的,反垄断执法机构可以决定终止调查。但是,有下列情形之一的,反垄断执法机构应当恢复调查:(1)经营者未履行承诺的;(2)作出中止调查决定所依据的事实发生重大变化的;(3)中止调查的决定是基于经营者提供的不完整或者不真实的信息作出的。

五、处理

反垄断执法机构对涉嫌垄断行为调查核实后,认为构成垄断行为的,应当依法作出处理决定,并可以向社会公布。

经营者、行政机关和法律、法规授权的具有管理公共事务职能的组织,涉嫌违反《反垄断法》规定的,反垄断执法机构可以对其法定代表人或者负责人进行约谈,要求其提出改进措施。

第四节 违反反垄断法的法律责任

一、经营者的法律责任

经营者违法达成并实施垄断协议的，由反垄断执法机构责令停止违法行为，没收违法所得，并处上一年度销售额1%以上10%以下的罚款，上一年度没有销售额的，处500万元以下的罚款；尚未实施所达成的垄断协议的，可以处300万元以下的罚款。经营者的法定代表人、主要负责人和直接责任人员对达成垄断协议负有个人责任的，可以处100万元以下的罚款。经营者组织其他经营者达成垄断协议或者为其他经营者达成垄断协议提供实质性帮助的，适用前述规定。经营者主动向反垄断执法机构报告达成垄断协议的有关情况并提供重要证据的，反垄断执法机构可以酌情减轻或者免除对该经营者的处罚。

经营者违法滥用市场支配地位的，由反垄断执法机构责令停止违法行为，没收违法所得，并处上一年度销售额1%以上10%以下的罚款。

经营者违法实施集中，且具有或者可能具有排除、限制竞争效果的，由国务院反垄断执法机构责令停止实施集中、限期处分股份或者资产、限期转让营业以及采取其他必要措施恢复到集中前的状态，处上一年度销售额10%以下的罚款；不具有排除、限制竞争效果的，处500万元以下的罚款。

经营者违法达成并实施垄断协议，滥用市场支配地位，实施集中且具有或者可能具有排除竞争效果，情节特别严重、影响特别恶劣、造成特别严重后果的，国务院反垄断执法机构可以在上述规定的罚款数额的2倍以上5倍以下确定具体罚款数额。

经营者因违反《反垄断法》规定受到行政处罚的，按照国家有关规定记入信用记录，并向社会公示。

经营者实施垄断行为，给他人造成损失的，依法承担民事责任。

经营者实施垄断行为，损害社会公共利益的，设区的市级以上人民检察院可以依法向人民法院提起民事公益诉讼。

二、行政机关和法律、法规授权的组织以及行业协会的法律责任

行政机关和法律、法规授权的具有管理公共事务职能的组织滥用行政权力，实施排除、限制竞争行为的，由上级机关责令改正；对直接负责的主管人员和其他直接责任人员依法给予处分。反垄断执法机构可以向有关上级机关提出依法处理的建议。行政机关和法律、法规授权的具有管理公共事务职能的组织应当将有关改正情况书面报告上级机关和反垄断执法机构。法律、行政法规对行政机关和法律、法规授权的具有管理公共事务职能的组织滥用行政权力实施排除、限制竞争行为的处理另有规定的，依照其规定。

行业协会违法组织本行业的经营者达成垄断协议的，由反垄断执法机构责令改正，可以处300万元以下的罚款；情节严重的，社会团体登记管理机关可以依法撤销登记。

三、反垄断执法机构工作人员的法律责任

反垄断执法机构工作人员滥用职权、玩忽职守、徇私舞弊或者泄露执法过程中知悉的商业秘密、个人隐私和个人信息的,依法给予处分。

四、妨碍执法的法律责任

对反垄断执法机构依法实施的审查和调查,拒绝提供有关材料、信息,或者提供虚假材料、信息,或者隐匿、销毁、转移证据,或者有其他拒绝、阻碍调查行为的,由反垄断执法机构责令改正,对单位处上一年度销售额1%以下的罚款,上一年度没有销售额或者销售额难以计算的,处500万元以下的罚款;对个人处50万元以下的罚款。情节特别严重、影响特别恶劣、造成特别严重后果的,国务院反垄断执法机构可以在以上规定的罚款数额的2倍以上5倍以下确定具体罚款数额。

此外,违反《反垄断法》规定,构成犯罪的,依法追究刑事责任。

复习与思考

一、名词解释

垄断　　横向垄断协议　　纵向垄断协议　　相关市场

市场支配地位　　经营者集中

二、简答

1. 垄断行为的主要特征。

2. 垄断行为的种类。

第七章　产品质量法

内容导读

产品质量问题在现代各国日益受到重视。产品质量责任在立法上经历了从合同责任到非完全合同责任,从过错责任到严格责任的演化过程。产品质量法在规范生产经营活动、加强对产品质量的监督管理、提高产品质量水平、保护消费者的合法权益、维护社会经济秩序等方面,发挥着十分重要的作用。本章讲述产品质量的监督与管理,生产者、销售者的产品质量义务,以及违反产品质量法的法律责任等内容。

第一节　产品质量法概述

一、产品与产品质量的概念

(一)产品的概念

"产品"本来是经济学中的一个术语,是指人们运用劳动手段对劳动对象加工而成,用于满足人们生产和生活需要的所有物品。但是法律中所规定的"产品"有特定的含义,而且各国立法略有差异。如1985年《欧共体关于对有缺陷的产品的责任指令》中规定:"产品是指初级农产品和狩猎物以外的所有动产,即使已被组合在另一动产或不动产之内。初级农产品是指种植业、畜牧业、渔业产品,不包括经过加工的这类产品。产品也包括电。"我国《产品质量法》规定:"本法所称产品是指经过加工、制作,用于销售的产品。建设工程不适用本法规定;但是,建设工程使用的建筑材料、建筑构配件和设备,属于前款规定的产品范围的,适用本法规定。""军工产品质量监督管理办法,由国务院、中央军事委员会另行制定。因核设施、核产品造成损害的赔偿责任,法律、行政法规另有规定的,依照其规定。"可见,我国《产品质量法》中所指的"产品"不包括初级农产品、未经加工的天然形成的物品、建筑工程(房屋、桥梁、道路、公用设施等)以及军工产品。

(二)产品质量的概念

产品质量,是指有关法律、行政法规、质量标准以及合同条款对产品的适用、安全和其他特性的要求,是产品符合人们需要的内在品质和外观形态的诸方面特性的综合状态。国际标准化组织将质量定义为“产品或服务满足规定或潜在需要的特征和特性的总和”。大体而言,评判产品质量的因素主要有:适用性、安全性、耐用性、可靠性、经济性和卫生性等。产品质量责任就是指因其生产、经销的产品的质量不符合上述特征要求而给用户或消费者造成损失而应承担的责任。当然,产品质量的内容也会随经济的发展、科技的进步,以及人们的价值观念和需要的变化而变化。

二、我国产品质量法的立法概况

党的十一届三中全会以后,在推进社会主义市场经济体制改革的过程中,我国在产品质量监管方面出台了一系列行政法规和行政规章,主要立法和规范性文件如下表所示:

名称	发文机关	发布时间	修正(修订)时间	废止时间
工业企业全面质量管理暂行办法	国家经委	1980.03.10	—	1993.07.09
产品质量监督试行办法	国家标准局	1985.03.15	—	2023.07.20
关于加强乡镇企业工业产品质量管理工作的意见	国家经委、农牧渔业部、国家工商总局	1986.01.31	—	—
工业产品质量责任条例	国务院	1986.04.05	—	2022.05.01
标准化法	全国人大常委会	1988.12.29	2017.11.04	—
关于严厉打击在商品中掺杂使假的通知	国务院	1989.09.03	—	—
关于严厉打击生产和经销假冒伪劣商品违法行为的通知	国务院	1992.07.02	—	—
产品质量法	全国人大常委会	1993.02.22	2000、2009、2018	—
产品质量国家监督抽查管理办法	国家质量监督检验检疫总局	2001.12.29	—	2011.02.01
产品质量监督抽查管理办法	国家质量监督检验检疫总局	2010.12.29	—	2020.01.01
工业企业产品质量分类监管试行办法	国家质量监督检验检疫总局	2012.05.08	—	—
食品安全法	全国人大常委会	2009.02.28	2015、2018、2021	—
食品安全法实施条例	国务院	2009.07.20	2016、2019	—
缺陷汽车产品召回管理规定	国家质量监督检验检疫总局等四部门	2004.03.12	—	2016.01.01

续表

名称	发文机关	发布时间	修正(修订)时间	废止时间
缺陷汽车产品召回管理条例	国务院	2012.10.22	2019	—
缺陷汽车产品召回管理条例实施办法	国家质量监督检验检疫总局	2015.11.27	2020	—

第二节　产品质量的监督与管理

一、产品质量监督管理体制

产品质量监督管理体制，是产品质量监督管理机构的设置及其职权划分制度的统称。目前，我国实行的是“统一领导、分工负责、分级管理”的体制。国务院市场监督管理部门主管全国产品质量监督工作。国务院有关部门在各自的职责范围内负责产品质量监督工作。县级以上地方市场监督管理部门主管本行政区域内的产品质量监督工作。县级以上地方人民政府有关部门在各自的职责范围内负责产品质量监督工作。

二、产品质量监督管理的主要制度

(一)产品质量合格检验制度

《产品质量法》第 12 条规定：“产品质量应当检验合格，不得以不合格产品冒充合格产品。”第 13 条规定：“可能危及人体健康和人身、财产安全的工业产品，必须符合保障人体健康和人身、财产安全的国家标准、行业标准；未制定国家标准、行业标准的，必须符合保障人体健康和人身、财产安全的要求。禁止生产、销售不符合保障人体健康和人身、财产安全的标准和要求的工业产品。”

(二)企业质量体系认证制度

企业质量体系认证，是指由法定的认证机构对企业的产品质量保证能力和质量管理水平进行综合检查和评定后，确认和证明该企业质量管理达到国际通用标准的一种制度。该制度通过对产品质量的各种因素，如产品设计、工艺准备、制造过程、质量检验、组织机构和人员素质等质量保证能力进行严格评定，使企业形成稳定生产符合标准产品的能力。

我国《产品质量法》规定，国家根据国际通用的质量管理标准，推行企业质量体系认证制度。企业根据自愿原则可以向国务院市场监督管理部门认可的或者国务院市场监督管理部门授权的部门认可的认证机构申请企业质量体系认证。经认证合格的，由认证机构颁发企业质量体系认证证书。

(三)产品质量认证制度

产品质量认证,是指依据产品标准和相应技术要求,经认证机构确认并通过颁发认证证书和认证标志来证明某一产品符合相应标准和相应技术要求的活动。产品质量认证分为安全认证和合格认证两类。国家参照国际先进的产品标准和技术要求,推行产品质量认证制度。企业根据自愿原则可以向国务院市场监督管理部门认可的或者国务院市场监督管理部门授权的部门认可的认证机构申请产品质量认证。经认证合格的,由认证机构颁发产品质量认证证书,准许企业在产品或者其包装上使用产品质量认证标志。

从事产品质量检验、认证的社会中介机构必须依法设立,不得与行政机关和其他国家机关存在隶属关系或者其他利益关系。产品质量检验机构、认证机构必须依法按照有关标准,客观、公正地出具检验结果或者认证证明。产品质量认证机构应当依照国家规定对准许使用认证标志的产品进行认证后的跟踪检查;对不符合认证标准而使用认证标志的,要求其改正;情节严重的,取消其使用认证标志的资格。

(四)产品质量监督检查制度

国家对产品质量实行以抽查为主要方式的监督检查制度,对可能危及人体健康和人身、财产安全的产品,影响国计民生的重要工业产品,以及消费者、有关组织反映有质量问题的产品进行抽查。抽查的样品应当在市场上或者企业成品仓库内的待销产品中随机抽取。监督抽查工作由国务院市场监督管理部门规划和组织。县级以上地方市场监督管理部门在本行政区域内也可以组织监督抽查。法律对产品质量的监督检查另有规定的,依照有关法律的规定执行。

对依法进行的产品质量监督检查,生产者、销售者不得拒绝。国家监督抽查的产品,地方不得另行重复抽查;上级监督抽查的产品,下级不得另行重复抽查。根据监督抽查的需要,可以对产品进行检验。检验抽取样品的数量不得超过检验的合理需要,并不得向被检查人收取检验费用。监督抽查所需检验费用按照国务院规定列支。

依法进行监督抽查的产品质量不合格的,由实施监督抽查的市场监督管理部门责令其生产者、销售者限期改正。逾期不改正的,由省级以上人民政府市场监督管理部门予以公告;公告后经复查仍不合格的,责令停业,限期整顿;整顿期满后经复查产品质量仍不合格的,吊销营业执照。监督抽查的产品有严重质量问题的,依照《产品质量法》的有关规定处罚。

生产者、销售者对抽查检验的结果有异议的,可以自收到检验结果之日起 15 日内向实施监督抽查的市场监督管理部门或者其上级市场监督管理部门申请复检,由受理复检的市场监督管理部门作出复检结论。

(五)产品质量标准化制度

《标准化法》第 2 条规定:“本法所称标准(含标准样品),是指农业、工业、服务业以及社会事业等领域需要统一的技术要求。标准包括国家标准、行业标准、地方标准和团体标准、企业标准。国家标准分为强制性标准、推荐性标准，行业标准、地方标准是推荐性标准。强制性标准必须执行。国家鼓励采用推荐性标准。”第 10 条第 1 款规定：“对保障人身健康和生命财产安全、国家安全、生态环境安全以及满足经济社会管理基本需要的技术要求，应当制定强制性国家标准。”《产品质量法》第 13 条规定：“可能危及人体健康和人身、财产安全的工业产品，必须符合保障人体健康和人身、财产安全的国家标准、行业标准；未制定国家标准、行业标准的，必须符合保障人体健康和人身、财产安全的要求。禁止生产、销售不符合保障人体健康和人身、财产安全的标准和要求的工业产品。”

（六）产品质量社会监督制度

产品质量的社会监督，是指消费者、保护消费者权益的社会组织，以及新闻媒介等对产品质量实施的监督。《产品质量法》规定，任何单位和个人有权对违反本法规定的行为，向市场监督管理部门或者其他有关部门检举。市场监督管理部门和有关部门应当为检举人保密，并按照省、自治区、直辖市人民政府的规定给予奖励。消费者有权就产品质量问题，向产品的生产者、销售者查询；向市场监督管理部门及有关部门申诉，接受申诉的部门应当负责处理。保护消费者权益的社会组织可以就消费者反映的产品质量问题建议有关部门负责处理，支持消费者对因产品质量造成的损害向人民法院起诉。

第三节　生产者、销售者的产品质量义务

一、生产者的产品质量义务

1. 对其生产的产品质量负责。《产品质量法》第 26 条规定，生产者应当对其生产的产品质量负责。产品质量应当符合下列要求：(1) 不存在危及人身、财产安全的不合理的危险，有保障人体健康和人身、财产安全的国家标准、行业标准的，应当符合该标准；(2) 具备产品应当具备的使用性能，但是，对产品存在使用性能的瑕疵做出说明的除外；(3) 符合在产品或者其包装上注明采用的产品标准，符合以产品说明、实物样品等方式表明的质量状况。

2. 标识符合法定要求。《产品质量法》第 27 条规定，产品或者其包装上的标识应当符合下列要求：(1) 有产品质量检验合格证明；(2) 有中文标明的产品名称、生产厂厂名和厂址；(3) 根据产品的特点和使用要求，需要标明产品规格、等级、所含主要成分的名称和含量的，用中文相应予以标明，需要事先让消费者知晓的，应当在外包装上标明，或者预先向消费者提供有关资料；(4) 限期使用的产品，标明生产日期和安全使用期或者失效日期；(5) 使用不当，容易造成产品本身损坏或者可能危及人身、财产安全的产品，应当有警示标志或者中文警示说明。裸装的食品和其他根据产品的特点难以附加标识的裸装产品，可以不附加产品标识。

3. 特殊产品包装符合法定要求。《产品质量法》第 28 条规定，易碎、易燃、易爆、有毒、

有腐蚀性、有放射性等危险物品以及储运中不能倒置和其他有特殊要求的产品,其包装质量必须符合相应要求,依照国家有关规定作出警示标志或者中文警示说明,标明储运注意事项。

4. 不得违反有关禁止性规定。《产品质量法》第 29 ~ 32 条规定:生产者不得生产国家明令淘汰的产品;生产者不得伪造产地,不得伪造或冒用他人厂名、厂址;生产者不得伪造或冒用认证标志等质量标志;生产者生产产品,不得掺杂、掺假,不得以假充真、以次充好,不得以不合格产品冒充合格产品。

二、销售者的产品质量义务

1. 销售者应当建立并执行进货检查验收制度,验明产品合格证明和其他标识。
2. 销售者应当采取措施,保持销售产品的质量。
3. 销售者销售的产品的标识应当符合法律规定。
4. 销售者不得违反有关禁止性规定,具体为:(1)不得销售国家明令淘汰并停止销售的产品和失效、变质的产品;(2)不得伪造产地,不得伪造或者冒用他人的厂名、厂址;(3)不得伪造或者冒用认证标志等质量标志;(4)不得掺杂、掺假,不得以假充真、以次充好,不得以不合格产品冒充合格产品。

第四节 违反产品质量法的法律责任

一、生产者和销售者的法律责任

生产者和销售者违反《产品质量法》的民事责任即通常所说的产品质量责任,该责任可分为产品瑕疵责任和产品缺陷责任。

产品瑕疵,是指产品存在细小的缺点或一般的质量问题。产品瑕疵责任,是指因销售的产品存在瑕疵所应承担的民事责任。《产品质量法》第 40 条规定,售出的产品有下列情形之一的,销售者应当负责修理、更换、退货;给购买产品的消费者造成损失的,销售者应当赔偿损失:(1)不具备产品应当具备的使用性能而事先未作说明的;(2)不符合在产品或者其包装上注明采用的产品标准的;(3)不符合以产品说明、实物样品等方式表明的质量状况的。销售者依照法律规定负责修理、更换、退货、赔偿损失后,属于生产者的责任或者属于向销售者提供产品的其他销售者(以下简称供货者)的责任的,销售者有权向生产者、供货者追偿。销售者未按照法律规定给予修理、更换、退货或者赔偿损失的,由市场监督管理部门责令改正。生产者之间、销售者之间、生产者与销售者之间订立的买卖合同、承揽合同有不同约定的,合同当事人按照合同约定执行。

产品缺陷,是指产品存在危及人身、他人财产安全的不合理的危险;产品有保障人体健康,人身、财产安全的国家标准、行业标准的,产品缺陷是指不符合该标准。产品缺陷责任,是指因产品存在缺陷造成人身损害或者缺陷产品以外的其他财产损害所应承担的赔偿责任。

根据《产品质量法》的规定，因产品存在缺陷造成人身、他人财产损害的，受害人可以向产品的生产者要求赔偿，也可以向产品的销售者要求赔偿。属于产品的生产者的责任，产品的销售者赔偿的，产品的销售者有权向产品的生产者追偿。属于产品的销售者的责任，产品的生产者赔偿的，产品的生产者有权向产品的销售者追偿。由于销售者的过错使产品存在缺陷，造成人身、他人财产损害的，销售者应当承担赔偿责任。销售者既不能指明缺陷产品的生产者，也不能指明缺陷产品的供货者的，销售者应当承担赔偿责任。

因产品存在缺陷造成受害人人身伤害的，侵害人应当赔偿医疗费、治疗期间的护理费、因误工减少的收入等费用；造成残疾的，还应当支付残疾者生活自助具费、生活补助费、残疾赔偿金以及由其扶养的人所必需的生活费等费用；造成受害人死亡的，并应当支付丧葬费、死亡赔偿金以及由死者生前扶养的人所必需的生活费等费用。因产品存在缺陷造成受害人财产损失的，侵害人应当恢复原状或者折价赔偿。受害人因此遭受其他重大损失的，侵害人应当赔偿损失。

因产品存在缺陷造成人身、缺陷产品以外的其他财产（以下简称他人财产）损害的，生产者应当承担赔偿责任。生产者能够证明有下列情形之一的，不承担赔偿责任：(1)未将产品投入流通的；(2)产品投入流通时，引起损害的缺陷尚不存在的；(3)将产品投入流通时的科学技术水平尚不能发现缺陷的存在的。

因产品存在缺陷造成损害要求赔偿的诉讼时效期间为 2 年（《民法典》第 188 条第 1 款规定："向人民法院请求保护民事权利的诉讼时效期间为三年。法律另有规定的，依照其规定"），自当事人知道或者应当知道其权益受到损害时起计算。因产品存在缺陷造成损害要求赔偿的请求权，在造成损害的缺陷产品交付最初消费者满 10 年丧失；但是，尚未超过明示的安全使用期的除外。

因产品质量发生民事纠纷时，当事人可以通过协商或者调解解决。当事人不愿通过协商、调解解决或者协商、调解不成的，可以根据当事人各方的协议向仲裁机构申请仲裁；当事人各方没有达成仲裁协议或者仲裁协议无效的，可以直接向人民法院起诉。仲裁机构或者人民法院可以委托依法设立的产品质量检验机构对有关产品质量进行检验。

此外，生产者、销售者违反《产品质量法》的规定，由有关部门依法追究其相应的行政责任；构成犯罪的，依法追究刑事责任。

二、国家机关工作人员的法律责任

各级人民政府工作人员和其他国家机关工作人员有下列情形之一的，依法给予行政处分；构成犯罪的，依法追究刑事责任：(1)包庇、放纵产品生产、销售中违反《产品质量法》规定的行为的；(2)向从事违反《产品质量法》规定的生产、销售活动的当事人通风报信，帮助其逃避查处的；(3)阻挠、干预市场监督管理部门依法对产品生产、销售中违反《产品质量法》规定的行为进行查处，造成严重后果的。

市场监督管理部门在产品质量监督抽查中超过规定的数量索取样品或者向被检查人收取检验费用的，由上级市场监督管理部门或者监察机关责令退还；情节严重的，对直接负责的主管人员和其他直接责任人员依法给予行政处分。

市场监督管理部门或者其他国家机关违反《产品质量法》的规定,向社会推荐生产者的产品或者以监制、监销等方式参与产品经营活动的,由其上级机关或者监察机关责令改正,消除影响,有违法收入的予以没收;情节严重的,对直接负责的主管人员和其他直接责任人员依法给予行政处分。

产品质量检验机构有前述违法行为的,由市场监督管理部门责令改正,消除影响,有违法收入的予以没收,可以并处违法收入1倍以下的罚款;情节严重的,撤销其质量检验资格。

市场监督管理部门的工作人员滥用职权、玩忽职守、徇私舞弊,构成犯罪的,依法追究刑事责任;尚不构成犯罪的,依法给予行政处分。

三、妨碍执法的法律责任

以暴力、威胁方法阻碍市场监督管理部门的工作人员依法执行职务的,依法追究刑事责任;拒绝、阻碍未使用暴力、威胁方法的,由公安机关依照治安管理处罚法的规定处罚。

复习与思考

一、名词解释

产品质量　　企业质量体系认证　　产品质量认证　　产品缺陷

产品瑕疵

二、简答

1. 我国产品质量监督管理的主要制度。

2. 产品缺陷责任和产品瑕疵责任的区别。

第八章　消费者权益保护法

内容导读

消费者和经营者在法律地位上是平等的，但是在实际的消费过程中，由于信息不对称以及消费者个体的经济弱势，消费者的正当权益容易受到侵害。本章讲述消费者的权利、经营者的义务、消费者权益的保护以及违反消费者权益保护法的法律责任。

第一节　消费者权益保护法概述

一、消费者的概念

由于社会生活、社会现象纷繁复杂，学者及司法实践中对“消费”“消费者”的理解存在较大的差异。广义的消费既包括人们在生产过程中对各种生产资料的消耗（生产消费），也包括人们为满足个人需要对各种生活资料的消耗，还包括接受他人所提供的服务（生活消费）。狭义上的消费仅指生活消费。国际标准化组织消费者政策委员会于1978年5月在日内瓦召开的首届年会上对“消费者”所作的定义为：消费者是以个人消费为目的而购买或使用商品和服务的个体社会成员。《消费者权益保护法》第2条规定：“消费者为生活消费需要购买、使用商品或者接受服务，其权益受本法保护；本法未作规定的，受其他有关法律、法规保护。”据此，消费者是指以生活消费为目的而购买、使用商品或接受服务的个人。其具体含义有以下几个方面：

1. 消费者必须是购买、使用商品或者接受服务的人。当然，购买商品与实际使用商品的人、支付费用与实际接受服务的人不要求为同一人。

2. 消费者仅限于个人，即自然人。《消费者权益保护法》的中心宗旨就是保护处于弱势地位的个体消费者的正当权益。尽管单位、团体也经常购买生活资料或接受服务，但多数情形下的终极消费者仍是单位职工或团体成员，可以适用消费者权益保护法。但如果单纯以单位、团体的名义购买、使用商品或接受服务，则不受《消费者权益保护法》调整。

3. 消费者必须是为了生活消费需要，而非其他目的（如生产、转售、取证等）而购买、使用商品或者接受服务。《消费者权益保护法》第62条规定：“农民购买、使用直接用于农业生产的生产资料，参照本法执行。”

4. 消费者所购买、使用的商品或者接受的服务必须是经营者提供的。所谓经营者，是指专门从事生产、销售商品活动或者提供服务的生产者、销售者和服务者。如果是非经营者与个人之间提供、使用产品或者提供、接受服务,则不受《消费者权益保护法》调整。

二、我国消费者权益保护法的立法概况

改革开放以来,我国立法开始关注消费者权益的保护问题,主要立法和规范性文件如下表所示:

名称	发文机关	发布时间	修正(修订)时间	废止时间
消费者权益保护法	全国人大常委会	1993.10.31	2009、2013	—
欺诈消费者行为处罚办法	国家工商总局	1996.03.15	—	2015.03.15
侵害消费者权益行为处罚办法	国家工商总局	2015.01.05	2020	—
网络购买商品七日无理由退货暂行办法	国家工商总局	2017.01.06	2020	—
关于加强网上销售消费品召回监管的公告	国家市场监管总局	2020.12.28	—	—
关于审理网络消费纠纷案件适用法律若干问题的规定(一)	最高人民法院	2022.03.01	—	—
中国人民银行金融消费者权益保护实施办法	中国人民银行	2020.09.01	—	—
银行保险机构消费者权益保护管理办法	银保监会	2022.12.12	—	—
消费者权益保护法实施条例	国务院	2024.03.15	—	—

此外,还有大量关于消费者权益保护的特殊规定散见于《反不正当竞争法》《产品质量法》《药品管理法》《计量法》《标准化法》《广告法》《食品卫生法》《食品安全法》《价格法》等其他法律规范中。

第二节　消费者的权利和经营者的义务

一、消费者的权利

1. 保障安全权。消费者在购买、使用商品和接受服务时享有人身、财产安全不受损害的权利。消费者有权要求经营者提供的商品和服务,符合保障人身、财产安全的要求。这是消费者最基本的权利。经营者向消费者提供商品或者服务(包括以奖励、赠送、试用等形式向消费者免费提供商品或者服务),应当保证商品或者服务符合保障人身、财产安全的要求。经营者应当保证其经营场所及设施符合保障人身、财产安全的要求,采取必要的安全防护

措施，并设置相应的警示标识。消费者在经营场所遇到危险或者受到侵害时，经营者应当给予及时、必要的救助。消费者认为经营者提供的商品或者服务可能存在缺陷，有危及人身、财产安全危险的，可以向经营者或者有关行政部门反映情况或者提出建议。

2. 知悉真情权。消费者享有知悉其购买、使用的商品或者接受的服务的真实情况的权利。消费者有权根据商品或者服务的不同情况，要求经营者提供商品的价格、产地、生产者、用途、性能、规格、等级、主要成分、生产日期、有效期限、检验合格证明、使用方法说明书、售后服务，或者服务的内容、规格、费用等有关情况。

经营者应当采用通俗易懂的方式，真实、全面地向消费者提供商品或者服务相关信息，不得通过虚构经营者资质、资格或者所获荣誉，虚构商品或者服务交易信息、经营数据，篡改、编造、隐匿用户评价等方式，进行虚假或者引人误解的宣传，欺骗、误导消费者。免费提供的商品或者服务存在瑕疵但不违反法律强制性规定且不影响正常使用性能的，经营者应当在提供商品或者服务前如实告知消费者。经营者应当按照国家有关规定，以显著方式标明商品的品名、价格和计价单位或者服务的项目、内容、价格和计价方法等信息，做到价签价目齐全、内容真实准确、标识清晰醒目。经营者采取自动展期、自动续费等方式提供服务的，应当在消费者接受服务前和自动展期、自动续费等日期前，以显著方式提请消费者注意。经营者不得在消费者不知情的情况下，对同一商品或者服务在同等交易条件下设置不同的价格或者收费标准。经营者不得通过虚假或者引人误解的宣传，虚构或者夸大商品或者服务的治疗、保健、养生等功效，诱导老年人等消费者购买明显不符合其实际需求的商品或者服务。经营者决定停业或者迁移服务场所的，应当提前30日在其经营场所、网站、网店首页等的醒目位置公告经营者的有效联系方式等信息。

3. 自主选择权。消费者享有自主选择商品或者服务的权利。消费者有权自主选择提供商品或者服务的经营者，自主选择商品品种或者服务方式，自主决定购买或者不购买任何一种商品、接受或者不接受任何一项服务。消费者在自主选择商品或者服务时，有权进行比较、鉴别和挑选。经营者不得以暴力、胁迫、限制人身自由等方式或者利用技术手段，强制或者变相强制消费者购买商品或者接受服务，或者排除、限制消费者选择其他经营者提供的商品或者服务。经营者通过搭配、组合等方式提供商品或者服务的，应当以显著方式提请消费者注意。

经营者通过网络、电视、电话、邮购等方式销售商品的，应当遵守《消费者权益保护法》的规定，不得擅自扩大不适用无理由退货的商品范围。经营者应当以显著方式对不适用无理由退货的商品进行标注，提示消费者在购买时进行确认，不得将不适用无理由退货作为消费者默认同意的选项。未经消费者确认，经营者不得拒绝无理由退货。消费者退货的商品应当完好。消费者基于查验需要打开商品包装，或者为确认商品的品质和功能进行合理调试而不影响商品原有品质、功能和外观的，经营者应当予以退货。消费者无理由退货应当遵循诚实信用原则，不得利用无理由退货规则损害经营者和其他消费者的合法权益。

4. 公平交易权。消费者享有公平交易的权利。消费者在购买商品或者接受服务时，有权获得质量保障、价格合理、计量正确等公平交易条件，有权拒绝经营者的强制交易行为。

经营者使用格式条款的，应当遵守《消费者权益保护法》的规定。经营者不得利用格式条款不合理地免除或者减轻其责任、加重消费者的责任或者限制消费者依法变更或者解除合同、选择诉讼或者仲裁解决消费争议、选择其他经营者的商品或者服务等权利。

经营者提供商品或者服务时收取押金的,应当事先与消费者约定退还押金的方式、程序和时限,不得对退还押金设置不合理条件。消费者要求退还押金,符合押金退还条件的,经营者应当及时退还。

经营者以收取预付款方式提供商品或者服务的,应当与消费者订立书面合同,约定商品或者服务的具体内容、价款或者费用、预付款退还方式、违约责任等事项。经营者收取预付款后,应当按照与消费者的约定提供商品或者服务,不得降低商品或者服务质量,不得任意加价。经营者未按照约定提供商品或者服务的,应当按照消费者的要求履行约定或者退还预付款。经营者出现重大经营风险,有可能影响经营者按照合同约定或者交易习惯正常提供商品或者服务的,应当停止收取预付款。

5. 获得赔偿权。消费者因购买、使用商品或者接受服务受到人身、财产损害的,享有依法获得赔偿的权利。

6. 依法结社权。消费者享有依法成立维护自身合法权益的社会组织的权利。

7. 获取知识权。消费者享有获得有关消费和消费者权益保护方面的知识的权利。

8. 人格尊严、民族风俗习惯受尊重权和个人信息受保护权。消费者在购买、使用商品和接受服务时,享有其人格尊严、民族风俗习惯得到尊重的权利,享有个人信息依法得到保护的权利。经营者在提供商品或者服务时,不得过度收集消费者个人信息,不得采用一次概括授权、默认授权等方式,强制或者变相强制消费者同意收集、使用与经营活动无直接关系的个人信息。经营者处理包含消费者的生物识别、宗教信仰、特定身份、医疗健康、金融账户、行踪轨迹等信息以及不满14周岁未成年人的个人信息等敏感个人信息的,应当符合有关法律、行政法规的规定。未经消费者同意,经营者不得向消费者发送商业性信息或者拨打商业性电话。消费者同意接收商业性信息或者商业性电话的,经营者应当提供明确、便捷的取消方式。消费者选择取消的,经营者应当立即停止发送商业性信息或者拨打商业性电话。

9. 监督权。消费者享有对商品和服务,以及保护消费者权益工作进行监督的权利。消费者有权检举、控告侵害消费者权益的行为和国家机关及其工作人员在保护消费者权益工作中的违法失职行为,有权对保护消费者权益工作提出批评、建议。

二、经营者的义务

1. 履行法定、约定的义务。经营者向消费者提供商品或者服务,应当依照《消费者权益保护法》和其他有关法律、法规的规定履行义务。经营者和消费者有约定的,应当按照约定履行义务,但双方的约定不得违背法律、法规的规定。

经营者与消费者约定承担退货、更换、修理等义务的有效期限不得低于国家有关规定的要求。有效期限自经营者向消费者交付商品或者提供服务完结之日起计算,需要经营者另行安装的商品,有效期限自商品安装完成之日起计算。经营者向消费者履行更换义务后,承担更换、修理等义务的有效期限自更换完成之日起重新计算。经营者修理的时间不计入上述有效期限。

经营者依照国家有关规定或者与消费者约定履行退货义务的，应当按照发票等购货凭证或者服务单据上显示的价格一次性退清相关款项。经营者能够证明消费者实际支付的价格与发票等购货凭证或者服务单据上显示的价格不一致的，按照消费者实际支付的价格退清相关款项。

2. 听取消费者的意见和接受消费者的监督。经营者应当听取消费者对其提供的商品或者服务的意见，接受消费者的监督。

3. 保障消费者的人身和财产安全。经营者应当保证其提供的商品或者服务符合保障人身、财产安全的要求。对可能危及人身、财产安全的商品和服务，应当向消费者作出真实的说明和明确的警示，并说明和标明正确使用商品或者接受服务的方法以及防止危害发生的方法。宾馆、商场、餐馆、银行、机场、车站、港口、影剧院等经营场所的经营者，应当对消费者尽到安全保障义务。经营者发现其提供的商品或者服务存在缺陷，有危及人身、财产安全危险的，应当立即向有关行政部门报告和告知消费者，并采取停止销售、警示、召回、无害化处理、销毁、停止生产或者服务等措施。采取召回措施的，生产或者进口商品的经营者应当制定召回计划，发布召回信息，明确告知消费者享有的相关权利，保存完整的召回记录，并承担消费者因商品被召回所支出的必要费用。商品销售、租赁、修理、零部件生产供应、受委托生产等相关经营者应当依法履行召回相关协助和配合义务。

经营者提供网络游戏服务的，应当符合国家关于网络游戏服务相关时段、时长、功能和内容等方面的规定和标准，针对未成年人设置相应的时间管理、权限管理、消费管理等功能，在注册、登录等环节严格进行用户核验，依法保护未成年人身心健康。

4. 向消费者提供真实、全面、准确的信息。经营者向消费者提供有关商品或者服务的质量、性能、用途、有效期限等信息，应当真实、全面，不得作虚假或者引人误解的宣传。经营者对消费者就其提供的商品或者服务的质量和使用方法等问题提出的询问，应当作出真实、明确的答复。经营者提供商品或者服务应当明码标价。经营者应当标明其真实名称和标记。租赁他人柜台或者场地的经营者，应当标明其真实名称和标记。

经营者向消费者提供有关商品或者服务的信息应当真实、全面、准确，不得有下列虚假或者引人误解的宣传行为：(1)不以真实名称和标记提供商品或者服务；(2)以虚假或者引人误解的商品说明、商品标准、实物样品等方式销售商品或者服务；(3)作虚假或者引人误解的现场说明和演示；(4)采用虚构交易、虚标成交量、虚假评论或者雇佣他人等方式进行欺骗性销售诱导；(5)以虚假的“清仓价”“甩卖价”“最低价”“优惠价”或者其他欺骗性价格表示销售商品或者服务；(6)以虚假的“有奖销售”“还本销售”“体验销售”等方式销售商品或者服务；(7)谎称正品销售“处理品”“残次品”“等外品”等商品；(8)夸大或隐瞒所提供的商品或者服务的数量、质量、性能等与消费者有重大利害关系的信息误导消费者；(9)以其他虚假或者引人误解的宣传方式误导消费者。

5. 出具购货凭证或者服务单据。经营者提供商品或者服务，应当按照国家有关规定或者商业惯例向消费者出具发票等购货凭证或者服务单据；消费者索要发票等购货凭证或者服务单据的，经营者必须出具。

6. 提供符合要求的商品和服务。经营者应当保证在正常使用商品或者接受服务的情况下其提供的商品或者服务应当具有的质量、性能、用途和有效期限;但消费者在购买该商品或者接受该服务前已经知道其存在瑕疵,且存在该瑕疵不违反法律强制性规定的除外。经营者以广告、产品说明、实物样品或者其他方式表明商品或者服务的质量状况的,应当保证其提供的商品或者服务的实际质量与表明的质量状况相符。经营者提供的机动车、计算机、电视机、电冰箱、空调器、洗衣机等耐用商品或者装饰装修等服务,消费者自接受商品或者服务之日起6个月内发现瑕疵,发生争议的,由经营者承担有关瑕疵的举证责任。

经营者提供商品或者服务不得有下列行为:(1)销售的商品或者提供的服务不符合保障人身、财产安全要求;(2)销售失效、变质的商品;(3)销售伪造产地,伪造或者冒用他人的厂名、厂址,篡改生产日期的商品;(4)销售伪造或者冒用认证标志等质量标志的商品;(5)销售的商品或者提供的服务侵犯他人注册商标专用权;(6)销售伪造或者冒用知名商品特有的名称、包装、装潢的商品;(7)在销售的商品中掺杂、掺假,以假充真,以次充好,以不合格商品冒充合格商品;(8)销售国家明令淘汰并停止销售的商品;(9)提供商品或者服务中故意使用不合格的计量器具或者破坏计量器具准确度;(10)骗取消费者价款或者费用而不提供或者不按照约定提供商品或者服务。

7. 履行"三包"义务。经营者提供的商品或者服务不符合质量要求的,消费者可以依照国家规定、当事人约定退货,或者要求经营者履行更换、修理等义务。没有国家规定和当事人约定的,消费者可以自收到商品之日起7日内退货;7日后符合法定解除合同条件的,消费者可以及时退货,不符合法定解除合同条件的,可以要求经营者履行更换、修理等义务。依照上述规定进行退货、更换、修理的,经营者应当承担运输等必要费用。经营者提供商品或者服务,应当依照法律规定或者当事人约定承担修理、重作、更换、退货、补足商品数量、退还货款和服务费用或者赔偿损失等民事责任,不得故意拖延或者无理拒绝消费者的合法要求。经营者有下列情形之一并超过15日的,视为故意拖延或者无理拒绝:(1)经有关行政部门依法认定为不合格商品,自消费者提出退货要求之日起未退货的;(2)自国家规定、当事人约定期满之日起或者不符合质量要求的自消费者提出要求之日起,无正当理由拒不履行修理、重作、更换、退货、补足商品数量、退还货款和服务费用或者赔偿损失等义务的。

经营者采用网络、电视、电话、邮购等方式销售商品,消费者有权自收到商品之日起7日内退货,且无须说明理由,但下列商品除外:(1)消费者定作的;(2)鲜活易腐的;(3)在线下载或者消费者拆封的音像制品、计算机软件等数字化商品;(4)交付的报纸、期刊。除上述所列商品外,下列性质的商品经消费者在购买时确认,可以不适用7日无理由退货规定:(1)拆封后易影响人身安全或者生命健康的商品,或者拆封后易导致商品品质发生改变的商品;(2)一经激活或者试用后价值贬损较大的商品;(3)销售时已明示的临近保质期的商品、有瑕疵的商品。

消费者退货的商品应当完好。经营者应当自收到退回商品之日起7日内返还消费者支付的商品价款。退回商品的运费由消费者承担;经营者和消费者另有约定的,按照约定。

经营者采用网络、电视、电话、邮购等方式销售商品,应当依照法律规定承担无理由退货义务,不得故意拖延或者无理拒绝。经营者有下列情形之一的,视为故意拖延或者无理拒绝:(1)对于适用无理由退货的商品,自收到消费者退货要求之日起超过15日未办理退货手续，或者未向消费者提供真实、准确的退货地址、退货联系人等有效联系信息，致使消费者无法办理退货手续；(2)未经消费者确认，以自行规定该商品不适用无理由退货为由拒绝退货；(3)以消费者已拆封、查验影响商品完好为由拒绝退货；(4)自收到退回商品之日起无正当理由超过15日未向消费者返还已支付的商品价款。

经营者以预收款方式提供商品或者服务，应当与消费者明确约定商品或者服务的数量和质量、价款或者费用、履行期限和方式、安全注意事项和风险警示、售后服务、民事责任等内容。未按约定提供商品或者服务的，应当按照消费者的要求履行约定或者退回预付款，并应当承担预付款的利息、消费者必须支付的合理费用。对退款无约定的，按照有利于消费者的计算方式折算退款金额。经营者对消费者提出的合理退款要求，明确表示不予退款，或者自约定期满之日起、无约定期限的自消费者提出退款要求之日起超过15日未退款的，视为故意拖延或者无理拒绝。

8. 不得从事不公平、不合理交易。经营者向消费者提供商品或者服务，应当恪守社会公德，诚信经营，保障消费者的合法权益；不得设定不公平、不合理的交易条件，不得强制交易。

经营者在经营活动中使用格式条款的，应当以显著方式提请消费者注意商品或者服务的数量和质量、价款或者费用、履行期限和方式、安全注意事项和风险警示、售后服务、民事责任等与消费者有重大利害关系的内容，并按照消费者的要求予以说明。

经营者向消费者提供商品或者服务使用格式条款、通知、声明、店堂告示等的，应当以显著方式提请消费者注意与消费者有重大利害关系的内容，并按照消费者的要求予以说明，不得作出含有下列内容的规定：(1)免除或者部分免除经营者对其所提供的商品或者服务应当承担的修理、重作、更换、退货、补足商品数量、退还货款和服务费用、赔偿损失等责任；(2)排除或者限制消费者提出修理、更换、退货、赔偿损失以及获得违约金和其他合理赔偿的权利；(3)排除或者限制消费者依法投诉、举报、提起诉讼的权利；(4)强制或者变相强制消费者购买和使用其提供的或者其指定的经营者提供的商品或者服务，对不接受其不合理条件的消费者拒绝提供相应商品或者服务，或者提高收费标准；(5)规定经营者有权任意变更或者解除合同，限制消费者依法变更或者解除合同权利；(6)规定经营者单方享有解释权或者最终解释权；(7)其他对消费者不公平、不合理的规定。格式条款、通知、声明、店堂告示等含有上述所列内容的，该内容无效。

从事服务业的经营者不得有下列行为：(1)从事为消费者提供修理、加工、安装、装饰装修等服务的经营者谎报用工用料，故意损坏、偷换零部件或材料，使用不符合国家质量标准或者与约定不相符的零部件或材料，更换不需要更换的零部件，或者偷工减料、加收费用，损害消费者权益的；(2)从事房屋租赁、家政服务等中介服务的经营者提供虚假信息或者采取欺骗、恶意串通等手段损害消费者权益的。

9. 不得侵犯消费者的人身权。经营者不得对消费者进行侮辱、诽谤，不得搜查消费者的身体及其携带的物品，不得侵犯消费者的人身自由。

10. 向消费者提供销售和服务信息。采用网络、电视、电话、邮购等方式提供商品或者服务的经营者，以及提供证券、保险、银行等金融服务的经营者，应当向消费者提供经营地址、联系方式、商品或者服务的数量和质量、价款或者费用、履行期限和方式、安全注意事项和风险警示、售后服务、民事责任等信息。

11. 不得非法或违约收集、使用、泄露消费者的个人信息。消费者个人信息是指经营者在提供商品或者服务活动中收集的消费者姓名、性别、职业、出生日期、身份证件号码、住址、联系方式、收入和财产状况、健康状况、消费情况等能够单独或者与其他信息结合识别消费者的信息。

经营者收集、使用消费者个人信息,应当遵循合法、正当、必要的原则,明示收集、使用信息的目的、方式和范围,并经消费者同意。经营者收集、使用消费者个人信息,应当公开其收集、使用规则,不得违反法律、法规的规定和双方的约定收集、使用信息。经营者及其工作人员对收集的消费者个人信息必须严格保密,不得泄露、出售或者非法向他人提供。经营者应当采取技术措施和其他必要措施,确保信息安全,防止消费者个人信息泄露、丢失。在发生或者可能发生信息泄露、丢失的情况时,应当立即采取补救措施。经营者未经消费者同意或者请求,或者消费者明确表示拒绝,不得向其发送商业性信息。

第三节　消费者权益的保护与消费者权益争议的解决

一、消费者权益的保护

保护消费者的合法权益是全社会的共同责任。国家鼓励、支持一切组织和个人对损害消费者合法权益的行为进行社会监督。因此,在消费者权益保护方面,不仅经营者负有直接的义务和责任,而且国家、社会也负有相应的义务,消费者也应通过合法的途径,积极维护自身的合法权益。

(一)消费者权益的国家保护

为了有效地保护消费者权益,国家应当在立法、执法、司法等各个环节上,加强对消费者权益的整体保护。为此,《消费者权益保护法》作了专门的规定。

1. 立法保护

在现实生活中,新的消费者权益保护方面的问题不断出现,相应的立法应不断加以完善。《消费者权益保护法》第30条规定:“国家制定有关消费者权益的法律、法规、规章和强制性标准,应当听取消费者和消费者协会等组织的意见。”

2. 行政保护

行政机关是执法机关,负有维护正常的市场秩序和社会秩序的职责。《消费者权益保护法》规定,各级人民政府应当加强领导,组织、协调、督促有关行政部门做好保护消费者合法权益的工作,落实保护消费者合法权益的职责。各级人民政府应当加强监督,预防危害消费者人身、财产安全行为的发生,及时制止危害消费者人身、财产安全的行为。各级人民政府市场监督管理部门和其他有关行政部门应当依照法律、法规的规定,在各自的职责范围内,采取措施,保护消费者的合法权益。有关行政部门应当听取消费者和消费者协会等组织对经营者交易行为、商品和服务质量问题的意见,及时调查处理。有关行政部门在各自的职责范围内,应当定期或者不定期对经营者提供的商品和服务进行抽查检验,并及时向社会公布抽查检验结果。有关行政部门发现并认定经营者提供的商品或者服务存在缺陷,有危及人身、财产安全危险的,应当立即责令经营者采取停止销售、警示、召回、无害化处理、销毁、停止生产或者服务等措施。

3. 司法保护

查处违法犯罪行为,是司法机关的职责。《消费者权益保护法》规定,有关国家机关应当依照法律、法规的规定,惩处经营者在提供商品和服务中侵害消费者合法权益的违法犯罪行为。人民法院应当采取措施,方便消费者提起诉讼。对符合《民事诉讼法》起诉条件的消费者权益争议,必须受理,及时审理。

(二)消费者权益的社会保护

1. 消费者组织的保护

消费者为维护自身的合法权益,有权行使结社权,成立各种消费者组织。目前我国的消费者组织主要是中国消费者协会和地方各级消费者协会。消费者协会和其他消费者组织是依法成立的对商品和服务进行社会监督的保护消费者合法权益的社会组织。消费者协会履行下列公益性职责:(1)向消费者提供消费信息和咨询服务,提高消费者维护自身合法权益的能力,引导文明、健康、节约资源和保护环境的消费方式;(2)参与制定有关消费者权益的法律、法规、规章和强制性标准;(3)参与有关行政部门对商品和服务的监督、检查;(4)就有关消费者合法权益的问题,向有关部门反映、查询,提出建议;(5)受理消费者的投诉,并对投诉事项进行调查、调解;(6)投诉事项涉及商品和服务质量问题的,可以委托具备资格的鉴定人鉴定,鉴定人应当告知鉴定意见;(7)就损害消费者合法权益的行为,支持受损害的消费者提起诉讼或者依照《消费者权益保护法》提起诉讼;(8)对损害消费者合法权益的行为,通过大众传播媒介予以揭露、批评。

为了让消费者协会和其他消费者组织更好地履行其职责,《消费者权益保护法》规定,各级人民政府对消费者协会履行职责应当予以必要的经费等支持。消费者协会应当认真履行保护消费者合法权益的职责,听取消费者的意见和建议,接受社会监督。依法成立的其他消费者组织依照法律、法规及其章程的规定,开展保护消费者合法权益的活动。消费者组织不得从事商品经营和营利性服务,不得以收取费用或者其他牟取利益的方式向消费者推荐商品和服务。

2. 大众传播媒介的舆论监督保护

大众传播媒介应当做好维护消费者合法权益的宣传,对损害消费者合法权益的行为进行舆论监督。

二、消费者权益争议的解决

(一)消费争议解决的途径

消费争议,是指消费者与经营者之间因商品、服务质量造成消费者人身损害或财产损失而发生的争议。对于消费争议,可通过以下途径解决:

1. 与经营者协商和解。协商和解是指消费者与经营者在平等自愿基础上,本着互谅互让的原则,就有关争议进行协商达成解决的方案。这种方式具有方便、简捷、节约、增进友好关系等优点。

2. 请求消费者协会或者依法成立的其他调解组织调解。调解消费争议应当遵循自愿原则和合法原则。

3. 向有关行政部门投诉。消费者向有关行政部门投诉的,该部门应当自收到投诉之日起7个工作日内,予以处理并告知消费者。

4. 根据仲裁协议提请仲裁。消费者可以根据与经营者达成的仲裁协议提请仲裁机构仲裁。

5. 向人民法院提起诉讼。除消费者自己可以直接向人民法院提起诉讼外,《消费者权益保护法》规定,对侵害众多消费者合法权益的行为,中国消费者协会以及在省、自治区、直辖市设立的消费者协会,可以向人民法院提起诉讼。

(二)赔偿责任主体的确定和最终责任的归属

消费者在购买、使用商品时,其合法权益受到损害的,可以向销售者要求赔偿。销售者赔偿后,属于生产者的责任或者属于向销售者提供商品的其他销售者的责任的,销售者有权向生产者或者其他销售者追偿。

消费者或者其他受害人因商品缺陷造成人身、财产损害的,可以向销售者要求赔偿,也可以向生产者要求赔偿。属于生产者责任的,销售者赔偿后,有权向生产者追偿。属于销售者责任的,生产者赔偿后,有权向销售者追偿。

消费者在接受服务时,其合法权益受到损害的,可以向服务者要求赔偿。

消费者在购买、使用商品或者接受服务时,其合法权益受到损害,因原企业分立、合并的,可以向变更后承受其权利义务的企业要求赔偿。

使用他人营业执照的违法经营者提供商品或者服务,损害消费者合法权益的,消费者可以向其要求赔偿,也可以向营业执照的持有人要求赔偿。

消费者在展销会、租赁柜台购买商品或者接受服务,其合法权益受到损害的,可以向销售者或者服务者要求赔偿。展销会结束或者柜台租赁期满后,也可以向展销会的举办者、柜台的出租者要求赔偿。展销会的举办者、柜台的出租者赔偿后,有权向销售者或者服务者追偿。

消费者通过网络交易平台购买商品或者接受服务,其合法权益受到损害的,可以向销售者或者服务者要求赔偿。网络交易平台提供者不能提供销售者或者服务者的真实名称、地址和有效联系方式的,消费者也可以向网络交易平台提供者要求赔偿;网络交易平台提供者作出更有利于消费者的承诺的,应当履行承诺。网络交易平台提供者赔偿后,有权向销售者或者服务者追偿。网络交易平台提供者明知或者应知销售者或者服务者利用其平台侵害消费者合法权益,未采取必要措施的,依法与该销售者或者服务者承担连带责任。

消费者因经营者利用虚假广告或者其他虚假宣传方式提供商品或者服务,其合法权益受到损害的,可以向经营者要求赔偿。广告经营者、发布者发布虚假广告的,消费者可以请求行政主管部门予以惩处。广告经营者、发布者不能提供经营者的真实名称、地址和有效联系方式的，应当承担赔偿责任。广告经营者、发布者设计、制作、发布关系消费者生命健康商品或者服务的虚假广告，造成消费者损害的，应当与提供该商品或者服务的经营者承担连带责任。社会团体或者其他组织、个人在关系消费者生命健康商品或者服务的虚假广告或者其他虚假宣传中向消费者推荐商品或者服务，造成消费者损害的，应当与提供该商品或者服务的经营者承担连带责任。

第四节　违反消费者权益保护法的法律责任

一、经营者的法律责任

经营者提供商品或者服务有下列情形之一的，除另有规定外，应当依照《产品质量法》和其他有关法律、法规的规定，承担民事责任：(1)商品或者服务存在缺陷的；(2)不具备商品应当具备的使用性能而出售时未作说明的；(3)不符合在商品或者其包装上注明采用的商品标准的；(4)不符合商品、实物样品等方式表明的质量状况的；(5)生产国家明令淘汰的商品或者销售失效、变质的商品的；(6)销售的商品数量不足的；(7)服务的内容和费用违反约定的；(8)对消费者提出的修理、重作、更换、退货、补足商品数量、退还货款和服务费用或者赔偿损失的要求，故意拖延或者无理拒绝的；(9)法律、法规规定的其他损害消费者权益的情形。经营者对消费者未尽到安全保障义务，造成消费者损害的，应当承担侵权责任。

经营者承担民事责任的具体方式和内容如下：(1)经营者提供商品或者服务，造成消费者或者其他受害人人身伤害的，应当赔偿医疗费、护理费、交通费等为治疗和康复支出的合理费用，以及因误工减少的收入；造成残疾的，还应当赔偿残疾生活辅助具费和残疾赔偿金。造成死亡的，还应当赔偿丧葬费和死亡赔偿金。(2)经营者侵害消费者的人格尊严、侵犯消费者人身自由或者侵害消费者个人信息依法得到保护的权利的，应当停止侵害、恢复名誉、消除影响、赔礼道歉，并赔偿损失。经营者有侮辱诽谤、搜查身体、侵犯人身自由等侵害消费者或者其他受害人人身权益的行为，造成严重精神损害的，受害人可以要求精神损害赔偿。(3)经营者提供商品或者服务，造成消费者财产损害的，应当依照法律规定或者当事人约定承担修理、重作、更换、退货、补足商品数量、退还货款和服务费用或者赔偿损失等民事责任。(4)经营者以预收款方式提供商品或者服务的，应当按照约定提供。未按照约定提供的，应当按照消费者的要求履行约定或者退回预付款；并应当承担预付款的利息、消费者必须支付的合理费用。(5)依法经有关行政部门认定为不合格的商品，消费者要求退货的，经营者应当负责退货。(6)经营者提供商品或者服务有欺诈行为的，应当按照消费者的要求增加赔偿其受到的损失，增加赔偿的金额为消费者购买商品的价款或者接受服务的费用的 3 倍；增加赔偿的金额不足 500 元的，为 500 元。法律另有规定的，依照其规定。经营者明知商品或者服务存在缺陷，仍然向消费者提供，造成消费者或者其他受害人死亡或者健康严重损害的，受害人有权要求经营者依法赔偿损失，并有权要求所受损失 2 倍以下的惩罚性赔偿。

经营者有下列情形之一,除承担相应的民事责任外,其他有关法律、法规对处罚机关和处罚方式有规定的,依照法律、法规的规定执行;法律、法规未作规定的,由市场监督管理部门或者其他有关行政部门责令改正,可以根据情节单处或者并处警告、没收违法所得、处以违法所得1倍以上10倍以下的罚款,没有违法所得的,处以50万元以下的罚款;情节严重的,责令停业整顿、吊销营业执照:(1)提供的商品或者服务不符合保障人身、财产安全要求的;(2)在商品中掺杂、掺假,以假充真,以次充好,或者以不合格商品冒充合格商品的;(3)生产国家明令淘汰的商品或者销售失效、变质的商品的;(4)伪造商品的产地,伪造或者冒用他人的厂名、厂址,篡改生产日期,伪造或者冒用认证标志等质量标志的;(5)销售的商品应当检验、检疫而未检验、检疫或者伪造检验、检疫结果的;(6)对商品或者服务作虚假或者引人误解的宣传的;(7)拒绝或者拖延有关行政部门责令对缺陷商品或者服务采取停止销售、警示、召回、无害化处理、销毁、停止生产或者服务等措施的;(8)对消费者提出的修理、重作、更换、退货、补足商品数量、退还货款和服务费用或者赔偿损失的要求,故意拖延或者无理拒绝的;(9)侵害消费者人格尊严、侵犯消费者人身自由或者侵害消费者个人信息依法得到保护的权利的;(10)法律、法规规定的对损害消费者权益应当予以处罚的其他情形。经营者有上述情形的,除依照法律、法规规定予以处罚外,处罚机关应当记入信用档案,向社会公布。

经营者违反《消费者权益保护法》规定提供商品或者服务,侵害消费者合法权益,构成犯罪的,依法追究刑事责任。

经营者违反《消费者权益保护法》规定,应当承担民事赔偿责任和缴纳罚款、罚金,其财产不足以同时支付的,先承担民事赔偿责任。

二、国家机关工作人员的法律责任

国家机关工作人员玩忽职守或者包庇经营者侵害消费者合法权益的行为的,由其所在单位或者上级机关给予行政处分;情节严重,构成犯罪的,依法追究刑事责任。

复习与思考

一、名词解释

消费者　　安全保障权　　知悉真情权　　自主选择权　　公平交易权

二、简答

1. 消费者的权利。

2. 7日无理由退货的含义及其适用情形。

3. 消费者权益争议解决的途径。

第九章　广　告　法

内容导读

现代经济活动离不开广告。广告具有传递信息、塑造形象、诱导说服、刺激需求的功能。但是,虚假广告不仅会误导消费者,也会妨碍其他经营者的正常经营活动。此外,广告业本身也存在竞争秩序问题。本章讲述广告法的基本原则、广告内容准则、广告行为规范、广告监督管理以及违反广告法的法律责任等内容。

第一节　广告法概述

一、广告的概念

"广告"一词源于拉丁文"*aderture*",有引起注意和诱导之意。广告有广义和狭义之分。广义的广告泛指面向大众的宣传活动,包括商业广告和社会公益广告;狭义的广告仅指商业广告,也称经济广告。《广告法》第 2 条第 1 款规定:"在中华人民共和国境内,商品经营者或者服务提供者通过一定媒介和形式直接或者间接地介绍自己所推销的商品或者服务的商业广告活动,适用本法。"第 73 条第 2 款规定:"……公益广告的管理办法,由国务院市场监督管理部门会同有关部门制定。"可见,我国《广告法》调整的范围仅限于商业广告。

二、我国广告法的立法概况

广告法是调整广告活动中广告主、广告经营者、广告发布者、广告代言人等之间的关系以及广告监督管理关系的法律规范的总称。

我国广告法律制度起步较晚,主要立法如下表所示:

名称	发文机关	发布时间	修正(修订)时间	废止时间
广告法	全国人大常委会	1994.10.27	2015、2018、2021	—
广告管理暂行条例	国务院	1982.02.06	—	1987.12.01
广告管理条例	国务院	1987.10.26	—	1995.02.01
广告管理条例施行细则	国家工商总局	1988.01.09	1998、2000、2004、2011	2016.04.29

续表

名称	发文机关	发布时间	修正(修订)时间	废止时间
医疗器械广告管理办法	国家工商总局、国家药品监督管理局	1992.08.08	—	—
医疗广告管理办法	国家工商总局、卫生部	1993.09.27	2006	—
药品广告审查办法	国家工商总局、卫生部	1995.03.22	2007、2018	2020.03.01
药品广告审查发布标准	国家食品药品监督管理局、国家工商总局	2007.03.03	—	2020.03.01
医疗器械广告审查办法	卫生部、国家工商总局等	2009.04.07	2009、2018	2020.03.01
医疗器械广告审查发布标准	国家工商总局	2009.04.28	—	—
房地产广告发布规定	国家工商总局	2015.12.24	2021	—
农药广告审查发布标准	国家工商总局	2015.12.24	2020	—
兽药广告审查发布标准	国家工商总局	2015.12.24	2020	—
药品、医疗器械、保健食品、特殊医学用途配方食品广告审查管理暂行办法	国家市场监管总局	2019.12.24	—	—
互联网广告管理暂行办法	国家工商总局	2016.07.04	—	2023.05.01
互联网广告管理办法	国家市场监管总局	2023.02.25	—	—

三、广告法的基本原则

广告法的基本原则,是指广告主、广告经营者和广告发布者以及广告代言人在广告活动中应当遵守的最基本的行为规则。

1. 真实原则。所谓真实,是指广告内容必须如实反映或表述商品和服务的实际情况,不得虚假,不得夸张。广告应当真实,不得含有虚假或者引人误解的内容,不得欺骗、误导消费者。广告主应当对广告内容的真实性负责。

2. 合法原则。所谓合法,不仅要求广告的内容合法,而且要求广告的形式、广告活动本身应当符合法律的规定。广告应当合法,广告主、广告经营者、广告发布者从事广告活动,应当遵守法律、法规,诚实信用,公平竞争。

3. 诚实信用原则。所谓诚实信用,是指广告主、广告经营者、广告发布者在进行广告活动时应当诚实、守信用,全面、善意地履行自己的义务。广告主、广告经营者、广告发布者从事广告活动,应当遵守法律、法规,诚实信用,公平竞争。

4. 公平竞争原则。广告主、广告经营者、广告发布者从事广告活动,应当遵守法律、法规，诚实信用，公平竞争。

第二节　广告内容准则

广告内容准则，是指广告的内容应当符合法律规定的基本要求。广告内容准则可分为一般广告内容准则和特殊广告内容准则。

一、一般广告内容准则

一般广告内容准则，是指任何广告内容都应当遵守的准则。总体而言，广告内容应当有利于公众的身心健康，有助于提高商品和服务质量、保护消费者的合法权益，倡导社会公德和职业道德，维护国家的尊严和利益。根据《广告法》的规定，广告内容的一般准则有以下几个方面：

1. 广告内容应当真实、准确、清晰。广告中对商品的性能、功能、产地、用途、质量、成分、价格、生产者、有效期限、允诺等或者对服务的内容、提供者、形式、质量、价格、允诺等有表示的，应当准确、清楚、明白。广告中表明推销的商品或者服务附带赠送的，应当明示所附带赠送商品或者服务的品种、规格、数量、期限和方式。法律、行政法规规定广告中应当明示的内容，应当显著、清晰表示。广告内容涉及的事项需要取得行政许可的，应当与许可的内容相符合。广告使用数据、统计资料、调查结果、文摘、引用语等引证内容的，应当真实、准确，并表明出处。引证内容有适用范围和有效期限的，应当明确表示。广告中涉及专利产品或者专利方法的，应当标明专利号和专利种类。未取得专利权的，不得在广告中谎称取得专利权。禁止使用未授予专利权的专利申请和已经终止、撤销、无效的专利作广告。

广告以虚假或者引人误解的内容欺骗、误导消费者的，构成虚假广告。广告有下列情形之一的，为虚假广告：(1)商品或者服务不存在的；(2)商品的性能、功能、产地、用途、质量、规格、成分、价格、生产者、有效期限、销售状况、曾获荣誉等信息，或者服务的内容、提供者、形式、质量、价格、销售状况、曾获荣誉等信息，以及与商品或者服务有关的允诺等信息与实际情况不符，对购买行为有实质性影响的；(3)使用虚构、伪造或者无法验证的科研成果、统计资料、调查结果、文摘、引用语等信息作证明材料的；(4)虚构使用商品或者接受服务的效果的；(5)以虚假或者引人误解的内容欺骗、误导消费者的其他情形。

2. 广告应当具有可识别性。广告应当具有可识别性，能够使消费者辨明其为广告。大众传播媒介不得以新闻报道形式变相发布广告。通过大众传播媒介发布的广告应当显著标明“广告”，与其他非广告信息相区别，不得使消费者产生误解。广播电台、电视台发布广告，应当遵守国务院有关部门关于时长、方式的规定，并应当对广告时长作出明显提示。

3. 广告不得违反有关禁止性规定。广告不得有下列情形：(1)使用或者变相使用中华人民共和国的国旗、国歌、国徽，军旗、军歌、军徽；(2)使用或者变相使用国家机关、国家机关工作人员的名义或者形象；(3)使用“国家级”“最高级”“最佳”等用语；(4)损害国家的尊严或者利益,泄露国家秘密;(5)妨碍社会安定,损害社会公共利益;(6)危害人身、财产安全,泄露个人隐私;(7)妨碍社会公共秩序或者违背社会良好风尚;(8)含有淫秽、色情、赌博、迷信、恐怖、暴力的内容;(9)含有民族、种族、宗教、性别歧视的内容;(10)妨碍环境、自然资源或者文化遗产保护;(11)法律、行政法规规定禁止的其他情形。

此外,广告不得损害未成年人和残疾人的身心健康;不得贬低其他生产经营者的商品或者服务。广告不得贬低其他生产经营者的商品或者服务。

二、特殊广告内容准则

(一)医疗、药品、医疗器械广告内容准则

医疗、药品、医疗器械广告不得含有下列内容:(1)表示功效、安全性的断言或者保证;(2)说明治愈率或者有效率;(3)与其他药品、医疗器械的功效和安全性或者其他医疗机构比较;(4)利用广告代言人作推荐、证明;(5)法律、行政法规规定禁止的其他内容。

药品广告的内容不得与国务院药品监督管理部门批准的说明书不一致,并应当显著标明禁忌、不良反应。处方药广告应当显著标明“本广告仅供医学药学专业人士阅读”,非处方药广告应当显著标明“请按药品说明书或者在药师指导下购买和使用”。

推荐给个人自用的医疗器械的广告,应当显著标明“请仔细阅读产品说明书或者在医务人员的指导下购买和使用”。医疗器械产品注册证明文件中有禁忌内容、注意事项的,广告中应当显著标明“禁忌内容或者注意事项详见说明书”。

除医疗、药品、医疗器械广告外,禁止其他任何广告涉及疾病治疗功能,并不得使用医疗用语或者易使推销的商品与药品、医疗器械相混淆的用语。

广播电台、电视台、报刊音像出版单位、互联网信息服务提供者不得以介绍健康、养生知识等形式变相发布医疗、药品、医疗器械广告。麻醉药品、精神药品、医疗用毒性药品、放射性药品等特殊药品,药品类易制毒化学品,以及戒毒治疗的药品、医疗器械和治疗方法,不得作广告。其他处方药,只能在国务院卫生行政部门和国务院药品监督管理部门共同指定的医学、药学专业刊物上做广告。

(二)保健食品广告内容准则

保健食品广告不得含有下列内容:(1)表示功效、安全性的断言或者保证;(2)涉及疾病预防、治疗功能;(3)声称或者暗示广告商品为保障健康所必需;(4)与药品、其他保健食品进行比较;(5)利用广告代言人作推荐、证明;(6)法律、行政法规规定禁止的其他内容。保健食品广告应当显著标明“本品不能代替药物”。

广播电台、电视台、报刊音像出版单位、互联网信息服务提供者不得以介绍健康、养生知识等形式变相发布保健食品广告。禁止在大众传播媒介或者公共场所发布声称全部或者部分替代母乳的婴儿乳制品、饮料和其他食品广告。

(三)农药、兽药、饲料和饲料添加剂广告内容准则

农药、兽药、饲料和饲料添加剂广告不得含有下列内容:(1)表示功效、安全性的断言或

者保证;(2)利用科研单位、学术机构、技术推广机构、行业协会或者专业人士、用户的名义或者形象作推荐、证明;(3)说明有效率;(4)违反安全使用规程的文字、语言或者画面;(5)法律、行政法规规定禁止的其他内容。

农药广告不得贬低同类产品,不得与其他农药进行功效和安全性对比。农药广告中不得含有评比、排序、推荐、指定、选用、获奖等综合性评价内容;不得使用直接或者暗示的方法,以及模棱两可、言过其实的用语,使人在产品的安全性、适用性或者政府批准等方面产生误解;不得滥用未经国家认可的研究成果或者不科学的词句、术语;不得含有"无效退款""保险公司保险"等承诺。

下列兽药不得发布广告:(1)兽用麻醉药品、精神药品以及兽医医疗单位配制的兽药制剂;(2)所含成分的种类、含量、名称与兽药国家标准不符的兽药;(3)临床应用发现超出规定毒副作用的兽药;(4)国务院农牧行政管理部门明令禁止使用的,未取得兽药产品批准文号或者未取得进口兽药注册证书的兽药。此外,兽药广告不得贬低同类产品,不得与其他兽药进行功效和安全性对比。兽药广告中不得含有"最高技术""最高科学""最进步制法""包治百病"等绝对化的表示;不得含有评比、排序、推荐、指定、选用、获奖等综合性评价内容;不得含有直接显示疾病症状和病理的画面,也不得含有"无效退款""保险公司保险"等承诺。

(四)烟草广告内容准则

禁止在大众传播媒介或者公共场所、公共交通工具、户外发布烟草广告。禁止向未成年人发送任何形式的烟草广告。禁止利用其他商品或者服务的广告、公益广告,宣传烟草制品名称、商标、包装、装潢以及类似内容。烟草制品生产者或者销售者发布的迁址、更名、招聘等启事中,不得含有烟草制品名称、商标、包装、装潢以及类似内容。

(五)酒类广告内容准则

酒类广告不得含有下列内容:(1)诱导、怂恿饮酒或者宣传无节制饮酒;(2)出现饮酒的动作;(3)表现驾驶车、船、飞机等活动;(4)明示或者暗示饮酒有消除紧张和焦虑、增加体力等功效。

(六)教育、培训广告内容准则

教育、培训广告不得含有下列内容:(1)对升学、通过考试、获得学位学历或者合格证书,或者对教育、培训的效果作出明示或者暗示的保证性承诺;(2)明示或者暗示有相关考试机构或者其工作人员、考试命题人员参与教育、培训;(3)利用科研单位、学术机构、教育机构、行业协会、专业人士、受益者的名义或者形象作推荐、证明。

(七)招商广告内容准则

招商等有投资回报预期的商品或者服务广告,应当对可能存在的风险以及风险责任承担有合理提示或者警示,并不得含有下列内容:(1)对未来效果、收益或者与其相关的情况作出保证性承诺,明示或者暗示保本、无风险或者保收益等,国家另有规定的除外;(2)利用学术机构、行业协会、专业人士、受益者的名义或者形象作推荐、证明。

(八)房地产广告内容准则

房地产开发企业、房地产权利人、房地产中介服务机构发布的房地产项目预售、预租、出售、出租、项目转让以及其他房地产项目介绍的广告,必须真实、合法、科学、准确,不得欺骗、误导消费者。

房地产广告,房源信息应当真实,面积应当标明为建筑面积或者套内建筑面积,并不得含有下列内容:(1)升值或者投资回报的承诺;(2)以项目到达某一具体参照物的所需时间表示项目位置;(3)违反国家有关价格管理的规定;(4)对规划或者建设中的交通、商业、文化教育设施以及其他市政条件作误导宣传。

房地产广告不得含有风水、占卜等封建迷信内容,对项目情况进行的说明、渲染,不得有悖社会良好风尚。房地产广告中涉及所有权或者使用权的,所有或者使用的基本单位应当是有实际意义的完整的生产、生活空间。房地产广告中对价格有表示的,应当清楚表示为实际的销售价格,明示价格的有效期限。房地产广告中的项目位置示意图,应当准确、清楚,比例恰当。房地产广告中涉及的交通、商业、文化教育设施及其他市政条件等,如在规划或者建设中,应当在广告中注明。房地产广告涉及内部结构、装修装饰的,应当真实、准确。房地产广告中不得利用其他项目的形象、环境作为本项目的效果。房地产广告中使用建筑设计效果图或者模型照片的,应当在广告中注明。房地产广告中不得出现融资或者变相融资的内容。房地产广告中涉及贷款服务的,应当载明提供贷款的银行名称及贷款额度、年期。房地产广告中不得含有广告主能够为入住者办理户口、就业、升学等事项的承诺。房地产广告中涉及物业管理内容的,应当符合国家有关规定;涉及尚未实现的物业管理内容,应当在广告中注明。房地产广告中涉及房地产价格评估的,应当标明评估单位、估价师和评估时间;使用其他数据、统计资料、文摘、引用语的,应当真实、准确,标明出处。

(九)种子、种畜禽、水产苗种和种养殖广告内容准则

农作物种子、林木种子、草种子、种畜禽、水产苗种和种养殖广告关于品种名称、生产性能、生长量或者产量、品质、抗性、特殊使用价值、经济价值、适宜种植或者养殖的范围和条件等方面的表述应当真实、清楚、明白,并不得含有下列内容:(1)做科学上无法验证的断言;(2)表示功效的断言或者保证;(3)对经济效益进行分析、预测或者做保证性承诺;(4)利用科研单位、学术机构、技术推广机构、行业协会或者专业人士、用户的名义或者形象做推荐、证明。

第三节　广告行为规范

广告行为,也称广告活动,是指广告当事人就广告的设计、制作和发布所作行为的总

称，包括广告主直接设计、制作、发布广告的行为，广告主委托广告经营者设计、制作、发布广告的行为，广告发布者接受广告主或广告经营者的委托为广告主发布广告的行为等。

一、广告行为主体

广告行为主体包括广告主、广告经营者、广告发布者和广告代言人。广告主，也称广告客户，是指为推销商品或者服务，自行或者委托他人设计、制作、发布广告的自然人、法人或者其他组织；广告经营者，是指接受委托提供广告设计、制作、代理服务的自然人、法人或者其他组织；广告发布者，是指为广告主或者广告主委托的广告经营者发布广告的自然人、法人或者其他组织；广告代言人，是指广告主以外的，在广告中以自己的名义或者形象对商品、服务作推荐、证明的自然人、法人或者其他组织。

《广告法》第29条规定，广播电台、电视台、报刊出版单位从事广告发布业务的，应当设有专门从事广告业务的机构，配备必要的人员，具有与发布广告相适应的场所、设备。第30条规定，广告主委托设计、制作、发布广告，应当委托具有合法经营资格的广告经营者、广告发布者。

二、广告行为规范

根据《广告法》的规定，广告活动主要应当遵守以下规则：

1. 依法订立和履行广告合同。广告主、广告经营者、广告发布者之间在广告活动中应当依法订立书面合同。

2. 禁止不正当竞争。广告主、广告经营者、广告发布者不得在广告活动中进行任何形式的不正当竞争。

3. 合法使用他人名义或者形象。广告主或者广告经营者在广告中使用他人名义或者形象的，应当事先取得其书面同意；使用无民事行为能力人、限制民事行为能力人的名义或者形象的，应当事先取得其监护人的书面同意。

4. 依法查验、核实广告。广告经营者、广告发布者依据法律、行政法规查验有关证明文件，核实广告内容。对内容不实或者证明文件不全的广告，广告经营者不得提供设计、制作、代理服务，广告发布者不得发布。广告发布者向广告主、广告经营者提供的媒介覆盖率、收视率、发行量等资料应当真实。法律、行政法规规定禁止生产、销售的商品或者提供的服务，以及禁止发布广告的商品或者服务，不得设计、制作、发布广告。

5. 广告收费公开、透明。广告经营者、广告发布者应当公布其收费标准和收费办法。

6. 依法代言广告。广告代言人在广告中对商品、服务作推荐、证明，应当依据事实，符合《广告法》和有关法律、行政法规规定，并不得为其未使用过的商品或者未接受过的服务做推荐、证明。不得利用不满10周岁的未成年人作为广告代言人。对在虚假广告中做推荐、证明受到行政处罚未满3年的自然人、法人或者其他组织，不得利用其作为广告代言人。

7. 不得妨害中小学生和未成年人的正常学习和身心健康。不得在中小学校、幼儿园内开展广告活动，不得利用中小学生和幼儿的教材、教辅材料、练习册、文具、教具、校服、校车等发布或者变相发布广告，但公益广告除外。在针对未成年人的大众传播媒介上不得发布医疗、药品、保健食品、医疗器械、化妆品、酒类、美容广告,以及不利于未成年人身心健康的网络游戏广告。针对不满14周岁的未成年人的商品或者服务的广告不得含有下列内容:(1)劝诱其要求家长购买广告商品或者服务;(2)可能引发其模仿不安全行为。

8. 遵守户外广告的特别规定。户外广告,是指在露天场地或公共场所设置的广告,比如利用街道、广场、机场、车站、码头等的建筑物或空间设置路牌、霓虹灯、电子显示牌、橱窗、灯箱、墙壁等广告,利用影剧院、体育场(馆)、文化馆、展览馆、宾馆、饭店、游乐场、商场等场所外部设置、张贴广告,利用车、船、飞机等交通工具设置、绘制、张贴广告等。由于户外广告对市容环境、交通通讯以及人们的生活会产生一定的影响,因此,《广告法》对于户外广告活动作了较为严格的规定。第42条规定,有下列情形之一的,不得设置户外广告:(1)利用交通安全设施、交通标志的;(2)影响市政公共设施、交通安全设施、交通标志、消防设施、消防安全标志使用的;(3)妨碍生产或者人民生活,损害市容市貌的;(4)在国家机关、文物保护单位、风景名胜区等的建筑控制地带,或者县级以上地方人民政府禁止设置户外广告的区域设置的。

9. 依法发布电子、互联网广告。任何单位或者个人未经当事人同意或者请求,不得向其住宅、交通工具等发送广告,也不得以电子信息方式向其发送广告。以电子信息方式发送广告的,应当明示发送者的真实身份和联系方式,并向接收者提供拒绝继续接收的方式。利用互联网发布、发送广告,不得影响用户正常使用网络。在互联网页面以弹出等形式发布的广告,应当显著标明关闭标志,确保一键关闭。

第四节　广告监督管理

一、广告审查

广告审查,是指在广告发布前由广告审查机关对广告的内容依法进行审核的活动。它是广告监管中的一种事前预防机制,目的是确保广告内容的真实、合法。

广告审查是一项专业性、技术性很强,涉及内容广泛的工作。因此,广告审查机关需要具备相关的专业职能。根据现行规定,广告审查机关为有关行政主管部门。比如,省、自治区、直辖市药品监督管理部门是药品广告审查机关,负责本行政区域内药品广告的审查工作;卫生行政部门、中医药管理部门负责医疗广告的审查,并对医疗机构进行监督管理;省、自治区、直辖市药品监督管理部门是医疗器械广告审查机关,负责本行政区域内医疗器械广告审查工作;国务院农业行政主管部门和省、自治区、直辖市行政主管部门,对农药广告进行审查。

《广告法》规定,发布医疗、药品、医疗器械、农药、兽药和保健食品广告,以及法律、行政法规规定应当进行审查的其他广告,应当在发布前由有关部门(以下简称广告审查机关)对广告内容进行审查;未经审查,不得发布。广告主申请广告审查,应当依照法律、行政法规向广告审查机关提交有关证明文件。广告审查机关应当依照法律、行政法规规定作出审查决定,并应当将审查批准文件抄送同级市场监督管理部门。广告审查机关应当及时向社会公布批准的广告。任何单位或者个人不得伪造、变造或者转让广告审查批准文件。

二、广告监管

这里所称广告监管,是指对广告行为及广告内容的常规性监督管理。广告活动主体作为理性的经济人,为了实现利益的最大化,往往心存机会主义,从事违法广告活动,因此有必要对广告活动进行适度的监督管理,维护广告市场秩序,保护消费者的合法权益。

《广告法》第 49 条规定,市场监督管理部门履行广告监督管理职责,可以行使下列职权:(1)对涉嫌从事违法广告活动的场所实施现场检查;(2)询问涉嫌违法当事人或者其法定代表人、主要负责人和其他有关人员,对有关单位或者个人进行调查;(3)要求涉嫌违法当事人限期提供有关证明文件;(4)查阅、复制与涉嫌违法广告有关的合同、票据、账簿、广告作品和其他有关资料;(5)查封、扣押与涉嫌违法广告直接相关的广告物品、经营工具、设备等财物;(6)责令暂停发布可能造成严重后果的涉嫌违法广告;(7)法律、行政法规规定的其他职权。市场监督管理部门应当建立健全广告监测制度,完善监测措施,及时发现和依法查处违法广告行为。

国务院市场监督管理部门会同国务院有关部门,制定大众传播媒介广告发布行为规范。市场监督管理部门依法行使职权,当事人应当协助、配合,不得拒绝、阻挠。市场监督管理部门和有关部门及其工作人员对其在广告监督管理活动中知悉的商业秘密负有保密义务。

三、广告的社会监督

任何单位或者个人均有权向市场监督管理部门和有关部门投诉、举报违反《广告法》的行为。消费者协会和其他消费者组织对违法发布虚假广告侵害消费者合法权益,以及其他损害社会公共利益的行为,依法进行社会监督。

四、广告行业自律

广告行业组织依照法律、法规和章程的规定,制定行业规范,加强行业自律,促进行业发展,引导会员依法从事广告活动,推动广告行业诚信建设。

第五节 违反广告法的法律责任

广告主、广告经营者、广告发布者、广告代言人,广告监督管理机关和广告审查机关及其工作人员,违反广告法的规定,应当承担相应的法律责任。责任形式涉及民事责任、行政责任和刑事责任。

一、发布虚假广告的法律责任

违法发布虚假广告的，由市场监督管理部门责令停止发布广告，责令广告主在相应范围内消除影响，处广告费用3倍以上5倍以下的罚款，广告费用无法计算或者明显偏低的，处20万元以上100万元以下的罚款；2年内有3次以上违法行为或者有其他严重情节的，处广告费用5倍以上10倍以下的罚款，广告费用无法计算或者明显偏低的，处100万元以上200万元以下的罚款，可以吊销营业执照，并由广告审查机关撤销广告审查批准文件、1年内不受理其广告审查申请。

医疗机构违法发布虚假广告情节严重的，除由市场监督管理部门依法处罚外，卫生行政部门可以吊销诊疗科目或者吊销医疗机构执业许可证。

广告经营者、广告发布者明知或者应知广告虚假仍设计、制作、代理、发布的，由市场监督管理部门没收广告费用，并处广告费用3倍以上5倍以下的罚款，广告费用无法计算或者明显偏低的，处20万元以上100万元以下的罚款；2年内有3次以上违法行为或者有其他严重情节的，处广告费用5倍以上10倍以下的罚款，广告费用无法计算或者明显偏低的，处100万元以上200万元以下的罚款，并可以由有关部门暂停广告发布业务、吊销营业执照、吊销广告发布登记证件。

广告主、广告经营者、广告发布者违法设计、制作、代理、发布虚假广告构成犯罪的，依法追究刑事责任。

违法发布虚假广告，欺骗、误导消费者，使购买商品或者接受服务的消费者的合法权益受到损害的，由广告主依法承担民事责任。广告经营者、广告发布者不能提供广告主的真实名称、地址和有效联系方式的，消费者可以要求广告经营者、广告发布者先行赔偿。

关系消费者生命健康的商品或者服务的虚假广告，造成消费者损害的，其广告经营者、广告发布者、广告代言人应当与广告主承担连带责任。其他商品或者服务的虚假广告，造成消费者损害的，其广告经营者、广告发布者、广告代言人，明知或者应知广告虚假仍设计、制作、代理、发布或者作推荐、证明的，应当与广告主承担连带责任。

二、违反规定从事广告活动的法律责任

违反规定从事广告活动的行为包括：违法发布医疗、药品、医疗器械、农药、兽药、饲料和饲料添加剂、酒类、教育、培训、招商、房地产、种、苗、种养殖等广告；违法利用不满10周岁的未成年人作为广告代言人；违法利用广告推销禁止生产、销售的产品或者提供的服务，或者禁止发布广告的商品或者服务；违法在针对未成年人的大众传播媒介上发布医疗、药品、保健食品、医疗器械、化妆品、酒类、美容广告，以及不利于未成年人身心健康的网络游戏广告；违法利用自然人、法人或者其他组织作为广告代言人；违法在中小学校、幼儿园内或者利用与中小学生、幼儿有关的物品发布广告；广告内容违法；广告不具有可识别性；广告经营者、广告发布者明知或者应知有违法行为仍设计、制作、代理、发布的；广告经营者、广告发布者未按照国家有关规定建立、健全广告业务管理制度或者未对广告内容进行核对；广告经营者、广告发布者未公布其收费标准和收费办法；广告代言人违法从事广告代言活动；违法发

送电子信息广告；利用互联网发布广告，未显著标明关闭标志，确保一键关闭；公共场所的管理者和电信业务经营者、互联网信息服务提供者，明知或者应知广告活动违法不予制止；隐瞒真实情况或者提供虚假材料申请广告审查；伪造、变造或者违法转让广告审查批准文件；等等。

对于违反规定从事广告活动的行为，由市场监督管理部门和其他有关部门依法给予行政处罚，主要措施有：责令暂停或停止发布广告、罚款、没收违法所得；情节严重的，并可以吊销营业执照、执业许可证等。

广播电台、电视台、报刊音像出版单位发布违法广告，或者以新闻报道形式变相发布广告，或者以介绍健康、养生知识等形式变相发布医疗、药品、医疗器械、保健食品广告，市场监督管理部门依法给予处罚的，应当通报新闻出版、广播电视主管部门以及其他有关部门。新闻出版、广播电视主管部门以及其他有关部门应当依法对负有责任的主管人员和直接责任人员给予处分；情节严重的，并可以暂停媒体的广告发布业务。

因发布虚假广告，或者有其他《广告法》规定的违法行为，被吊销营业执照的公司、企业的法定代表人，对违法行为负有个人责任的，自该公司、企业被吊销营业执照之日起3年内不得担任公司、企业的董事、监事、高级管理人员。

违反《广告法》规定，拒绝、阻挠市场监督管理部门监督检查，或者有其他构成违反治安管理行为的，依法给予治安管理处罚；构成犯罪的，依法追究刑事责任。

三、广告侵权行为的法律责任

广告主、广告经营者、广告发布者违反《广告法》规定，有下列侵权行为之一的，依法承担民事责任：(1)在广告中损害未成年人或者残疾人的身心健康的；(2)假冒他人专利的；(3)贬低其他生产经营者的商品、服务的；(4)在广告中未经同意使用他人名义或者形象的；(5)其他侵犯他人合法民事权益的。

四、广告监管机关、广告审查机关、其他有关部门及其工作人员违法行为的法律责任

广告审查机关对违法的广告内容作出审查批准决定的，对负有责任的主管人员和直接责任人员，由任免机关或者监察机关依法给予处分；构成犯罪的，依法追究刑事责任。

市场监督管理部门对在履行广告监测职责中发现的违法广告行为或者对经投诉、举报的违法广告行为，不依法予以查处的，对负有责任的主管人员和直接责任人员，依法给予处分。市场监督管理部门和负责广告管理相关工作的有关部门的工作人员玩忽职守、滥用职权、徇私舞弊的，依法给予处分。构成犯罪的，依法追究刑事责任。

新闻出版、广播电视主管部门以及其他有关部门未依法对广播电台、电视台、报刊音像出版单位进行处理的，对负有责任的主管人员和直接责任人员，依法给予处分。

复习与思考

一、名词解释

广告主　广告经营者　广告发布者　广告代言人

户外广告　广告审查

二、简答

1. 广告的基本原则。
2. 一般广告内容准则。
3. 广告行为规范。
4. 广告监督管理。

第十章　价　格　法

内容导读

价格是商品价值的货币表现。在市场经济条件下,价格信号的正常显现与传递作用是市场机制得以健康运行的基本条件。不合理价格会引起国民经济的紊乱,破坏国民经济的平衡,进而阻碍社会生产力的发展。此外,价格又是宏观经济调控的重要手段之一。因此,规范价格行为,发挥价格合理配置资源的作用,稳定市场价格总水平,保护消费者和经营者的合法权益,促进社会主义市场经济健康发展,是价格法的基本宗旨。本章讲述我国价格管理体制、经营者的价格行为、政府定价行为、价格总水平调控、价格监督检查以及违反价格法的法律责任等内容。

第一节　价格法概述

一、价格的概念和种类

(一)价格的概念

价格是价值的货币表现。价格有广义和狭义之分。狭义的价格,仅指商品价格;广义的价格,还包括服务价格以及各种生产要素的价格,如劳动力价格(工资)、资金价格(利率、汇率)等。

(二)价格种类

按照不同的标准,可以对价格作不同的分类。按照价格指向的对象,价格可分为商品价格和服务价格;按照国民经济的不同部门,价格可分为农产品价格、轻工产品价格、重工业品价格、交通运输价格、建筑产品价格、饮食业价格等;按照商品流通过程或流通环节的不同,价格可分为农产品收购价格、工业品出厂价格、商品调拨价格、商品批发价格、商品零售价格等。我国《价格法》按照价格形成机制和管理方式的不同,将价格分为市场调节价、政府指导价和政府定价。

1. 市场调节价。它是指由经营者自主制定,通过市场竞争形成的价格。这种价格形式主要适用于对国计民生影响不大、型号品种繁多、生产周期短、供求能自行平衡、不易引起市场和价格总水平大幅度波动的商品和服务。这种价格具有自由灵活的特点,可以及时反映市场的供求变化和竞争状况,比较适应市场经济发展的需要。但是,市场调节价也并非完美无缺,它存在波动频繁、涨落幅度大、作用滞后的缺点。因此,对市场调节价应予以必要的管理、监督和调控。

2. 政府指导价。它是指由政府价格主管部门或其他有关部门,按照定价权限和范围规定基准价及其浮动幅度,指导经营者制定的价格。这种价格从其实质来讲,属于国家控制的价格形式,因为生产经营者所享有的价格自主权是有限的。然而,相对于政府定价而言,政府指导价灵活性更大。这一特点使它能够在一定程度上满足国家和企业的要求,适应价值规律和市场供求关系的变化,起到了协调国家和企业关系,缓和双方矛盾的作用。政府指导价主要适用于极少数关系国计民生的重要商品价格和服务价格。它是一种兼具计划调节性与市场调节性的价格。

3. 政府定价。它是指由政府价格主管部门或者其他有关部门按照定价权限和范围制定的价格。它的特点是生产经营者没有自主确定价格的权利,因此,政府定价的适用必须受到严格限制。一方面,只有极少数涉及国计民生的重要商品和服务价格才适用国家定价;另一方面,定价机关应尽力了解市场状况,反映价值规律的要求,制定合理的价格,并随时根据新形势调整价格标准。

二、我国价格法的立法概况

改革开放以来,为了保障价格改革的顺利进行,规范市场价格行为,充分发挥价格的作用,我国制定了一系列有关价格的行政法规和规章。1982 年 8 月 6 日,国务院通过《物价管理暂行条例》赋予了企业部分定价权,规定了经营者在生产经营活动中的价格行为准则,并初步确立了价格监督检查制度。1987 年 9 月 11 日,国务院颁布《价格管理条例》,规定“国家对价格管理采取直接管理和间接控制相结合的原则,实行国家定价、国家指导价和市场调节价三种价格形式”。

截至目前,我国有关价格的主要立法和规范性文件如下表所示:

名称	发文机关	发布时间	修正(修订)时间	废止时间
价格法	全国人大常委会	1997.12.29	—	—
物价管理暂行条例	国务院	1982.08.06	—	1987.09.11
价格管理条例	国务院	1987.09.11	—	—
商品和收费实行明码标价制度的规定	国家物价局	1990.02.01	—	1994.03.01
商品住宅价格管理暂行办法	国家物价局	1992.07.02	—	2012.12.12
关于治理乱收费的规定	财政部	1993.10.09	—	—
价格违法行为行政处罚规定	国务院	1998.08.01	2006、2008、2010	—
价格监测规定	国家发展改革委	2003.04.09	—	—

续表

名称	发文机关	发布时间	修正(修订)时间	废止时间
政府制定价格听证办法	国家发展改革委	2008.10.15	—	2019.01.10
价格违法行为举报处理规定	国家发展改革委	2014.01.15	—	2021.04.01
关于推进价格机制改革的若干意见	中共中央、国务院	2015.10.12	—	—
关于进一步完善成品油价格形成机制有关问题的通知	国家发展改革委	2016.01.13	—	—
石油价格管理办法	国家发展改革委	2016.01.13	—	—
政府制定价格成本监审办法	国家发展改革委	2017.10.30	—	—
政府制定价格听证办法	国家发展改革委	2018.12.10	—	—

第二节　价格法的基本制度

一、我国价格管理体制

价格管理体制，是指有关价格管理机构的设置及其职责分工的制度的总称。根据我国《价格法》的规定，我国的价格管理机构是政府各级物价主管部门和其他有关部门。国务院价格主管部门统一负责全国的价格工作。国务院其他有关部门在各自的职责范围内，负责有关的价格工作。县级以上的各级人民政府价格主管部门负责本行政区域内的价格工作。县级以上各级人民政府其他有关部门在各自职能范围内，负责有关的价格工作。

二、经营者的价格行为

（一）经营者定价的原则与依据

根据《价格法》的规定，经营者定价，应当遵循公平、合法和诚实信用的原则。公平原则，是指商品和服务的价格应当合理；合法原则，是指经营者价格行为要符合法律、行政法规的规定，不得与现行立法相违背或冲突；诚实信用原则，是指市场经营者在从事价格活动时必须恪守信用，诚实无欺。

价值规律表明，价格作为价值的货币表现，受供求关系等因素的影响。《价格法》规定，经营者定价的基本依据是生产经营成本和市场供求状况。经营者应当努力改进生产经营管理，降低生产经营成本，为消费者提供价格合理的商品和服务，并在市场竞争中获取合法利润。

(二)经营者的价格权利

在市场经济条件下,经营者的价格行为在价格体系中占有十分重要的地位,直接决定着大部分商品和服务价格的最终形成。经营者必须在合法的限度内进行价格行为,经营者的价格权利受到法律的保护。根据我国《价格法》的规定,经营者享有下列价格权利:

1. 自主定价权。经营者有权按照《价格法》的规定自主确定商品和服务的价格。这是经营者作为社会主义市场经济条件下的独立市场主体所享有的最基本权利。该权利包括以下几个方面:(1)自主制定属于市场调节的价格;(2)在政府指导价规定的幅度内制定价格;(3)制定属于政府指导价、政府定价产品范围内的新产品的试销价格,特定产品除外。

2. 建议权。经营者有权对政府指导价和政府定价提出意见和建议。这是实现政府价格决策、价格管理民主化、科学化的必要条件。该权利包括两个方面的内容:经营者有权对政府价格主管部门和其他有关部门在制定政府指导价、政府定价时提出意见,经营者提意见的途径有三个:一是参加政府举办的价格听证会;二是在政府进行价格、成本调查时提出意见;三是直接向政府价格主管部门和其他有关部门反映意见。

3. 检举、控告权。经营者定价权能否得到切实保障,直接关系到市场经济体制的建立,因此,确保经营者定价权的实现尤为重要。《价格法》规定,经营者检举、控告侵犯其依法自主定价权利的行为。

(三)经营者的价格义务

1. 依法定价。经营者进行价格活动,应当遵守法律、法规,执行依法制定的政府指导价、政府定价和法定的价格干预措施、紧急措施。

2. 明码标价。经营者销售、收购商品和提供服务,应当按照政府价格主管部门的规定明码标价,注明商品的品名、产地、规格、等级、计价单位、价格或者服务的项目、收费标准等有关情况。经营者不得在标价之外加价出售商品,不得收取任何未予标明的费用。

3. 不得从事不正当价格行为。不正当价格行为,是指经营者违背价格立法的原则或规则,出于非正当目的而为的各种行为。我国《价格法》规定,经营者不得有下列不正当价格行为:(1)相互串通,操纵市场价格,损害其他经营者或者消费者的合法权益;(2)在依法降价处理鲜活商品、季节性商品、积压商品等商品外,为了排挤竞争对手或者独占市场,以低于成本的价格倾销,扰乱正常的生产经营秩序,损害国家利益或者其他经营者的合法权益;(3)捏造、散布涨价信息,哄抬价格,推动商品价格过高上涨;(4)利用虚假的或者使人误解的价格手段,诱骗消费者或者其他经营者与其进行交易;(5)提供相同商品或者服务,对具有同等交易条件的其他经营者实行价格歧视;(6)采取抬高等级或者压低等级等手段收购、销售商品或者提供服务,变相提高或者压低价格;(7)违反法律、法规的规定牟取暴利;(8)法律、行政法规禁止的其他不正当价格行为。

(四)行业组织价格自律

随着我国经济制度向市场经济的方向发展,在市场竞争的压力下,处于竞争中的企业为了限制竞争而进行的共谋或者联合限价的现象时有发生。充分发挥行业组织自律的功能,能够弥补政府价格主管部门在价格管理工作中的不足。《价格法》第17条规定:“行业组织应当遵守价格法律、法规,加强价格自律,接受政府价格主管部门的工作指导。”

三、政府定价行为

在市场经济条件下,虽然市场调节价是价格体系的主要组成部分,但为了保障国计民生的需要,仍需对部分商品和服务实行政府定价和政府指导价,这两种价格形式主要是通过政府的定价行为最终实现的。为规范政府的定价行为,我国《价格法》对政府定价的依据、范围、程序作出了较明确的规定。

(一)政府定价的依据

《价格法》规定,制定政府指导价、政府定价,应当依据有关商品或者服务的社会平均成本和市场供求状况、国民经济与社会发展要求,以及社会承受能力,实行合理的购销差价、批零差价、地区差价和季节差价。

(二)政府定价的范围

作为国家价格调控手段之一的政府定价行为,是国家因市场的不完全和价格机制本身的缺陷而采取的一种直接干预措施。但是,过多的或不恰当的政府干预,不但起不到弥补缺陷的作用,反而会扭曲价格机制。因此,应当将政府定价行为控制在一个合理范围之内。《价格法》第18条规定,下列商品和服务价格,政府在必要时可以实行政府指导价或者政府定价:(1)与国民经济发展和人民生活关系重大的极少数商品;(2)资源稀缺的少数商品;(3)自然垄断经营的商品;(4)重要的公用事业;(5)重要的公益性服务。

由于社会经济生活处于不断变化之中,因此,政府指导价、政府定价的适用范围、价格水平,应当根据经济运行情况,按照规定的定价权限和程序适时调整。消费者、经营者可以对政府指导价、政府定价提出调整建议。

(三)政府定价的权限划分

政府指导价、政府定价的定价权限和具体适用范围,以中央的和地方的定价目录为依据。中央定价目录由国务院价格主管部门制定、修订,报国务院批准后公布;地方定价目录由省、自治区、直辖市人民政府价格主管部门按照中央定价目录规定的定价权限和具体适用范围制定,经本级人民政府审核同意,报国务院价格主管部门审定后公布。省、自治区、直辖市人民政府以下各级地方人民政府不得制定定价目录。

国务院价格主管部门和其他有关部门,按照中央定价目录规定的定价权限和具体适用范围制定政府指导价、政府定价;其中重要的商品和服务价格的政府指导价、政府定价,应当按照规定经国务院批准。省、自治区、直辖市人民政府价格主管部门和其他有关部门应当按照地方定价目录规定的定价权限和具体适用范围制定在本地区执行的政府指导价、政府定价。

(四)政府定价的程序

为了有效地规范政府的定价行为,减少政府定价的盲目性和随意性,我国《价格法》规定了政府定价的程序。

1. 调查。政府价格主管部门和其他有关部门制定政府指导价、政府定价,应当开展价格、成本调查,听取消费者、经营者和有关方面的意见。价格、成本调查是指政府价格主管部门对商品和服务的价格和成本结构进行了解、审核,这是政府定价的一项基础工作,是提高政府制定价格科学性的重要保证。

2. 听证。价格听证制度,是指政府在制定和调整政府指导价、政府定价时,在政府价格主管部门主持下,听取有关方面的意见,以形成合理价格的制度。价格听证制度是价格决策民主化和科学化的体现。《价格法》第 23 条规定:制定关系群众切身利益的公用事业价格、公益性服务价格、自然垄断经营的商品价格等政府指导价、政府定价,应当建立听证会制度,由政府价格主管部门主持,征求消费者、经营者和有关方面的意见,论证其必要性、可行性。

3. 审议。制定或调整商品和服务价格实行集体审议制度,有定价权的政府部门应建立价格审议委员会或其他集体审议方式,负责听取制定或调整价格的汇报,咨询有关情况,审议并作出是否制定或调整价格的决策意见。

4. 公布。政府指导价和政府定价制定之后,由制定价格的部门向消费者、经营者公布。

四、价格总水平调控

(一)价格总水平调控的目标和手段

价格总水平是一个国家或地区在一定的时期内的各种商品和服务价格动态的综合反映。价格总水平属于宏观经济范畴,它既综合地反映国民经济状况,又能动地发挥调节国民经济的作用,是国家进行宏观经济管理不可忽视的一个重要方面。

现代市场经济国家纷纷把价格总水平的相对稳定作为国家宏观调控的主要目标之一。我国《价格法》规定,稳定市场价格总水平是国家重要的宏观经济政策目标。国家根据国民经济发展的需要和社会承受能力,确定市场价格总水平调控目标,列入国民经济和社会发展计划,并综合运用货币、财政、投资、进出口等方面的政策和措施,予以实现。例如,重要商品储备制度、价格监测制度、重要农产品保护价格制度、重要商品和服务价格干预措施、在全国或部分区域采取价格紧急措施等。

稳定市场价格总水平,是指价格总水平的相对稳定或基本稳定,即不发生大幅度的波动,关系国计民生的重要商品和服务价格更不应暴涨暴跌。价格总水平基本稳定一般有三个数量界限,即价格上涨的幅度不超过经济增长率,不超过人们工资收入增长的幅度,不超过银行存款的利率。

(二)价格总水平调控的具体措施

1. 建立重要商品储备制度,设立价格调节基金。《价格法》第 27 条规定,"政府可以建立重要商品储备制度,设立价格调节基金,调控价格,稳定市场”。当某种重要商品价格上涨过高时,可以抛售储备商品,抑制价格上涨;当某种重要商品价格过低,影响生产者的合理收益时,即收购这种商品,以支持价格。实践证明,用这种方式调控价格,能够起到稳定市场的作用。设立价格调节基金也是为了平抑市场物价,避免或缓解商品价格出现反常和较大波动带来的冲击。

2. 建立价格监测制度。通过监测,获得准确的价格信息、资料和有关数据,这是政府及时对价格采取必要、正确的调控措施的基础和前提。为科学、有效地组织价格监测工作,保障价格监测数据的真实性、准确性和及时性,发挥价格监测在宏观经济调控和价格管理中的重要作用,正确引导生产、流通和消费,保持市场价格总水平的基本稳定,国家发展改革委于 2003 年 4 月 9 日修订了《价格监测规定》,该规定自 2003 年 6 月 1 日起正式实施。

3. 对主要农产品实行保护价格。为防止谷贱伤农,保护和调动农民的生产积极性,稳定和保障农产品市场供给,《价格法》第 29 条规定:“政府在粮食等重要农产品的市场购买价格过低时,可以在收购中实行保护价格,并采取相应的经济措施保证其实现。”

4. 对部分价格可采取干预措施或紧急措施。《价格法》规定,当重要商品和价格显著上涨或者有可能显著上涨时,国务院和省、自治区、直辖市人民政府可以对部分价格采取限定差价率或者利润率、规定限价、实行提价申报制度和调价备案制度等干预措施。当市场价格总水平出现剧烈波动等异常状态时,国务院可以在全国范围内或者部分区域内采取临时集中定价权限、部分或全面冻结价格的紧急措施。

五、价格监督检查

(一)价格监督检查的概念

价格监督检查,是指价格主管部门或其他有关部门、社会组织和人民群众对价格活动进行监督检查,对违法价格行为进行举报、制止和处罚等活动的总称。按照主体的不同,价格监督检查可分为政府价格监督检查和社会价格监督两类。

(二)政府价格监督检查

1. 政府价格监督检查的机构

《价格法》第 33 条规定,县级以上各级人民政府价格主管部门,依法对价格活动进行监督检查,并依照本法的规定对价格违法行为实施行政处罚。

2. 政府价格监督检查机构的职权和义务

政府价格主管部门进行价格监督检查时,可以行使下列职权:(1)询问当事人或者有关人员,并要求其提供证明材料和与价格违法行为有关的其他资料;(2)查询、复制与价格违法行为有关的账簿、单据、凭证、文件及其他资料,核对与价格违法行为有关的银行资料;(3)检查与价格违法行为有关的财物,必要时可以责令当事人暂停相关营业;(4)在证据可能灭失或者以后难以取得的情况下,可以依法先行登记保存,当事人或者有关人员不得转移、隐匿或者销毁。

经营者接受政府价格主管部门的监督检查时,应当如实提供价格监督检查所必需的账簿、单据、凭证、文件以及其他资料。

政府部门价格工作人员不得将依法取得的资料或者了解的情况用于依法进行价格管理以外的任何其他目的,不得泄露当事人的商业秘密。

(三)社会价格监督

为了取得监督实效,除政府价格监督检查以外,应当重视社会监督,特别是新闻舆论的作用。《价格法》规定,消费者组织、职工价格监督组织、居民委员会、村民委员会等组织以及消费者,有权对价格行为进行社会监督。政府价格主管部门应当充分发挥群众的价格监督作用。新闻单位有权进行价格舆论监督。政府价格主管部门应当建立对价格违法行为的举报制度。任何单位个人均有权对价格违法行为进行举报。政府价格主管部门应当对举报者给予鼓励,并负责为举报者保密。

第三节　违反价格法的法律责任

一、经营者的法律责任

经营者不执行政府指导价、政府定价,有下列行为之一的,责令改正,没收违法所得,并处违法所得5倍以下的罚款;没有违法所得的,处5万元以上50万元以下的罚款,情节较重的处50万元以上200万元以下的罚款;情节严重的,责令停业整顿:(1)超出政府指导价浮动幅度制定价格的;(2)高于或者低于政府定价制定价格的;(3)擅自制定属于政府指导价、政府定价范围内的商品或者服务价格的;(4)提前或者推迟执行政府指导价、政府定价的;(5)自立收费项目或者自定标准收费的;(6)采取分解收费项目、重复收费、扩大收费范围等方式变相提高收费标准的;(7)对政府明令取消的收费项目继续收费的;(8)违反规定以保证金、抵押金等形式变相收费的;(9)强制或者变相强制服务并收费的;(10)不按照规定提供服务而收取费用的;(11)不执行政府指导价、政府定价的其他行为。

经营者不执行法定的价格干预措施、紧急措施,有下列行为之一的,责令改正,没收违法所得,并处违法所得5倍以下的罚款;没有违法所得的,处10万元以上100万元以下的罚款,情节较重的处100万元以上500万元以下的罚款;情节严重的,责令停业整顿:(1)不执行提价申报或者调价备案制度的;(2)超过规定的差价率、利润率幅度的;(3)不执行规定的限价、最低保护价的;(4)不执行集中定价权限措施的;(5)不执行冻结价格措施的;(6)不执行法定的价格干预措施、紧急措施的其他行为。

经营者违反《价格法》第14条的规定,有下列行为之一的,责令改正,没收违法所得,并处违法所得5倍以下的罚款;没有违法所得的,处10万元以上100万元以下的罚款;情节严重的,责令停业整顿,或者由工商行政管理机关吊销营业执照:(1)除依法降价处理鲜活商品、季节性商品、积压商品等商品外,为了排挤竞争对手或者独占市场,以低于成本的价格倾销,扰乱正常的生产经营秩序,损害国家利益或者其他经营者的合法权益的;(2)提供相同商品或者服务,对具有同等交易条件的其他经营者实行价格歧视的。

经营者违反《价格法》第 14 条的规定,相互串通,操纵市场价格,造成商品价格较大幅度上涨的,责令改正,没收违法所得,并处违法所得 5 倍以下的罚款;没有违法所得的,处 10 万元以上 100 万元以下的罚款,情节较重的处 100 万元以上 500 万元以下的罚款;情节严重的,责令停业整顿,或者由工商行政管理机关吊销营业执照。

经营者违反《价格法》第 14 条的规定,有下列推动商品价格过快、过高上涨行为之一的,责令改正,没收违法所得,并处违法所得 5 倍以下的罚款;没有违法所得的,处 5 万元以上 50 万元以下的罚款,情节较重的处 50 万元以上 300 万元以下的罚款;情节严重的,责令停业整顿,或者由工商行政管理机关吊销营业执照:(1)捏造、散布涨价信息,扰乱市场价格秩序的;(2)除生产自用外,超出正常的存储数量或者存储周期,大量囤积市场供应紧张、价格发生异常波动的商品,经价格主管部门告诫仍继续囤积的;(3)利用其他手段哄抬价格,推动商品价格过快、过高上涨的。

经营者违反《价格法》第 14 条的规定,利用虚假的或者使人误解的价格手段,诱骗消费者或者其他经营者与其进行交易的,责令改正,没收违法所得,并处违法所得 5 倍以下的罚款;没有违法所得的,处 5 万元以上 50 万元以下的罚款;情节严重的,责令停业整顿,或者由工商行政管理机关吊销营业执照。

经营者违反《价格法》第 14 条的规定,采取抬高等级或者压低等级等手段销售、收购商品或者提供服务,变相提高或者压低价格的,责令改正,没收违法所得,并处违法所得 5 倍以下的罚款;没有违法所得的,处 2 万元以上 20 万元以下的罚款;情节严重的,责令停业整顿,或者由工商行政管理机关吊销营业执照。

经营者违反明码标价规定,有下列行为之一的,责令改正,没收违法所得,可以并处 5000 元以下的罚款:(1)不标明价格的;(2)不按照规定的内容和方式明码标价的;(3)在标价之外加价出售商品或者收取未标明的费用的;(4)违反明码标价规定的其他行为。

经营者违反法律、法规的规定牟取暴利的,责令改正,没收违法所得,可以并处违法所得 5 倍以下的罚款;情节严重的,责令停业整顿,或者由工商行政管理机关吊销营业执照。

经营者有下列情形之一的,应当从重处罚:(1)价格违法行为严重或者社会影响较大的;(2)屡查屡犯的;(3)伪造、涂改或者转移、销毁证据的;(4)转移与价格违法行为有关的资金或者商品的;(5)经营者拒不按照《价格违法行为行政处罚规定》第 16 条第 1 款规定退还消费者或者其他经营者多付价款的;(6)应予从重处罚的其他价格违法行为。

拒绝提供价格监督检查所需资料或者提供虚假资料的,责令改正,给予警告;逾期不改正的,可以处 10 万元以下的罚款,对直接负责的主管人员和其他直接责任人员给予纪律处分。

政府价格主管部门进行价格监督检查时,发现经营者的违法行为同时具有下列三种情形的,可以依照《价格法》第 34 条第 3 项的规定责令其暂停相关营业:(1)违法行为情节复杂或者情节严重,经查明后可能给予较重处罚的;(2)不暂停相关营业,违法行为将继续的;(3)不暂停相关营业,可能影响违法事实的认定,采取其他措施又不足以保证查明的。

以违法所得计算罚款数额的,违法所得无法确定时,按照没有违法所得的规定处罚。

价格违法行为严重扰乱市场秩序,构成犯罪的,依法追究刑事责任。

二、政府及其部门和价格工作人员的法律责任

地方各级人民政府或者各级人民政府有关部门违反《价格法》规定,超越定价权限和范围擅自制定、调整价格或者不执行法定的价格干预措施、紧急措施的,责令改正,并可以通报批评;对直接负责的主管人员和其他直接责任人员,依法给予行政处分。

价格工作人员泄露国家秘密、商业秘密以及滥用职权、徇私舞弊、玩忽职守、索贿受贿,构成犯罪的,依法追究刑事责任;尚不构成犯罪的,依法给予处分。

复习与思考

一、名词解释

市场调节价　　政府指导价　　政府定价　　价格听证制度

二、简答

1. 经营者的价格权。
2. 政府定价的依据和范围。
3. 价格总水平调控的目标和手段。
4. 价格听证制度适用的范围。

第四编　金融与保险法

第十一章　银　行　法

内容导读

我国已建成了符合市场经济要求的银行体系，即以中国人民银行为核心、以商业银行为主体、以政策性银行为补充的相互并存、分工协作的银行体系。在我国银行体系中，中国人民银行是中央银行，在国务院的领导下，制定和实施货币政策；商业银行是依法经营货币资金的企业法人；而政策性银行是政府设立的服务于特定经济政策的非营利性金融机构。本章主要介绍《中国人民银行法》《商业银行法》《银行业监督管理法》等法律内容。

第一节　银行法概述

一、银行的概念和种类

银行有狭义和广义之分。狭义的银行仅指商业银行。广义的银行还包括作为国务院金融管理机构的中国人民银行和为实现特定的经济社会目标而设立的政策性银行。

中国人民银行是中华人民共和国的中央银行，是在国务院领导下，制定和执行货币政策，防范和化解金融风险，维护金融稳定的组织机构。商业银行，是指依法设立的吸收公众存款、发放贷款以及办理票据贴现等业务的金融企业。政策性银行，是指由政府设立，以贯彻国家产业政策、区域发展政策为目的，不以营利为目标的金融机构。

二、我国银行法的立法概况

党的十一届三中全会以来，为适应改革开放的需要，国家专业银行相继恢复、建立，其他金融机构如信托投资公司、城乡信用合作社也开始出现。1983 年 9 月 17 日，国务院发布《关于中国人民银行专门行使中央银行职能的决定》，规定中国人民银行专司中央银行职能，不再为企业和个人办理金融业务。1986 年 1 月 7 日，国务院发布了《银行管理暂行条例》，对专业银行和其他金融机构予以规范。1986 年 7 月，国务院批复重新组建交通银行，该银行是中国第一家全国性的国有股份制商业银行。1993 年 12 月 25 日，国务院发布《关于金融体制改革的决定》，规定金融体制改革的目标是：建立在国务院领导下，独立执行货币政策的中央银行宏观调控体系；建立政策性金融与商业性金融分离，以国有商业银行为主体、多种金融机构并存的金融组织体系；建立统一开放、有序竞争、严格管理的金融市场体系。1995 年 3 月 18 日,第八届全国人大第三次会议通过了《中国人民银行法》,明确了中国人民银行作为我国中央银行的地位及其职责。1995 年 5 月 10 日,第八届全国人大常委会第十三次会议通过了《商业银行法》,规定了商业银行的组织规则和业务规则。1997 年 4 月 15 日,国务院发布了《中国人民银行货币政策委员会条例》。

随着改革开放的不断深入和扩大,我国金融监督管理体制也在不断地调整和完善。1992 年 10 月,证券委和证监会宣告成立,中国人民银行对证券市场的监督管理职责被剥离出来。1998 年 11 月,保监会成立,中国人民银行对保险市场的监督管理职责被剥离出来。2003 年 4 月,银监会成立。至此,我国形成了银监会、证监会和保监会分工明确、互相协调的金融分工监管体制。

2008 年全球金融危机爆发后,金融风险和金融不稳定因素在不断增加。为更好地实现金融机构的综合化监管,保障国内金融体系的稳定运行,我国于 2018 年 3 月 23 日成立了国务院银行保险监督管理委员会,统一监管银行和保险行业。2023 年 3 月 16 日,中共中央、国务院印发了《党和国家机构改革方案》,决定在中国银行保险监督管理委员会基础上组建国家金融监督管理总局,不再保留中国银行保险监督管理委员会,将中国人民银行对金融控股公司等金融集团的日常监管职责、有关金融消费者保护职责,证监会的投资者保护职责划入国家金融监督管理总局。2023 年 5 月 18 日,国家金融监督管理总局正式揭牌,依法对除证券业之外的金融业实行统一监督管理,强化机构监管、行为监管、功能监管、穿透式监管、持续监管,维护金融业合法、稳健运行。

截至目前,我国有关银行业的主要立法如下表所示:

名称	发文机关	发布时间	修正(修订)时间	废止时间
中国人民银行法	全国人大常委会	1995.03.18	2003	—
商业银行法	全国人大常委会	1995.05.10	2003、2015	—
银行业监督管理法	全国人大常委会	2003.12.27	2006	—
人民币管理条例	国务院	2000.02.03	2014、2018	—
商业银行资本充足率管理办法	中国银监会	2004.02.23	2007	—
外资银行管理条例实施细则	中国银监会	2006.11.24	2015、2019	—
外资银行管理条例	中国银监会	2006.11.11	2014.07、2014.11、2019	—
中国人民银行货币政策委员会条例	国务院	1997.04.15	2024	—
商业银行杠杆率管理办法	中国银监会	2011.06.01	2015	2024.01.01
商业银行资本管理办法(试行)	中国银监会	2012.06.07	—	2024.01.01
系统重要性银行附加监管规定(试行)	中国人民银行、中国银保监会	2021.09.30	—	—
商业银行资本管理办法	国家金融监管总局	2023.11.01	—	—

第二节　中国人民银行法

一、中国人民银行的性质和地位

《中国人民银行法》第2条规定，中国人民银行是中华人民共和国的中央银行。中国人民银行在国务院领导下，制定和执行货币政策，防范和化解金融风险，维护金融稳定。中国人民银行在国务院领导下依法独立执行货币政策，履行职责，开展业务，不受地方政府、各级政府部门、社会团体和个人的干涉。因此，就其性质及其地位而言，中国人民银行是我国的中央银行，是银行的银行，是特殊的金融机构。

二、中国人民银行的组织机构

银行组织机构是实现银行的政策目标和职责的基本保障。按照《中国人民银行法》的规定，中国人民银行的组织机构包括总行职能机构、分支机构和咨询机构。

中国人民银行设行长1人，副行长若干人。中国人民银行行长的人选，根据国务院总理的提名，由全国人民代表大会决定；全国人民代表大会闭会期，由全国人大常委会决定，由国家主席任免。中国人民银行副行长由国务院总理任免。中国人民银行实行行长负责制。中国人民银行总行根据履行职责的需要设置办公厅、条法司、货币政策司等部门。

中国人民银行根据履行职责的需要设置分支机构，作为中国人民银行的派出机构，分支机构根据中国人民银行的授权，负责本辖区的金融监督管理，承办有关业务。中国人民银行对分支机构实行集中统一领导和管理。

为了保证国家货币政策的准确性、可行性和可操作性，《中国人民银行法》规定，中国人民银行设立货币政策委员会，作为国家制定和调整货币政策的咨询机构。

三、中国人民银行的职责

中国人民银行履行下列职责：(1)发布与履行其职责有关的命令和规章；(2)依法制定和执行货币政策；(3)发行人民币，管理人民币流通；(4)监督管理银行间同业拆借市场和银行间债券市场；(5)实施外汇管理，监督管理银行间外汇市场；(6)监督管理黄金市场；(7)持有、管理、经营国家外汇储备、黄金储备；(8)经理国库；(9)维护支付、清算系统的正常运行；(10)指导、部署金融业反洗钱工作，负责反洗钱的资金监测；(11)负责金融业的统计、调查、分析和预测；(12)作为国家的中央银行，从事有关的国际金融活动；(13)国务院规定的其他职责。中国人民银行为执行货币政策，可以依法从事金融业务活动。

中国人民银行的职责大致可以分为两类：一类是行政管理方面的职责，另一类是金融业务方面的职责。为了保障货币政策的独立性和有效性，《中国人民银行法》第29条规定，中国人民银行不得对政府财政透支，不得直接认购、包销国债和其他政府债券。除国务院决定向特定的非银行金融机构提供贷款外，不得向地方政府、各级政府部门、非银行金融机构以及其他单位和个人提供贷款,并不得向任何单位和个人提供担保。

四、中国人民银行的货币政策目标和工具

作为我国的中央银行,中国人民银行的宏观调控职能,集中表现在制定和执行货币政策方面。《中国人民银行法》第3条规定:“货币政策目标是保持货币币值的稳定,并以此促进经济增长。”

货币政策工具,是指中央银行为达到货币政策目标而采取的手段。为了实现货币政策目标,中央银行要控制一般商业银行和其他金融机构的信贷活动,从而控制货币供应,进而影响整个国民经济活动。《中国人民银行法》规定中国人民银行为执行货币政策,可以运用下列货币政策工具:

1. 要求银行业金融机构按照规定的比例交存存款准备金。存款准备金制度,是指中央银行依据法律所赋予的权力,要求商业银行和其他金融机构按规定的比率在其吸收的存款总额中提取一定的数额缴存中央银行,并借以间接地对社会货币供应量进行控制的制度。我国法定存款准备金制度的实施对象是银行业金融机构。

2. 确定中央银行基准利率。利率,是指一定时期内利息的金额与存入或贷出金额的比率。我国的利率分三种:(1)基准利率,又称法定利率,是指中国人民银行对商业银行及其他金融机构的存、贷款利率。(2)商业银行利率,是指商业银行对企业和个人的存、贷款利率。(3)市场利率,是指金融市场的利率。其中,基准利率是核心,它在整个金融市场和利率体系中处于关键地位,起决定作用,它的变化决定了其他各种利率的变化。中央银行通过提高或降低贷款利率影响商业银行借入中央银行资金成本,以达到抑制或刺激对信贷资金的需求,导致信贷总量或货币供应量的收缩或扩张。

3. 为在中国人民银行开立账户的银行业金融机构办理再贴现。贴现,是指票据持有人在票据到期日前,为融通资金而向银行或其他金融机构贴付一定利息的票据转让行为。通过贴现,持票人得到低于票面金额的资金,贴现银行及其他金融机构获得票据的所有权。再贴现,是指商业银行及其他金融机构将买入的未到期的贴现票据向中央银行办理的再次贴现。再贴现是中央银行执行货币政策的重要手段之一。中央银行通过制定或调整再贴现利率来干预和影响市场利率及货币市场的供应和需求,从而调节市场货币供应量。

4. 向商业银行提供再贷款。再贷款,是指中央银行向商业银行的贷款。再贷款是中央银行主要资产业务之一,它充分体现了中央银行作为“最后贷款人”的职能作用。中央银行通过调整再贷款利率,影响商业银行从中央银行取得信贷资金的成本和可使用额度,使货币供应量和市场利率发生变化。

5. 在公开市场上买卖国债、其他政府债券和金融债券及外汇。公开市场操作,也称公开市场业务,是指中央银行在金融市场上买卖有价证券和外汇的活动。公开市场业务作为中央银行货币政策工具,其作用机制主要是通过买卖有价证券和外汇,达到收缩或扩张货币供应量的目的。

6. 国务院确定的其他货币政策工具。由于我国的经济体制正处于向市场经济体制转变的过程中,金融体制的改革也正处于深刻变动之中,在这种环境下,经济、金融形势往往容

易发生难以预料的变化。对于这种情况，中央银行应该采取灵活多样的货币政策工具，而不能仅限于法定的几种类型。从中国人民银行实际操作来看，国务院确定的其他货币政策工具主要有贷款限额、信贷收支计划、现金收支计划、特别存款账户、窗口指导以及货币发行等。贷款限额，是指中央银行运用指令性计划对国家银行在一个年度内的贷款总额或贷款最高额度加以限定。信贷收支计划，是指中央银行对全社会的信贷资金来源和信贷资金运用的数量及其构成所作的综合性计划。现金收支计划，是指中央银行控制现金货币供应量及其流向的计划。特别存款，是指中央银行为了保持金融部门的平衡协调发展，避免个别部门或某类贷款的过速增长，要求某个或某几个金融部门向中央银行缴纳一定比例的存款。窗口指导，是指中央银行通过中央银行与商业银行行长联席会议制度、碰头会等，向商业银行说明对经济、金融形势的看法，通报货币政策意向，提出改进专业银行信贷业务管理的建议。货币发行，是指中央银行适时适量地控制货币发行量，有计划地控制注入流通的基础货币，从而有利于信贷计划和现金计划的实现。

五、人民币的发行与管理

（一）人民币的地位

《中国人民银行法》第 10 条规定："中华人民共和国的法定货币是人民币。以人民币支付中华人民共和国境内的一切公共的和私人的债务，任何单位和个人不得拒收。"

人民币是我国的本位币，在全国范围内合法流通，任何其他货币在我国境内都不能作为通货。人民币在我国境内具有无限偿付能力，可以其面额支付我国境内的一切公共的和私人的债务，任何单位和个人不得拒收。

（二）人民币的发行管理

中国人民银行是国家的中央银行，是全国唯一的货币发行机构，具有发行货币并管理货币流通的职责。人民币的发行遵循集中统一发行的原则。人民币由中国人民银行统一印制、发行。中国人民银行发行新版人民币，应当将发行时间、面额、图案、式样、规格予以公告。中国人民银行设立人民币发行库，在其分支机构设立分支库。分支库调拨人民币发行基金，应当按照上级库的调拨命令办理。任何单位和个人不得违反规定，动用发行基金。

（三）对人民币的保护

为了维护人民币的权威，维持金融秩序，《中国人民银行法》对人民币的保护作出了一系列的规定。

1. 禁止伪造、变造人民币，出售、运输伪造、变造的人民币。伪造、变造人民币，出售伪造、变造的人民币，或者明知是伪造、变造的人民币而运输，构成犯罪的，应依法追究刑事责任；尚未构成犯罪的，由公安部门处 15 日以下拘留、1 万元以下罚款。

2. 禁止在宣传品、出版物或者其他商品上非法使用人民币图样。在宣传品、出版物或其他商品上非法使用人民币图样的，人民银行应当责令改正，并销毁非法使用的人民币图样，没收非法所得，并处 5 万元以下罚款。

3. 任何单位和个人不得印制、发售代币票券,以代替人民币在市场上流通。印制、发售代币票券,以代替人民币在市场上流通的,中国人民银行应当责令停止违法行为,并处20万元以下罚款。

4. 残缺、污损的人民币,按照中国人民银行的规定兑换,并由中国人民银行负责收回、销毁。

第三节 商业银行法

一、商业银行的概念及其职能

商业银行,是指依法设立的吸收公众存款、发放贷款、办理结算等业务的企业法人。

商业银行的基本职能有四个方面:

1. 信用中介职能。信用中介是商业银行最基本、最能反映其经营活动特征的职能。这一职能的实质,是通过银行的负债业务,把社会上的各种闲散货币集中到银行,再通过银行的资产业务,把货币投向社会经济各部门。商业银行作为货币资本的贷出者与借入者的中介人或代表,实现资本的融通,并从吸收资金的成本与发放贷款利息收入、投资收益的差额中获取利益收入,形成银行利润。商业银行通过信用中介的职能实现资本盈余和短缺之间的融通。

2. 支付中介职能。商业银行除了作为信用中介,融通货币资本以外,还执行着货币经营业的职能,主要表现在中间业务上,包括汇兑业务、代收业务和代理融洽业务,是工商企业、团体和个人的货币保管者、出纳者和支付代理人。现代各国以商业银行为中心,形成了经济过程中无始无终的支付链条和债权债务关系。

3. 信用创造职能。商业银行是能够吸收各种存款的银行,其利用所吸收的各种存款发放贷款,在支票流通和转账结算的基础上,将贷款又转化为存款。商业银行在这种存款不提取现金或不完全提现的基础上,增加了自身的资金来源,最后在整个银行体系,形成数倍于原始存款的派生存款,这就是信用创造职能。

4. 金融服务职能。随着经济的发展,工商企业的业务经营环境日益复杂,银行间的业务竞争也日益剧烈。由于联系面广,信息比较灵通,特别是电子计算机在银行业务中的广泛应用,银行具备了为客户提供信息服务、咨询服务、理财服务等的条件。工商企业生产和流通的专业化发展,使企业将许多自身的货币业务转交给银行代为办理,如发放工资,代理支付其他费用等。个人消费也由原来的单纯钱物交易,发展为转账结算。总之,现代化的社会生活,从多方面给商业银行提出了金融服务相关要求。

二、商业银行的设立

(一)商业银行的设立条件

根据《商业银行法》的规定,设立商业银行必须符合下列条件:(1)有符合《商业银行法》和《公司法》规定的章程。(2)有符合《商业银行法》规定的注册资本最低限额。目前设立全国性商业银行的注册资本最低限额为10亿元人民币;设立城市商业银行的注册资本最低限额为1亿元人民币;设立农村商业银行的注册资本最低限额为5000万元人民币。注册资本应当是实缴资本。国务院银行业监督管理机构根据审慎监管的要求可以调整注册资本最低限额,但不得少于前款规定的限额。(3)有具备任职专业知识和业务工作经验的董事、高级管理人员。(4)有健全的组织机构和管理制度。(5)有符合要求的营业场所、安全防范措施和与业务有关的其他设施。此外,设立商业银行,还应当符合其他审慎性条件。

(二)商业银行的设立程序

1. 申请。设立商业银行,申请人应当向国务院银行业监督管理机构提交下列文件、资料:(1)申请书,申请书应当载明拟设立的商业银行的名称、所在地、注册资本、业务范围等;(2)可行性研究报告;(3)国务院银行业监督管理机构规定提交的其他文件、资料。

设立商业银行的申请经审查符合规定的,申请人应当填写正式申请表,并提交规定的文件、资料。

2. 审批。设立商业银行,应当经国务院银行业监督管理机构审查批准。未经国务院银行业监督管理机构批准,任何单位和个人不得从事吸收公众存款等商业银行业务,任何单位不得在名称中使用"银行"字样。

3. 登记并领取证照。经批准设立的商业银行,由国务院银行业监督管理机构颁发经营许可证,并凭该许可证向市场监督管理部门办理登记,领取营业执照。

(三)商业银行分支机构的设立

商业银行根据业务需要可以在中华人民共和国境内外设立分支机构。设立分支机构必须经国务院银行业监督管理机构审查批准。在中华人民共和国境内的分支机构,不按行政区划设立。经批准设立的商业银行分支机构,由国务院银行业监督管理机构颁发经营许可证,并凭该许可证向市场监督管理部门办理登记,领取营业执照。经批准设立的商业银行及其分支机构,由国务院银行业监督管理机构予以公告。

商业银行在中华人民共和国境内设立分支机构,应当按照规定拨付与其经营规模相适应的营运资金额。拨付各分支机构营运资金额的总和,不得超过总行资本金总额的60%。商业银行分支机构不具有法人资格,在总行授权范围内依法开展业务,其民事责任由总行承担。商业银行对其分支机构实行全行统一核算,统一调度资金,分级管理的财务制度。

三、商业银行的组织形式和组织机构

《商业银行法》第17条第1款规定:"商业银行的组织形式、组织机构适用《中华人民共和国公司法》的规定。"目前,我国商业银行的组织形式有两种,即有限责任公司和股份有限公司。商业银行设股东会或股东大会、董事会、监事会以及行长或总经理等组织机构。

四、商业银行的业务范围

根据《商业银行法》的规定,商业银行可以经营下列部分或者全部业务:(1)吸收公众存款;(2)发放短期、中期和长期贷款;(3)办理国内外结算;(4)办理票据承兑与贴现;(5)发行金融债券;(6)代理发行、代理兑付、承销政府债券;(7)买卖政府债券、金融债券;(8)从事同业拆借;(9)买卖、代理买卖外汇;(10)从事银行卡业务;(11)提供信用证服务及担保;(12)代理收付款项及代理保险业务;(13)提供保管箱服务;(14)经国务院银行业监督管理机构批准的其他业务。

商业银行的经营范围由商业银行章程规定,报国务院银行业监督管理机构批准。商业银行经中国人民银行批准,可以经营结汇、售汇业务。

五、商业银行的经营原则

商业银行的经营原则,是指商业银行开展业务活动所必须遵循的基本指导思想和基本行为准则。《商业银行法》第 4 条第 1 款规定:“商业银行以安全性、流动性、效益性为经营原则,实行自主经营,自担风险,自负盈亏,自我约束。”

(一)安全性原则

安全性原则,是指商业银行在进行业务活动时,应当充分考虑各种因素,确保银行资产的安全。商业银行是靠负债经营的特殊企业,而且经营的对象是货币,而货币又是宏观国民经济的综合变量,它受诸多因素的影响,容易发生变化,所以特别要强调安全性。《商业银行法》规定了许多措施来保证银行经营过程中的安全性,比如实行贷款担保、交存存款准备金、留足备付金、保证资本充足率、禁止银行进入证券业和信托业等。

(二)流动性原则

流动性原则,是指商业银行的资金可以随时变为现款,以便及时地、充分地满足存款者提取存款和发放正常贷款的需要。商业银行是经营货币业务的企业,每时每刻都有人存款、取款、贷款、汇兑。只有保证资金正常流动,商业银行才具有信用中介地位,其业务活动才能顺利进行。因此,流动性实际上是银行经营的必要条件。如果商业银行不能满足存款人的取款需要,就会引发大规模的公众挤兑。商业银行经营资产的流动性是安全性的基础。如果不能保证经营资产流动性,商业银行经营就不可能安全。

(三)效益性原则

效益性原则,是指商业银行在从事业务的过程中,必须以营利为目标,并努力使营利最大化,追求最佳的经济效益。商业银行是企业法人,以营利为目的,因此效益性应该是商业银行重要的经营原则之一。当然,商业银行的效益不仅包括商业银行本身的经济效益,而且包括国家宏观经济和产业政策指导的金融业整体效益。

六、商业银行的业务规则

商业银行的业务规则,是指商业银行在开展业务的过程中应当遵守的具体规定。根据《商业银行法》的规定,商业银行的业务规则包括存款业务规则、贷款业务规则以及其他业务规则。

（一）存款业务规则

存款业务规则的基本宗旨是保护存款人的合法权益。根据《商业银行法》的规定，商业银行存款业务规则有：(1)商业银行办理个人储蓄存款业务，应当遵循存款自愿、取款自由、存款有息、为存款人保密的原则。对个人储蓄存款，商业银行有权拒绝任何单位或者个人查询、冻结、扣划，但法律另有规定的除外。(2)对单位存款，商业银行有权拒绝任何单位或者个人查询，但法律、行政法规另有规定的除外；有权拒绝任何单位或者个人冻结、扣划，但法律另有规定的除外。(3)商业银行应当按照中国人民银行规定的存款利率的上下限，确定存款利率，并予以公告。(4)商业银行应当按照中国人民银行的规定，向中国人民银行交存存款准备金，留足备付金。(5)商业银行应当保证存款本金和利息的支付，不得拖延、拒绝支付存款本金和利息。

（二）贷款业务规则

商业银行贷款业务规则有：(1)商业银行根据国民经济和社会发展的需要，在国家产业政策指导下开展贷款业务。(2)商业银行贷款，应当对借款人的借款用途、偿还能力、还款方式等情况进行严格审查。商业银行贷款，应当实行审贷分离、分级审批的制度。(3)商业银行贷款，借款人应当提供担保。商业银行应当对保证人的偿还能力，抵押物、质物的权属和价值以及实现抵押权、质权的可行性进行严格审查。经商业银行审查、评估，确认借款人资信良好，确能偿还贷款的，可以不提供担保。(4)商业银行贷款，应当与借款人订立书面合同。合同应当约定贷款种类、借款用途、金额、利率、还款期限、还款方式、违约责任和双方认为需要约定的其他事项。(5)商业银行应当按照中国人民银行规定的贷款利率的上下限，确定贷款利率。(6)商业银行贷款，应当遵守下列资产负债比例管理的规定：资本充足率不得低于8%，流动性资产余额与流动性负债余额的比例不得低于25%，对同一借款人的贷款余额与商业银行资本余额的比例不得超过10%，国务院银行业监督管理机构对资产负债比例管理的其他规定。(7)商业银行不得向关系人发放信用贷款，向关系人发放担保贷款的条件不得优于其他借款人同类贷款的条件。关系人是指商业银行的董事、监事、管理人员、信贷业务人员及其近亲属，以及这些人员投资或者担任高级管理职务的公司、企业和其他经济组织。(8)任何单位和个人不得强令商业银行发放贷款或者提供担保。商业银行有权拒绝任何单位和个人强令要求其发放贷款或者提供担保。(9)借款人应当按期归还贷款的本金和利息。借款人到期不归还担保贷款的，商业银行依法享有要求保证人归还贷款本金和利息或者就该担保物优先受偿的权利。商业银行因行使抵押权、质权而取得的不动产或者股权，应当自取得之日起2年内予以处分。借款人到期不归还信用贷款的，应当按照合同约定承担责任。

（三）其他业务规则

1. 投资业务规则。商业银行在中华人民共和国境内不得从事信托投资和证券经营业务,不得向非自用不动产投资或者向非银行金融机构和企业投资,但国家另有规定的除外。

2. 结算业务规则。商业银行办理票据承兑、汇兑、委托收款等结算业务,应当按照规定的期限兑现,收付入账,不得压单、压票或者违反规定退票。有关兑现、收付入账期限的规定应当公布。

3. 发行金融债券和境外借款的规则。商业银行发行金融债券或者到境外借款,应当依照法律、行政法规的规定报经批准。

4. 同业拆借业务规则。同业拆借,应当遵守中国人民银行的规定。禁止利用拆入资金发放固定资产贷款或者用于投资。拆出资金限于交足存款准备金、留足备付金和归还中国人民银行到期贷款之后的闲置资金。拆入资金用于弥补票据结算、联行汇差头寸的不足和解决临时性周转资金的需要。

5. 同业竞争规则。商业银行不得违反规定提高或者降低利率以及采用其他不正当手段,吸收存款,发放贷款。

6. 开户规则。企业事业单位可以自主选择一家商业银行的营业场所开立一个办理日常转账结算和现金收付的基本账户,不得开立两个以上基本账户。任何单位和个人不得将单位的资金以个人名义开立账户存储。

7. 营业时间规则。商业银行的营业时间应当方便客户,并予以公告。商业银行应当在公告的营业时间内营业,不得擅自停止营业或者缩短营业时间。

8. 服务收费规则。商业银行办理业务,提供服务,按照规定收取手续费。收费项目和标准由国务院银行业监督管理机构、中国人民银行根据职责分工,分别会同国务院价格主管部门制定。

9. 档案保管规则。商业银行应当按照国家有关规定保存财务会计报表、业务合同以及其他资料。

10. 工作人员守则。商业银行的工作人员应当遵守法律、行政法规和其他各项业务管理的规定,不得有下列行为:(1)利用职务上的便利,索取、收受贿赂或者违反国家规定收受各种名义的回扣、手续费;(2)利用职务上的便利,贪污、挪用、侵占本行或者客户的资金;(3)违反规定徇私向亲属、朋友发放贷款或者提供担保;(4)在其他经济组织兼职;(5)违反法律、行政法规和业务管理规定的其他行为。商业银行的工作人员不得泄露其在任职期间知悉的国家秘密、商业秘密。

第四节 银行业监督管理法

一、银行业监督管理的对象

《银行业监督管理法》第2条规定,国务院银行业监督管理机构负责对全国银行业金融机构及其业务活动监督管理的工作。银行业金融机构,是指在中华人民共和国境内设立的商业银行、城市信用合作社、农村信用合作社等吸收公众存款的金融机构以及政策性银行。

对在中华人民共和国境内设立的金融资产管理公司、信托投资公司、财务公司、金融租赁公司以及经国务院银行业监督管理机构批准设立的其他金融机构（包括在境外设立的金融机构）的监督管理，适用《银行业监督管理法》对银行业金融机构监督管理的规定。但是，对在中华人民共和国境内设立的政策性银行、金融资产管理公司的监督管理以及在中华人民共和国境内设立的外资银行业金融机构、中外合资银行业金融机构、外国银行业金融机构的分支机构的监督管理，法律、行政法规另有规定的，依照其规定。

二、银行业监督管理机构的职责

根据《银行业监督管理法》的规定，国务院银行监督管理机构履行以下职责：

1. 制定、发布有关规章、规则。国务院银行业监督管理机构依照法律、行政法规制定并发布对银行业金融机构及其业务活动监督管理的规章、规则。

银行业金融机构的审慎经营规则，由法律、行政法规规定，也可以由国务院银行业监督管理机构依照法律、行政法规制定。审慎经营规则，包括风险管理、内部控制、资本充足率、资产质量、损失准备金、风险集中、关联交易、资产流动性等内容。银行业金融机构应当严格遵守审慎经营规则。

2. 审查批准银行业金融机构的设立、变更、终止以及业务范围。国务院银行业监督管理机构依照法律、行政法规规定的条件和程序，审查批准银行业金融机构的设立、变更、终止以及业务范围。申请设立银行业金融机构，或者银行业金融机构变更持有资本总额或者股份总额达到规定比例以上的股东的，国务院银行业监督管理机构应当对股东的资金来源、财务状况、资本补充能力和诚信状况进行审查。银行业金融机构业务范围内的业务品种，应当按照规定经国务院银行业监督管理机构审查批准或者备案。需要审查批准或者备案的业务品种，由国务院银行业监督管理机构依照法律、行政法规作出规定并公布。

未经国务院银行业监督管理机构批准，任何单位或者个人不得设立银行业金融机构或者从事银行业金融机构的业务活动。

3. 审批银行业金融机构的董事和高级管理人员的任职资格。国务院银行业监督管理机构对银行业金融机构的董事和高级管理人员实行任职资格管理，并制定具体办法。

4. 监管银行业金融机构及其业务活动和风险状况。银行业监督管理机构应当：（1）对银行业金融机构实行并表监督管理。（2）对银行业金融机构的业务活动及其风险状况进行非现场监管，建立银行业金融机构监督管理信息系统，分析、评价银行业金融机构的风险状况。（3）对银行业金融机构的业务活动及其风险状况进行现场检查，制定现场检查程序，规范现场检查行为。（4）建立银行业金融机构监督管理评级体系和风险预警机制，根据银行业金融机构的评级情况和风险状况，确定对其现场检查的频率、范围和需要采取的其他措施。

5. 处置银行业突发事件。银行业监督管理机构应当建立银行业突发事件的发现、报告岗位责任制度。银行业监督管理机构发现可能引发系统性银行业风险、严重影响社会稳定的突发事件的，应当立即向国务院银行业监督管理机构负责人报告；国务院银行业监督管理机构负责人认为需要向国务院报告的，应当立即向国务院报告，并告知中国人民银行、国务院财政部门等有关部门。国务院银行业监督管理机构应当会同中国人民银行、国务院财政部门等有关部门建立银行业突发事件处置制度,制定银行业突发事件处置预案,明确处置机构和人员及其职责、处置措施和处置程序,及时、有效地处置银行业突发事件。

6. 编制、公布有关统计数据、报表。国务院银行业监督管理机构负责统一编制全国银行业金融机构的统计数据、报表,并按照国家有关规定予以公布。

7. 指导和监督银行业自律组织的活动。国务院银行业监督管理机构对银行业自律组织的活动进行指导和监督。银行业自律组织的章程应当报国务院银行业监督管理机构备案。

8. 开展有关的国际交流、合作活动。国务院银行业监督管理机构可以开展与银行业监督管理有关的国际交流、合作活动。

三、银行业监督管理的措施

根据《银行业监督管理法》的规定,银行业监督管理机构的监督管理措施主要包括:

1. 要求银行业金融机构报送报表、资料。银行业监督管理机构根据履行职责的需要,有权要求银行业金融机构按照规定报送资产负债表、利润表和其他财务会计、统计报表、经营管理资料以及注册会计师出具的审计报告。

2. 现场检查。银行业监督管理机构根据审慎监管的要求,可以采取下列措施进行现场检查:(1)进入银行业金融机构进行检查;(2)询问银行业金融机构的工作人员,要求其对有关检查事项作出说明;(3)查阅、复制银行业金融机构与检查事项有关的文件、资料,对可能被转移、隐匿或者毁损的文件、资料予以封存;(4)检查银行业金融机构运用电子计算机管理业务数据的系统。

进行现场检查,应当经银行业监督管理机构负责人批准。现场检查时,检查人员不得少于2人,并应当出示合法证件和检查通知书;检查人员少于2人或者未出示合法证件和检查通知书的,银行业金融机构有权拒绝检查。

3. 监管谈话。银行业监督管理机构根据履行职责的需要,可以与银行业金融机构董事、高级管理人员进行监督管理谈话,要求银行业金融机构董事、高级管理人员就银行业金融机构的业务活动和风险管理的重大事项作出说明。

4. 责令依法披露信息。银行业监督管理机构应当责令银行业金融机构按照规定,如实向社会公众披露财务会计报告、风险管理状况、董事和高级管理人员变更以及其他重大事项等信息。

5. 处理违规行为。银行业金融机构违反审慎经营规则的,国务院银行业监督管理机构或者其省一级派出机构应当责令限期改正;逾期未改正的,或者其行为严重危及该银行业金融机构的稳健运行、损害存款人和其他客户合法权益的,经国务院银行业监督管理机构或者其省一级派出机构负责人批准,可以区别情形,采取下列措施:(1)责令暂停部分业务、停止批准开办新业务;(2)限制分配红利和其他收入;(3)限制资产转让;(4)责令控股股东转让股权或者限制有关股东的权利;(5)责令调整董事、高级管理人员或者限制其权利;(6)停止批准增设分支机构。

银行业金融机构整改后,应当向国务院银行业监督管理机构或者其省一级派出机构提交报告。国务院银行业监督管理机构或者其省一级派出机构经验收,符合有关审慎经营规则的,应当自验收完毕之日起3日内解除对其采取的前款规定的有关措施。

6. 接管、重组、撤销银行业金融机构。银行业金融机构已经或者可能发生信用危机,严重影响存款人和其他客户合法权益的,国务院银行业监督管理机构可以依法对该银行业金融机构实行接管或者促成机构重组,接管和机构重组依照有关法律和国务院的规定执行。

银行业金融机构有违法经营、经营管理不善等情形,不予撤销将严重危害金融秩序、损害公众利益的,国务院银行业监督管理机构有权予以撤销。

银行业金融机构被接管、重组或者被撤销的,国务院银行业监督管理机构有权要求该银行业金融机构的董事、高级管理人员和其他工作人员,按照国务院银行业监督管理机构的要求履行职责。

在接管、机构重组或者撤销清算期间,经国务院银行业监督管理机构负责人批准,对直接负责的董事、高级管理人员和其他直接责任人员,可以采取下列措施:(1)直接负责的董事、高级管理人员和其他直接责任人员出境将对国家利益造成重大损失的,通知出境管理机关依法阻止其出境;(2)申请司法机关禁止其转移、转让财产或者对其财产设定其他权利。

7. 查询、申请冻结有关账户。经国务院银行业监督管理机构或者其省一级派出机构负责人批准,银行业监督管理机构有权查询涉嫌金融违法的银行业金融机构及其工作人员以及关联行为人的账户;对涉嫌转移或者隐匿违法资金的,经银行业监督管理机构负责人批准,可以申请司法机关予以冻结。

复习与思考

一、名词解释

政策性银行　商业银行　非银行金融机构　存款准备金

基准利率　再贷款　再贴现

二、简答

1. 中国人民银行的性质及其地位。
2. 中国人民银行的货币政策目标和工具。
3. 人民币的法律地位。
4. 商业银行的经营原则。
5. 银行业监督管理机构的监督管理职责。

第十二章　证　券　法

内容导读

证券法在本质上是一部“投资者利益保护法”。尽管我国证券市场是一个新兴市场，但其发展速度令世人瞩目，同时暴露出来的问题也不少。证券法对于规范证券发行和交易行为，保护投资者的合法利益，维护社会经济秩序和社会公共利益，促进社会主义市场经济的发展，起着十分重要的作用。本章讲述我国证券法的基本原则、证券发行制度、证券交易制度、证券交易所、证券监督管理体制以及证券中介服务机构等内容。

第一节　证券法概述

一、证券的概念

证券，是指证明某种财产权利的凭证。证券通常分为货币证券、商品证券和资本证券。货币证券，是指具有与货币相似的支付、结算、流通、信用等主要功能，并在一定范围内可以代替货币使用的证券，如汇票、本票、支票等。商品证券，是指持有人拥有领取特定商品权利的证券，如货运单、提单等。资本证券，是指能在资本市场上流通，持有人拥有收益请求权的证券，如股票、公司债券等。

《证券法》第2条规定：“在中华人民共和国境内，股票、公司债券、存托凭证和国务院依法认定的其他证券的发行和交易，适用本法；本法未规定的，适用《中华人民共和国公司法》和其他法律、行政法规的规定。政府债券、证券投资基金份额的上市交易，适用本法；其他法律、行政法规另有规定的，适用其规定。资产支持证券、资产管理产品发行、交易的管理办法，由国务院依照本法的原则规定。在中华人民共和国境外的证券发行和交易活动，扰乱中华人民共和国境内市场秩序，损害境内投资者合法权益的，依照本法有关规定处理并追究法律责任。”由此可见，《证券法》中规定的证券包括股票、公司债券、存托凭证、政府债券、证券投资基金份额、资产支持证券、资产管理产品和国务院依法认定的其他证券，均属于资本证券。

二、我国证券法的立法概况

中华人民共和国成立初期，为了配合对证券市场的利用，引导和招揽社会游资，缓解金融市场的压力，中国人民银行有关机构先后颁布了《跨地区管理证券交易暂行办法》《证券交易所营业简则》《经纪人申请登记办法》《股票上场须知》《交割办法》等规章制度。之后，随着北京市、天津市的证券交易所于1952年停止交易，证券市场被排斥在社会主义经济之外。证券法制建设中断达数十年之久。

改革开放后，最早出台的证券法规是1981年国务院颁布的《国库券条例》。1986年国务院颁布了《银行管理暂行条例》，1987年国务院颁布了《企业债券管理条例》和《关于加强股票、债券管理的通知》。

1990年年底，上海证券交易所和深圳证券交易所的成立，标志着我国证券市场正式形成。

1992年10月，国务院证券委员会（以下简称证券委）和中国证券监督管理委员会（以下简称证监会）宣告成立。证券委是国家对证券市场进行统一宏观管理的主管机构；证监会是证券委的监管执行机构，依照法对证券市场进行监管。

1998年4月，根据国务院机构改革方案，证券委与证监会合并组成国务院直属事业单位（2023年3月证监会调整为国务院直属机构），标志着我国证券市场集中统一监管体制正式形成。

2009年10月30日，创业板正式挂牌成立。2019年6月13日，科创板正式开板；同年7月22日，科创板首批公司上市。2021年9月3日，北京证券交易所注册成立。相关规则也陆续出台。

2023年2月17日，证监会发布施行全面实行股票发行注册制相关制度规则。证券交易所、全国股转公司、中国结算、中证金融、证券业协会的配套制度规则也由相关部门同步发布实施。此次发布的制度规则共165部，其中证监会发布的制度规则57部，证券交易所、全国股转公司、中国结算等发布的配套制度规则108部，内容涵盖发行条件、注册程序、保荐承销、重大资产重组、监管执法、投资者保护等各个方面。全面实行股票发行注册制制度规则的发布实施，标志着注册制推广到全市场，适用于各类公开发行股票行为，在中国资本市场改革发展进程中具有里程碑意义。

截至目前，我国有关证券业的主要立法和规范性文件如下表所示：

名称	发文机关	发布时间	修正（修订）时间	废止时间
证券法	全国人大常委会	1998.12.29	2004、2005、2013、2014、2019	—
公司法	全国人大常委会	1993.12.29	1999、2004、2005、2013、2018、2023	—
证券投资基金法	全国人大常委会	2003.10.28	2012、2015	—
公开发行股票公司信息披露实施细则（试行）	证监会	1993.06.12	—	2007.01.30
股票发行与交易管理暂行条例	国务院	1993.04.22	—	

续表

名称	发文机关	发布时间	修正(修订)时间	废止时间
禁止证券欺诈行为暂行办法	证券委	1993.09.02	—	2008.01.15
证券经营机构股票承销业务管理办法	证券委	1996.06.17	—	2006.09.19
证券交易所管理办法	证券委	1996.08.21	—	2001.12.12
证券交易所管理办法	证监会	2001.12.12	2017、2020、2021	—
证券投资基金管理暂行办法	证券委	1997.11.14	—	2004.09.14
证券市场禁入暂行规定	证监会	1997.03.03	—	2006.07.10
上市公司新股发行管理办法	证监会	2001.03.28	—	2006.05.08
首次公开发行股票辅导工作办法	证监会	2001.10.16	—	2008.12.01
证券发行上市保荐制度暂行办法	证监会	2004.01.04	—	2008.12.01
上市公司证券发行管理办法	证监会	2006.05.06	2008、2020	2023.02.17
首次公开发行股票并上市管理办法	证监会	2006.05.17	2015、2018、2020、2022	2023.02.17
证券市场禁入规定	证监会	2006.06.07	2015、2021	—
证券发行与承销管理办法	证监会	2006.09.17	2010、2012、2013、2014、2015、2017、2018、2023	—
上市公司信息披露管理办法	证监会	2007.01.30	2021	—
上市公司非公开发行股票实施细则	证监会	2007.09.17	2017、2020	2023.02.17
证券发行上市保荐业务管理办法	证监会	2008.10.17	2009、2017、2020、2023	—
存托凭证发行与交易管理办法(试行)	证监会	2018.06.06	2023	—
公司债券发行与交易管理办法	证监会	2015.01.15	2021、2023	—
首次公开发行股票并在创业板上市管理暂行办法	证监会	2009.03.31	—	2014.05.14
首次公开发行股票并在创业板上市管理办法	证监会	2014.05.14	2015、2018	2020.06.12
创业板上市公司证券发行管理暂行办法	证监会	2014.05.14	—	2020.06.12
创业板上市公司证券发行注册管理办法(试行)	证监会	2020.06.12	—	2023.02.17
创业板首次公开发行股票注册管理办法(试行)	证监会	2020.06.12	—	2023.02.17
创业板上市公司持续监管办法(试行)	证监会	2020.06.12	—	—

续表

名称	发文机关	发布时间	修正(修订)时间	废止时间
科创板首次公开发行股票注册管理办法(试行)	证监会	2019.03.01	2020	2023.02.17
科创板上市公司证券发行注册管理办法(试行)	证监会	2020.07.03	—	2023.02.17
证券公司科创板股票做市交易业务试点规定	证监会	2022.05.12	—	—
北京证券交易所上市公司证券发行注册管理办法(试行)	证监会	2021.10.30	—	2023.02.17
北京证券交易所向不特定合格投资者公开发行股票注册管理办法(试行)	证监会	2021.10.30	—	2023.02.17
北京证券交易所上市公司持续监管办法(试行)	证监会	2021.10.30	—	—
北京证券交易所上市公司证券发行注册管理办法	证监会	2023.02.17	—	—
北京证券交易所向不特定合格投资者公开发行股票注册管理办法	证监会	2023.02.17	—	—
首次公开发行股票注册管理办法	证监会	2023.02.17	—	—
上市公司证券发行注册管理办法	证监会	2023.02.17	—	—
欺诈发行上市股票责令回购实施办法(试行)	证监会	2023.02.17	—	—

三、证券法的基本原则

我国《证券法》确立了以下基本原则：

1. 公开、公平、公正原则。《证券法》第 3 条规定："证券的发行、交易活动，必须遵循公开、公平、公正的原则。"

2. 自愿、有偿、诚实信用原则。《证券法》第 4 条规定："证券发行、交易活动的当事人具有平等的法律地位，应当遵守自愿、有偿、诚实信用的原则。"

3. 守法原则。《证券法》第 5 条规定："证券的发行、交易活动，必须遵守法律、行政法规；禁止欺诈、内幕交易和操纵证券市场的行为。"

4. 分业经营管理原则。《证券法》第 6 条规定："证券业和银行业、信托业、保险业实行分业经营、分业管理，证券公司与银行、信托、保险业务机构分别设立。国家另有规定的除外。"

5. 集中统一监管原则。《证券法》第 7 条规定："国务院证券监督管理机构依法对全国证券市场实行集中统一监督管理。国务院证券监督管理机构根据需要可以设立派出机构，按照授权履行监督管理职责。"

6. 国家审计监督原则。《证券法》第8条规定:"国家审计机关依法对证券交易场所、证券公司、证券登记结算机构、证券监督管理机构进行审计监督。"

第二节 证 券 发 行

一、证券发行的种类

1. 按照发行方式的不同,证券发行可分为公开发行和非公开发行。

公开发行,又称公募发行。《证券法》第9条第2款规定:"有下列情形之一的,为公开发行:(一)向不特定对象发行证券;(二)向特定对象发行证券累计超过二百人,但依法实施员工持股计划的员工人数不计算在内;(三)法律、行政法规规定的其他发行行为。"

非公开发行,又称私募发行。《证券法》第9条第3款规定:"非公开发行证券,不得采用广告、公开劝诱和变相公开方式。"

2. 按照证券品种不同,证券发行可分为股票发行、债券发行、存托凭证发行等。存托凭证,是指由存托人签发、以境外证券为基础,在中国境内发行、代表境外基础证券权益的证券。

3. 按照有无发行中介,证券发行可分为直接发行和间接发行。

直接发行,即发行人直接向投资者推销、出售证券。

间接发行,也称委托代理发行或者证券承销,是指由发行人委托证券公司等证券中介机构代理推销、出售证券。根据受托责任不同,间接发行又分为代销和包销。证券代销,是指证券公司代发行人发售证券,在承销期结束时,将未售出的证券全部退还给发行人的承销方式。证券包销,是指证券公司将发行人的证券按照协议全部购入或者在承销期结束时将售后剩余证券全部自行购入的承销方式。

4. 按照发行对象的不同,证券发行分为定向发行和非定向发行。定向发行,是指向特定对象发行证券。非定向发行,是指向不特定对象发行证券。

5. 按照发行时间不同,可分为首次发行和增发。增发又可以分为定向增发和非定向增发。

二、证券发行制度

为了规范证券的发行,维护投资者的权益,各国规定了相应的制度。根据干预管理的程度,证券发行制度可以分为审批制、核准制和注册制。

1. 审批制,是指发行公司只有经审查符合法定条件并获主管机关批准后才能发行证券。在审批制下,政府主管机关不仅对发行申请进行形式上和实质内容方面的审查,而且有权最终决定是否准予发行证券,批准与否的主要依据是国家政策以及部门规章。

2. 核准制,又称实质管理原则,是指发行人在发行证券的时候,不仅要公开公司的真实情况，而且必须符合法定条件（实质性条件）。在这一制度下，核准机关不仅审核发行公司披露的信息是否全面、真实，而且审核发行公司的股本规模、股本结构、股份分布、经营业绩、产业结构等。对于符合条件的，应予核准；不符合条件的，不予核准。因此，核准制近似于审批制。

3. 注册制，又称公开管理原则，是指发行人在发行证券之前，必须将公司的各种资料全面、准确地向证券监管机关申报、注册，注册登记机关只对申报材料的全面性、真实性、准确性和及时性进行形式上的审查，如无异议，则申请自动生效，发行人即可发行证券。

《证券法》对于公开发行证券经历了从核准制（适用于公开发行股票）与审批制（适用于发行公司债券）共同适用，到核准制，再到注册制的立法演变。1998 年 12 月 29 日通过的《证券法》第 10 条规定："公开发行证券，必须符合法律、行政法规规定的条件，并依法报经国务院证券监督管理机构或者国务院授权的部门核准或者审批；未经依法核准或者审批，任何单位和个人不得向社会公开发行证券。"第 11 条规定："公开发行股票，必须依照公司法规定的条件，报经国务院证券监督管理机构核准……发行公司债券，必须依照公司法规定的条件，报经国务院授权的部门审批……"2005 年 10 月 27 日修订的《证券法》第 10 条第 1 款规定："公开发行证券，必须符合法律、行政法规规定的条件，并依法报经国务院证券监督管理机构或者国务院授权的部门核准；未经依法核准，任何单位和个人不得公开发行证券。"《证券法》第 9 条第 1 款规定："公开发行证券，必须符合法律、行政法规规定的条件，并依法报经国务院证券监督管理机构或者国务院授权的部门注册。未经依法注册，任何单位和个人不得公开发行证券。证券发行注册制的具体范围、实施步骤，由国务院规定。"

为切实提高上市公司质量，我国《证券法》还规定了保荐制度。《证券法》第 10 条规定："发行人申请公开发行股票、可转换为股票的公司债券，依法采取承销方式的，或者公开发行法律、行政法规规定实行保荐制度的其他证券的，应当聘请证券公司担任保荐人。保荐人应当遵守业务规则和行业规范，诚实守信，勤勉尽责，对发行人的申请文件和信息披露资料进行审慎核查，督导发行人规范运作……"《证券发行上市保荐业务管理办法》第 2 条第 1 款规定："发行人申请从事下列发行事项，依法采取承销方式的，应当聘请具有保荐业务资格的证券公司履行保荐职责：（一）首次公开发行股票；（二）向不特定合格投资者公开发行股票并在北京证券交易所（以下简称北交所）上市；（三）上市公司发行新股、可转换公司债券；（四）公开发行存托凭证；（五）中国证券监督管理委员会（以下简称中国证监会）认定的其他情形。"

三、证券发行的条件

（一）股票发行的条件

1. 设立股份有限公司公开发行股票的条件

设立股份有限公司公开发行股票，应当符合《公司法》规定的条件和经国务院批准的国务院证券监督管理机构规定的其他条件。

2. 公司公开发行新股的条件

公司首次公开发行新股，应当符合下列条件：（1）具备健全且运行良好的组织机构；

(2)具有持续经营能力;(3)最近3年财务会计报告被出具无保留意见审计报告;(4)发行人及其控股股东、实际控制人最近3年不存在贪污、贿赂、侵占财产、挪用财产或者破坏社会主义市场经济秩序的刑事犯罪;(5)经国务院批准的国务院证券监督管理机构规定的其他条件。上市公司发行新股,应当符合经国务院批准的国务院证券监督管理机构规定的条件,具体管理办法由国务院证券监督管理机构规定。首次公开发行股票的具体规定参见证监会于2023年2月17日发布的《首次公开发行股票注册管理办法》。

为了规范公司对公开发行股票所募集资金的使用,《证券法》第14条规定,"公司对公开发行股票所募集资金,必须按照招股说明书或者其他公开发行募集文件所列资金用途使用;改变资金用途,必须经股东大会作出决议。擅自改变用途,未作纠正的,或者未经股东大会认可的,不得公开发行新股"。

(二)公司债券的发行条件

公开发行公司债券,应当符合下列条件:(1)具备健全且运行良好的组织机构;(2)最近3年平均可分配利润足以支付公司债券1年的利息;(3)国务院规定的其他条件。公开发行公司债券筹集的资金,必须按照公司债券募集办法所列资金用途使用;改变资金用途,必须经债券持有人会议作出决议。公开发行公司债券筹集的资金,不得用于弥补亏损和非生产性支出。

上市公司发行可转换为股票的公司债券,除应当符合公开发行公司债券的条件外,还应当遵守上市公司发行新股的规定。但是,按照公司债券募集办法,上市公司通过收购本公司股份的方式进行公司债券转换的除外。

有下列情形之一的,不得再次公开发行公司债券:(1)对已公开发行的公司债券或者其他债务有违约或者延迟支付本息的事实,仍处于继续状态;(2)违反《证券法》规定,改变公开发行公司债券所募资金的用途。

公司债券具体的发行条件参见证监会于2023年10月20日发布的《公司债券发行与交易管理办法》。

(三)存托凭证的发行条件

发行人公开发行存托凭证的,应当符合首次公开发行新股的条件以及国务院证券监督管理机构规定的其他条件。发行存托凭证的具体规定参见2023年2月17日证监会修订发布的《存托凭证发行与交易管理办法(试行)》。

四、证券发行的程序

(一)申报

设立股份有限公司公开发行股票,应当向国务院证券监督管理机构报送募股申请和下列文件:(1)公司章程;(2)发起人协议;(3)发起人姓名或者名称,发起人认购的股份数、出资种类及验资证明;(4)招股说明书;(5)代收股款银行的名称及地址;(6)承销机构名称及有关的协议。依照《证券法》规定聘请保荐人的,还应当报送保荐人出具的发行保荐书。法律、行政法规规定设立公司必须报经批准的,还应当提交相应的批准文件。

公司公开发行新股,应当报送募股申请和下列文件:(1)公司营业执照;(2)公司章程;(3)股东大会决议;(4)招股说明书或者其他公开发行募集文件;(5)财务会计报告;(6)代收股款银行的名称及地址。依照《证券法》规定聘请保荐人的,还应当报送保荐人出具的发行保荐书。依照《证券法》规定实行承销的,还应当报送承销机构名称及有关的协议。

申请公开发行公司债券,应当向国务院授权的部门或者国务院证券监督管理机构报送下列文件:(1)公司营业执照;(2)公司章程;(3)公司债券募集办法;(4)国务院授权的部门或者国务院证券监督管理机构规定的其他文件。依照《证券法》规定聘请保荐人的,还应当报送保荐人出具的发行保荐书。

发行人报送的证券发行申请文件,应当充分披露投资者作出价值判断和投资决策所必需的信息,内容应当真实、准确、完整。为证券发行出具有关文件的证券服务机构和人员,必须严格履行法定职责,保证所出具文件的真实性、准确性和完整性。

(二)注册

国务院证券监督管理机构或者国务院授权的部门依照法定条件负责证券发行申请的注册。按照国务院的规定,证券交易所等可以审核公开发行证券申请,判断发行人是否符合发行条件、信息披露要求,督促发行人完善信息披露内容。依照前述规定参与证券发行申请注册的人员,不得与发行申请人有利害关系,不得直接或者间接接受发行申请人的馈赠,不得持有所注册的发行申请的证券,不得私下与发行申请人进行接触。

国务院证券监督管理机构或者国务院授权的部门应当自受理证券发行申请文件之日起3个月内,依照法定条件和法定程序作出予以注册或者不予注册的决定,发行人根据要求补充、修改发行申请文件的时间不计算在内。不予注册的,应当说明理由。

国务院证券监督管理机构或者国务院授权的部门对已作出的证券发行注册的决定,发现不符合法定条件或者法定程序,尚未发行证券的,应当予以撤销,停止发行。已经发行尚未上市的,撤销发行注册决定,发行人应当按照发行价并加算银行同期存款利息返还证券持有人;发行人的控股股东、实际控制人以及保荐人,应当与发行人承担连带责任,但是能够证明自己没有过错的除外。

(三)公告

证券发行申请经注册后,发行人应当依照法律、行政法规的规定,在证券公开发行前公告公开发行募集文件,并将该文件置备于指定场所供公众查阅。发行证券的信息依法公开前,任何知情人不得公开或者泄露该信息。发行人不得在公告公开发行募集文件前发行证券。

(四)承销

发行人向不特定对象发行的证券,法律、行政法规规定应当由证券公司承销的,发行人应当同证券公司签订承销协议。证券承销业务采取代销或者包销方式。公开发行证券的发行人有权依法自主选择承销的证券公司。证券的代销、包销期限最长不得超过90日。向不特定对象发行证券聘请承销团承销的,承销团应当由主承销和参与承销的证券公司组成。

证券公司承销证券,应当同发行人签订代销或者包销协议,载明下列事项:(1)当事人的名称、住所及法定代表人姓名;(2)代销、包销证券的种类、数量、金额及发行价格;(3)代销、包销的期限及起止日期;(4)代销、包销的付款方式及日期;(5)代销、包销的费用和结算办法;(6)违约责任;(7)国务院证券监督管理机构规定的其他事项。

证券公司承销证券,应当对公开发行募集文件的真实性、准确性、完整性进行核查。发现有虚假记载、误导性陈述或者重大遗漏的,不得进行销售活动;已经销售的,必须立即停止销售活动,并采取纠正措施。

证券公司承销证券,不得有下列行为:(1)进行虚假的或者误导投资者的广告宣传或者其他宣传推介活动;(2)以不正当竞争手段招揽承销业务;(3)其他违反证券承销业务规定的行为。证券公司有上述行为,给其他证券承销机构或者投资者造成损失的,应当依法承担赔偿责任。

证券公司在代销、包销期内,对所代销、包销的证券应当保证先行出售给认购人,证券公司不得为本公司预留所代销的证券和预先购入并留存所包销的证券。

股票发行采取溢价发行的,其发行价格由发行人与承销的证券公司协商确定。

股票发行采用代销方式,代销期限届满,向投资者出售的股票数量未达到拟公开发行股票数量70%的,为发行失败。发行人应当按照发行价并加算银行同期存款利息返还股票认购人。

公开发行股票,代销、包销期限届满,发行人应当在规定的期限内将股票发行情况报国务院证券监督管理机构备案。

第三节 证 券 交 易

一、证券交易的一般规则

证券交易,是指证券所有人转移证券的所有权于买受人,买受人支付相应价款的行为。根据《证券法》的规定,在证券交易中,应遵守以下一般规则:

1. 证券交易的标的必须合法。证券交易当事人依法买卖的证券,必须是依法发行并交付的证券。非依法发行的证券,不得买卖。

2. 遵守有关证券交易限制性规定。根据《证券法》,限制性规定主要包括:

(1)上市公司持有5%以上股份的股东、实际控制人、董事、监事、高级管理人员,以及其他持有发行人首次公开发行前发行的股份或者上市公司向特定对象发行的股份的股东,转让其持有的本公司股份的,不得违反法律、行政法规和国务院证券监督管理机构关于持有期限、卖出时间、卖出数量、卖出方式、信息披露等规定,并应当遵守证券交易所的业务规则。

上市公司、股票在国务院批准的其他全国性证券交易场所交易的公司持有5%以上股份的股东、董事、监事、高级管理人员,将其持有的该公司的股票或者其他具有股权性质的证券在买入后6个月内卖出，或者在卖出后6个月内又买入，由此所得收益归该公司所有，公司董事会应当收回其所得收益。但是，证券公司因购入包销售后剩余股票而持有5%以上股份，以及有国务院证券监督管理机构规定的其他情形的除外。公司董事会不按照上述规定执行的，股东有权要求董事会在30日内执行，同时要求负有责任的董事依法承担连带责任。公司董事会未在上述期限内执行的，股东有权为了公司的利益以自己的名义直接向人民法院提起诉讼。

上述董事、监事、高级管理人员、自然人股东持有的股票或者其他具有股权性质的证券，包括其配偶、父母、子女持有的及利用他人账户持有的股票或者其他具有股权性质的证券。

(2)证券交易场所、证券公司和证券登记结算机构的从业人员，证券监督管理机构的工作人员以及法律、行政法规规定禁止参与股票交易的其他人员，在任期或者法定限期内，不得直接或者以化名、借他人名义持有、买卖股票或者其他具有股权性质的证券，也不得收受他人赠送的股票或者其他具有股权性质的证券。任何人在成为上述人员时，其原已持有的股票或者其他具有股权性质的证券，必须依法转让。

(3)为证券发行出具审计报告或者法律意见书等文件的证券服务机构和人员，在该证券承销期内和期满后6个月内，不得买卖该证券。为发行人及其控股股东、实际控制人，或者收购人、重大资产交易方出具审计报告或者法律意见书等文件的证券服务机构和人员，自接受委托之日起至上述文件公开后5日内，不得买卖该证券。实际开展上述有关工作之日早于接受委托之日的，自实际开展上述有关工作之日起至上述文件公开后5日内，不得买卖该证券。

(4)在上市公司收购中，收购人持有的被收购的上市公司的股票，在收购行为完成后的18个月内不得转让。

此外，依法发行的证券，《公司法》和其他法律对其转让期限有限制性规定的，在限定的期限内不得转让。

3. 在合法场所进行交易。公开发行的证券，应当在依法设立的证券交易所上市交易或者在国务院批准的其他全国性证券交易场所交易。非公开发行的证券，可以在证券交易所、国务院批准的其他全国性证券交易场所、按照国务院规定设立的区域性股权市场转让。

4. 以合法的方式交易。证券在证券交易所上市交易，应当采用公开的集中交易方式或者国务院证券监督管理机构批准的其他方式。证券交易当事人买卖的证券可以采用纸面形式或者国务院证券监督管理机构规定的其他形式。

5. 程序化交易合法、合规。通过计算机程序自动生成或者下达交易指令进行程序化交易的，应当符合国务院证券监督管理机构的规定，并向证券交易所报告，不得影响证券交易所系统安全或者正常交易秩序。

6. 为客户保密。证券交易场所、证券公司、证券登记结算机构、证券服务机构及其工作人员应当依法为投资者的信息保密，不得非法买卖、提供或者公开投资者的信息，不得泄露所知悉的商业秘密。

7. 收费合理。证券交易的收费必须合理，并公开收费项目、收费标准和收费办法。

二、证券上市

证券上市,是指已公开发行的证券依照法定条件和程序到证券交易所挂牌交易。发行的证券在证券交易所上市交易的公司即为上市公司。

(一)证券上市的条件

申请证券上市交易,应当符合证券交易所上市规则规定的上市条件。

证券交易所上市规则规定的上市条件,应当对发行人的经营年限、财务状况、最低公开发行比例和公司治理、诚信记录等提出要求。

(二)证券上市的程序

申请证券上市交易,应当向证券交易所提出申请,由证券交易所依法审核同意,并由双方签订上市协议。

证券交易所根据国务院授权的部门的决定安排政府债券上市交易。

(三)证券终止上市交易

上市交易的证券,有证券交易所规定的终止上市情形的,由证券交易所按照业务规则终止其上市交易。证券交易所决定终止证券上市交易的,应当及时公告,并报国务院证券监督管理机构备案。

对证券交易所作出的不予上市交易、终止上市交易决定不服的,可以向证券交易所设立的复核机构申请复核。

三、禁止的交易行为

禁止的证券交易行为,是指根据法律、行政法规的规定,证券市场的参与者在证券交易过程中不得实施的行为。根据《证券法》的规定,禁止的证券交易行为大致可分为以下五类:

(一)内幕交易行为

1. 内幕交易行为的含义

内幕交易行为,是指证券交易内幕信息的知情人和非法获取内幕信息的人利用内幕信息从事证券交易的活动。

证券交易内幕信息的知情人包括:(1)发行人及其董事、监事、高级管理人员;(2)持有公司5%以上股份的股东及其董事、监事、高级管理人员,公司的实际控制人及其董事、监事、高级管理人员;(3)发行人控股或者实际控制的公司及其董事、监事、高级管理人员;(4)由于所任公司职务或者因与公司业务往来可以获取公司有关内幕信息的人员;(5)上市公司收购人或者重大资产交易方及其控股股东、实际控制人、董事、监事和高级管理人员;(6)因职务、工作可以获取内幕信息的证券交易场所、证券公司、证券登记结算机构、证券服务机构的有关人员；(7)因职责、工作可以获取内幕信息的证券监督管理机构工作人员；(8)因法定职责对证券的发行、交易或者对上市公司及其收购、重大资产交易进行管理可以获取内幕信息的有关主管部门、监管机构的工作人员；(9)国务院证券监督管理机构规定的可以获取内幕信息的其他人员。

证券交易活动中，涉及发行人的经营、财务或者对该发行人证券的市场价格有重大影响的尚未公开的信息，为内幕信息。

可能对上市公司、股票在国务院批准的其他全国性证券交易场所交易的公司的股票交易价格产生较大影响的重大事件，以及可能对上市交易公司债券的交易价格产生较大影响的重大事件，均属于内幕信息。上述"重大事件"的具体适用情形参见本章第五节中"临时信息披露"。

2. 禁止进行内幕交易的行为

禁止证券交易内幕信息的知情人和非法获取内幕信息的人利用内幕信息从事证券交易活动。证券交易内幕信息的知情人和非法获取内幕信息的人，在内幕信息公开前，不得买卖该公司的证券，或者泄露该信息，或者建议他人买卖该证券。持有或者通过协议、其他安排与他人共同持有公司5%以上股份的自然人、法人、非法人组织收购上市公司的股份，《证券法》另有规定的，适用其规定。内幕交易行为给投资者造成损失的，应当依法承担赔偿责任。

禁止证券交易场所、证券公司、证券登记结算机构、证券服务机构和其他金融机构的从业人员、有关监管部门或者行业协会的工作人员，利用因职务便利获取的内幕信息以外的其他未公开的信息，违反规定，从事与该信息相关的证券交易活动，或者明示、暗示他人从事相关交易活动。

利用未公开信息进行交易给投资者造成损失的，应当依法承担赔偿责任。

(二)操纵市场行为

1. 操纵市场行为的含义

操纵市场行为，是指行为人为获取利益、减少损失等，利用资金、信息等优势或者通过其他手段，影响证券交易价格或者证券交易量的行为。

2. 禁止进行操纵市场的行为

禁止任何人以下列手段操纵证券市场，影响或者意图影响证券交易价格或者证券交易量：(1)单独或者通过合谋，集中资金优势、持股优势或者利用信息优势联合或者连续买卖；(2)与他人串通，以事先约定的时间、价格和方式相互进行证券交易；(3)在自己实际控制的账户之间进行证券交易；(4)不以成交为目的，频繁或者大量申报并撤销申报；(5)利用虚假或者不确定的重大信息，诱导投资者进行证券交易；(6)对证券、发行人公开作出评价、预测或者投资建议，并进行反向证券交易；(7)利用在其他相关市场的活动操纵证券市场；(8)操纵证券市场的其他手段。

操纵证券市场行为给投资者造成损失的，应当依法承担赔偿责任。

(三)虚假陈述行为

1. 虚假陈述行为的含义

虚假陈述行为,是指行为人编造、传播虚假信息或者误导性信息,扰乱证券市场的行为。

2. 禁止进行虚假陈述的行为

禁止任何单位和个人编造、传播虚假信息或者误导性信息,扰乱证券市场。禁止证券交易场所、证券公司、证券登记结算机构、证券服务机构及其从业人员,证券业协会、证券监督管理机构及其工作人员,在证券交易活动中作出虚假陈述或者信息误导。

各种传播媒介传播证券市场信息必须真实、客观,禁止误导。传播媒介及其从事证券市场信息报道的工作人员不得从事与其工作职责发生利益冲突的证券买卖。

编造、传播虚假信息或者误导性信息,扰乱证券市场,给投资者造成损失的,应当依法承担赔偿责任。

(四)欺诈客户行为

1. 欺诈客户行为的含义

欺诈客户行为,是指证券公司及其从业人员在证券交易中违背客户真实意愿,侵害客户利益的行为。

2. 禁止进行欺诈客户的行为

禁止证券公司及其从业人员从事下列损害客户利益的行为:(1)违背客户的委托为其买卖证券;(2)不在规定时间内向客户提供交易的确认文件;(3)未经客户的委托,擅自为客户买卖证券,或者假借客户的名义买卖证券;(4)为牟取佣金收入,诱使客户进行不必要的证券买卖;(5)其他违背客户真实意思表示,损害客户利益的行为。

欺诈客户给客户造成损失的,应当依法承担赔偿责任。

(五)其他被禁止的证券交易行为

除上述情形外,其他被禁止的证券交易行为主要包括:任何单位和个人违反规定出借自己的证券账户或者借用他人的证券账户从事证券交易,资金违规流入股市,投资者违规利用财政资金、银行信贷资金买卖证券。

证券交易所、证券公司、证券登记结算机构、证券服务机构及其从业人员对证券交易中发现的禁止的交易行为,应当及时向证券监督管理机构报告。

第四节　上市公司收购

一、上市公司收购的概念

上市公司收购，是指收购人通过证券交易所的股份交易持有一个上市公司的股份达到一定比例，或通过其他途径控制一个上市公司的股份达到一定程度，从而获得或者可能获得对其实际控制权的行为。上市公司收购对于提高企业资本营运能力，推进企业的规模化发展，调整和优化企业组织结构和产业结构，推动社会资源的优化配置，具有十分重要的意义。

二、上市公司收购的方式

《证券法》第62条规定，投资者可以采取要约收购、协议收购及其他合法方式收购上市公司。

（一）要约收购

要约收购，是指收购人为取得或巩固对目标公司的控制权，通过向目标公司的全体股东公开发出购买其持有的该公司股份的要约方式进行的收购。要约收购分为强制要约收购和自愿要约收购。

通过证券交易所的证券交易，投资者持有或者通过协议、其他安排与他人共同持有一个上市公司已发行的有表决权股份达到30%时，继续进行收购的，应当依法向该上市公司所有股东发出收购上市公司全部或者部分股份的要约。收购上市公司部分股份的要约应当约定，被收购公司股东承诺出售的股份数额超过预定收购的股份数额的，收购人按比例进行收购。

依照上述规定发出收购要约，收购人必须公告上市公司收购报告书，并载明下列事项：(1)收购人的名称、住所；(2)收购人关于收购的决定；(3)被收购的上市公司名称；(4)收购目的；(5)收购股份的详细名称和预定收购的股份数额；(6)收购期限、收购价格；(7)收购所需资金额及资金保证；(8)公告上市公司收购报告书时持有被收购公司股份数占该公司已发行的股份总数的比例。

收购要约约定的收购期限不得少于30日，并不得超过60日。在收购要约确定的承诺期限内，收购人不得撤销其收购要约。

收购人需要变更收购要约的，应当及时公告，载明具体变更事项，且不得存在下列情形：(1)降低收购价格；(2)减少预定收购股份数额；(3)缩短收购期限；(4)国务院证券监督管理机构规定的其他情形。

收购要约提出的各项收购条件，适用于被收购公司的所有股东。但是，上市公司发行不同种类股份的，收购人可以针对不同种类股份提出不同的收购条件。

采取要约收购方式的,收购人在收购期限内,不得卖出被收购公司的股票,也不得采取要约规定以外的形式和超出要约的条件买入被收购公司的股票。

(二)协议收购

协议收购,是指收购人在证券交易所之外,通过与目标公司股东协商一致达成协议,受让其持有股份所进行的上市公司收购。

采取协议收购方式的,收购人可以依照法律、行政法规的规定同被收购公司的股东以协议方式进行股份转让。以协议方式收购上市公司时,达成协议后,收购人必须在3日内将该收购协议向国务院证券监督管理机构及证券交易所作出书面报告,并予公告。在公告前不得履行收购协议。

采取协议收购方式的,协议双方可以临时委托证券登记结算机构保管协议转让的股票,并将资金存放于指定的银行。

采取协议收购方式的,收购人收购或者通过协议、其他安排与他人共同收购一个上市公司已发行的有表决权股份达到30%时,继续进行收购的,应当依法向该上市公司所有股东发出收购上市公司全部或者部分股份的要约。但是,按照国务院证券监督管理机构的规定免除发出要约的除外。

三、上市公司收购的信息披露

通过证券交易所的证券交易,投资者持有或者通过协议、其他安排与他人共同持有一个上市公司已发行的有表决权股份达到5%时,应当在该事实发生之日起3日内,向国务院证券监督管理机构、证券交易所作出书面报告,通知该上市公司,并予公告,在上述期限内不得再行买卖该上市公司的股票,但国务院证券监督管理机构规定的情形除外。投资者持有或者通过协议、其他安排与他人共同持有一个上市公司已发行的有表决权股份达到5%后,其所持该上市公司已发行的有表决权股份比例每增加或者减少5%,应当依照前款规定进行报告和公告,在该事实发生之日起至公告后3日内,不得再行买卖该上市公司的股票,但国务院证券监督管理机构规定的情形除外。违反上述规定买入上市公司有表决权的股份的,在买入后的36个月内,对该超过规定比例部分的股份不得行使表决权。

投资者持有或者通过协议、其他安排与他人共同持有一个上市公司已发行的有表决权股份达到5%后,其所持该上市公司已发行的有表决权股份比例每增加或者减少1%,应当在该事实发生的次日通知该上市公司,并予公告。

依照上述规定所作的公告,应当包括下列内容:(1)持股人的名称、住所;(2)持有的股票的名称、数额;(3)持股达到法定比例或者持股增减变化达到法定比例的日期、增持股份的资金来源;(4)在上市公司中拥有有表决权的股份变动的时间及方式。

四、上市公司收购后有关事项的处理

收购行为完成后,收购人与被收购公司合并,并将该公司解散的,被解散公司的原有股票由收购人依法更换。

收购行为完成后,收购人应当在 15 日内将收购情况报告国务院证券监督管理机构和证券交易所,并予公告。

此外,在上市公司收购中,收购人持有的被收购的上市公司的股票,在收购行为完成后的 18 个月内不得转让。

第五节 信息披露

一、信息披露的概念

信息披露,又称信息公开,是指证券发行人或上市公司依法将其财务、经营等情况向证券监管机构报告,并以公告方式告知投资者的行为。

二、信息披露的基本要求

《证券法》第 78 条规定:发行人及法律、行政法规和国务院证券监督管理机构规定的其他信息披露义务人,应当及时依法履行信息披露义务。信息披露义务人披露的信息,应当真实、准确、完整,简明清晰,通俗易懂,不得有虚假记载、误导性陈述或者重大遗漏。证券同时在境内境外公开发行、交易的,其信息披露义务人在境外披露的信息,应当在境内同时披露。

信息披露义务人披露的信息应当同时向所有投资者披露,不得提前向任何单位和个人泄露。但是,法律、行政法规另有规定的除外。任何单位和个人不得非法要求信息披露义务人提供依法需要披露但尚未披露的信息。任何单位和个人提前获知的前述信息,在依法披露前应当保密。

发行人的董事、监事和高级管理人员应当保证发行人及时、公平地披露信息,所披露的信息真实、准确、完整。董事、监事和高级管理人员无法保证证券发行文件和定期报告内容的真实性、准确性、完整性或者有异议的,应当在书面确认意见中发表意见并陈述理由,发行人应当披露。发行人不予披露的,董事、监事和高级管理人员可以直接申请披露。

信息披露义务人未按照规定披露信息,或者公告的证券发行文件、定期报告、临时报告及其他信息披露资料存在虚假记载、误导性陈述或者重大遗漏,致使投资者在证券交易中遭受损失的,信息披露义务人应当承担赔偿责任;发行人的控股股东、实际控制人、董事、监事、高级管理人员和其他直接责任人员以及保荐人、承销的证券公司及其直接责任人员,应当与发行人承担连带赔偿责任,但是能够证明自己没有过错的除外。

三、信息披露的种类

(一)定期信息披露与临时信息披露

1. 定期信息披露。上市公司、公司债券上市交易的公司、股票在国务院批准的其他全国性证券交易场所交易的公司,应当按照国务院证券监督管理机构和证券交易场所规定的内容和格式编制定期报告,并按照以下规定报送和公告:(1)在每一会计年度结束之日起4个月内,报送并公告年度报告,其中的年度财务会计报告应当经符合《证券法》规定的会计师事务所审计;(2)在每一会计年度的上半年结束之日起2个月内,报送并公告中期报告。

2. 临时信息披露。发生可能对上市公司、股票在国务院批准的其他全国性证券交易场所交易的公司的股票交易价格产生较大影响的重大事件,投资者尚未得知时,公司应当立即将有关该重大事件的情况向国务院证券监督管理机构和证券交易场所报送临时报告,并予公告,说明事件的起因、目前的状态和可能产生的法律后果。上述重大事件包括:(1)公司的经营方针和经营范围的重大变化;(2)公司的重大投资行为,公司在1年内购买、出售重大资产超过公司资产总额30%,或者公司营业用主要资产的抵押、质押、出售或者报废一次超过该资产的30%;(3)公司订立重要合同、提供重大担保或者从事关联交易,可能对公司的资产、负债、权益和经营成果产生重要影响;(4)公司发生重大债务和未能清偿到期重大债务的违约情况;(5)公司发生重大亏损或者重大损失;(6)公司生产经营的外部条件发生的重大变化;(7)公司的董事、1/3以上监事或者经理发生变动,董事长或者经理无法履行职责;(8)持有公司5%以上股份的股东或者实际控制人持有股份或者控制公司的情况发生较大变化,公司的实际控制人及其控制的其他企业从事与公司相同或者相似业务的情况发生较大变化;(9)公司分配股利、增资的计划,公司股权结构的重要变化,公司减资、合并、分立、解散及申请破产的决定,或者依法进入破产程序、被责令关闭;(10)涉及公司的重大诉讼、仲裁,股东大会、董事会决议被依法撤销或者宣告无效;(11)公司涉嫌犯罪被依法立案调查,公司的控股股东、实际控制人、董事、监事、高级管理人员涉嫌犯罪被依法采取强制措施;(12)国务院证券监督管理机构规定的其他事项。公司的控股股东或者实际控制人对重大事件的发生、进展产生较大影响的,应当及时将其知悉的有关情况书面告知公司,并配合公司履行信息披露义务。

发生可能对上市交易公司债券的交易价格产生较大影响的重大事件,投资者尚未得知时,公司应当立即将有关该重大事件的情况向国务院证券监督管理机构和证券交易场所报送临时报告,并予公告,说明事件的起因、目前的状态和可能产生的法律后果。上述重大事件包括:(1)公司股权结构或者生产经营状况发生重大变化;(2)公司债券信用评级发生变化;(3)公司重大资产抵押、质押、出售、转让、报废;(4)公司发生未能清偿到期债务的情况;(5)公司新增借款或者对外提供担保超过上年末净资产的20%;(6)公司放弃债权或者财产超过上年末净资产的10%;(7)公司发生超过上年末净资产10%的重大损失;(8)公司分配股利,作出减资、合并、分立、解散及申请破产的决定,或者依法进入破产程序、被责令关闭;(9)涉及公司的重大诉讼、仲裁;(10)公司涉嫌犯罪被依法立案调查,公司的控股股东、实际控制人、董事、监事、高级管理人员涉嫌犯罪被依法采取强制措施;(11)国务院证券监督管理机构规定的其他事项。

(二)强制信息披露与自愿信息披露

1. 强制信息披露。前述定期和临时信息披露以及上市公司收购中的信息披露均属于强制信息披露。信息披露义务人应当依法及时、真实、准确、完整地披露信息。此外，发行人及其控股股东、实际控制人、董事、监事、高级管理人员等作出公开承诺的，也应当披露。不履行承诺给投资者造成损失的，应当依法承担赔偿责任。

2. 自愿信息披露。除依法需要披露的信息之外，信息披露义务人可以自愿披露与投资者作出价值判断和投资决策有关的信息，但不得与依法披露的信息相冲突，不得误导投资者。

四、信息披露的方式或途径

依法披露的信息，应当在证券交易场所的网站和符合国务院证券监督管理机构规定条件的媒体发布，同时将其置备于公司住所、证券交易场所，供社会公众查阅。

五、信息披露的监督管理

国务院证券监督管理机构对信息披露义务人的信息披露行为进行监督管理。

证券交易场所应当对其组织交易的证券的信息披露义务人的信息披露行为进行监督，督促其依法及时、准确地披露信息。

第六节　投资者保护

2019 年修订的《证券法》增设了“投资者保护”专章的内容，对于加强证券投资者保护具有重要的现实意义。

一、投资者适当性管理义务

证券公司向投资者销售证券、提供服务时，应当按照规定充分了解投资者的基本情况、财产状况、金融资产状况、投资知识和经验、专业能力等相关信息；如实说明证券、服务的重要内容，充分揭示投资风险；销售、提供与投资者上述状况相匹配的证券、服务。投资者在购买证券或者接受服务时，应当按照证券公司明示的要求提供前述真实信息。拒绝提供或者未按照要求提供信息的，证券公司应当告知其后果，并按照规定拒绝向其销售证券、提供服务。证券公司违反上述规定导致投资者损失的，应当承担相应的赔偿责任。

根据财产状况、金融资产状况、投资知识和经验、专业能力等因素，投资者可以分为普通投资者和专业投资者。专业投资者的标准由国务院证券监督管理机构规定。普通投资者与证券公司发生纠纷的，证券公司应当证明其行为符合法律、行政法规以及国务院证券监督管理机构的规定，不存在误导、欺诈等情形。证券公司不能证明的，应当承担相应的赔偿责任。

二、征集并代为行使股东权

上市公司董事会、独立董事、持有 1% 以上有表决权股份的股东或者依照法律、行政法规或者国务院证券监督管理机构的规定设立的投资者保护机构(以下简称投资者保护机构),可以作为征集人,自行或者委托证券公司、证券服务机构,公开请求上市公司股东委托其代为出席股东大会,并代为行使提案权、表决权等股东权利。依照上述规定征集股东权利的,征集人应当披露征集文件,上市公司应当予以配合。

禁止以有偿或者变相有偿的方式公开征集股东权利。

公开征集股东权利违反法律、行政法规或者国务院证券监督管理机构有关规定,导致上市公司或者其股东遭受损失的,应当依法承担赔偿责任。

三、现金股利分配

上市公司应当在章程中明确分配现金股利的具体安排和决策程序,依法保障股东的资产收益权。

上市公司当年税后利润,在弥补亏损及提取法定公积金后有盈余的,应当按照公司章程的规定分配现金股利。

四、公司债券托管

公开发行公司债券的,发行人应当为债券持有人聘请债券受托管理人,并订立债券受托管理协议。受托管理人应当由本次发行的承销机构或者其他经国务院证券监督管理机构认可的机构担任,债券持有人会议可以决议变更债券受托管理人。债券受托管理人应当勤勉尽责,公正履行受托管理职责,不得损害债券持有人利益。

债券发行人未能按期兑付债券本息的,债券受托管理人可以接受全部或者部分债券持有人的委托,以自己名义代表债券持有人提起、参加民事诉讼或者清算程序。

五、证券投资纠纷解决的特殊规则

1. 投资者损失先行赔付规则。发行人因欺诈发行、虚假陈述或者其他重大违法行为给投资者造成损失的,发行人的控股股东、实际控制人、相关的证券公司可以委托投资者保护机构,就赔偿事宜与受到损失的投资者达成协议,予以先行赔付。先行赔付后,可以依法向发行人以及其他连带责任人追偿。

2. 强制调解规则。投资者与发行人、证券公司等发生纠纷的,双方可以向投资者保护机构申请调解。普通投资者与证券公司发生证券业务纠纷,普通投资者提出调解请求的,证券公司不得拒绝。

3. 投资者保护机构支持起诉与直接诉讼规则。投资者保护机构对损害投资者利益的行为,可以依法支持投资者向人民法院提起诉讼。

发行人的董事、监事、高级管理人员执行公司职务时违反法律、行政法规或者公司章程的规定给公司造成损失,发行人的控股股东、实际控制人等侵犯公司合法权益给公司造成损失,投资者保护机构持有该公司股份的,可以为公司的利益以自己的名义向人民法院提起诉讼,持股比例和持股期限不受《公司法》规定的限制。

4. 代表人诉讼规则。投资者提起虚假陈述等证券民事赔偿诉讼时,诉讼标的是同一种类，且当事人一方人数众多的，可以依法推选代表人进行诉讼。对按照上述规定提起的诉讼，可能存在有相同诉讼请求的其他众多投资者的，人民法院可以发出公告，说明该诉讼请求的案件情况，通知投资者在一定期间向人民法院登记。人民法院作出的判决、裁定，对参加登记的投资者发生效力。

投资者保护机构受50名以上投资者委托，可以作为代表人参加诉讼，并为经证券登记结算机构确认的权利人依照前款规定向人民法院登记，但投资者明确表示不愿意参加该诉讼的除外。

第七节　证券交易场所

一、证券交易场所的设立、变更和解散

证券交易所、国务院批准的其他全国性证券交易场所的设立、变更和解散由国务院决定。

设立证券交易所必须制定章程。证券交易所章程的制定和修改，必须经国务院证券监督管理机构批准。证券交易所必须在其名称中标明证券交易所字样。其他任何单位或者个人不得使用证券交易所或者近似的名称。

证券交易所、国务院批准的其他全国性证券交易场所可以根据证券品种、行业特点、公司规模等因素设立不同的市场层次。

二、证券交易所的种类

证券交易所分为会员制和公司制两种类型。

1. 会员制证券交易所。会员制证券交易所，是指不以营利为目的，为证券集中交易提供场所和设施，组织和监督证券交易，实行自律管理的非营利法人。进入实行会员制的证券交易所参与集中交易的，必须是证券交易所的会员。实行会员制的证券交易所的财产积累归会员所有，其权益由会员共同享有，在其存续期间，不得将其财产积累分配给会员。上海证券交易所和深圳证券交易所均为会员制证券交易所。

2. 公司制证券交易所。公司制证券交易所，是由股东出资成立、以营利为目的，为证券集中交易提供场所和设施，组织和监督证券交易，实行自律管理的营利法人。北京证券交易所是经国务院批准设立的中国第一家公司制证券交易所，受证监会监督管理。

三、证券交易所的职责

1. 证券交易所依照法律、行政法规和国务院证券监督管理机构的规定，制定上市规则、交易规则、会员管理规则和其他有关业务规则，并报国务院证券监督管理机构批准。

2. 证券交易所应当为组织公平的集中交易提供保障，实时公布证券交易即时行情，并按交易日制作证券市场行情表，予以公布。

证券交易所可以自行支配的各项费用收入,应当首先用于保证其证券交易场所和设施的正常运行并逐步改善。

证券交易所履行自律管理职能,应当遵守社会公共利益优先原则,维护市场的公平、有序、透明。

3. 实时监控证券交易,依法依规采取限制交易处置措施。

证券交易所可以按照业务规则的规定,决定上市交易股票的停牌或者复牌。

因不可抗力、意外事件、重大技术故障、重大人为差错等突发性事件而影响证券交易正常进行时,为维护证券交易正常秩序和市场公平,证券交易所可以按照业务规则采取技术性停牌、临时停市等处置措施,并应当及时向国务院证券监督管理机构报告。因上述突发性事件导致证券交易结果出现重大异常,按交易结果进行交收将对证券交易正常秩序和市场公平造成重大影响的,证券交易所按照业务规则可以采取取消交易、通知证券登记结算机构暂缓交收等措施,并应当及时向国务院证券监督管理机构报告并公告。证券交易所对其依照规定采取措施造成的损失,不承担民事赔偿责任,但存在重大过错的除外。。

证券交易所对证券交易实行实时监控,并按照国务院证券监督管理机构的要求,对异常的交易情况提出报告。证券交易所根据需要,可以按照业务规则对出现重大异常交易情况的证券账户的投资者限制交易,并及时报告国务院证券监督管理机构。

证券交易所应当加强对证券交易的风险监测,出现重大异常波动的,证券交易所可以按照业务规则采取限制交易、强制停牌等处置措施,并向国务院证券监督管理机构报告;严重影响证券市场稳定的,证券交易所可以按照业务规则采取临时停市等处置措施并公告。证券交易所对其依照规定采取措施造成的损失,不承担民事赔偿责任,但存在重大过错的除外。

4. 依法设立、管理风险基金。证券交易所应当从其收取的交易费用和会员费、席位费中提取一定比例的金额设立风险基金。风险基金由证券交易所理事会管理。证券交易所应当将收存的风险基金存入开户银行专门账户,不得擅自使用。

四、证券交易规则

1. 进入实行会员制的证券交易所参与集中交易的,必须是证券交易所的会员。会员制证券交易所不得允许非会员直接参与股票的集中交易。

2. 投资者应当与证券公司签订证券交易委托协议,并在证券公司实名开立账户,以书面、电话、自助终端、网络等方式,委托该证券公司代其买卖证券。

3. 证券公司不得将投资者的账户提供给他人使用。投资者应当使用实名开立的账户进行交易。

4. 证券公司根据投资者的委托,按照证券交易规则提出交易申报,参与证券交易所场内的集中交易,并根据成交结果承担相应的清算交收责任。证券登记结算机构根据成交结果,按照清算交收规则,与证券公司进行证券和资金的清算交收,并为证券公司客户办理证券的登记过户手续。

5. 证券交易所的负责人和其他从业人员执行与证券交易有关的职务时,与其本人或者其亲属有利害关系的,应当回避。

6. 按照依法制定的交易规则进行的交易,不得改变其交易结果,但因突发性事件,证券交易所按照业务规则采取取消交易、通知证券登记结算机构暂缓交收等措施的除外。对交易中违规交易者应负的民事责任不得免除;在违规交易中所获利益,依照有关规定处理。

7. 在证券交易所从事证券交易,应当遵守证券交易所依法制定的业务规则。违反业务规则的,由证券交易所给予纪律处分或者采取其他自律管理措施。

第八节 证券公司、证券登记结算与服务机构

一、证券公司

(一)证券公司的设立

1. 设立证券公司的条件。设立证券公司,应当具备下列条件,并经国务院证券监督管理机构批准:(1)有符合法律、行政法规规定的公司章程;(2)主要股东及公司的实际控制人具有良好的财务状况和诚信记录,最近3年无重大违法违规记录;(3)有符合《证券法》规定的公司注册资本;(4)董事、监事、高级管理人员、从业人员符合《证券法》规定的条件;(5)有完善的风险管理与内部控制制度;(6)有合格的经营场所、业务设施和信息技术系统;(7)法律、行政法规和经国务院批准的国务院证券监督管理机构规定的其他条件。

证券公司经营证券经纪、证券投资咨询以及与证券交易、证券投资活动有关的财务顾问业务的,注册资本最低限额为人民币5000万元。证券公司经营证券承销与保荐、证券融资融券、证券做市交易、证券自营以及其他证券业务之一的,注册资本最低限额为人民币1亿元;经营上述业务中两项以上的,注册资本最低限额为人民币5亿元。

证券公司的注册资本应当是实缴资本。

2. 证券公司设立申请的审批。国务院证券监督管理机构应当自受理证券公司设立申请之日起6个月内,依照法定条件和法定程序并根据审慎监管原则进行审查,作出批准或者不予批准的决定,并通知申请人;不予批准的,应当说明理由。未经国务院证券监督管理机构批准,任何单位和个人不得以证券公司名义开展证券业务活动。

3. 证券公司的设立登记。证券公司设立申请获得批准的,申请人应当在规定的期限内向公司登记机关申请设立登记,领取营业执照。

4. 证券公司申请经营证券业务许可证。证券公司应当自领取营业执照之日起15日内,向国务院证券监督管理机构申请经营证券业务许可证。未取得经营证券业务许可证,证券公司不得经营证券业务。

(二)证券公司的业务范围

经国务院证券监督管理机构核准,取得经营证券业务许可证,证券公司可以经营下列

部分或者全部证券业务:(1)证券经纪;(2)证券投资咨询;(3)与证券交易、证券投资活动有关的财务顾问;(4)证券承销与保荐;(5)证券融资融券;(6)证券做市交易;(7)证券自营;(8)其他证券业务。

国务院证券监督管理机构应当自受理上述事项申请之日起3个月内,依照法定条件和程序进行审查,作出核准或者不予核准的决定,并通知申请人;不予核准的,应当说明理由。

证券公司经营证券资产管理业务的,应当符合《证券投资基金法》等法律、行政法规的规定。

除证券公司外,任何单位和个人不得从事证券承销、证券保荐、证券经纪和证券融资融券业务。

证券公司变更证券业务范围,变更主要股东或者公司的实际控制人,合并、分立、停业、解散、破产,应当经国务院证券监督管理机构核准。

(三)证券公司的业务规则

1. 证券公司从事证券融资融券业务,应当采取措施,严格防范和控制风险,不得违反规定向客户出借资金或者证券。证券公司除依照规定为其客户提供融资融券外,不得为其股东或者股东的关联人提供融资或者担保。

2. 证券公司应当建立健全内部控制制度,采取有效隔离措施,防范公司与客户之间、不同客户之间的利益冲突。证券公司必须将其证券经纪业务、证券承销业务、证券自营业务、证券做市业务和证券资产管理业务分开办理,不得混合操作。

3. 证券公司的自营业务必须以自己的名义进行,不得假借他人名义或者以个人名义进行。证券公司的自营业务必须使用自有资金和依法筹集的资金。证券公司不得将其自营账户借给他人使用。

4. 证券公司应当依法审慎经营,勤勉尽责,诚实守信。证券公司的业务活动,应当与其治理结构、内部控制、合规管理、风险管理以及风险控制指标、从业人员构成等情况相适应,符合审慎监管和保护投资者合法权益的要求。证券公司依法享有自主经营的权利,其合法经营不受干涉。

5. 证券公司客户的交易结算资金应当存放在商业银行,以每个客户的名义单独立户管理。证券公司不得将客户的交易结算资金和证券归入其自有财产。禁止任何单位或者个人以任何形式挪用客户的交易结算资金和证券。证券公司破产或者清算时,客户的交易结算资金和证券不属于其破产财产或者清算财产。非因客户本身的债务或者法律规定的其他情形,不得查封、冻结、扣划或者强制执行客户的交易结算资金和证券。

6. 证券公司办理经纪业务,不得接受客户的全权委托而决定证券买卖、选择证券种类、决定买卖数量或者买卖价格。证券公司办理经纪业务,应当置备统一制定的证券买卖委托书,供委托人使用。采取其他委托方式的,必须作出委托记录。客户的证券买卖委托,不论是否成交,其委托记录应当按照规定的期限,保存于证券公司。

7. 证券公司不得允许他人以证券公司的名义直接参与证券的集中交易。证券公司的从业人员不得私下接受客户委托买卖证券。

8. 证券公司不得对客户证券买卖的收益或者赔偿证券买卖的损失作出承诺。

9. 证券公司接受证券买卖的委托,应当根据委托书载明的证券名称、买卖数量、出价方式、价格幅度等,按照交易规则代理买卖证券,如实进行交易记录;买卖成交后,应当按照规定制作买卖成交报告单交付客户。证券交易中确认交易行为及其交易结果的对账单必须真实,保证账面证券余额与实际持有的证券相一致。

10. 证券公司应当建立客户信息查询制度,确保客户能够查询其账户信息、委托记录、交易记录以及其他与接受服务或者购买产品有关的重要信息。证券公司应当妥善保存客户开户资料、委托记录、交易记录和与内部管理、业务经营有关的各项信息,任何人不得隐匿、伪造、篡改或者毁损。上述信息的保存期限不得少于20年。

(四)证券公司的监督管理

1. 证券公司应当按照规定向国务院证券监督管理机构报送业务、财务等经营管理信息和资料。国务院证券监督管理机构有权要求证券公司及其主要股东、实际控制人在指定的期限内提供有关信息、资料。证券公司及其主要股东、实际控制人向国务院证券监督管理机构报送或者提供的信息、资料,必须真实、准确、完整。

2. 国务院证券监督管理机构认为有必要时,可以委托会计师事务所、资产评估机构对证券公司的财务状况、内部控制状况、资产价值进行审计或者评估。具体办法由国务院证券监督管理机构会同有关主管部门制定。

3. 证券公司的治理结构、合规管理、风险控制指标不符合规定的,国务院证券监督管理机构应当责令其限期改正;逾期未改正,或者其行为严重危及该证券公司的稳健运行、损害客户合法权益的,国务院证券监督管理机构可以区别情形,对其采取下列措施:(1)限制业务活动,责令暂停部分业务,停止核准新业务;(2)限制分配红利,限制向董事、监事、高级管理人员支付报酬、提供福利;(3)限制转让财产或者在财产上设定其他权利;(4)责令更换董事、监事、高级管理人员或者限制其权利;(5)撤销有关业务许可;(6)认定负有责任的董事、监事、高级管理人员为不适当人选;(7)责令负有责任的股东转让股权,限制负有责任的股东行使股东权利。

证券公司整改后,应当向国务院证券监督管理机构提交报告。国务院证券监督管理机构经验收,治理结构、合规管理、风险控制指标符合规定的,应当自验收完毕之日起3日内解除对其采取的前述有关限制措施。

4. 证券公司的股东有虚假出资、抽逃出资行为的,国务院证券监督管理机构应当责令其限期改正,并可责令其转让所持证券公司的股权。在股东按照要求改正违法行为、转让所持证券公司的股权前,国务院证券监督管理机构可以限制其股东权利。

5. 证券公司的董事、监事、高级管理人员未能勤勉尽责,致使证券公司存在重大违法违规行为或者重大风险的,国务院证券监督管理机构可以责令证券公司予以更换。

6. 证券公司违法经营或者出现重大风险,严重危害证券市场秩序、损害投资者利益的,国务院证券监督管理机构可以对该证券公司采取责令停业整顿、指定其他机构托管、接管或者撤销等监管措施。

7. 在证券公司被责令停业整顿、被依法指定托管、接管或者清算期间,或者出现重大风险时,经国务院证券监督管理机构批准,可以对该证券公司直接负责的董事、监事、高级管理人员和其他直接责任人员采取以下措施:(1)通知出境入境管理机关依法阻止其出境;(2)申请司法机关禁止其转移、转让或者以其他方式处分财产,或者在财产上设定其他权利。

二、证券登记结算机构

证券登记结算机构为证券交易提供集中登记、存管与结算服务,不以营利为目的,依法登记,取得法人资格。

(一)证券登记结算机构的设立与解散

1. 设立证券登记结算机构的条件。设立证券登记结算机构,应当具备下列条件:(1)自有资金不少于人民币 2 亿元;(2)具有证券登记、存管和结算服务所必需的场所和设施;(3)国务院证券监督管理机构规定的其他条件。证券登记结算机构的名称中应当标明证券登记结算字样。

2. 证券登记结算机构设立申请的审批。设立证券登记结算机构必须经国务院证券监督管理机构批准。

3. 证券登记结算机构申请解散,应当经国务院证券监督管理机构批准。

(二)证券登记结算机构的职能

证券登记结算机构履行下列职能:(1)证券账户、结算账户的设立;(2)证券的存管和过户;(3)证券持有人名册登记;(4)证券交易的清算和交收;(5)受发行人的委托派发证券权益;(6)办理与上述业务有关的查询、信息服务;(7)国务院证券监督管理机构批准的其他业务。

(三)证券登记结算机构的业务规则

证券登记结算机构应当依法制定章程和业务规则,并经国务院证券监督管理机构批准。证券登记结算业务参与人应当遵守证券登记结算机构制定的业务规则。

1. 在证券交易所和国务院批准的其他全国性证券交易场所交易的证券的登记结算,应当采取全国集中统一的运营方式。其他证券的登记、结算可以委托证券登记结算机构或者其他依法从事证券登记、结算业务的机构办理。

2. 在证券交易所或者国务院批准的其他全国性证券交易场所交易的证券,应当全部存管在证券登记结算机构。证券登记结算机构不得挪用客户的证券。

3. 证券登记结算机构应当向证券发行人提供证券持有人名册及有关资料。证券登记结算机构应当根据证券登记结算的结果,确认证券持有人持有证券的事实,提供证券持有人登记资料。证券登记结算机构应当保证证券持有人名册和登记过户记录真实、准确、完整,不得隐匿、伪造、篡改或者毁损。

4. 证券登记结算机构应当采取下列措施保证业务的正常进行:(1)具有必备的服务设备和完善的数据安全保护措施;(2)建立完善的业务、财务和安全防范等管理制度;(3)建立完善的风险管理系统。

5. 证券登记结算机构应当妥善保存登记、存管和结算的原始凭证及有关文件和资料。其保存期限不得少于20年。

6. 证券登记结算机构应当设立证券结算风险基金,用于垫付或者弥补因违约交收、技术故障、操作失误、不可抗力造成的证券登记结算机构的损失。证券结算风险基金从证券登记结算机构的业务收入和收益中提取,并可以由结算参与人按照证券交易业务量的一定比例缴纳。证券结算风险基金应当存入指定银行的专门账户,实行专项管理。证券登记结算机构以证券结算风险基金赔偿后,应当向有关责任人追偿。

7. 投资者委托证券公司进行证券交易,应当通过证券公司申请在证券登记结算机构开立证券账户。证券登记结算机构应当按照规定为投资者开立证券账户。

投资者申请开立账户,应当持有证明中华人民共和国公民、法人、合伙企业身份的合法证件。国家另有规定的除外。

8. 证券登记结算机构作为中央对手方提供证券结算服务的,是结算参与人共同的清算交收对手,进行净额结算,为证券交易提供集中履约保障。证券登记结算机构为证券交易提供净额结算服务时,应当要求结算参与人按照货银对付的原则,足额交付证券和资金,并提供交收担保。在交收完成之前,任何人不得动用用于交收的证券、资金和担保物。结算参与人未按时履行交收义务的,证券登记结算机构有权按照业务规则处理上述财产。

9. 证券登记结算机构按照业务规则收取的各类结算资金和证券,必须存放于专门的清算交收账户,只能按业务规则用于已成交的证券交易的清算交收,不得被强制执行。

三、证券服务机构

(一)证券服务机构的范围

证券服务机构,包括会计师事务所、律师事务所以及从事证券投资咨询、资产评估、资信评级、财务顾问、信息技术系统服务的证券服务机构。

(二)证券服务业务的核准与备案

从事证券投资咨询服务业务,应当经国务院证券监督管理机构核准;未经核准,不得为证券的交易及相关活动提供服务。从事其他证券服务业务,应当报国务院证券监督管理机构和国务院有关主管部门备案。

(三)证券服务机构的业务规则

1. 会计师事务所、律师事务所以及从事证券投资咨询、资产评估、资信评级、财务顾问、信息技术系统服务的证券服务机构,应当勤勉尽责、恪尽职守,按照相关业务规则为证券的交易及相关活动提供服务。

2. 证券投资咨询机构及其从业人员从事证券服务业务不得有下列行为:(1)代理委托

人从事证券投资;(2)与委托人约定分享证券投资收益或者分担证券投资损失;(3)买卖本证券投资咨询机构提供服务的证券;(4)法律、行政法规禁止的其他行为。有上述所列行为之一,给投资者造成损失的,应当依法承担赔偿责任。

3. 证券服务机构应当妥善保存客户委托文件、核查和验证资料、工作底稿以及与质量控制、内部管理、业务经营有关的信息和资料,任何人不得泄露、隐匿、伪造、篡改或者毁损。上述信息和资料的保存期限不得少于10年,自业务委托结束之日起算。

4. 证券服务机构为证券的发行、上市、交易等证券业务活动制作、出具审计报告及其他鉴证报告、资产评估报告、财务顾问报告、资信评级报告或者法律意见书等文件,应当勤勉尽责,对所依据的文件资料内容的真实性、准确性、完整性进行核查和验证。其制作、出具的文件有虚假记载、误导性陈述或者重大遗漏,给他人造成损失的,应当与委托人承担连带赔偿责任,但是能够证明自己没有过错的除外。

第九节　证券监督管理机构和证券业协会

一、证券监督管理机构

(一)国务院证券监督管理机构的职责

国务院证券监督管理机构即证监会。

国务院证券监督管理机构依法对证券市场实行监督管理,维护证券市场公开、公平、公正,防范系统性风险,维护投资者合法权益,促进证券市场健康发展。

国务院证券监督管理机构在对证券市场实施监督管理中履行下列职责:(1)依法制定有关证券市场监督管理的规章、规则,并依法进行审批、核准、注册,办理备案;(2)依法对证券的发行、上市、交易、登记、存管、结算等行为,进行监督管理;(3)依法对证券发行人、证券公司、证券服务机构、证券交易场所、证券登记结算机构的证券业务活动,进行监督管理;(4)依法制定从事证券业务人员的行为准则,并监督实施;(5)依法监督检查证券发行、上市、交易的信息披露;(6)依法对证券业协会的自律管理活动进行指导和监督;(7)依法监测并防范、处置证券市场风险;(8)依法开展投资者教育;(9)依法对证券违法行为进行查处;(10)法律、行政法规规定的其他职责。

(二)国务院证券监督管理机构依法履行职责的措施

国务院证券监督管理机构依法履行职责,有权采取下列措施:(1)对证券发行人、证券公司、证券服务机构、证券交易场所、证券登记结算机构进行现场检查。(2)进入涉嫌违法行为发生场所调查取证。(3)询问当事人和与被调查事件有关的单位和个人,要求其对与被调查事件有关的事项作出说明;或者要求其按照指定的方式报送与被调查事件有关的文件和资料。(4)查阅、复制与被调查事件有关的财产权登记、通讯记录等文件和资料。

(5)查阅、复制当事人和与被调查事件有关的单位和个人的证券交易记录、登记过户记录、财务会计资料及其他相关文件和资料;对可能被转移、隐匿或者毁损的文件和资料,可以予以封存、扣押。(6)查询当事人和与被调查事件有关的单位和个人的资金账户、证券账户、银行账户以及其他具有支付、托管、结算等功能的账户信息,可以对有关文件和资料进行复制;对有证据证明已经或者可能转移或者隐匿违法资金、证券等涉案财产或者隐匿、伪造、毁损重要证据的,经国务院证券监督管理机构主要负责人或者其授权的其他负责人批准,可以冻结或者查封,期限为6个月;因特殊原因需要延长的,每次延长期限不得超过3个月,冻结、查封期限最长不得超过2年。(7)在调查操纵证券市场、内幕交易等重大证券违法行为时,经国务院证券监督管理机构主要负责人或者其授权的其他负责人批准,可以限制被调查的当事人的证券买卖,但限制的期限不得超过3个月;案情复杂的,可以延长3个月。(8)通知出境入境管理机关依法阻止涉嫌违法人员、涉嫌违法单位的主管人员和其他直接责任人员出境。

为防范证券市场风险,维护市场秩序,国务院证券监督管理机构可以采取责令改正、监管谈话、出具警示函等措施。

国务院证券监督管理机构对涉嫌证券违法的单位或者个人进行调查期间,被调查的当事人书面申请,承诺在国务院证券监督管理机构认可的期限内纠正涉嫌违法行为,赔偿有关投资者损失,消除损害或者不良影响的,国务院证券监督管理机构可以决定中止调查。被调查的当事人履行承诺的,国务院证券监督管理机构可以决定终止调查;被调查的当事人未履行承诺或者有国务院规定的其他情形的,应当恢复调查。具体办法由国务院规定。国务院证券监督管理机构决定中止或者终止调查的,应当按照规定公开相关信息。

国务院证券监督管理机构依法履行职责,进行监督检查或者调查,其监督检查、调查的人员不得少于2人,并应当出示合法证件和监督检查、调查通知书或者其他执法文书。监督检查、调查的人员少于2人或者未出示合法证件和监督检查、调查通知书或者其他执法文书的,被检查、调查的单位和个人有权拒绝。

国务院证券监督管理机构依法履行职责,发现证券违法行为涉嫌犯罪的,应当依法将案件移送司法机关处理;发现公职人员涉嫌职务违法或者职务犯罪的,应当依法移送监察机关处理。

二、证券业协会

(一)证券业协会的性质

证券业协会是证券业的自律性组织,是社会团体法人。中国证券业协会成立于1991年8月28日,是由证监会主管,依据《证券法》和《社会团体登记管理条例》的有关规定设立的证券业自律性组织,属于非营利性社会团体法人,接受证监会和民政部的业务指导和监督管理。

(二)证券业协会的职责

证券业协会履行下列职责:(1)教育和组织会员及其从业人员遵守证券法律、行政法规,组织开展证券行业诚信建设,督促证券行业履行社会责任;(2)依法维护会员的合法权益,向证券监督管理机构反映会员的建议和要求;(3)督促会员开展投资者教育和保护活动,维护投资者合法权益;(4)制定和实施证券行业自律规则,监督、检查会员及其从业人员行为,对违反法律、行政法规、自律规则或者协会章程的,按照规定给予纪律处分或者实施其他自律管理措施;(5)制定证券行业业务规范,组织从业人员的业务培训;(6)组织会员就证券行业的发展、运作及有关内容进行研究,收集整理、发布证券相关信息,提供会员服务,组织行业交流,引导行业创新发展;(7)对会员之间、会员与客户之间发生的证券业务纠纷进行调解;(8)证券业协会章程规定的其他职责。

第十节 违反证券法的法律责任

一、非法发行证券的法律责任

1. 违反《证券法》规定,擅自公开或者变相公开发行证券的,责令停止发行,退还所募资金并加算银行同期存款利息,处以非法所募资金金额5%以上50%以下的罚款;对擅自公开或者变相公开发行证券设立的公司,由依法履行监督管理职责的机构或者部门会同县级以上地方人民政府予以取缔。对直接负责的主管人员和其他直接责任人员给予警告,并处以50万元以上500万元以下的罚款。

2. 证券公司承销或者销售擅自公开发行或者变相公开发行的证券的,责令停止承销或者销售,没收违法所得,并处以违法所得1倍以上10倍以下的罚款;没有违法所得或者违法所得不足100万元的,处以100万元以上1000万元以下的罚款;情节严重的,并处暂停或者撤销相关业务许可。给投资者造成损失的,应当与发行人承担连带赔偿责任。对直接负责的主管人员和其他直接责任人员给予警告,并处以50万元以上500万元以下的罚款。

二、非法设立证券交易场所、经营机构,非法经营证券业务的法律责任

1. 非法开设证券交易场所的,由县级以上人民政府予以取缔,没收违法所得,并处以违法所得1倍以上10倍以下的罚款;没有违法所得或者违法所得不足100万元的,处以100万元以上1000万元以下的罚款。对直接负责的主管人员和其他直接责任人员给予警告,并处以20万元以上200万元以下的罚款。

2. 违反《证券法》规定,擅自设立证券公司、非法经营证券业务或者未经批准以证券公司名义开展证券业务活动的,责令改正,没收违法所得,并处以违法所得1倍以上10倍以下的罚款;没有违法所得或者违法所得不足100万元的,处以100万元以上1000万元以下的罚款。对直接负责的主管人员和其他直接责任人员给予警告,并处以20万元以上200万元以下的罚款。对擅自设立的证券公司,由国务院证券监督管理机构予以取缔。

3. 违反《证券法》规定,擅自设立证券登记结算机构的,由国务院证券监督管理机构予以取缔,没收违法所得,并处以违法所得1倍以上10倍以下的罚款;没有违法所得或者违法

所得不足50万元的,处以50万元以上500万元以下的罚款。对直接负责的主管人员和其他直接责任人员给予警告,并处以20万元以上200万元以下的罚款。

三、非法交易证券的法律责任

1. 违反《公司法》和其他法律规定,在限定转让的期限内转让证券,或者转让股票不符合法律、行政法规和国务院证券监督管理机构规定的,责令改正,给予警告,没收违法所得,并处以买卖证券等值以下的罚款。

2. 上市公司持有5%以上股份的股东、实际控制人、董事、监事、高级管理人员,以及其他持有发行人首次公开发行前发行的股份或者上市公司向特定对象发行的股份的股东,违反法律、行政法规和国务院证券监督管理机构关于持有期限、卖出时间、卖出数量、卖出方式、信息披露等规定,转让其持有的本公司股份的,责令改正,给予警告,没收违法所得,并处以买卖证券等值以下的罚款。

3. 证券交易场所、证券公司和证券登记结算机构的从业人员,证券监督管理机构的工作人员以及法律、行政法规规定禁止参与股票交易的其他人员,在任期或者法定限期内,违反规定,直接或者以化名、借他人名义持有、买卖股票或者其他具有股权性质的证券的,责令依法处理非法持有的股票、其他具有股权性质的证券,没收违法所得,并处以买卖证券等值以下的罚款;属于国家工作人员的,还应当依法给予处分。

4. 为证券发行出具审计报告或者法律意见书等文件的证券服务机构和人员违反规定买卖证券的,责令依法处理非法持有的证券,没收违法所得,并处以买卖证券等值以下的罚款。

5. 上市公司、股票在国务院批准的其他全国性证券交易场所交易的公司的董事、监事、高级管理人员、持有该公司5%以上股份的股东,违反规定买卖该公司股票或者其他具有股权性质的证券的,给予警告,并处以10万元以上100万元以下的罚款。

6. 证券交易所违反规定,允许非会员直接参与股票的集中交易的,责令改正,可以并处50万元以下的罚款。

7. 违反《证券法》规定,采取程序化交易影响证券交易所系统安全或者正常交易秩序的,责令改正,并处以50万元以上500万元以下的罚款。对直接负责的主管人员和其他直接责任人员给予警告,并处以10万元以上100万元以下的罚款。

四、从事证券法禁止的交易行为的法律责任

(一)从事内幕交易行为的法律责任

证券交易内幕信息的知情人或者非法获取内幕信息的人违反规定从事内幕交易的,责令依法处理非法持有的证券,没收违法所得,并处以违法所得1倍以上10倍以下的罚款;没有违法所得或者违法所得不足50万元的,处以50万元以上500万元以下的罚款。单位从事内幕交易的,还应当对直接负责的主管人员和其他直接责任人员给予警告,并处以20万元以上200万元以下的罚款。国务院证券监督管理机构工作人员从事内幕交易的,从重处罚。

违反规定,利用未公开信息进行交易的,依照上述规定处罚。

(二)从事操纵证券市场行为的法律责任

违反规定,操纵证券市场的,责令依法处理其非法持有的证券,没收违法所得,并处以违法所得1倍以上10倍以下的罚款;没有违法所得或者违法所得不足100万元的,处以100万元以上1000万元以下的罚款。单位操纵证券市场的,还应当对直接负责的主管人员和其他直接责任人员给予警告,并处以50万元以上500万元以下的罚款。

(三)从事虚假陈述行为的法律责任

违反规定,编造、传播虚假信息或者误导性信息,扰乱证券市场的,没收违法所得,并处以违法所得1倍以上10倍以下的罚款;没有违法所得或者违法所得不足20万元的,处以20万元以上200万元以下的罚款。

违反规定,在证券交易活动中作出虚假陈述或者信息误导的,责令改正,处以20万元以上200万元以下的罚款;属于国家工作人员的,还应当依法给予处分。

传播媒介及其从事证券市场信息报道的工作人员违反《证券法》规定,从事与其工作职责发生利益冲突的证券买卖的,没收违法所得,并处以买卖证券等值以下的罚款。

(四)从事欺诈客户行为的法律责任

证券公司及其从业人员违反规定,有损害客户利益的行为的,给予警告,没收违法所得,并处以违法所得1倍以上10倍以下的罚款;没有违法所得或者违法所得不足10万元的,处以10万元以上100万元以下的罚款;情节严重的,暂停或者撤销相关业务许可。

(五)出借、借用证券账户从事证券交易的法律责任

违反规定,出借自己的证券账户或者借用他人的证券账户从事证券交易的,责令改正,给予警告,可以处50万元以下的罚款。

五、发行人的其他违法行为的法律责任

1. 发行人在其公告的证券发行文件中隐瞒重要事实或者编造重大虚假内容,尚未发行证券的,处以200万元以上2000万元以下的罚款;已经发行证券的,处以非法所募资金金额10%以上1倍以下的罚款。对直接负责的主管人员和其他直接责任人员,处以100万元以上1000万元以下的罚款。

发行人的控股股东、实际控制人组织、指使从事前述违法行为的,没收违法所得,并处以违法所得10%以上1倍以下的罚款;没有违法所得或者违法所得不足2000万元的,处以200万元以上2000万元以下的罚款。对直接负责的主管人员和其他直接责任人员,处以100万元以上1000万元以下的罚款。

2. 发行人违反规定擅自改变公开发行证券所募集资金的用途的,责令改正,处以50万元以上500万元以下的罚款;对直接负责的主管人员和其他直接责任人员给予警告,并处以10万元以上100万元以下的罚款。

发行人的控股股东、实际控制人从事或者组织、指使从事前述违法行为的，给予警告，并处以50万元以上500万元以下的罚款；对直接负责的主管人员和其他直接责任人员，处以10万元以上100万元以下的罚款。

六、证券公司的其他违法行为的法律责任

1. 提交虚假证明文件或者采取其他欺诈手段骗取证券公司设立许可、业务许可或者重大事项变更核准的，撤销相关许可，并处以100万元以上1000万元以下的罚款。对直接负责的主管人员和其他直接责任人员给予警告，并处以20万元以上200万元以下的罚款。

2. 证券公司违反规定，进行虚假的或者误导投资者的广告宣传或者其他宣传推介活动，以不正当竞争手段招揽承销业务，或者有其他违反证券承销业务规定的行为的，责令改正，给予警告，没收违法所得，可以并处50万元以上500万元以下的罚款；情节严重的，暂停或者撤销相关业务许可。对直接负责的主管人员和其他直接责任人员给予警告，可以并处20万元以上200万元以下的罚款；情节严重的，并处以50万元以上500万元以下的罚款。

3. 证券公司违反规定未履行或者未按照规定履行投资者适当性管理义务的，责令改正，给予警告，并处以10万元以上100万元以下的罚款。对直接负责的主管人员和其他直接责任人员给予警告，并处以20万元以下的罚款。

4. 证券公司违反规定未对投资者开立账户提供的身份信息进行核对的，责令改正，给予警告，并处以5万元以上50万元以下的罚款。对直接负责的主管人员和其他直接责任人员给予警告，并处以10万元以下的罚款。

5. 证券公司违反规定将投资者的账户提供给他人使用的，责令改正，给予警告，并处以10万元以上100万元以下的罚款。对直接负责的主管人员和其他直接责任人员给予警告，并处以20万元以下的罚款。

6. 证券公司违反规定提供证券融资融券服务的，没收违法所得，并处以融资融券等值以下的罚款；情节严重的，禁止其在一定期限内从事证券融资融券业务。对直接负责的主管人员和其他直接责任人员给予警告，并处以20万元以上200万元以下的罚款。

7. 证券公司违反规定，未经核准变更证券业务范围，变更主要股东或者公司的实际控制人，合并、分立、停业、解散、破产的，责令改正，给予警告，没收违法所得，并处以违法所得1倍以上10倍以下的罚款；没有违法所得或者违法所得不足50万元的，处以50万元以上500万元以下的罚款；情节严重的，并处撤销相关业务许可。对直接负责的主管人员和其他直接责任人员给予警告，并处以20万元以上200万元以下的罚款。

8. 证券公司违反规定为其股东或者股东的关联人提供融资或者担保的，责令改正，给予警告，并处以50万元以上500万元以下的罚款。对直接负责的主管人员和其他直接责任人员给予警告，并处以10万元以上100万元以下的罚款。股东有过错的，在按照要求改正前，国务院证券监督管理机构可以限制其股东权利；拒不改正的，可以责令其转让所持证券公司股权。

9. 证券公司违反规定未采取有效隔离措施防范利益冲突，或者未分开办理相关业务、混合操作的，责令改正，给予警告，没收违法所得，并处以违法所得1倍以上10倍以下的罚款；

没有违法所得或者违法所得不足50万元的,处以50万元以上500万元以下的罚款;情节严重的,并处撤销相关业务许可。对直接负责的主管人员和其他直接责任人员给予警告,并处以20万元以上200万元以下的罚款。

10.证券公司违反规定从事证券自营业务的,责令改正,给予警告,没收违法所得,并处以违法所得1倍以上10倍以下的罚款;没有违法所得或者违法所得不足50万元的,处以50万元以上500万元以下的罚款;情节严重的,并处撤销相关业务许可或者责令关闭。对直接负责的主管人员和其他直接责任人员给予警告,并处以20万元以上200万元以下的罚款。

11.证券公司违反规定,将客户的资金和证券归入自有财产,或者挪用客户的资金和证券的,责令改正,给予警告,没收违法所得,并处以违法所得1倍以上10倍以下的罚款;没有违法所得或者违法所得不足100万元的,处以100万元以上1000万元以下的罚款;情节严重的,并处撤销相关业务许可或者责令关闭。对直接负责的主管人员和其他直接责任人员给予警告,并处以50万元以上500万元以下的罚款。

12.证券公司违反规定接受客户的全权委托买卖证券的,或者违反规定对客户的收益或者赔偿客户的损失作出承诺的,责令改正,给予警告,没收违法所得,并处以违法所得1倍以上10倍以下的罚款;没有违法所得或者违法所得不足50万元的,处以50万元以上500万元以下的罚款;情节严重的,并处撤销相关业务许可。对直接负责的主管人员和其他直接责任人员给予警告,并处以20万元以上200万元以下的罚款。

13.证券公司违反规定允许他人以证券公司的名义直接参与证券的集中交易的,责令改正,可以并处50万元以下的罚款。

14.证券公司的从业人员违反规定私下接受客户委托买卖证券的,责令改正,给予警告,没收违法所得,并处以违法所得1倍以上10倍以下的罚款;没有违法所得的,处以50万元以下的罚款。

15.证券公司及其主要股东、实际控制人违反规定,未报送、提供信息和资料,或者报送、提供的信息和资料有虚假记载、误导性陈述或者重大遗漏的,责令改正,给予警告,并处以100万元以下的罚款;情节严重的,并处撤销相关业务许可。对直接负责的主管人员和其他直接责任人员,给予警告,并处以50万元以下的罚款。

七、证券服务机构的其他违法行为的法律责任

1.保荐人出具有虚假记载、误导性陈述或者重大遗漏的保荐书,或者不履行其他法定职责的,责令改正,给予警告,没收业务收入,并处以业务收入1倍以上10倍以下的罚款;没有业务收入或者业务收入不足100万元的,处以100万元以上1000万元以下的罚款;情节严重的,并处暂停或者撤销保荐业务许可。对直接负责的主管人员和其他直接责任人员给予警告,并处以50万元以上500万元以下的罚款。

2.证券投资咨询机构违反规定擅自从事证券服务业务,或者从事证券服务业务有代理委托人从事证券投资,与委托人约定分享证券投资收益或者分担证券投资损失,买卖本证券投资咨询机构提供服务的证券,以及法律、行政法规禁止的其他行为的,责令改正,没收违法所得,并处以违法所得1倍以上10倍以下的罚款;没有违法所得或者违法所得不足50

万元的，处以 50 万元以上 500 万元以下的罚款。对直接负责的主管人员和其他直接责任人员，给予警告，并处以 20 万元以上 200 万元以下的罚款。

3. 会计师事务所、律师事务所以及从事资产评估、资信评级、财务顾问、信息技术系统服务的机构违反规定，从事证券服务业务未报备案的，责令改正，可以处 20 万元以下的罚款。

4. 证券服务机构违反规定，未勤勉尽责，所制作、出具的文件有虚假记载、误导性陈述或者重大遗漏的，责令改正，没收业务收入，并处以业务收入 1 倍以上 10 倍以下的罚款，没有业务收入或者业务收入不足 50 万元的，处以 50 万元以上 500 万元以下的罚款；情节严重的，并处暂停或者禁止从事证券服务业务。对直接负责的主管人员和其他直接责任人员给予警告，并处以 20 万元以上 200 万元以下的罚款。

5. 发行人、证券登记结算机构、证券公司、证券服务机构未按照规定保存有关文件和资料的，责令改正，给予警告，并处以 10 万元以上 100 万元以下的罚款；泄露、隐匿、伪造、篡改或者毁损有关文件和资料的，给予警告，并处以 20 万元以上 200 万元以下的罚款；情节严重的，处以 50 万元以上 500 万元以下的罚款，并处暂停、撤销相关业务许可或者禁止从事相关业务。对直接负责的主管人员和其他直接责任人员给予警告，并处以 10 万元以上 100 万元以下的罚款。

八、收购人、股东权利征集人、信息披露义务人违法行为的法律责任

1. 收购人未按照规定履行上市公司收购的公告、发出收购要约义务的，责令改正，给予警告，并处以 50 万元以上 500 万元以下的罚款。对直接负责的主管人员和其他直接责任人员给予警告，并处以 20 万元以上 200 万元以下的罚款。

收购人及其控股股东、实际控制人利用上市公司收购，给被收购公司及其股东造成损失的，应当依法承担赔偿责任。

2. 违反规定征集股东权利的，责令改正，给予警告，可以处 50 万元以下的罚款。

3. 信息披露义务人未按照规定报送有关报告或者履行信息披露义务的，责令改正，给予警告，并处以 50 万元以上 500 万元以下的罚款；对直接负责的主管人员和其他直接责任人员给予警告，并处以 20 万元以上 200 万元以下的罚款。发行人的控股股东、实际控制人组织、指使从事上述违法行为，或者隐瞒相关事项导致发生上述情形的，处以 50 万元以上 500 万元以下的罚款；对直接负责的主管人员和其他直接责任人员，处以 20 万元以上 200 万元以下的罚款。

信息披露义务人报送的报告或者披露的信息有虚假记载、误导性陈述或者重大遗漏的，责令改正，给予警告，并处以 100 万元以上 1000 万元以下的罚款；对直接负责的主管人员和其他直接责任人员给予警告，并处以 50 万元以上 500 万元以下的罚款。发行人的控股股东、实际控制人组织、指使从事上述违法行为，或者隐瞒相关事项导致发生上述情形的，处以 100 万元以上 1000 万元以下的罚款；对直接负责的主管人员和其他直接责任人员，处以 50 万元以上 500 万元以下的罚款。

九、证券监督管理机构及其工作人员违法行为的法律责任

1. 国务院证券监督管理机构或者国务院授权的部门有下列情形之一的，对直接负责的

主管人员和其他直接责任人员,依法给予处分:(1)对不符合规定的发行证券、设立证券公司等申请予以核准、注册、批准的;(2)违反《证券法》规定采取现场检查、调查取证、查询、冻结或者查封等措施的;(3)违反《证券法》规定对有关机构和人员采取监督管理措施的;(4)违反《证券法》规定对有关机构和人员实施行政处罚的;(5)其他不依法履行职责的行为。

2. 国务院证券监督管理机构或者国务院授权的部门的工作人员,不履行《证券法》规定的职责,滥用职权、玩忽职守,利用职务便利牟取不正当利益,或者泄露所知悉的有关单位和个人的商业秘密的,依法追究法律责任。

十、其他法律责任的规定

1. 拒绝、阻碍证券监督管理机构及其工作人员依法行使监督检查、调查职权,由证券监督管理机构责令改正,处以10万元以上100万元以下的罚款,并由公安机关依法给予治安管理处罚。

2. 违反《证券法》规定,构成犯罪的,依法追究刑事责任。

3. 违反《证券法》规定,应当承担民事赔偿责任和缴纳罚款、罚金、违法所得,违法行为人的财产不足以支付的,优先用于承担民事赔偿责任。

4. 违反法律、行政法规或者国务院证券监督管理机构的有关规定,情节严重的,国务院证券监督管理机构可以对有关责任人员采取证券市场禁入的措施。证券市场禁入,是指在一定期限内直至终身不得从事证券业务、证券服务业务,不得担任证券发行人的董事、监事、高级管理人员,或者一定期限内不得在证券交易所、国务院批准的其他全国性证券交易场所交易证券的制度。

5. 依照《证券法》收缴的罚款和没收的违法所得,全部上缴国库。

复习与思考

一、名词解释

证券	股票	公司债券	存托凭证	公开发行
证券承销	上市公司	要约收购	内幕交易	虚假陈述
欺诈客户	操纵市场			

二、简答

1. 我国《证券法》的基本原则。
2. 证券发行注册制的含义。
3. 公司股票上市的条件。
4. 公司债券发行的条件。
5. 我国《证券法》禁止的证券交易行为。
6. 证券投资者保护的特殊规则。

第十三章　票　据　法

内容导读

票据是市场经济发展的产物，在经济生活中发挥着重要的促进作用。票据既可以克服现金交易的地域和时间限制，简化交易过程，降低交易成本，加快流通速度，还可以作为融通资金甚至国家金融调控的重要工具。在现代国际贸易中，票据更是不可或缺的支付结算工具。为了保障票据的流通性及其使用的安全性，各国票据法都规定了许多有别于一般民事法律制度的特殊制度。本章讲述票据法的基本理论以及我国的汇票、本票、支票制度等内容。

第一节　票据法概述

一、票据的概念和特征

“票据”一词，有广义、狭义之分。广义上的票据包括各种有价证券和凭证，如股票、债券、仓单、提单、发票等。狭义上的票据即票据法上的票据，是指由出票人依法签发的，约定自己或委托付款人在见票时或指定的日期无条件支付一定金额给收款人或持票人的有价证券。由于各国立法不同，票据法上的具体票据种类有所差异。《票据法》第 2 条第 2 款规定：“本法所称的票据，是指汇票、本票和支票。”作为有价证券，票据具有以下主要特征：

1. 票据是一种要式证券。票据的记载事项、记载方式均由法律明确规定，当事人必须依法进行，否则，会导致票据无效或不产生票据法上的效力。

2. 票据是一种设权证券。设权证券是相对于证权证券而言的。票据的签发不是为了证明某种权利的存在。票据上的权利是由票据行为创设的，而不是在票据作成前就固有的。换言之，票据权利的产生，必须以作成票据为前提；没有出票，也就不存在票据权利。

3. 票据是一种文义证券。票据当事人的票据权利义务关系，完全是依据票据上记载的票据文句加以确定的。即使票据上所作记载与实际情况不一致，仍应按票载文义确定其内容。当事人不得以票据文句以外的任何理由要求增加票据权利或减轻票据义务。

4. 票据是一种无因证券。票据是一种无因证券，即票据具有无因性，是指票据债权人只要持有符合票据法规定形式的票据，就享有票据权利，而无须说明票据取得的原因，也无须说明票据原因关系的有效性，票据债务人应向票据债权人承担无条件地支付票载金额的义务。

5. 票据是一种完全证券。有价证券有不完全证券和完全证券之分。所谓不完全证券，是指证券上的权利可以与证券相分离而存在和行使的证券，如股票、债券、仓单、提单等，这些有价证券所指向的权利的行使不以出示权利凭证为限。所谓完全证券，是指证券上的权利与证券不得分离行使的证券。票据属于完全证券。除非法律有特别规定者外，行使票据权利必须出示票据；转让票据权利必须交付票据；持有票据的人被推定为票据权利的合法拥有者；票据权利实现后应将票据交付给履行付款义务的票据债务人。

6. 票据是一种流通证券。票据权利可以转让，具有高度的流通性。根据国际上通行的做法，凡记名票据，必须经背书才能交付转让；凡无记名票据，一经交付即发生转让的效力。由于我国票据法规定的票据均为记名票据，故票据转让必须以背书方式进行。

二、我国票据法的立法概况

党的十一届三中全会以前，我国的票据立法几乎处于空白状态。直到20世纪80年代末，中国人民银行全面推行以汇票、本票、支票为主体的结算制度，才允许票据在经济主体之间使用和流通。为了适应票据的发展和需要，中国人民银行及一些地方人民政府先后颁布了若干调整票据关系的行政规章和地方性法规。

截至目前，我国关于票据的主要立法和规范性文件如下表所示：

名称	发文机关	发布时间	修正(修订)时间	废止时间
票据法	全国人大常委会	1995.05.10	2004	—
上海市票据暂行规定	上海市人民政府	1988.06.08	—	—
银行结算办法	中国人民银行	1988.12.19	—	1997.06.04
商业汇票办法	中国人民银行	1993.05.21	1994	—
关于施行《中华人民共和国票据法》有关问题的通知	中国人民银行	1995.12.07	—	2010.10.26
票据管理实施办法	中国人民银行	1997.08.21	2011	—
支付结算办法	中国人民银行	1997.09.19	2024	—
最高人民法院关于审理票据纠纷案件若干问题的规定	最高人民法院	2000.11.14	2008、2020	—

三、票据法律关系

票据法律关系是指票据当事人之间在票据的签发和转让等过程中发生的权利义务关系。票据法律关系可分为票据关系和票据法上的非票据关系。

（一）票据关系

票据关系，是指当事人之间基于票据行为而发生的票据权利义务关系。它不同于票据的基础关系。票据的基础关系，是指引起当事人之间授受票据的前提或原因关系，主要表现为票据原因关系、票据预约关系和票据资金关系。为了规范票据行为，保障票据活动中当事人的合法权益，维护社会经济秩序，《票据法》第 10 条第 1 款规定："票据的签发、取得和转让，应当遵循诚实信用的原则，具有真实的交易关系和债权债务关系。"但是，由于票据具有无因性，票据关系一经形成，就与基础关系相分离，基础关系是否存在以及是否有效，不影响票据关系。因此，应当注意区别票据关系与票据的基础关系。

票据关系的当事人主要有：(1) 出票人，又称发票人，是指依法定方式作成票据，在票据上签名盖章，并将票据交付给收款人的人。(2) 承兑人，是指接受汇票出票人的付款委托，同意承担支付票款义务的人。(3) 付款人，是指根据出票人的命令支付票款的人。(4) 收款人，是指票据到期并经提示后收取票款的人。(5) 持票人，是指持有票据的人。占有票据的收款人、被背书人或来人抬头票据的持有人都是票据的持票人。(6) 背书人，是指在票据转让或质押时，在票据背面签字或盖章，并将该票据交付给受让人或质权人的票据收款人或持有人。(7) 被背书人，是指依据背书受让票据或接受票据质押的人。(8) 保证人，是指在票据上进行保证文句记载，为票据债务提供担保的人。(9) 保付人，是指在支票上进行保付文句记载，以表明保证支付票款的支票付款人。(10) 参加人，是指在票据到期前后，为防止可能发生的特定票据债务人受到追索，而介入票据关系的人。(11) 代理付款人，是指根据付款人的委托，代理其支付票据金额的人。

（二）票据法上的非票据关系

票据法上的非票据关系，是指由票据法调整的非基于票据行为发生的法律关系。如票据上的正当权利人对于因恶意取得票据的人行使票据返还请求权而发生的票据返还关系，票据付款人履行付款义务后请求交还票据而发生的票据交付关系，因手续欠缺丧失票据上权利的持票人对出票人或承兑人行使利益偿还请求权而发生的利益偿还关系，票据当事人违反票据法规定致使他人损失时形成的损害赔偿关系等。票据法上的非票据关系也不同于票据的基础关系，后者是民法上的非票据关系，受民法调整。

四、票据行为

（一）票据行为的概念和特征

票据行为，指票据当事人以设立、变更或终止票据关系为目的而进行的行为。票据行为有狭义和广义之分。狭义的票据行为通常包括出票、背书、承兑、保证、保付、参加六种。广义的票据行为除包括狭义票据行为外，还包括见票提示、付款、划线、变造、涂销等。

票据行为主要有以下几方面的特征：

1. 要式性。票据行为是要式行为。票据行为必须依法定的形式和要求进行，否则不发生票据法上的效力。例如，若出票人未记载绝对必要记载事项，则该出票行为无效。

2. 文义性。票据行为意思表示的内容以票据上记载的文字意义为准。即使文字记载与当事人内心想法不一致,也仍按票载文义确定其行为内容。

3. 独立性。票据行为之间是相互独立的。各票据行为独立产生效力,前一项票据行为的效力,不影响后一项票据行为的效力。例如,票据的签发行为无效,不影响票据背书行为的效力。

4. 无因性。票据行为的无因性是指尽管票据行为一般是基于一定的原因关系而发生,但原因关系的有无及其效力均不影响票据行为的成立及其效力。《票据法》对票据行为的无因性持一定的保留态度。《票据法》第 10 条规定:"票据的签发、取得和转让,应当遵循诚实信用的原则,具有真实的交易关系和债权债务关系。票据的取得,必须给付对价,即应当给付票据双方当事人认可的相对应的代价。"

(二)票据行为的代理

《票据法》第 5 条规定:"票据当事人可以委托其代理人在票据上签章,并应当在票据上表明其代理关系。没有代理权而以代理人名义在票据上签章的,应当由签章人承担票据责任;代理人超越代理权限的,应当就其超越权限的部分承担票据责任。"根据这一规定,票据行为的代理必须具备以下条件:第一,票据当事人必须有委托代理的意思表示。没有代理权而以代理人名义在票据上签章的,应当由签章人承担票据责任。第二,代理人必须按被代理人的委托在票据上签章。代理人超越代理权限的,应当就其超越权限的部分承担票据责任。代理人在行使代理权时,必须在票据上以自己的名字或名称签章。如果代理人未在票据上以自己的名字或名称签章,则不产生票据代理的效力。第三,代理人应在票据上表明代理关系,即注明"代理"字样或类似的文句。凡是符合上述条件的,该票据行为的代理即对被代理人发生法律效力,其后果由被代理人承担。

五、票据权利

(一)票据权利的概念

票据权利是指持票人向票据债务人请求支付票据金额的权利。它是票据关系中票据债权人享有的权利,不同于票据法上的权利。票据法上的权利,是指根据票据法的规定所产生的权利,其含义更广。例如,票据代理中委托签章的权利,票据的原记载人更改票据金额、日期、收款人名称以外的其他记载事项权利,利益偿还请求权等权利就是票据法上的权利,而非票据权利。

根据《票据法》的规定,票据权利包括付款请求权和追索权。付款请求权,又称第一次请求权或主票据权利,是指持票人向票据主债务人或其他付款义务人请求按票载金额付款的权利。追索权,又称第二次请求权或从票据权利,是指在票据被拒绝承兑或被拒绝付款时,持票人向其前手请求偿还被拒绝的票据金额、利息和有关费用的权利。

(二)票据权利的取得

票据权利的享有和行使是以当事人持有票据为依据的。当事人取得票据主要发生在以下情形：

1. 出票。出票是创设票据权利的票据行为，从出票人处取得票据即取得票据权利。

2. 票据权利的转让。票据可以通过背书或交付等方式转让他人，受让人以此取得票据即获得票据权利。

3. 履行票据债务。在票据关系中，承兑人、付款人以外的票据债务人一旦清偿票据债务便取得了持票人的地位，享有票据权利。

4. 依税收、继承、赠与、企业合并等方式获得票据。

关于票据权利的取得，有几点值得注意：(1)票据的取得，必须给付对价，即应当给付票据双方当事人认可的相对应的代价。(2)因税收、继承、赠与可以依法无偿取得票据的，不受给付对价的限制。但是，所享有的票据权利不得优于其前手的权利。前手是指在票据签章人或者持票人之前签章的其他票据债务人。(3)以欺诈、偷盗或者胁迫等手段取得票据的，或者明知有前列情形，出于恶意取得票据的，不得享有票据权利。(4)持票人因重大过失取得不符合《票据法》规定的票据的，不得享有票据权利。

(三)票据权利的消灭

票据权利的消灭是指因发生一定的法律事实而使票据权利不复存在。票据权利的消灭分为相对消灭和绝对消灭两种。

票据权利的相对消灭，是指当票据债务人为数人时，一债务人因被追索而清偿债务或保证人、参加人履行票据义务的，持票人的票据权利因此消灭，但整个票据关系并不因此而消灭。引起票据权利相对消灭的事由主要有：清偿、抵消、免除、追索权的丧失等。

票据权利的绝对消灭，是指全部票据关系均不复存在。引起票据权利绝对消灭的事由主要有：(1)付款人或承兑人为票据付款。(2)超过票据权利时效。我国《票据法》第 17 条规定，票据权利在下列期限内不行使而消灭：一是持票人对票据的出票人和承兑人的权利，自票据到期日起 2 年。见票即付的汇票、本票，自出票日起 2 年。二是持票人对支票出票人的权利，自出票日起 6 个月。三是持票人对前手的追索权，自被拒绝承兑或者被拒绝付款之日起 6 个月。四是持票人对前手的再追索权，自清偿日或者被提起诉讼之日起 3 个月。票据的出票日、到期日由票据当事人依法确定。(3)票据被除权。票据丧失后，失票人可以通过诉讼程序请求法院在公示催告后作出除权判决。法院作出除权判决后，该票据上的票据权利绝对消灭。(4)特殊记载事项的更改。《票据法》第 9 条第 2 款规定，票据金额、日期、收款人名称不得更改，更改的票据无效。

(四)票据权利的行使与保全

票据权利的行使是指票据权利人向票据债务人提示票据，请求实现票据权利的行为，如请求承兑、提示票据请求定期付款、行使追索权等。票据权利的保全是指票据权利人为防止票据权利丧失而依法采取的措施，如为防止付款请求权与追索权因时效而丧失，实行中断时效的行为；为防止追索权丧失而请求出具拒绝证明；等等。

持票人对票据债务人行使票据权利，或者保全票据权利，应当在票据当事人的营业场所和营业时间内进行，票据当事人无营业场所的，应当在其住所进行。

持票人可以不按照票据债务人的先后顺序，对其中任何一人、数人或者全体行使追索权。持票人对票据债务人中的一人或者数人已经进行追索的，对其他票据债务人仍可以行使追索权。被追索人清偿债务后，与持票人享有同一权利。

票据到期被拒绝付款或者在到期前被拒绝承兑，承兑人或付款人死亡、逃匿，承兑人或付款人被依法宣告破产的或者因违法被责令终止业务活动的，持票人可以对背书人、出票人，以及票据的其他债务人行使追索权。持票人行使追索权，应当提供被拒绝承兑或者被拒绝付款的拒绝证明或者退票理由书，以及其他有关证明。

（五）票据权利的补救

票据权利的补救，是指票据权利人在失票后为使票据权利不受损失而依法采取的措施。《票据法》规定，失票人可以采取挂失止付、公示催告、普通诉讼等补救措施。

1. 挂失止付。该种补救措施是指失票人将丧失票据的情况通知付款人并由接受通知的付款人暂停支付的一种方法。《票据法》第 15 条规定："票据丧失，失票人可以及时通知票据的付款人挂失止付，但是，未记载付款人或者无法确定付款人及其代理付款人的票据除外。收到挂失止付通知的付款人，应当暂停支付……"《支付结算办法》进一步明确规定，已承兑的商业汇票、支票、填明"现金"字样和代理付款人的银行汇票，以及填明"现金"字样的银行本票丧失，可以由失票人通知付款人或者代理付款人挂失止付。未填明"现金"字样和代理付款人的银行汇票以及未填明"现金"字样的银行本票丧失，不得挂失止付。付款人或者代理付款人收到挂失止付通知书后，查明挂失票据确未付款时，应立即暂停支付。付款人或者代理付款人自收到挂失止付通知书之日起 12 日内没有收到人民法院的止付通知书的，自第 13 日起，持票人提示付款并依法向持票人付款的，不再承担责任。付款人或者代理付款人在收到挂失止付通知书之前，已经向持票人付款的，不再承担责任。但是，付款人或者代理付款人以恶意或者重大过失付款的除外。

2. 公示催告。它是指在票据丧失后，失票人向人民法院提出申请，请求人民法院以公告方法通知不确定的利害关系人限期申报权利，逾期未申报者，则权利失效，而由人民法院通过除权判决宣告所丧失的票据无效的一种制度或程序。根据《民事诉讼法》的规定，按照规定可以背书转让的票据持有人，因票据被盗、遗失或者灭失，可以向票据支付地的基层人民法院申请公示催告。申请人应当向人民法院递交申请书，写明票面金额、发票人、持票人、背书人等票据主要内容和申请的理由、事实。人民法院决定受理申请，应当同时通知支付人停止支付，并在 3 日内发出公告，催促利害关系人申报权利。公示催告的期间，由人民法院根据情况决定，但不得少于 60 日。支付人收到人民法院停止支付的通知，应当停止支付，至公示催告程序终结。公示催告期间，转让票据权利的行为无效。利害关系人应当在公示催告期间向人民法院申报。人民法院收到利害关系人的申报后，应当裁定终结公示催告程序，并通知申请人和支付人。申请人或者申报人可以向人民法院起诉。没有人申报的，人民法院应当根据申请人的申请，作出判决，宣告票据无效。判决应当公告，并通知支付人。自判决公告之日起，申请人有权向支付人请求支付。此外，根据《票据法》第 15 条的规定，失票人应当在通知挂失止付后3日内，也可以在票据丧失后，直接依法向人民法院申请公示催告。

3. 普通诉讼。它是指丧失票据的失票人向人民法院提起诉讼，要求法院判定付款人向其支付票据金额的活动。根据《票据法》第15条的规定，失票人应当在通知挂失止付后3日内，也可以在票据丧失后，依法向人民法院提起诉讼。

六、票据抗辩

（一）票据抗辩的概念

票据抗辩，是指票据债务人根据《票据法》的规定，对票据债权人拒绝履行票据义务的行为。票据抗辩是票据债务人的一种权利和保护自身正当权益的一种手段。

（二）票据抗辩的种类

根据抗辩原因不同以及抗辩效力的不同，票据抗辩可分为对物的抗辩和对人的抗辩。

1. 对物的抗辩。这是指票据债务人基于票据本身的缺陷或票据权利时效届满等事由所进行的抗辩。其主要包括以下情形：(1)票据行为不成立。如票据应记载的内容有欠缺，票据上有禁止记载的事项（如付款附有条件、记载到期日不合法）等。(2)依票据记载不能提出请求。如票据未到期、付款地不符等。(3)票据载明的权利已消灭或已失效。如票据债权因付款、抵消、提存、免除、除权判决、时效届满而消灭等。(4)票据权利的保全手续欠缺。如应出具拒绝证书而未出具等。(5)票据上有伪造、变造情形。由于票据债务人可以以对物的抗辩事由对抗一切持票人，所以对物的抗辩又称为绝对抗辩或客观抗辩。

2. 对人的抗辩。这是指票据债务人基于法定事由对抗特定债权人的抗辩。《支付结算办法》第38条规定："票据债务人对下列情况的持票人可以拒绝付款：（一）对不履行约定义务的与自己有直接债权债务关系的持票人；（二）以欺诈、偷盗或者胁迫等手段取得票据的持票人；（三）对明知有欺诈、偷盗或者胁迫等情形，出于恶意取得票据的持票人；（四）明知债务人与出票人或者持票人的前手之间存在抗辩事由而取得票据的持票人；（五）因重大过失取得不符合《票据法》规定的票据的持票人；（六）对取得背书不连续票据的持票人；（七）符合《票据法》规定的其他抗辩事由。"由于对人的抗辩只能针对特定人，所以又称为相对抗辩或主观抗辩。

（二）票据抗辩的限制

为了防止票据债务人滥用抗辩权利，保障票据的流通性，票据法在赋予票据债务人抗辩权的同时，也对票据抗辩作出了一定的限制。《票据法》第13条第1款规定："票据债务人不得以自己与出票人或者与持票人的前手之间的抗辩事由，对抗持票人。但是，持票人明知存在抗辩事由而取得票据的除外。"

（四）票据的伪造、变造和更改

票据的伪造是指假冒他人名义或虚构他人的名义在票据上签章而进行的票据行为。

它包括出票的伪造和出票行为以外的假冒他人签章的行为两种。

票据的变造是指无权更改票据内容的人,对票据上签章以外的记载事项加以变更的行为。

票据的伪造、变造行为均是扰乱社会经济秩序、损害他人利益的行为。《票据法》第14条规定:票据上的记载事项应当真实,不得伪造、变造。伪造、变造票据上的签章和其他记载事项的,应当承担法律责任。票据上有伪造、变造的签章的,不影响票据上其他真实签章的效力。票据上其他记载事项被变造的,在变造之前签章的人,对原记载事项负责;在变造之后签章的人,对变造之后的记载事项负责;不能辨别是在票据被变造之前或者之后签章的,视同在变造之前签章。伪造、变造票据进行票据欺诈的,依法追究刑事责任。

票据金额、日期、收款人名称不得更改,更改的票据无效。对票据上的其他记载事项,原记载人可以更改,更改时应当由原记载人签章证明。

七、涉外票据的法律适用

(一)涉外票据的概念

涉外票据,是指出票、背书、承兑、保证、付款等行为中,既有发生在中华人民共和国境内又有发生在中华人民共和国境外的票据。

(二)《票据法》、国际条约和国际惯例的适用规则

中华人民共和国缔结或者参加的国际条约同《票据法》有不同规定的,适用国际条约的规定。但是,中华人民共和国声明保留的条款除外。《票据法》和中华人民共和国缔结或者参加的国际条约没有规定的,可以适用国际惯例。

(三)涉外票据的法律适用

1. 票据债务人的民事行为能力,适用其本国法律。票据债务人的民事行为能力,依照其本国法律为无民事行为能力或者为限制民事行为能力而依照行为地法律为完全民事行为能力的,适用行为地法律。

2. 汇票、本票出票时的记载事项,适用出票地法律。支票出票时的记载事项,适用出票地法律,经当事人协议,也可以适用付款地法律。

3. 票据的背书、承兑、付款和保证行为,适用行为地法律。

4. 票据追索权的行使期限,适用出票地法律。

5. 票据的提示期限、有关拒绝证明的方式、出具拒绝证明的期限,适用付款地法律。

6. 票据丧失时,失票人请求保全票据权利的程序,适用付款地法律。

第二节 汇 票

一、汇票的概念和种类

(一)汇票的概念

汇票是出票人签发的,委托付款人在见票时或在指定日期无条件支付确定的金额给收款人或者持票人的票据。

(二)汇票的分类

1. 按出票人身份的不同,可以将汇票分为银行汇票和商业汇票。银行汇票是出票银行签发的,由其在见票时按照实际结算金额无条件支付给收款人或者持票人的票据。商业汇票是由出票人签发的,委托付款人在指定日期无条件支付确定的金额给收款人或者持票人的票据。商业汇票分为商业承兑汇票和银行承兑汇票。商业承兑汇票由银行以外的付款人承兑。银行承兑汇票由银行承兑。商业汇票的付款人为承兑人。

2. 按汇票记载付款日期的不同,可以将汇票分为即期汇票和远期汇票。即期汇票即见票即付的汇票,远期汇票即载明在一定期间或特定日期付款的汇票。远期汇票又可分为定期汇票(定日付款)、计期汇票(出票后定期付款)、注期汇票(见票后定期付款)等。

3. 按收款人记载方式的不同,可以将汇票分为记名汇票、指示汇票和无记名汇票。记名汇票是指在汇票上明确记载了收款人姓名或名称的汇票。指示汇票是指除在汇票上明确记载收款人姓名或名称外,还附有"或其指定人"文句的汇票。无记名汇票是指在汇票上没有记载收款人姓名或名称,或者仅记载"付来人"文句的汇票。我国《票据法》规定的汇票均为记名汇票。

4. 按票据行为发生的地域不同,可以将汇票分为国内汇票和涉外汇票。国内汇票即出票、背书、承兑、保证、付款等行为均发生在本国境内的汇票。涉外汇票是指出票、背书、承兑、保证、付款等行为中,既有发生在本国境内又有发生在本国境外的汇票。

5. 按汇票是否附有单据,可以将汇票分为光票汇票和跟单汇票。这种分类主要是国际贸易中采取汇票托收时对汇票所进行的一种分类。光票汇票,是指无须附任何与交易有关的单据,就可要求承兑、付款的汇票。跟单汇票,又称信用汇票、押汇汇票,是指必须附具与交易有关的单据才能承兑、付款的汇票。

二、出票

(一)出票的概念

出票,也称发票,是指出票人签发票据并将其交付给收款人的行为。出票实际包括两个行为:一是作成票据,即出票人依照票据法的规定在原始票据上记载法定事项并签章;二是交付票据,即出票人将作成的票据交付给他人占有。两者缺一不可。

出票是汇票、本票、支票共有的票据行为。出票行为是创设票据权利的基础行为,故也称基本票据行为或原始票据行为。其他票据行为(背书、承兑、保证)均以出票为基础,故也称附属票据行为。

(二)汇票的记载事项

汇票是一种要式证券,出票行为是一种要式行为,汇票必须符合法定的形式,记载有关事项。汇票上的记载事项可以分为绝对必要记载事项、相对必要记载事项和任意记载事项三类。

1. 绝对必要记载事项。绝对必要记载事项是指票据法规定必须在汇票上记载的内容,若欠缺其中之一,则该汇票无效。根据《票据法》的规定,汇票的绝对必要记载事项有以下七项:(1)表明“汇票”的字样;(2)无条件支付的委托;(3)确定的金额;(4)付款人名称;(5)收款人名称;(6)出票日期;(7)出票人签章。

2. 相对必要记载事项。相对必要记载事项是指依票据法的规定应当在汇票上记载的内容,若未记载该内容,汇票本身的效力不受影响,该未记载内容可依法律的直接规定来补充确定。根据《票据法》的规定,汇票的相对必要记载事项有三项:付款日期、付款地、出票地。汇票上未记载付款日期的,该汇票为见票即付的汇票;汇票上未记载付款地的,付款人的营业场所、住所或者经常居住地为付款地;汇票上未记载出票地的,出票人的营业场所、住所或者经常居住地为出票地。

3. 任意记载事项。任意记载事项是指汇票上记载的除绝对必要记载事项和相对必要记载事项以外的其他内容,如出票原因、该票据项下交易的合同号码等。任意记载事项不具有汇票上的效力。但是,票据出票人在票据正面记载“不得转让”字样的,票据不得转让;其直接后手再背书转让的,出票人对其直接后手的被背书人不承担保证责任,对被背书人提示付款或委托收款的票据,银行不予受理。

(三)出票的要求

出票除应在汇票上记载法定事项外,还应符合以下要求:

1. 出票人符合法定资格。银行汇票的出票人,必须是经中国人民银行批准办理银行汇票业务的银行。商业承兑汇票的出票人须是在银行开立存款账户的法人以及其他组织,银行承兑汇票的出票人须是在承兑银行开立存款账户的法人以及其他组织。

2. 出票人必须与付款人具有真实的委托付款关系,并且具有支付汇票金额的可靠资金来源。出票人不得签发无对价的汇票用以骗取银行或者其他票据当事人的资金。因税收、继承、赠与依法无偿取得票据的,不受给付对价的限制。但是,所享有的票据权利不得优于其前手的权利。此外,值得注意的是:基于票据的无因性和票据行为的独立性,尽管出票人签发了不具有真实的委托付款关系或者无对价的汇票,但只要依据票据法的规定记载了有关事项并完成交付,出票行为就能发生票据法上的效力,票据债权债务关系也相应成立。

3. 出票人签章必须符合规定。票据上的签章,为签名、盖章或者签名加盖章。在票据上的签名,应当为该当事人的本名。商业汇票上的出票人的签章,为该法人或者该单位的财务专用章或者公章加其法定代表人、单位负责人或者其授权的代理人的签名或者盖章;银行汇票上的出票人的签章,为该银行汇票专用章加其法定代表人或者其授权的代理人的签名或者盖章。不符合这些规定的签章不具有票据法上的效力。

(四)出票的效力

出票人签发汇票后,即承担保证该汇票承兑和付款的责任。出票人在汇票得不到承兑或者付款时,应当向持票人清偿《票据法》第 70 条、第 71 条规定的金额和费用。

三、背书

(一)背书的概念

所谓背书,是指持票人在票据背面或者粘单上记载有关事项并签章,以转让票据权利或将票据权利授予他人行使的票据行为。我国票据法规定的汇票均为记名汇票,故持票人将汇票权利转让给他人或者将一定的汇票权利授予他人行使,应当背书并交付汇票。

(二)背书的种类

背书按其目的不同可以分为三类:

1. 转让背书。这是持票人以转让票据权利为目的而为的背书,也是最为普遍的一种。

2. 委托收款背书。该背书也称委任背书,是指持票人以委托收款为目的而为的一种背书。委托收款背书必须明确记载“委托收款”字样,否则将被视为转让背书。委托背书实质上反映了票据持票人与被背书人之间的一种取款委托代理关系,被背书人有权代背书人行使被委托的汇票权利。但是,被背书人不得再以背书转让汇票权利。

3. 设质背书。该背书是背书人(持票人)以设定质权为目的而为的背书。汇票可以设定质押;质押时应当以背书记载“质押”字样,被背书人依法实现其质权时,可以行使汇票权利。但是,以汇票设定质押时,出质人在汇票上只记载了“质押”字样而未在票据上签章的,或者出质人未在汇票、粘单上记载“质押”字样而另行签订质押合同、质押条款的,不构成票据质押。票据质权人以质押票据再行背书质押或者背书转让的,该背书行为无效。

(三)背书的要求

1. 背书应当记载法定内容。票据背书转让时,由背书人在票据背面签章、记载被背书人名称和背书日期。持票人委托银行收款或以票据质押的,还应在背书人栏记载“委托收款”或“质押”等字样。背书中未记载背书日期的,视为在票据到期日前背书。背书人未记载被背书人名称即将票据交付他人的,持票人在票据被背书人栏内记载自己的名称与背书人记载具有同等法律效力。

2. 背书应当记载于法定位置。背书人应当在票据背面的背书栏依次背书。背书栏不附背书的,可以使用统一格式的粘单,粘附于票据凭证上规定的粘接处。粘单上的第一记载人应当在票据和粘单的粘接处签章。

3. 背书不得附有条件。背书时附有条件的,所附条件不具有汇票上的效力。背书人在票据上记载“不得转让”“委托收款”“质押”字样,其后手再背书转让、委托收款或者质押的,原背书人对后手的被背书人不承担票据责任,但不影响出票人、承兑人以及原背书人之前手的票据责任。

4. 票据的出票人在票据上记载“不得转让”字样,票据持有人背书转让的,背书行为无效。背书转让后的受让人不得享有票据权利,票据的出票人、承兑人对受让人不承担票据责任。

5. 背书人不得将汇票金额的一部分背书转让或将汇票金额分别转让给两个以上的人。票据是完全证券,票据权利的行使必须以持有票据为基础,故票据权利不得分割转让,否则,其转让无效。

6. 以背书转让的汇票,背书应当连续。所谓背书连续,是指在票据转让中,转让汇票的背书人与受让汇票的被背书人在汇票上的签章依次前后衔接。具体而言,票据第一次背书转让的背书人是票据上记载的收款人,前次背书转让的被背书人是后一次背书转让的背书人,依次前后衔接,最后一次背书转让的被背书人是票据的最后持票人。按照《票据法》的规定:持票人以背书的连续,证明其汇票权利;非经背书转让,而以其他合法方式(如继承、税收)取得汇票的,依法举证,证明其汇票权利。

7. 汇票被拒绝承兑、被拒绝付款或者超过付款提示期限的,不得背书转让;背书转让的,背书人应当承担汇票责任。

(四)背书的效力

汇票背书是一种附属的票据行为。背书以出票为前提,只能在已出票的票据上作成,并且背书的效力在一定程度上依附于出票。一般而言,出票人所签发的票据无效,背书也无效。但是为了保障票据交易的安全性以及善意第三人的利益,最高人民法院《关于审理票据纠纷案件若干问题的规定》第66条规定:“具有下列情形之一的票据,未经背书转让的,票据债务人不承担票据责任;已经背书转让的,票据无效不影响其他真实签章的效力:(一)出票人签章不真实的;(二)出票人为无民事行为能力人的;(三)出票人为限制民事行为能力人的。”

背书有效成立,产生以下法律后果:

1. 权利转移或权利设定、授予的效力。转让背书成立后,票据上的一切权利,包括对付款人、承兑人、出票人、背书人、保证人等票据债务人的权利,全部转移至被背书人。质押背书成立后,被背书人取得票据质权。委托收款背书成立后,被背书人有权代背书人行使被委托的汇票权利。

2. 责任担保的效力。背书人以背书转让汇票后,即承担保证其后手所持汇票承兑和付款的责任。背书人在汇票得不到承兑或者付款时,应当向持票人清偿汇票金额和相关追索费用。

四、承兑

（一）承兑的概念

承兑是指汇票付款人承诺在汇票到期日支付汇票金额的行为。汇票是一种出票人委托他人付款的委付证券。但是，出票人的出票行为是一种单方法律行为，对付款人并不当然产生拘束力。也就是说，汇票上记载的付款人在汇票出票之后承兑之前，并非汇票的债务人。汇票承兑的目的是付款人履行自己的付款责任。

承兑是汇票特有的制度。但并非所有的汇票都必须经过承兑。见票后定期付款的汇票，持票人应当向付款人提示承兑，否则其付款日期无法确定。见票即付的汇票无须承兑。定日付款和出票后定期付款的两种汇票从理论上来说属于可以提示承兑，也可以不提示承兑的汇票，持票人可以于到期日直接向付款人请求付款。但《票据法》明确规定，这两种汇票也应当在到期日前提示承兑。

（二）承兑的程序

1. 提示承兑。提示承兑是指持票人向付款人出示汇票，并要求付款人承诺付款的行为。提示承兑应当在法定期限内进行。《票据法》规定，定日付款或出票后定期付款的汇票，持票人应当在汇票到期日前向付款人提示承兑；见票后定期付款的汇票，持票人应当自出票之日起 1 个月内向付款人提示承兑。汇票未按照规定期限提示承兑的，持票人丧失对其前手的追索权。所谓前手是指在票据签章人或持票人之前签章的其他票据债务人。持票人未按规定期限提示承兑，丧失对其前手的追索权，但若汇票未超过票据权利时效的，持票人仍可向付款人提示承兑，一旦付款人拒绝承兑，持票人还可向出票人进行追索。持票人提示承兑时，应到汇票付款地向汇票付款人出示并交付汇票原件，付款人在收到提示承兑的汇票后，应向持票人签发回单。

2. 承兑。付款人收到持票人提示承兑的汇票时，应当向持票人签发收到汇票的回单。回单上应当记明汇票提示承兑日期并签章。付款人对向其提示承兑的汇票，应当自收到提示承兑的汇票之日起 3 日内承兑或者拒绝承兑。付款人承兑汇票的，应当在汇票正面记载"承兑"字样和承兑日期并签章；见票后定期付款的汇票，应当在承兑时记载付款日期。付款人承兑汇票不得附有条件，附条件的承兑即为拒绝承兑。付款人作出承兑，在汇票记载法定事项后，应立即将汇票交还给持票人，承兑即告完成。

（三）承兑的效力

汇票一经付款人承兑，汇票的付款人即成为承兑人和第一债务人。《票据法》第 44 条规定："付款人承兑汇票后，应当承担到期付款的责任。"

付款人拒绝承兑的，应出具拒绝承兑的证明，并将其与汇票原件一并交与持票人，持票人凭此可向其前手和出票人进行追索。如果付款人不予承兑，但又拒绝出具拒绝证书，给持票人追索形成困难，造成损失的，应承担相应的民事赔偿责任。

五、保证

(一)票据保证的概念

票据保证,是指票据债务人以外的第三人为担保票据债务的履行所为的一种附属票据行为。在票据保证关系中,保证人是进行保证行为的当事人;被保证人是票据关系中的债务人,它可以是出票人、背书人、承兑人;保证关系中的债权人是被保证人的后手,被保证人如果是承兑人的,持票人是保证关系中的债权人。票据保证制度的创设,其目的是为补充特定票据债务人信用不足,促进票据的流通和广泛使用。根据我国现行的规定,银行汇票、商业汇票和银行本票的债务可以依法由保证人承担保证责任。

(二)票据保证的要求

国家机关、以公益为目的的事业单位、社会团体、企业法人的分支机构和职能部门作为票据保证人的,票据保证无效,但经国务院批准为使用外国政府或者国际经济组织贷款进行转贷,国家机关提供票据保证的,以及企业法人的分支机构在法人书面授权范围内提供票据保证的除外。

保证人必须在汇票或者粘单上记载下列事项:(1)表明"保证"的字样;(2)保证人名称和住所;(3)被保证人的名称;(4)保证日期;(5)保证人签章。保证人在汇票或者粘单上未记载被保证人的名称的:已承兑的汇票,承兑人为被保证人;未承兑的汇票,出票人为被保证人。保证人在汇票或者粘单上未记载保证日期的,出票日期为保证日期。保证人为出票人、承兑人保证的,应将保证事项记载在票据的正面;保证人为背书人保证的,应将保证事项记载在票据的背面或粘单上。保证人未在票据或者粘单上记载"保证"字样而另行签订保证合同或者保证条款的,不属于票据保证,人民法院应当适用担保法的有关规定。

保证不得附有条件;附有条件的,不影响对汇票的保证责任。

(三)票据保证的效力

1. 保证人与被保证人负连带责任。《票据法》第 50 条规定:"被保证的汇票,保证人应当与被保证人对持票人承担连带责任。汇票到期后得不到付款的,持票人有权向保证人请求付款,保证人应当足额付款。"票据保证的保证人不享有担保法中一般保证的保证人的先诉抗辩权。

2. 保证人与被保证人负同一责任。具体而言:第一,保证人与被保证人的责任在数量上是同一的,不允许作出部分保证;第二,保证人与被保证人的责任在种类上是同一的;第三,保证人与被保证人的责任在顺序上是同一的,不分先后。

3. 保证人的责任具有独立性,不因被保证的票据债务无效而被免除。《票据法》第 49 条规定:"保证人对合法取得汇票的持票人所享有的汇票权利,承担保证责任。但是,被保证人的债务因汇票记载事项欠缺而无效的除外。"票据保证无效的,票据的保证人应当承担与其过错相应的民事责任。

4. 共同保证人负连带责任。保证人为 2 人以上的,保证人之间承担连带责任。

5. 保证人清偿汇票债务后,可以行使持票人对被保证人及其前手的追索权。

六、付款

(一)付款的概念

付款是指付款人依据票据文义向持票人支付票据金额,以消灭票据关系的行为。票据法中的付款是付款人的行为,这与出票人、背书人、保证人等在被追索时支付有关金额的行为不同:前者是支付票据金额的行为,并以消灭票据关系为目的;后者并不以票据金额为依据而为支付,还涉及其他相关费用,而且不能引起票据关系的消灭。

(二)付款的程序

1. 付款提示。付款提示,是指持票人向付款人或承兑人出示票据,并请求按票载金额付款的行为。付款提示是票据付款的必经程序,未提示付款的,票据义务人无主动付款的义务。持票人必须在法定期限内提示付款。根据《票据法》的规定,见票即付的汇票,应当自出票日起 1 个月内进行付款提示;定日付款、出票后定期付款或者见票后定期付款的汇票,自到期日起 10 日内向承兑人提示付款。通过委托收款银行或者通过票据交换系统向付款人提示付款的,视同持票人提示付款。持票人未按照规定期限提示付款的,在作出说明后,承兑人或者付款人仍应当继续对持票人承担付款责任。这里值得注意的是,持票人未在法定期限内提示付款的,丧失只是对其前手的追索权。

2. 支付票款。持票人依照前述规定提示付款的,付款人必须在当日足额付款。持票人获得付款的,应当在汇票上签收,并将汇票交给付款人。持票人委托银行收款的,受委托的银行将代收的汇票金额转账收入持票人账户,视同签收。汇票金额为外币的,按照付款日的市场汇价,以人民币支付。汇票当事人对汇票支付的货币种类另有约定的,从其约定。付款人及其代理付款人付款时,应当审查汇票背书的连续,并审查提示付款人的合法身份证明或者有效证件。付款人及其代理付款人以恶意或者有重大过失付款的,应当自行承担责任。对定日付款、出票后定期付款或者见票后定期付款的汇票,付款人在到期日前付款的,由付款人自行承担所产生的责任。

(三)拒绝付款与付款的效力

票据属于无因证券,票据债务人不得以自己与出票人或者与持票人的前手之间有抗辩事由为由拒绝付款。法律有特别规定的除外。付款人拒绝付款,应出具拒绝证明或退票理由书,以便持票人及时进行票据追索。

付款人依法足额付款后,全体汇票债务人的责任解除。

七、追索权

(一)追索权的概念

追索权是指在票据到期不获付款,或到期前不获承兑,或发生其他法定事由时,持票人向其前手请求偿还票据金额、利息及有关费用的一种票据权利。追索权是在票据权利人的付款请求权得不到满足之后,法律赋予持票人对票据债务人进行追偿的权利。它不同于付款请求权,付款请求权行使的对象是票据上的付款人或汇票承兑后的承兑人,而追索权的行使对象(被追索人)是持票人的所有前手,包括出票人、背书人、承兑人、保证人等。

(二)行使追索权的原因

1. 汇票到期被拒绝付款的,持票人可以对背书人、出票人以及汇票的其他债务人行使追索权。

2. 汇票到期日前,有下列情形之一的,持票人也可以行使追索权:(1)汇票被拒绝承兑的;(2)承兑人或者付款人死亡、逃匿的;(3)承兑人或者付款人被依法宣告破产的或者因违法被责令终止业务活动的。

3. 被追索人依照规定向持票人清偿后,可以向其他汇票债务人行使再追索权。

(三)行使追索权的程序

1. 取得拒绝证明、退票理由书或者其他合法证明。其他合法证明是指:人民法院出具的宣告承兑人、付款人失踪或者死亡的证明、法律文书;公安机关出具的承兑人、付款人逃匿或者下落不明的证明;医院或者有关单位出具的承兑人、付款人死亡的证明;公证机构出具的具有拒绝证明效力的文书;承兑人或者付款人因违法被责令终止业务活动的,有关行政主管部门所作的处罚决定;等等。根据《票据法》的规定,持票人行使追索权时,应当提供被拒绝承兑或者被拒绝付款的有关证明。持票人不能出示拒绝证明、退票理由书或者未按照规定期限提供其他合法证明的,丧失对其前手的追索权。但是,承兑人或者付款人仍应当对持票人承担责任。持票人提示承兑或者提示付款被拒绝的,承兑人或者付款人必须出具拒绝证明,或者出具退票理由书。未出具拒绝证明或者退票理由书的,应当承担由此产生的民事责任。

2. 发出追索通知。持票人应当自收到被拒绝承兑或者被拒绝付款的有关证明之日起 3 日内,将被拒绝事由书面通知其前手;其前手应当自收到通知之日起 3 日内书面通知其再前手。持票人也可以同时向各汇票债务人发出书面通知。在规定期限内将通知按照法定地址或者约定的地址邮寄的,视为已经发出通知。未按照规定期限通知的,持票人仍可以行使追索权。因延期通知给其前手或者出票人造成损失的,由没有按照规定期限通知的汇票当事人,承担对该损失的赔偿责任,但是所赔偿的金额以汇票金额为限。

(四)追索的金额

1. 持票人行使追索权,可以请求被追索人支付下列金额和费用:(1)被拒绝付款的汇票金额;(2)汇票金额自到期日或者提示付款日起至清偿日止,按照中国人民银行规定的利率计算的利息;(3)取得有关拒绝证明和发出通知书的费用。被追索人清偿债务时,持票人应当交出汇票和有关拒绝证明,并出具所收到利息和费用的收据。

2. 被追索人依照《票据法》规定清偿后,可以向其他汇票债务人行使再追索权,请求其他汇票债务人支付下列金额和费用:(1)已清偿的全部金额;(2)前项金额自清偿日起至再追索清偿日止,按照中国人民银行规定的利率计算的利息;(3)发出通知书的费用。行使再追索权的被追索人获得清偿时,应当交出汇票和有关拒绝证明,并出具所收到利息和费用的收据。

(五)追索权的效力

由于汇票的出票人、背书人、承兑人和保证人对持票人承担连带责任,因此持票人可以不按照汇票债务人的先后顺序,对其中任何一人、数人或者全体行使追索权。持票人对汇票债务人中的一人或者数人已经进行追索的,对其他汇票债务人仍可以行使追索权。被追索人清偿债务后,与持票人享有同一权利,可以向其他汇票债务人行使再追索权。但是,持票人为出票人的,对其前手无追索权;持票人为背书人的,对其后手无追索权。被追索人依照《票据法》规定清偿债务后,其责任解除。

第三节　本　票

一、本票的概念和种类

(一)本票的概念

本票是指出票人签发的,承诺自己在见票时无条件支付确定的金额给收款人或者持票人的票据。与汇票不同,本票的基本当事人只有出票人和收款人,出票人也就是付款人,承担到期无条件付款的责任,不需要在到期日前进行承兑,属于自付证券和信用证券。

(二)本票的种类

1. 按出票人身份的不同,可以将本票分为银行本票和商业本票。

2. 按记载付款日期的不同,可以将本票分为即期本票和远期本票。即期本票即见票即付的本票;远期本票包括定日付款、出票后定期付款、见票后定期付款等。

3. 按收款人记载方式的不同,可以将本票分为记名本票、指示本票和无记名本票。

4. 按使用方式的不同,可以将本票分为现金本票和转账本票。用于支取现金的本票为现金本票,用于转账的本票为转账本票。

5. 按票面金额的不同,可以将本票分为定额本票和不定额本票。我国目前银行定额本票面额为1000元、5000元、1万元和5万元四种。不定额本票的起点为100元,具体数额依实际需要确定。

6. 按票据行为发生的地域不同,可以将本票分为国内本票和涉外本票。

《票据法》中的本票仅限于见票即付的银行本票。

二、本票的特别规定

这里所说的本票的特别规定是相对汇票而言的,主要有以下几方面:

(一)出票

1. 出票人

《票据法》第74条规定,本票的出票人必须具有支付本票金额的可靠资金来源,并保证支付。《支付结算办法》第100条规定,银行本票出票人,为经中国人民银行当地分支行批准办理银行本票业务的银行机构。单位和个人在同一票据交换区域需要支付各种款项,均可以使用银行本票。

2. 记载事项

本票的记载事项也分为绝对必要记载事项、相对必要记载事项和任意记载事项。绝对必要记载事项包括:(1)表明"本票"的字样;(2)无条件支付的承诺;(3)确定的金额;(4)收款人名称;(5)出票日期;(6)出票人签章。本票上未记载上述事项之一的,本票无效。

相对必要记载事项包括:(1)付款地,本票上未记载付款地的,出票人的营业场所为付款地;(2)出票地,本票上未记载出票地的,出票人的营业场所为出票地。银行本票可以用于转账,注明"现金"字样的银行本票可以用于支取现金。但是,申请人或收款人为单位的,银行不得为其签发现金银行本票。

3. 出票人签章

银行本票上的出票人的签章,为该银行的本票专用章加其法定代表人或者其授权的代理人的签名或者盖章。银行本票的出票人在票据上未加盖规定的专用章而加盖该银行的公章的,签章人应当承担票据责任。

(二)付款

本票为见票即付的票据,本票的出票人在持票人提示见票时,必须承担付款的责任。本票自出票日起,付款期限最长不得超过2个月。本票的持票人未按照规定期限提示见票的,丧失对出票人以外的前手的追索权。

第四节　支　　票

一、支票的概念和种类

(一)支票的概念

支票是出票人签发的,委托办理支票存款业务的银行或者其他金融机构在见票时无条件支付确定的金额给收款人或者持票人的票据。支票的基本当事人与汇票一致,包括出票人、收款人和付款人，但与汇票不同的是：支票的付款人是特定的，即必须是经中国人民银行审定的、能办理支票存款业务的银行或者其他金融机构，而汇票的付款人没有特别规定；支票的出票人在签发支票时，必须与付款人具有真实的存款关系，即存入大于出具的支票金额的资金，而汇票的出票人与付款人之间不一定是存款关系，还可以是债权债务、买卖等关系，且关系的成立不一定在出票之前，也可以在出票以后；支票为见票即付的票据，而汇票可以在出票时记载付款期限。所以，支票与汇票、本票的性质有很大差别，汇票、本票表现为较强的商业信用，支票则表现为一种银行信用。

（二）支票的种类

1. 按支付票款方式的不同，可以将支票分为普通支票、现金支票和转账支票。现金支票应当在支票正面注明“现金支票”字样，持票人持有现金支票只能支取现金。转账支票应在支票正面注明“转账支票”字样，持票人持有转账支票只能用于转账，不得用于支取现金。普通支票可以用于支取现金，也可以用于转账结算。

2. 按记载付款日期的不同，可以将支票分为即期支票和远期支票。即期支票即见票即付的支票；远期支票包括定日付款支票、出票后定期付款支票、见票后定期付款支票等。

3. 按收款人记载方式的不同，可以将支票分为记名支票、指示支票和无记名支票。我国支票上未记载收款人名称的，经出票人授权，可以补记。

4. 按付款有无特殊保障或特殊限制，可以将支票分为普通支票、保付支票和划线支票。普通支票，是指一般的、对付款无特殊保障或特殊限制的支票。保付支票，是指经付款银行在普通支票上记载保付，以保证承担绝对付款责任的支票。划线支票又称平行线支票，是指出票人或持票人在普通支票上划两条平行线，从而对付款银行在支付上给予特殊限制的支票。《支付结算办法》第 115 条第 3 款规定，在普通支票左上划两条平行线的，为划线支票，划线支票只能用于转账，不得支取现金。

二、支票的特别规定

这里所说的支票的特别规定也是相对汇票而言的，主要有以下几方面：

（一）出票

1. 支票的出票人

支票的出票人，为在经中国人民银行当地分支行批准办理支票业务的银行机构开立可以使用支票的存款账户的单位和个人。公民、单位要使用支票：首先，必须向具有办理支票存款业务的银行提出申请，并提交证明其身份的合法证件，以本人真实姓名开立支票存款账户；其次，银行根据申请人的申请，对申请人的资信状况进行审核，经审查合格的，银行或其他金融机构同意开户，开户人在开户时应存入一定的资金，并在开户行预留其本名的签名样式和印鉴，在开户行领用支票。申请人领用支票后，即可作为支票的出票人签发支票。

2. 支票的记载事项

支票的记载事项也分为绝对必要记载事项、相对必要记载事项和任意记载事项。支票的绝对必要记载事项有:(1)表明"支票"的字样;(2)无条件支付的委托;(3)确定的金额;(4)付款人名称;(5)收款人名称;(6)出票日期;(7)出票人签章。支票上未记载上述内容之一的无效。但是,《票据法》和《支付结算办法》同时规定,支票的金额、收款人名称,可以由出票人授权补记,未补记前不得背书转让和提示付款。

支票的相对必要记载事项有:(1)付款地;(2)出票地。支票上未记载付款地的,付款人的营业场所为付款地;支票上未记载出票地的,出票人的营业场所、住所或者经常居住地为出票地。

3. 支票出票的要求

支票出票除与汇票出票有相同要求之外,还应符合一些特别规定:(1)支票的出票人不得签发与其预留本名的签名式样或者印鉴不符的支票;使用密码的,出票人不得签发支付密码错误的支票。(2)支票的出票人签发支票的金额不得超过其付款时在付款人处实有的存款金额。禁止签发空头支票。签发空头支票或者故意签发与其预留的本名签名式样或者印鉴不符的支票,骗取财物的,依法追究刑事责任。此外,《支付结算办法》第125条规定:出票人签发空头支票、印章与预留银行签章不符的支票、使用支付密码地区,支付密码错误的支票,银行应予以退票,并按票面金额处以5%但不低于1000元的罚款;持票人有权要求出票人赔偿支票金额2%的赔偿金。对屡次签发的,银行应停止其签发支票。

(二)付款

支票的出票人对持票人负有绝对付款责任。支票的付款人实际上并非支票债务人,而是受出票人委托向持票人付款。鉴于支票出票人与付款人的资金委付关系,支票付款人对持票人付款的前提条件是出票人在付款人处的存款足以支付支票金额;否则,付款人不予付款,由出票人自行承担支票不能兑付的责任。

支票的持票人应当自出票日起10日内提示付款;异地使用的支票,其提示付款的期限由中国人民银行另行规定。超过提示付款期限的,付款人可以不予付款;付款人不予付款的,出票人仍应当对持票人承担票据责任(自出票日起6个月内)。此外,持票人超过付款提示期限提示付款的,丧失对其前手的追索权。

付款人依法支付支票金额的,对出票人不再承担受委托付款的责任,对持票人不再承担付款的责任。但是,付款人以恶意或者有重大过失付款的除外。

第五节 违反票据法的法律责任

一、违反票据法的主要情形

1. 票据欺诈行为。具体包括:(1)伪造、变造票据;(2)故意使用伪造、变造的票据的;(3)签发空头支票或者故意签发与其预留的本名签名式样或者印鉴不符的支票,骗取财物;(4)签发无可靠资金来源的汇票、本票,骗取资金;(5)汇票、本票的出票人在出票时作虚假记载，骗取财物；(6)冒用他人的票据，或者故意使用过期或者作废的票据，骗取财物；(7)付款人同出票人、持票人恶意串通，实施前述行为之一的。

2. 金融机构工作人员在票据业务中的玩忽职守行为，即对违反《票据法》规定的票据予以承兑、付款或者保证。

3. 票据的付款人故意压票拖延支付行为。

4. 其他违反《票据法》的行为。

二、违反票据法的责任形式

违反票据法的责任形式有行政责任、民事责任和刑事责任。

对于票据欺诈行为，依法追究刑事责任；但情节轻微，不构成犯罪的，依照国家有关规定给予行政处罚。

金融机构工作人员在票据业务中玩忽职守，对违反《票据法》规定的票据予以承兑、付款或者保证的，给予处分；造成重大损失，构成犯罪的，依法追究刑事责任。由于金融机构工作人员因前述行为给当事人造成损失的，由该金融机构和直接责任人员依法承担赔偿责任。

票据的付款人对见票即付或者到期的票据，故意压票，拖延支付的，由金融行政管理部门处以罚款，对直接责任人员给予处分。

票据的付款人故意压票，拖延支付，给持票人造成损失的，依法承担赔偿责任。

依照《票据法》规定承担赔偿责任以外的其他违反《票据法》规定的行为，给他人造成损失的，应当依法承担民事责任。

复习与思考

一、名词解释

汇票　　本票　　支票　　背书　　承兑

空头支票　　票据伪造　　票据变造

二、简答

1. 票据的无因性。
2. 票据权利的内容。
3. 汇票的相对必要记载事项。
4. 票据权利的补救方式。
5. 票据抗辩权的行使及其限制。
6. 票据的伪造和变造的含义及其法律后果。

第十四章　保　险　法

内容导读

保险具有分散风险、分摊损失的作用。保险法是规范保险活动、维护保险市场的公平与秩序、保障保险活动中各方当事人合法权益的基本法律规范。本章讲述保险的基本原则，保险合同的基本条款，保险合同的订立、变更、解除与终止，保险公司的设立及其经营规则以及保险业的监督管理等内容。

第一节　保险法概述

一、保险的概念

所谓保险，是指投保人根据合同约定，向保险人支付保险费，保险人对于合同约定的可能发生的事故因其发生所造成的财产损失承担赔偿保险金责任，或者当被保险人死亡、伤残、疾病或者达到合同约定的年龄、期限时承担给付保险金责任的商业保险行为。

保险不同于储蓄。保险是以概率论即大数法则作为保险费率的计算基础的多数人的互助行为，其目的是针对自然灾害或意外事故所导致的损失，以较小的支出取得较大的经济保障。储蓄是单独、个别进行的自助行为，其目的是以自己积聚的金额及利息，负担将来的需要。

保险不同于救济。救济是来自外援的单方面的无偿的法律行为，救济对象是不特定的任何受灾单位和个人，救济形式既可以为金钱，也可以为实物。保险是参加保险的成员交纳保险费，通过保险基金来补偿损失的双方法律行为。保险保障的对象是特定的，即参加保险的成员。

保险不同于赌博。保险制度在任何国家或地区都是合法的，其功能是分散危险、消化损失、互助共济，从而实现社会安定的目的。赌博在大多数国家都为法律所禁止。

保险不同于保证。保险合同是一种独立的合同，投保人有交纳保险费的义务，保险人在保险事故发生后履行支付保险金的义务。保证合同一般是从属合同，保证人只有在债务人不履行义务时，才代替债务人履行债务，因而保证人享有先诉抗辩权、求偿权和代位权。

二、保险的种类

随着保险事业的发展，保险的业务范围不断扩大，保险的种类也日益增多。根据不同的标准，保险可以分为不同的种类。

1. 自愿保险与强制保险。根据保险的实施形式，可以将保险分为自愿保险和强制保险。自愿保险，是指通过自愿的方式，即投保人和保险人在平等互利、协商一致的基础上，订立保险合同而形成的保险。强制保险，是指以国家颁布法律、法规的形式来实施的保险。在强制保险中，保险人、投保人双方都没有选择承保和投保的余地，凡在法律规定的范围内，都必须全部投保。此外，保险金额是统一的，保险责任自动产生。

2. 财产保险与人身保险。根据保险的标的划分，可以将保险分为财产保险和人身保险。财产保险，是指以财产及其有关利益为保险标的的保险，包括损失保险、责任保险、信用保险等。人身保险，是指以人的寿命和身体为保险标的的保险，包括人寿保险、健康保险和意外伤害保险等。

3. 商业保险与社会保险。根据保险的目的和职能不同，可以将保险分为商业保险和社会保险。商业保险，是指保险公司以自愿为基础、以营利为目的，按照商业经营的原则经营的各种保险。社会保险，是指根据国家有关的政策而开办的保险业务，以全体公民为保险对象，目的在于保障社会成员的基本生活。

4. 原保险与再保险。根据保险人承担的责任次序分类，可以将保险分为原保险和再保险。原保险，是指保险人对被保险人因保险事故所造成的损失，承担直接的原始的赔偿责任的保险。再保险，是指对原保险的保险再予以承保的保险，即保险人对于承保的危险，出于转移风险和经营安全的考虑，向其他保险人再进行投保的一种保险。

三、我国保险法的立法概况

中华人民共和国成立以来，我国的保险立法经历了一个曲折发展的过程。1951 年中央人民政府政务院公布了《关于实行国家机关、国营企业、合作社财产强制保险及旅客强制保险的决定》；同年，国务院财政经济委员会颁布了《财产强制保险条例》《船舶强制保险条例》《铁路车辆强制保险条例》《轮船、铁路、飞机三方面旅客意外伤害强制保险条例》。1957 年财政部发布了《公民财产自愿保险办法》。1958 年国内保险业务停办，保险立法工作中断。1980 年国内保险业务恢复，国务院规定了一系列规范保险活动的保险法规及规范性文件。随后，我国保险法律制度不断在修改和完善。

截至目前，我国有关保险业的主要立法如下表所示：

名称	发文机关	发布时间	修正(修订)时间	废止时间
保险法	全国人大常委会	1995.06.30	2002、2009、2014、2015	—
财产保险合同暂行条例	国务院	1983.09.01	—	2001.10.06
保险企业管理暂行条例	国务院	1985.03.03	—	2001.10.06

续表

名称	发文机关	发布时间	修正(修订)时间	废止时间
外资保险公司管理条例	国务院	2001.12.12	2013、2016、2019	—
外资保险公司管理条例实施细则	保监会	2004.05.13	2010、2018、2019、2021	—
关于适用《中华人民共和国保险法》若干问题的解释(一)	最高人民法院	2009.09.21	—	—
关于适用《中华人民共和国保险法》若干问题的解释(二)	最高人民法院	2013.05.31	2020	—
关于适用《中华人民共和国保险法》若干问题的解释(三)	最高人民法院	2015.11.25	2020	—
关于适用《中华人民共和国保险法》若干问题的解释(四)	最高人民法院	2018.07.31	2020	—

四、保险法的基本原则

保险法的基本原则,是指在保险立法、经营、监督管理和保险合同的订立与履行等过程中应当遵循的基本准则。

(一)最大诚实信用原则

诚实信用原则是各国民商事立法对民商事活动的基本要求。保险合同是最大诚实信用合同,即要求保险合同各方当事人尽最大努力,善意地行使权利,忠实地履行义务。最大诚实信用原则是由保险的特点所决定的。(1)保险事故的发生存在偶然性,保险人的赔付无疑受偶然事件所左右。因此,投保人、被保险人、受益人不得恶意促成保险事故的发生,但是一旦保险事故发生,保险人就应当信守合同,及时、足额赔付保险金。(2)保险人在承保各种保险业务时,对其危险状况是一无所知的。保险人根据投保人或被保险人对标的的危险状态的陈述、说明,决定是否承保,以及以什么条件承保。(3)保险标的在投保后的大多数情况下仍在被保险人的控制下。这就要求被保险人应如同未保险时一样履行谨慎管理的义务,否则将增加危险发生的可能性。

最大诚实信用原则要求投保人在订立保险合同时履行如实告知义务。投保人应当如实告知保险标的的有关情况,以使保险人对保险标的的价值及所处的危险有全面、客观的认识,从而决定是否承保以及以何种费率承保。根据《保险法》第16条的规定:订立保险合同,保险人就保险标的或者被保险人的有关情况提出询问的,投保人应当如实告知。投保人故意或者因重大过失未履行前述如实告知义务,足以影响保险人决定是否同意承保或者提高保险费率的,保险人有权在法定的时间内解除合同。投保人故意不履行如实告知义务的,保险人对于合同解除前发生的保险事故,不承担赔偿或者给付保险金的责任,并不退还保险费。投保人因重大过失未履行如实告知义务,对保险事故的发生有严重影响的,保险人对于合同解除前发生的保险事故,不承担赔偿或者给付保险金的责任,但应当退还保险费。

最大诚实信用原则要求保险人履行在订立保险合同时的说明义务。保险人应如实向投保人解释保险条款,特别是对合同中有关保险人免责的条款,保险人应予以明确说明。《保险法》第17条规定:“订立保险合同,采用保险人提供的格式条款的,保险人向投保人提供的投保单应当附格式条款,保险人应当向投保人说明合同的内容。对保险合同中免除保险人责任的条款,保险人在订立合同时应当在投保单、保险单或者其他保险凭证上作出足以引起投保人注意的提示,并对该条款的内容以书面或者口头形式向投保人作出明确说明;未作提示或者明确说明的,该条款不产生效力。”

此外,最大诚实信用原则还要求被保险人履行危险增加的通知义务。根据《保险法》第52条的规定:在合同有效期内,保险标的的危险程度显著增加的,被保险人应当按照合同约定及时通知保险人,保险人可以按照合同约定增加保险费或者解除合同。保险人解除合同的,应当将已收取的保险费,按照合同约定扣除自保险责任开始之日起至合同解除之日止应收的部分后,退还投保人。被保险人、受让人未履行上述通知义务的,因转让导致保险标的的危险程度显著增加而发生的保险事故,保险人不承担赔偿保险金的责任。

(二)保险利益原则

保险利益,也称可保利益,是指投保人或者被保险人对保险标的具有的法律上承认的利益。各国法律都把保险利益作为保险合同生效和有效的重要条件。这种利益关系可以是投保人或被保险人对保险标的所具有的各种经济上的利益,也可以是投保人或被保险人因其承担的义务和责任而产生的利益关系。《保险法》第12条第1款、第2款规定,人身保险的投保人在保险合同订立时,对被保险人应当具有保险利益。财产保险的被保险人在保险事故发生时,对保险标的应当具有保险利益。

保险利益原则作为保险法基本原则具有重要意义:(1)消除赌博的可能性。保险区别于赌博的关键在于保险中有保险利益存在。如果允许投保人对保险标的不具有保险利益,就意味着投保人可以随便对他人的财产和人身进行保险。一旦发生保险事故,投保人就可以不受任何损失而得到赔款,这既违反了损失补偿原则,也使保险失去了给付意义,而只能使保险成为单纯的赌博。(2)防止道德危险的发生。道德危险是指投保人、被保险人或受益人,为诈取保险赔款而违反法律或合同,故意造成和扩大的危险。有了保险利益原则,就可以防止道德危险,维护社会的安定和善良风俗,否则一些不法的投保人为了谋取不当利益,极可能会人为地造成财产损失或人身伤害,甚至谋害他人生命。(3)限制保险赔偿额度。投保人的保险标的遭受损失,要求经济补偿的数额不得超过投保人在损失标的上的全部保险利益。如果不坚持赔偿的最高额以保险利益为准,则被保险人可以较少的损失而获得较大的赔偿额,同样会诱发道德危险。

《保险法》第31条规定,投保人对下列人员具有保险利益:(1)本人;(2)配偶、子女、父母;(3)前项以外与投保人有抚养、赡养或者扶养关系的家庭其他成员、近亲属;(4)与投保人有劳动关系的劳动者。除上述规定外,被保险人同意投保人为其订立合同的,视为投保人对被保险人具有保险利益。订立合同时,投保人对被保险人不具有保险利益的,合同无效。以死亡为给付保险金条件的合同,除父母为其未成年子女投保的人身保险以外,未经被保险人同意并认可保险金额的,合同无效。人身保险的受益人由被保险人或者投保人指定。投保人指定受益人时须经被保险人同意。被保险人为无民事行为能力人或者限制民事行为能力人的,可以由其监护人指定受益人。投保人为与其有劳动关系的劳动者投保人身保险,不得指定被保险人及其近亲属以外的人为受益人。

(三)损失补偿原则

损失补偿原则是由保险的经济补偿性质和职能所决定的,它最直接地体现了保险的经济补偿功能。所谓损失补偿,是指当保险事故发生使投保人或被保险人遭受损失时,保险人必须在责任范围内对投保人或被保险人所受实际损失进行补偿。损失补偿的目的在于保护投保人的合法利益,弥补受害人的实际损失。保险损失补偿的范围主要包括:(1)保险事故发生时,保险标的的实际损失。在财产保险中,最高赔偿额以保险标的的保险金额为限;在人身保险中,则以约定的保险金额为最高限额。(2)合理费用。这主要包括施救费用和诉讼支出。(3)其他费用。这主要指为确定保险责任范围内的损失所支付的受损标的的检验、估价、出售等费用。《保险法》第 57 条第 2 款规定:"保险事故发生后,被保险人为防止或者减少保险标的的损失所支付的必要的、合理的费用,由保险人承担;保险人所承担的费用数额在保险标的损失赔偿金额以外另行计算,最高不超过保险金额的数额。"

(四)近因原则

只有危险事故的发生与损失结果的形成有直接的因果关系(近因),保险人才对损失负补偿责任。近因原则是保险法的重要原则,也是保险人承担保险责任的前提条件。所谓近因,并非指时间上最接近损失的原因即后发生的原因,而是指有支配力或一直有效的原因。近因原则的具体应用规则是:(1)单一原因造成的损失,如果该原因属于保险事故,即为近因,保险人就应该承担赔偿责任。(2)多种原因造成的损失,其中持续地起决定或支配作用的原因即为近因。第一,当多种原因同时发生时,如果同时发生的原因都是保险事故,保险人应赔偿所有原因造成的损失。如果多种原因既有保险危险,又有不保危险,保险人只赔偿保险事故所造成的损失,对非保险事故造成的损失不承担赔偿责任。第二,当多种原因连续发生时,两个以上的灾害事故连续发生所造成的损失,一般以最近的、有效的(后因)为近因。第三,当多种原因间断发生时,若新的独立原因(近因)为保险危险,即使发生在不保危险之后,由保险危险所造成的损失仍须由保险人赔偿。若新的独立原因(近因)为不保危险,即使发生在不保危险之后,由不保危险造成的损失,保险人亦不负赔偿责任。

第二节 保险合同

一、保险合同的概念

保险合同,是指投保人与保险人约定保险权利义务关系的协议。在保险合同中,投保人是指与保险人订立保险合同,并按照保险合同负有支付保险费义务的人;保险人是指与投保人订立保险合同,并承担赔偿或者给付保险金责任的保险公司。

二、保险合同的种类

(一)财产保险合同和人身保险合同

这是根据标的的不同对保险合同所作的分类。

1. 财产保险合同

财产保险合同,是指以财产及其有关利益为保险标的的保险合同。它又可分为:

(1)财产损失保险合同。它是指以补偿财产的直接损失为目的的财产保险合同,包括企业财产保险合同、家庭财产保险合同、运输工具保险合同和运输货物保险合同等。

(2)责任保险合同。它是指以被保险人对第三者依法应负的赔偿责任为保险标的的保险合同。《保险法》第65条第1款规定:"保险人对责任保险的被保险人给第三者造成的损害,可以依照法律的规定或者合同的约定,直接向该第三者赔偿保险金。"责任保险合同通常分为:第一,产品责任保险合同,即以制造商或销售商的产品质量缺陷致使产品使用者遭受人身伤亡或财产损失而依法应承担的赔偿责任为保险标的的保险合同。第二,公众责任保险合同,即以投保人发生意外事故造成第三者人身伤亡或财产损失而依法应承担的赔偿责任为保险标的的保险合同。第三,雇主责任保险合同,即以雇主对雇佣人在雇佣期间因人身伤害依法应承担的赔偿责任为保险标的的保险合同。第四,职业责任保险合同,即以投保人在职业工作中的过失致使他人遭受人身伤亡或财产损失而依法应承担的赔偿责任为保险标的的保险合同。

(3)信用保险合同。它是以被保险人(债权人)因其债务人未能如约履行而遭受的损失作为保险标的的保险合同。信用保险合同的可保危险包括商业风险和政治风险。

(4)保证保险合同。它是指由保险人为被保险人向权利人提供担保,当被保险人的行为或不行为给权利人造成经济损失,保证人承担赔偿责任的保险合同。

2. 人身保险合同

人身保险合同,是指以人的寿命和身体为保险标的的保险合同。它又可分为:

(1)人寿保险合同。它是指以被保险人的死亡或生存为保险标的的人身保险合同。当被保险人在保险期限内死亡或生存到一定的年龄时,保险人向被保险人或其受益人给付保险金。人寿保险合同是人身保险合同中最主要的种类,通常分为死亡保险、生存保险和生死两全保险。

(2)健康保险合同。该合同又称疾病保险合同,是指被保险人在保险期限内患病、分娩及因疾病、分娩导致支出、残废或死亡时,保险人给付约定保险金的一种保险合同。

(3)意外伤害保险合同。它是指被保险人在保险期限内,因遭受意外伤害或因意外伤害残废或死亡时,保险人依约给付保险金的合同。意外伤害保险合同又分为:第一,普通意外伤害保险合同,是指专门为被保险人因意外伤害事故身体受到损伤提供保险保障的合同。第二,特种意外伤害保险合同,其保险范围仅限于特种原因或特定地点所造成的伤害,主要包括旅游伤害保险合同、交通事故伤害保险合同等。

(二)定值保险合同和不定值保险合同

这是依据保险标的的价值确定与否而作的划分。这种分类只适用于财产保险合同。定值保险合同,是指双方当事人事先确定保险标的的实际价值,并记载于合同中的保险合同。定值保险合同多适用于以某些不易确定价值的财产作为保险标的的财产保险合同。不定值保险合同,是指双方当事人在订立合同时不预先确定保险标的的保险价值,仅载明须至危险事故发生后,再行估计其价值而确定其损失的保险合同。不定值保险合同主要适用于火灾保险。

(三)补偿性保险合同和给付性保险合同

这是依据设立保险合同的目的不同而作的分类。补偿性保险合同,是指在危险事故发生后,由保险人评定被保险人的实际损失从而支付保险赔偿金的一种合同。大多数财产保险合同都属于补偿性保险合同。给付性保险合同属于非补偿性保险合同,大多数人身保险合同都属于非补偿性保险合同。

(四)特定险保险合同和一切险保险合同

这是以保险人承保危险的不同范围为标准所进行的划分。特定保险合同,是指保险人仅承保特定的一种或数种危险的保险合同。在这种合同中,保险人承保的危险一般都在保险条款中予以列举规定。一切险保险合同,是指保险人承保的危险为合同列举的除外责任之外的一切危险的保险合同。

三、保险合同的内容

(一)保险合同的一般条款

1. 保险人名称和住所。

2. 投保人、被保险人的姓名或者名称、住所,以及人身保险的受益人的姓名或者名称、住所。受益人是指人身保险合同中由被保险人或者投保人指定的享有保险金请求权的人。投保人、被保险人可以为受益人。被保险人或者投保人可以指定一人或者数人为受益人。受益人为数人的,被保险人或者投保人可以确定受益顺序和受益份额;未确定受益份额的,受益人按照相等份额享有受益权。

3. 保险标的。如财产保险中的各种财产或与财产有关的利益,以及人身保险中的人的生命或身体。

4. 保险责任和责任免除。保险责任是指保险单上载明的危险发生造成保险标的损失或约定人身保险事件出现(或约定期满)时,保险人所承担的赔偿或给付责任,通常包括基本责任和特约责任。

保险人承担的基本责任是针对基本险而言的,一般可分为:(1)单一险责任,即保险人只承担某种特定危险事故造成的损害赔偿责任。(2)综合险责任,即多种危险责任,通常被称为综合险或混合险,指保险人所承担的几种特定危险事故造成的损害赔偿责任。(3)一切险责任,即保险人承担除外责任的一切危险事故造成的损害赔偿责任,是承担风险范围最为广泛的一种保险责任。

特约责任是针对附加险或特保危险而言的,指保险人承担由双方当事人特别约定的保险责任,大多为单一险责任。如海上保险中,投保人在投保平安险或水渍险的基础上,可选择加保偷窃险、提货不着险、淡水雨淋险、短量险等。附加险只能依附于基本险,不能单独使用。

责任免除,是指保险合同规定的保险人不负赔偿责任的范围,最常见的是道德危险、战争、核辐射、核污染等。

5. 保险期间和保险责任的开始时间。

6. 保险金额。保险金额,是指保险人承担赔偿或者给付保险金责任的最高限额。在财产保险中,保险金额应与保险价值相等,凡超过保险价值的保险金额为超额保险,超过保险价值的,超过的部分无效。在人身保险中,保险金额由当事人根据保险需求和缴付保险费的能力进行约定。

7. 保险费及其支付办法。

8. 保险金赔偿或者给付办法。

9. 违约责任和争议处理。

10. 订立合同的年、月、日。

投保人和保险人可以约定与保险有关的其他事项。

(二)人身保险合同中的常见条款

1. 不可抗辩条款。投保人在订立合同时应当履行如实告知义务,否则保险人可以行使合同解除权,但是保险人未在法定期间内行使解除权或者保险人在合同订立时已经知道投保人未如实告知的情况的,保险人不得解除合同。根据《保险法》第 16 条的规定,投保人故意或者因重大过失未履行如实告知义务,足以影响保险人决定是否同意承保或者提高保险费率的,保险人有权解除合同。该合同解除权,自保险人知道有解除事由之日起,超过 30 日不行使而消灭。自合同成立之日起超过 2 年的,保险人不得解除合同;发生保险事故的,保险人应当承担赔偿或者给付保险金的责任。

2. 不丧失价值条款。人身保险中的终身保险以及生死两全保险都带有储蓄性质,投保人缴纳一定的保险费以后,保险单便有相当的现金价值。这一现金价值虽然由保险人保管运用,但是其所有权却属于投保方。因此,如果投保人不愿意继续投保而要求退保时,保险单所具有的现金价值并不因此而丧失。《保险法》第 47 条规定:“投保人解除合同的,保险人应当自收到解除合同通知之日起三十日内,按照合同约定退还保险单的现金价值。”

3. 年龄不实条款。在人寿保险合同中,被保险人的年龄关系到保险费率的计算及危险程度的衡量,因此,投保人应如实填报。根据《保险法》第 32 条的规定,投保人申报的被保险人年龄不真实,并且其真实年龄不符合合同约定的年龄限制的,保险人可以解除合同,并按照合同约定退还保险单的现金价值。投保人申报的被保险人年龄不真实,致使投保人支付的保险费少于应付保险费的,保险人有权更正并要求投保人补交保险费,或者在给付保险金时按照实付保险费与应付保险费的比例支付。投保人申报的被保险人年龄不真实,致使投保人支付的保险费多于应付保险费的,保险人应当将多收的保险费退还投保人。

4. 宽限期条款。该条款是指保险人和投保人在保险合同中约定的,允许投保人向保险人缓交保险费的期限的条款。依照交纳保险费宽限期条款,虽然已逾保险合同约定的交纳保险费的时间,但只要投保人在交费宽限期交纳保险费,即不构成违反保险合同。根据《保险法》第 36 条的规定,合同约定分期支付保险费,投保人支付首期保险费后,除合同另有约定外,投保人自保险人催告之日起超过 30 日未支付当期保险费,或者超过约定的期限 60 日未支付当期保险费的,合同效力中止,或者由保险人按照合同约定的条件减少保险金额。被保险人在此期限内发生保险事故的,保险人应当按照合同约定给付保险金,但可以扣减欠交的保险费。

5. 复效条款。该条款是指人寿保险合同约定的,在投保人不能如期交纳保险费而使保险合同效力中止的,经投保人申请交纳保险费以恢复合同效力的条款。《保险法》第 37 条规定,合同效力依照《保险法》第 36 条规定中止的,经保险人与投保人协商并达成协议,在投保人补交保险费后,合同效力恢复。但是,自合同效力中止之日起满 2 年双方未达成协议的,保险人有权解除合同,但是应当按照合同约定退还保险单的现金价值。

6. 自杀条款。为了避免蓄意自杀者通过保险方式谋取保险金,防止道德危险的发生,人身保险合同一般都把自杀作为除外责任条款。但是,如果对并非为图谋保险金而发生的自杀一概不给予保险金或退还保险单的现金价值,也将会影响受益人的正常生活。《保险法》第 44 条规定:"以被保险人死亡为给付保险金条件的合同,自合同成立或者合同效力恢复之日起二年内,被保险人自杀的,保险人不承担给付保险金的责任,但被保险人自杀时为无民事行为能力人的除外。保险人依照前款规定不承担给付保险金责任的,应当按照合同约定退还保险单的现金价值。"

四、保险合同的订立

(一)保险合同的形式

依据《保险法》的规定,保险合同的形式为书面形式,主要包括投保单、暂保单、保险单和保险凭证。

1. 投保单。投保单是投保人表示愿意同保险人订立保险合同的书面申请,它是由保险人事先准备、具有统一格式的书据。其内容一般有:投保人、被保险人的名称和住所,保险标的的名称及存放地点,保险险别,保险责任的起讫,保险价值和保险金额等。投保单并非正式合同文本,但一经保险人接受后,即成为保险合同的一部分。

2. 暂保单。暂保单又称临时保单,是保险人或其代理人在正式保险单签发前出具给被保险人的临时保险凭证。暂保单一般限于以下情况使用:(1)保险代理人在争取到业务而尚未向保险人办妥保险单手续前,给被保险人开出的证明;(2)保险公司的分支机构,在接受投保后,还未获得总公司批准前,先出具的保障证明;(3)保险人与投保人就标准保险单记载事项所未及的特定条款未完全协商一致,但保险人原则上先予以承保时,由保险人出立的保险证明;(4)出口贸易结汇时,保险人在出具保险单或保险凭证前,可先出立暂保单,以证明出口货物已经办理保险,并作为结汇的凭证之一。

暂保单与正式保险单具有相同的法律效力,但有效期较短,一般为30日,因而保险人应及时签发正式保险单。暂保单也可以在保险单发出前中止效力,但保险人必须提前通知投保人。

3. 保险单。保险单又称保单、保险证券,是保险人与投保人之间订立的保险合同的正式书面形式。保险单应将包括保险人的责任和双方的权利义务在内的保险合同的全部内容明确详尽地载明其中。一旦发生保险事故,保险单是被保险人向保险人索赔的主要凭证,也是保险人向被保险人赔偿的主要依据。值得注意的是,在通常情况下,只要双方当事人形成合意,保险合同即告成立,如果保险事故发生在正式保险单签发之前,也不影响保险合同的效力。

4. 保险凭证。保险凭证又称小保单,是保险人出立给被保险人以证明保险合同已经订立或保险单已经正式签发的一种凭证,实际上是一种简化了的保险单,与保险单具有相同效力。保险凭证通常在下列情况下使用:(1)保险人承揽团体保险业务时,其出具的保险单一般由团体负责人保管,因而对团体内的每个成员签发一张保险凭证,以作为参加保险的证明。(2)在运输货物保险中,保险人与投保人订立保险合同明确总保险的责任范围的时间,然后再对每笔运输货物单独出具保险凭证。(3)对于机动车辆及第三者责任险,为了便于被保险人随身携带以供有关部门检查,保险人通常出具保险凭证。

(二)保险合同订立的方式

保险合同的订立采用要约、承诺方式,也就是投保、承保方式。《保险法》第13条规定,投保人提出保险要求,经保险人同意承保,保险合同成立。保险人应当及时向投保人签发保险单或者其他保险凭证。保险单或者其他保险凭证应当载明当事人双方约定的合同内容。当事人也可以约定采用其他书面形式载明合同内容。依法成立的保险合同,自成立时生效。

五、保险合同的变更、解除与终止

(一)保险合同的变更

在保险合同有效期内,投保人和保险人经协商同意,可以变更保险合同的有关内容。变更保险合同的,应当由保险人在原保险单或者其他保险凭证上批注或者附贴批单,或者由投保人和保险人订立变更的书面协议。被保险人或者投保人可以变更受益人并书面通知保险人。但是,投保人变更受益人时须经被保险人同意。保险人收到变更受益人的书面通知后,应当在保险单或者其他保险凭证上批注或者附贴批单。

(二)保险合同的解除

1. 任意解除。《保险法》第15条规定:“除本法另有规定或者保险合同另有约定外,保险合同成立后,投保人可以解除合同,保险人不得解除合同。”即使在特殊情况下,投保人也不得随意解除合同,例如《保险法》第50条规定:“货物运输保险合同和运输工具航程保险合同,保险责任开始后,合同当事人不得解除合同。”

2. 法定解除。《保险法》第 27 条规定:“未发生保险事故,被保险人或者受益人谎称发生了保险事故,向保险人提出赔偿或者给付保险金请求的,保险人有权解除合同,并不退还保险费。投保人、被保险人故意制造保险事故的,保险人有权解除合同,不承担赔偿或者给付保险金的责任;除本法第四十三条规定外,不退还保险费……”第 52 条规定:“在合同有效期内,保险标的的危险程度显著增加的,被保险人应当按照合同约定及时通知保险人,保险人可以按照合同约定增加保险费或者解除合同……”

3. 约定解除。在符合保险合同约定的情况下,保险合同当事人可以解除合同。

(三)保险合同的终止

保险合同的终止有三种情形:(1)因期限届满而终止;(2)因保险人履行赔偿或给付义务而终止;(3)因保险标的灭失而终止。

六、保险委付与代位求偿权

(一)保险委付

保险委付,是指投保人(被保险人)将保险标的物的一切权利移转于保险人,从而得以请求支付全部保险金额的权利。《保险法》第 59 条规定:“保险事故发生后,保险人已支付了全部保险金额,并且保险金额等于保险价值的,受损保险标的的全部权利归于保险人;保险金额低于保险价值的,保险人按照保险金额与保险价值的比例取得受损保险标的的部分权利。”

(二)代位求偿权

代位求偿权,是指保险人按照保险合同给付了保险金后,有权以被保险人的名义向有过错的第三人索赔或提出索赔诉讼。《保险法》第 60 条第 1 款规定,因第三者对保险标的的损害而造成保险事故的,保险人自向被保险人赔偿保险金之日起,在赔偿金额范围内代位行使被保险人对第三者请求赔偿的权利。但是,除被保险人的家庭成员或者其组成人员故意造成保险事故以外,保险人不得对被保险人的家庭成员或者其组成人员行使代位请求赔偿的权利。在保险人向第三者行使代位请求赔偿权利时,被保险人应当向保险人提供必要的文件和其所知道的有关情况。

保险事故发生后,被保险人已经从第三者处取得损害赔偿的,保险人赔偿保险金时,可以相应扣减被保险人从第三者处已取得的赔偿金额。保险人依法行使代位请求赔偿的权利,不影响被保险人就未取得赔偿的部分向第三者请求赔偿的权利。

保险事故发生后,保险人未赔偿保险金之前,被保险人放弃对第三者的请求赔偿的权利的,保险人不承担赔偿保险金的责任。保险人向被保险人赔偿保险金后,被保险人未经保险人同意放弃对第三者请求赔偿的权利的,该行为无效。被保险人发生过错致使保险人不能行使代位请求赔偿的权利的,保险人可以相应扣减保险赔偿金。保险人、被保险人为查明和确定保险事故的性质、原因和保险标的的损失程度所支付的必要的、合理的费用,由保险人承担。

第三节　保险公司、保险代理人和保险经纪人

一、保险公司

(一)保险公司的组织形式

保险公司,是指依法设立,并以经营保险为业的单位。在实践中,保险组织的形式主要有国有保险公司、股份保险公司、合作保险组织、个人保险组织等。

(二)保险公司的设立、变更和终止

1. 保险公司的设立

设立保险公司应当经国务院保险监督管理机构批准。依照《保险法》和《公司法》的有关规定,设立保险公司必须具备以下条件:(1)主要股东具有持续营利能力,信誉良好,最近3年内无重大违法违规记录,净资产不低于人民币2亿元;(2)有符合《保险法》和《公司法》规定的章程;(3)注册资本的最低限额为人民币2亿元;(4)有具备任职专业知识和业务工作经验的董事、监事和高级管理人员;(5)有健全的组织机构和管理制度;(6)有符合要求的营业场所和与经营业务有关的其他设施;(7)法律、行政法规和国务院保险监督管理机构规定的其他条件。

此外,保险公司在中国境内设立分支机构,在中国境外设立子公司、分支机构、代表机构,以及外国保险机构在中国境内设立代表机构,均应当经保险监督管理机构批准。

2. 保险公司的变更

保险公司有下列情形之一的,应当经保险监督管理机构批准:(1)变更名称;(2)变更注册资本;(3)变更公司或者分支机构的营业场所;(4)撤销分支机构;(5)公司分立或者合并;(6)修改公司章程;(7)变更出资额占有限责任公司资本总额5%以上的股东,或者变更持有股份有限公司股份5%以上的股东;(8)国务院保险监督管理机构规定的其他情形。

3. 保险公司的终止

保险公司因分立、合并需要解散,或者股东会、股东大会决议解散,或者公司章程规定的解散事由出现,经国务院保险监督管理机构批准后解散。经营有人寿保险业务的保险公司,除因分立、合并或者被依法撤销外,不得解散。保险公司解散,应当依法成立清算组进行清算。

保险公司有《企业破产法》第2条规定情形的,经国务院保险监督管理机构同意,保险公司或者其债权人可以依法向人民法院申请重整、和解或者破产清算;国务院保险监督管理机构也可以依法向人民法院申请对该保险公司进行重整或者破产清算。

经营有人寿保险业务的保险公司被依法撤销或者被依法宣告破产的,其持有的人寿保险合同及责任准备金,必须转让给其他经营有人寿保险业务的保险公司;不能同其他保险

公司达成转让协议的,由国务院保险监督管理机构指定经营有人寿保险业务的保险公司接受转让。

(三)保险公司的经营规则

1. 保险公司业务范围限制规则

各国保险法对保险组织的业务范围都有限制性规定,明确保险组织不得从事保险法规定范围之外的经营活动。为切实保护广大被保险人的利益,大多数国家的保险法都因财产保险业务和人身保险业务性质不同,经营技术有别,而作出禁止兼营的规定。所谓禁止兼营,就是指申请开业的保险组织只能专营某类保险业务,不能同时兼营财产保险业务和人身保险业务。

《保险法》第 95 条第 1 款、第 2 款规定,保险公司的业务范围包括:(1)人身保险业务,包括人寿保险、健康保险、意外伤害保险等保险业务;(2)财产保险业务,包括财产损失保险、责任保险、信用保险、保证保险等保险业务;(3)国务院保险监督管理机构批准的与保险有关的其他业务。保险人不得兼营人身保险业务和财产保险业务。但是,经营财产保险业务的保险公司经国务院保险监督管理机构批准,可以经营短期健康保险业务和意外伤害保险业务。

2. 偿付能力管理规则

偿付能力管理规则,是指保险组织履行赔偿义务或给付责任的能力。保险组织必须具有最低偿付能力,不仅是保护被保险人利益的需要,也是稳定自身经营的需要。《保险法》规定,保险公司应当具有与其业务规模和风险程度相适应的最低偿付能力。保险公司的认可资产减去认可负债的差额不得低于国务院保险监督管理机构规定的数额;低于规定数额的,应当按照国务院保险监督管理机构的要求采取相应措施达到规定的数额。经营财产保险业务的保险公司当年自留保险费,不得超过其实有资本金加公积金总和的 4 倍。保险公司对每一危险单位,即对一次保险事故可能造成的最大损失范围所承担的责任,不得超过其实有资本金加公积金总和的 10%;超过的部分,应当办理再保险。

3. 保险公司的风险管理规则

经济补偿是保险制度特有的功能。为了保障被保险人的利益,使保险公司安全经营,各国保险法均规定了保险公司风险管理的若干规则。我国《保险法》对保险公司的风险管理主要体现在对保险保证金、各种准备金、保险保障基金和保险公积金的提存及保险资金的运用等方面。

(1)保险保证金。《保险法》第 97 条规定,保险公司成立后,应当按照其注册资本总额的 20% 提取保证金,存入保险监督管理部门指定的银行,除公司清算时用于清偿债务外,不得动用。

(2)保险准备金。保险准备金包括未到期责任准备金和未决赔款准备金。未到期责任准备金,是指在会计年度决算时对未满期保单提存的一种资金准备。未到期责任准备金应等于当年开出的保险单在下一年度仍然有效的保险单的保险费之和。未决赔款准备金,是指保险人在会计年度决算以前发生保险责任应付而未付赔款在当年收入的保险费中提存的资金。

(3)保险保障基金。它是指保险组织为了有足够的能力应付可能发生的巨额赔款,从年终结余中专门提存的后备基金。《保险法》第100条规定:“保险公司应当缴纳保险保障基金。保险保障基金应当集中管理,并在下列情形下统筹使用:(一)在保险公司被撤销或者被宣告破产时,向投保人、被保险人或者受益人提供救济;(二)在保险公司被撤销或者被宣告破产时,向依法接受其人寿保险合同的保险公司提供救济;(三)国务院规定的其他情形……”

(4)保险公积金。它是指保险公司基于增强自身财力,扩大经营范围以及预防意外亏损的目的,依照法律和公司章程的规定,从公司税后利润中提取的部分资金积累。

(5)保险资金的运用。它是指保险组织在经营过程中,将积聚的部分保险资金用于投资或融资,使资金增值的活动。由于保险资金的运用往往会带来相应的风险,因此,各国保险法对保险资金的运用范围和形式都作了具体规定,以确保被保险人的利益。《保险法》第106条规定:“保险公司的资金运用必须稳健,遵循安全性原则。保险公司的资金运用限于下列形式:(一)银行存款;(二)买卖债券、股票、证券投资基金份额等有价证券;(三)投资不动产;(四)国务院规定的其他资金运用形式……”

二、保险代理人

保险代理人是根据保险人的委托,向保险人收取佣金,并在保险人授权的范围内代为办理保险业务的机构或者个人。保险代理机构包括专门从事保险代理业务的保险专业代理机构和兼营保险代理业务的保险兼业代理机构。

个人保险代理人、保险代理机构的代理从业人员、保险经纪人的经纪从业人员,应当具备国务院保险监督管理机构规定的资格条件,取得保险监督管理机构颁发的资格证书。个人保险代理人在代为办理人寿保险业务时,不得同时接受2个以上保险人的委托。

保险代理人根据保险人的授权代为办理保险业务的行为,由保险人承担责任。保险代理人没有代理权、超越代理权或者代理权终止后以保险人名义订立合同,使投保人有理由相信其有代理权的,该代理行为有效。保险人可以依法追究越权的保险代理人的责任。

三、保险经纪人

保险经纪人,是指基于投保人的利益,为投保人与保险人订立保险合同提供中介服务,并依法收取佣金的机构。保险经纪人分为直接保险经纪人和再保险经纪人两类。保险经纪人因过错给投保人、被保险人造成损失的,依法承担赔偿责任。

保险经纪人与保险代理人的区别主要有:(1)保险经纪人是基于投保人的利益,与保险人或其他代理人洽订保险合同,而保险代理人则是根据保险人的委托而代为办理保险业务;(2)保险经纪人的业务范围比保险代理人广;(3)与保险代理人向保险人收取佣金不同,保险经纪人既可以向保险人收取佣金,也可以向被保险人收取佣金。

第四节 保险业的监督管理

一、保险业的监督管理机构

1998 年 11 月,按照银行与保险分业经营、分业监管的原则,为加大对保险业的统一监管力度,经国务院批准,保监会成立,负责全国保险业的监管工作。

2018 年 4 月 8 日,根据第十三届全国人大第一次会议批准的《国务院机构改革方案》,中国银行保险监督管理委员会正式挂牌,为国务院直属事业单位。其职责是:依照法律法规统一监督管理银行业和保险业,维护银行业和保险业合法、稳健运行,防范和化解金融风险,保护金融消费者合法权益,维护金融稳定。

2023 年 3 月 16 日,中共中央、国务院印发了《党和国家机构改革方案》,决定在中国银行保险监督管理委员会基础上组建国家金融监督管理总局,不再保留中国银行保险监督管理委员会。2023 年 5 月 18 日,国家金融监督管理总局正式揭牌,依法对除证券业之外的金融业实行统一监督管理。

二、保险业监督管理机构的主要职责

1. 拟定保险业发展的方针政策,制定行业发展战略和规划;起草保险业监管的法律、法规;依照法律、行政法规制定并发布有关保险业监督管理的规章。

2. 审批保险公司及其分支机构、保险集团公司、保险控股公司的设立;会同有关部门审批保险资产管理公司的设立;审批境外保险机构代表处的设立;审批保险代理公司、保险经纪公司、保险公估公司等保险中介机构及其分支机构的设立;审批境内保险机构和非保险机构在境外设立保险机构;审批保险机构的合并、分立、变更、解散,决定接管和指定接受;参与、组织保险公司的破产、清算。

3. 审查、认定各类保险机构高级管理人员的任职资格,制定保险从业人员的基本资格标准。

4. 审批关系社会公众利益的保险险种、依法实行强制保险的险种和新开发的人寿保险险种等的保险条款和保险费率,对其他保险险种的保险条款和保险费率实施备案管理。

5. 依法监管保险公司的偿付能力和市场行为;负责保险保障基金的管理,监管保险保证金;根据法律和国家对保险资金的运用政策,制定有关规章制度,依法对保险公司的资金运用进行监管。

6. 对政策性保险和强制保险进行业务监管,对专属自保、相互保险等组织形式和业务活动进行监管。归口管理保险行业协会、保险学会等行业社团组织。

7. 依法对保险机构和保险从业人员的不正当竞争等违法、违规行为以及对非保险机构经营或变相经营保险业务进行调查、处罚。

8. 依法对境内保险及非保险机构在境外设立的保险机构进行监管。

9. 制定保险行业信息化标准，建立保险风险评价、预警和监控体系，跟踪分析、监测、预测保险市场运行状况，负责统一编制全国保险业的数据、报表，并按照国家有关规定予以发布。

第五节　违反保险法的法律责任

一、投保人、被保险人、受益人的法律责任

投保人、被保险人或者受益人有下列行为之一，进行保险诈骗活动，尚不构成犯罪的，依法给予行政处罚：(1)投保人故意虚构保险标的，骗取保险金的；(2)编造未曾发生的保险事故，或者编造虚假的事故原因或者夸大损失程度，骗取保险金的；(3)故意造成保险事故，骗取保险金的。违反规定，给他人造成损害的，依法承担民事责任；构成犯罪的，依法追究刑事责任。

二、保险公司及其工作人员的法律责任

保险公司及其工作人员的违法行为主要情形有：(1)违反规定，擅自设立保险公司、保险资产管理公司或者非法经营商业保险业务。(2)保险公司违反规定，超出批准的业务范围经营。(3)保险公司及其工作人员在保险业务活动中，欺骗投保人、被保险人或者受益人；对投保人隐瞒与保险合同有关的重要情况；阻碍投保人履行《保险法》规定的如实告知义务，或者诱导其不履行《保险法》规定的如实告知义务；给予或者承诺给予投保人、被保险人、受益人保险合同约定以外的保险费回扣或者其他利益；拒不依法履行保险合同约定的赔偿或者给付保险金义务；故意编造未曾发生的保险事故、虚构保险合同或者故意夸大已经发生的保险事故的损失程度进行虚假理赔，骗取保险金或者牟取其他不正当利益；挪用、截留、侵占保险费；委托未取得合法资格的机构或者个人从事保险销售活动；利用开展保险业务为其他机构或者个人牟取不正当利益；利用保险代理人、保险经纪人或者保险评估机构，从事以虚构保险中介业务或者编造退保等方式套取费用等违法活动；以捏造、散布虚假事实等方式损害竞争对手的商业信誉，或者以其他不正当竞争行为扰乱保险市场秩序；泄露在业务活动中知悉的投保人、被保险人的商业秘密等。(4)保险公司未经批准，擅自变更名称、注册资本、公司或者分支机构的营业场所；撤销分支机构；进行公司分立或者合并；修改公司章程；变更出资额占有限责任公司资本总额5%以上的股东，或者变更持有股份有限公司股份5%以上的股东等事项。(5)保险公司超额承保，为无民事行为能力人承保以死亡为给付保险金条件的保险。(6)保险公司未按照规定提存保证金或者违反规定动用保证金，未按照规定提取或者结转各项责任准备金，未按照规定缴纳保险保障基金或者提取公积金，未按照规定办理再保险，未按照规定运用保险公司资金，未经批准设立分支机构或者代表机构，未按照规定申请批准保险条款、保险费率。(7)保险公司违反规定聘任不具有任职资格、从业资格的人员。(8)保险公司及其工作人员违反规定，转让、出租、出借业务许可

证。(9)保险公司及其工作人员未按照规定报送或者保管报告、报表、文件、资料,或者未按照规定提供有关信息、资料;未按照规定报送保险条款、保险费率备案;未按照规定披露信息。(10)保险公司及其工作人员编制或者提供虚假的报告、报表、文件、资料,拒绝或者妨碍依法监督检查,未按照规定使用经批准或者备案的保险条款、保险费率。

保险公司及其工作人员违反规定,给他人造成损害的,应当依法承担民事责任。追究行政责任的形式有:取缔非法经营机构、警告、责令改正、罚款、没收违法所得、限制业务范围或者责令停止接受新业务、责令停业整顿或者吊销业务许可证等。保险公司及其工作人员的行为构成犯罪的,依法追究刑事责任。

三、保险代理人和保险经纪人及其从业人员的法律责任

保险代理人、保险经纪人及其从业人员的违法行为主要有:(1)违反规定,擅自设立保险专业代理机构、保险经纪人,或者未取得经营保险代理业务许可证、保险经纪业务许可证从事保险代理业务、保险经纪业务。(2)保险代理人、保险经纪人及其从业人员在办理保险业务活动中欺骗保险人、投保人、被保险人或者受益人;隐瞒与保险合同有关的重要情况;阻碍投保人履行《保险法》规定的如实告知义务,或者诱导其不履行《保险法》规定的如实告知义务;给予或者承诺给予投保人、被保险人或者受益人保险合同约定以外的利益;利用行政权力、职务或者职业便利以及其他不正当手段强迫、引诱或者限制投保人订立保险合同;伪造、擅自变更保险合同,或者为保险合同当事人提供虚假证明材料;挪用、截留、侵占保险费或者保险金;利用业务便利为其他机构或者个人牟取不正当利益;串通投保人、被保险人或者受益人,骗取保险金;泄露在业务活动中知悉的保险人、投保人、被保险人的商业秘密。(3)保险代理机构、保险经纪人未按照规定缴存保证金或者投保职业责任保险,未按照规定设立专门账簿记载业务收支情况。(4)保险专业代理机构、保险经纪人违反规定,未经批准设立分支机构或者变更组织形式。(5)保险专业代理机构、保险经纪人违反规定聘任不具有任职资格、从业资格的人员。(6)保险专业代理机构、保险经纪人及其从业人员违反规定,转让、出租、出借业务许可证。

保险代理人、保险经纪人及其从业人员违反规定,给他人造成损害的,应当依法承担民事责任。追究行政责任的形式有:取缔非法经营机构、责令改正、罚款、没收违法所得、责令停业整顿、吊销业务许可证等。构成犯罪的,依法追究刑事责任。

四、保险监督管理机构及其工作人员的法律责任

保险监督管理机构从事监督管理工作的人员有下列情形之一的,依法给予处分:(1)违反规定批准机构的设立的;(2)违反规定进行保险条款、保险费率审批的;(3)违反规定进行现场检查的;(4)违反规定查询账户或者冻结资金的;(5)泄露其知悉的有关单位和个人的商业秘密的;(6)违反规定实施行政处罚的;(7)滥用职权、玩忽职守的其他行为。

复习与思考

一、名词解释

保险金　保险金额　保险费　保险价值　保险责任

保险利益　再保险　保险委付

二、简答

1. 最大诚实信用原则的含义。
2. 损失补偿原则的含义。
3. 保险委付与代位求偿权的区别。
4. 保险代理人与保险经纪人的区别。

第五编 | 财政与税收法

第十五章　财　政　法

内容导读

财政是国家为了实现其职能，凭借政治权力，参与部分社会产品和国民收入的分配和再分配活动的总称。财政具有分配收入、配置资源、保障经济和社会稳定的职能。本章讲述我国财政管理体制、预算法、政府采购法等内容。

第一节　财政法概述

一、财政的概念和特征

财政，是指国家为了实现其职能，凭借政治权力，参与部分社会产品和国民收入的分配和再分配活动的总称。它具有以下的基本特征：

1. 财政主体的国家性。财政的存在是国家实现其职能的需要。财政分配的目的、方向、形式、结构、规模、时间等，都必须体现国家的意志，按照国家的需要来进行。国家在财政分配活动中居于主导地位，起决定性的作用。因此，财政分配过程必然形成以国家为主体的特定的分配关系。

2. 财政目的的公共性。财政从现象上来看是在满足国家需要，但国家需要实质上是公共需要。财政是以私人需要或个人需要为出发点和归宿的，因此，并不存在脱离私人需要和不受制约的国家需要。

3. 财政活动的永续性。在存续时间上，财政与国家或政府并存，具有永久连续性。

二、我国财政法的立法概况

财政法是指调整财政分配和财政管理活动中形成的财政关系的法律规范的总称。

国家预算是国家基本的财政收支计划，是国民经济计划的重要组成部分。在财政收入方面，税收和发行国债、地方政府债券是获得财政收入的最重要来源；在财政支出方面，政府采购和转移支付是财政支出的最重要途径。

截至目前,我国有关财政的主要立法和规范性文件如下表所示:

名称	发文机关	发布时间	修正(修订)时间	废止时间
预算决算暂行条例	中央人民政府、政务院	1951.08.19	—	1992.01.01
国家预算管理条例	国务院	1991.10.21	—	1995.01.01
预算法	全国人大	1994.03.22	2014、2018	—
政府采购法	全国人大常委会	2002.06.29	2014	—
国家预算管理条例	国务院	1991.10.21	—	1995.01.01
国库券条例	国务院	1992.03.18	2011	—
预算法实施条例	国务院	1995.11.22	2020	—
政府采购法实施条例	国务院	2015.01.30	—	—
地方政府债券公开承销发行业务规程	财政部	2018.07.30	—	—
地方政府债券发行管理办法	财政部	2020.12.09	—	—
地方政府债券信息公开平台管理办法	财政部	2021.01.14	—	—
地方政府债券信用评级管理暂行办法	财政部	2021.01.20	—	—
革命老区专项转移支付资金管理办法	财政部	2006.04.29	2009	2012.06.07
边境地区专项转移支付资金管理办法	财政部	2006.04.29	2007、2009	2012.04.20
中央对地方均衡性转移支付办法	财政部	2019.05.31	2022	—
边境地区转移支付资金管理办法	财政部	2012.04.20	2013、2015	2014.01.20
革命老区转移支付资金管理办法	财政部	2012.06.07	2015、2019	—
中央对地方专项转移支付管理办法	财政部	2015.12.30	—	—
中央对地方重点生态功能区转移支付办法	财政部	2017.08.02	2018、2019、2022	—
中央生态环保转移支付资金项目储备制度管理暂行办法	财政部、自然资源部、生态环境部等	2021.08.23	—	—
农业资源及生态保护补助资金管理办法	财政部、农业农村部	2022.04.01	—	2024.01.20

三、我国财政法的基本原则

财政法的基本原则是指贯穿财政法制建设和财政管理活动的全部过程中的根本准则,

它是财政法本质的具体体现。我国财政法的基本原则主要有如下几方面：

(一)统一领导、分级管理的原则

统一领导、分级管理是我国宪法规定的民主集中制原则在财政法和财政管理体制中的具体体现。这一原则要求财政法明确规定中央和地方以及地方各级政权机关的财权划分，明确规定财政收支的范围和必要程序，以及各项规章制度，从而处理好中央集权与地方分权的关系。实行统一领导、分级管理，有利于调动中央和地方在财政收支过程中的积极性，有利于加速经济的发展。

(二)财政收支平衡的原则

财政收支平衡是指国家在财政年度内的财政收入和财政支出数额大体相当。实际中，财政收支在数量上很难完全相等。当收大于支时，表明财政有节余，如果是略有节余，说明财政状况良好；如果是大量节余，则表明国家积压了大批资金和物资，缩小了建设规模，延缓了建设速度。当支大于收时，就会出现财政赤字，表明国家财政的部分支出没有收入来源、缺乏物资保证，就会出现物价上涨、通货膨胀。无论收大于支，还是支大于收，都是有害于国计民生的。因此，财政法应当贯彻财政收支平衡原则，反对赤字预算政策。

(三)发展经济、广开财源的原则

国家财政收入的高低，取决于国民经济的发展规模和增长速度。国家能否正确地处理好各种分配关系，合理取得财政收入，直接影响到国民经济的发展。因此，财政收入的增加不能靠滥发货币、大举国债，而必须靠发展生产来实现。

(四)合理支出、提高财政效益的原则

财政的合理支出，是指财政资金要用到最需要的地方去，用有限的财政资金办理更多的事情，充分发挥资金的使用效果。财政立法应当有利于贯彻厉行节约、提高经济效益的原则，对各项财政支出要确定合理的开支标准，并对铺张浪费，以及在财政资金使用过程中造成严重损失的违法行为作出承担法律责任的规定，以保证资金的有效使用。

四、我国财政管理体制

财政管理体制，是指划分中央同地方各级政权之间以及国家同国有企业事业单位、国家机关之间的财政管理职权、财政收支范围等内容的法律制度。财政管理体制一般包括预算管理体制、税收管理体制、国有资产管理体制等，它们既相互独立，又相互依存。预算管理体制是处理中央与地方的基本财政关系，将财政资金在各级政权之间分配的基本制度，在财政管理体制中占主导地位，是财政管理体制的核心。

我国财政管理体制进行过多次调整和改革，由中华人民共和国成立初期的高度集中，逐步过渡到统一领导、分级管理体制。具体来说，从 1985 年起，国家对各省、自治区、直辖市实行“划分税种、核定收支、分级包干”的财政管理体制。实行这一体制，调动了地方增产节

约、增收节支的积极性,促进了国民经济的发展。为了稳定中央与地方的财政关系,进一步调动地方的积极性,国务院决定从 1988 年起,在原定的财政体制的基础上,实行“财政包干”体制。财政包干体制在实行过程中暴露出一些严重弊端,无法适应经济改革和发展社会主义市场经济的需要。从 1994 年起,国务院决定对各省、自治区、直辖市和计划单列市全面实行分税制财政管理体制。2018 年 3 月,中共中央印发的《深化党和国家机构改革方案》提出,将省级和省级以下国税地税机构合并,具体承担所辖区域内各项税收、非税收入征管等职责。

第二节　预　算　法

一、预算

(一)预算的概念和种类

预算,是指各级政府和各部门对财政年度内的收入和支出的预先计算。《预算法》所称各部门,是指与本级政府财政部门直接发生预算缴拨款关系的国家机关、军队、政党组织、事业单位、社会团体和其他单位。各部门预算由本部门及其所属各单位预算组成。

按照预算部门的不同,预算可以分为单预算和总预算。单预算,是指列入部门预算的国家机关、军队、政党组织、事业单位、社会团体和其他单位的经费预算。它是各级政府总预算构成的基本单位。总预算,是指各级政府汇总本级和下级政府的预算汇编成的预算。

按照预算组成形式的不同,预算可分为单式预算和复式预算。单式预算,是国家把财政年度内的全部财政收支统一编入一个预算收支平衡表的一种预算组织形式。单式预算的优点是能从整体上反映出国家财政的全貌,便于政府统筹安排运用财政资金,其操作过程简洁、清楚、全面,编制和审批比较容易。其缺点是没有按财政收支的经济性质分别编列和平衡,不便于对不同性质的收支进行区别对待、分别管理。复式预算,是指国家把财政年度内的全部财政收支按其性质不同分别编入两个或两个以上预算收支平衡表的一种预算组织形式。通常分为经常预算和资本预算。复式预算的优点在于能对不同性质的收支进行分析和管理,有利于国家职能的分离,有利于提高财政支出的经济效益,有利于宏观决策和管理。其缺点在于编制过程较复杂,工作量较大。

(二)预算体系的组成

我国《预算法》及《预算法实施条例》规定,国家实行一级政府一级预算,设立中央,省、自治区、直辖市,设区的市、自治州,县、自治县、不设区的市、市辖区,乡、民族乡、镇五级预算。县级以上地方政府的派出机关根据本级政府授权进行预算管理活动,不作为一级预算,其收支纳入本级预算。

全国预算由中央预算和地方预算组成。地方预算由各省、自治区、直辖市总预算组成。

地方各级总预算由本级预算和汇总的下一级总预算组成；下一级只有本级预算的，下一级总预算即指下一级的本级预算。没有下一级预算的，总预算即指本级预算。

（三）预算管理职权和职责

我国《预算法》及《预算法实施条例》对国家机关之间、中央和地方之间的预算管理职权作了明确的划分。

1. 各级人大及其常委会的管理职权和职责

（1）审批权。全国人大审查中央和地方预算草案及中央和地方预算执行情况的报告、批准中央预算和中央预算执行情况的报告。全国人大常委会审查和批准中央预算的调整方案、审查和批准中央决算。

县级以上地方各级人大审查本级总预算草案及本级总预算执行情况的报告、批准本级预算和本级预算执行情况的报告。县级以上地方各级人大常委会审查和批准本级预算的调整方案、审查和批准本级决算。

乡、民族乡、镇的人大审查和批准本级预算和本级预算执行情况的报告、审查和批准本级预算的调整方案、审查和批准本级决算。

（2）监督权。全国人大常委会监督中央和地方预算的执行。县级以上地方各级人大常委会监督本级总预算的执行。乡、民族乡、镇的人大监督本级预算的执行。

（3）改变、撤销权。全国人大改变或者撤销全国人大常委会关于预算、决算的不适当的决议。全国人大常委会撤销国务院制定的同宪法、法律相抵触的关于预算、决算的行政法规、决定和命令；撤销省、自治区、直辖市人大及其常委会制定的同宪法、法律和行政法规相抵触的关于预算、决算的地方性法规和决议。

县级以上地方各级人大改变或者撤销本级人大常委会关于预算、决算的不适当的决议；撤销本级政府关于预算、决算的不适当的决定和命令。县级以上地方各级人大常委会撤销本级政府和下一级人大及其常委会关于预算、决算的不适当的决定、命令和决议。

乡、民族乡、镇的人大撤销本级政府关于预算、决算的不适当的决定和命令。

2. 各级人民政府的管理职权和职责

（1）编制权。国务院编制中央预、决算草案，编制中央预算调整方案。地方各级政府编制本级预算、决算草案，编制本级预算调整方案。经省、自治区、直辖市政府批准，乡、民族乡、镇本级预算草案、预算调整方案、决算草案，可以由上一级政府代编，并依法报乡、民族乡、镇的人大审查和批准。

（2）报告权。国务院向全国人大作关于中央和地方预算的报告，将省、自治区、直辖市政府送备案的预算汇总后报全国人大常委会备案，向全国人大及常委会报告中央和地方预算的执行情况。县级以上各级政府向本级人大作关于本级总预算草案的报告，将下一级政府报送备案的预算汇总后报本级人大常委会备案，向本级人大及其常委会报告本级总预算的执行情况。乡、民族乡、镇政府向本级人大报告本级预算的执行情况。

（3）执行权。国务院组织中央和地方预算的执行。地方各级政府组织本级总预算的执行。

(4)决定权。国务院决定中央预算预备费的动用。地方各级政府决定本级预算预备费的动用。

(5)监督权。国务院监督中央各部门和地方政府的预算执行。县级以上地方各级政府监督本级各部门和下级政府的预算执行。

(6)改变、撤销权。国务院改变或者撤销中央各部门和地方政府关于预算、决算的不适当的决定、命令。县级以上地方各级政府改变或者撤销本级各部门和下级政府关于预算、决算的不适当的决定、命令。

3. 各级财政部门的预算管理职权和职责

国务院财政部门具体编制中央预算、决算草案,具体组织中央和地方预算的执行,提出中央预算预备费动用方案,具体编制中央预算的调整方案,定期向国务院报告中央和地方预算的执行情况。

地方各级政府财政部门具体编制本级预算、决算草案,具体组织本级总预算的执行,提出本级预算预备费动用方案,具体编制本级预算的调整方案,定期向本级政府和上一级政府财政部门报告本级总预算的执行情况。

4. 各部门、各单位的职权和职责

各部门编制本部门预算、决算草案,组织和监督本部门预算的执行,定期向本级政府财政部门报告预算的执行情况。

各单位编制本单位预算、决算草案;按照国家规定上缴预算收入,安排预算支出,并接受国家有关部门的监督。

(四)预算收支范围

预算由预算收入和预算支出组成。政府的全部收入和支出都应当纳入预算。预算包括一般公共预算、政府性基金预算、国有资本经营预算、社会保险基金预算。预算收入和预算支出以人民币元为计算单位。预算收支以人民币以外的货币收纳和支付的,应当折合成人民币计算。

1. 一般公共预算

一般公共预算是对以税收为主体的财政收入,安排用于保障和改善民生、推动经济社会发展、维护国家安全、维持国家机构正常运转等方面的收支预算。中央一般公共预算包括中央各部门(含直属单位)的预算和中央对地方的税收返还、转移支付预算。地方各级一般公共预算包括本级各部门(含直属单位)的预算和税收返还、转移支付预算。

(1)一般公共预算收入。一般公共预算收入包括各项税收收入、行政事业性收费收入、国有资源(资产)有偿使用收入、转移性收入和其他收入。中央一般公共预算收入包括中央本级收入和地方向中央的上解收入。地方各级一般公共预算收入包括地方本级收入、上级政府对本级政府的税收返还和转移支付、下级政府的上解收入。

(2)一般公共预算支出。一般公共预算支出按照其功能分类,包括一般公共服务支出,外交、公共安全、国防支出,农业、环境保护支出,教育、科技、文化、卫生、体育支出,社会保障及就业支出和其他支出。中央一般公共预算支出包括中央本级支出、中央对地方的税收返还和转移支付。地方各级一般公共预算支出包括地方本级支出、对上级政府的上解支出、对下级政府的税收返还和转移支付。

(3)转移支付。转移支付包括转移性收入和转移性支出。转移性收入,是指上级税收返还和转移支付、下级上解收入、调入资金以及按照财政部规定列入转移性收入的无隶属关系政府的无偿援助。转移性支出包括上解上级支出、对下级的税收返还和转移支付、调出资金以及按照财政部规定列入转移性支出的给予无隶属关系政府的无偿援助。

转移支付又分为一般性转移支付和专项转移支付。一般性转移支付包括:均衡性转移支付;对革命老区、民族地区、边疆地区、贫困地区的财力补助;其他一般性转移支付。专项转移支付,是指上级政府为了实现特定的经济和社会发展目标给予下级政府,并由下级政府按照上级政府规定的用途安排使用的预算资金。

2. 政府性基金预算

政府性基金预算收入包括政府性基金各项目收入和转移性收入。

政府性基金预算支出包括与政府性基金预算收入相对应的各项目支出和转移性支出。

3. 国有资本经营预算

国有资本经营预算收入包括依照法律、行政法规和国务院规定应当纳入国有资本经营预算的国有独资企业和国有独资公司按照规定上缴国家的利润收入、从国有资本控股和参股公司获得的股息红利收入、国有产权转让收入、清算收入和其他收入。

国有资本经营预算支出包括资本性支出、费用性支出、向一般公共预算调出资金等转移性支出和其他支出。

4. 社会保险基金预算

社会保险基金预算收入包括各项社会保险费收入、利息收入、投资收益、一般公共预算补助收入、集体补助收入、转移收入、上级补助收入、下级上解收入和其他收入。

社会保险基金预算支出包括各项社会保险待遇支出、转移支出、补助下级支出、上解上级支出和其他支出。

(五)预算编制

预算编制,是指各级政府、各部门、各预算单位制定筹集和分配预算资金年度计划的预算活动,是预算法必须规范的主要内容。根据我国《预算法》的规定,各级预算应当遵循统筹兼顾、勤俭节约、量力而行、讲求绩效和收支平衡的原则。各级政府应当建立跨年度预算平衡机制。

中央一般公共预算中必需的部分资金,可以通过举借国内和国外债务等方式筹措,举借债务应当控制适当的规模,保持合理的结构。对中央一般公共预算中举借的债务实行余额管理,余额的规模不得超过全国人大批准的限额。

经国务院批准的省、自治区、直辖市的预算中必需的建设投资的部分资金,可以在国务院确定的限额内,通过发行地方政府债券举借债务的方式筹措。举借债务的规模,由国务院报全国人大或者全国人大常委会批准。省、自治区、直辖市依照国务院下达的限额举借的债务,列入本级预算调整方案,报本级人大常委会批准。举借的债务应当有偿还计划和稳定的偿还资金来源,只能用于公益性资本支出,不得用于经常性支出。除此之外,地方政府及其所属部门不得以任何方式举借债务。

(六)预算的审查、批准和批复

预算草案编制完成后,应当提交国家权力机关审批通过方可生效。预算草案经审批生效,就成为正式的国家预算,并具有法律效力,非经法定程序,不得改变。根据我国《预算法》的规定,中央预算由全国人大审查和批准。地方各级预算由本级人大审查和批准。各级预算经本级人大批准后,本级政府财政部门应当在20日内向本级各部门批复预算。各部门应当在接到本级政府财政部门批复的本部门预算后15日内向所属各单位批复预算。县级以上各级政府财政部门应当将批复本级各部门的预算和批复下级政府的转移支付预算,抄送本级人大财政经济委员会、有关专门委员会和常务委员会有关工作机构。

(七)预算的执行

预算经本级人大批准后,即进入执行阶段。各级政府负责各级预算的执行工作,具体的执行机关是各级政府财政部门。各部门、各单位是本部门、本单位的预算执行主体,负责本部门、本单位的预算执行,并对执行结果负责。

预算收入征收部门和单位,必须依照法律、行政法规的规定,及时、足额征收应征的预算收入。不得违反法律、行政法规规定,多征、提前征收或者减征、免征、缓征应征的预算收入,不得截留、占用或者挪用预算收入。各级政府不得向预算收入征收部门和单位下达收入指标。政府的全部收入应当上缴国库,任何部门、单位和个人不得截留、占用、挪用或者拖欠。对于法律有明确规定或者经国务院批准的特定专用资金,可以依照国务院的规定设立财政专户。

各级政府财政部门必须依照法律、行政法规和国务院财政部门的规定,及时、足额地拨付预算支出资金,加强对预算支出的管理和监督。各级政府、各部门、各单位的支出必须按照预算执行,不得虚假列支。

各级预算的收入和支出实行收付实现制。特定事项按照国务院的规定实行权责发生制的有关情况,应当向本级人大常委会报告。

县级以上各级预算必须设立国库;具备条件的乡、民族乡、镇也应当设立国库。中央国库业务由中国人民银行经理,地方国库业务依照国务院的有关规定办理。各级国库应当按照国家有关规定,及时准确地办理预算收入的收纳、划分、留解、退付和预算支出的拨付。各级国库库款的支配权属于本级政府财政部门。除法律、行政法规另有规定外,未经本级政府财政部门同意,任何部门、单位和个人都无权冻结、动用国库库款或者以其他方式支配已入国库的库款。国家实行国库集中收缴和集中支付制度,对政府全部收入和支出实行国库集中收付管理。

各级预算周转金由本级政府财政部门管理,不得挪作他用。各级一般公共预算年度执行中有超收收入的,只能用于冲减赤字或者补充预算稳定调节基金。各级一般公共预算的结余资金,应当补充预算稳定调节基金。

各部门、各单位的预算支出应当按照预算科目执行。严格控制不同预算科目、预算级次或者项目间的预算资金的调剂,确需调剂使用的,按照国务院财政部门的规定办理。经批准的预算调整方案,各级政府应当严格执行。

(八)预算的调整

预算调整,是指经全国人大批准的中央预算和经地方各级人大批准的本级预算,在执行中因特殊情况需要增加支出或者减少收入,使原批准的收支平衡的预算的总支出超过总收入,或者使原批准的预算中举借债务的数额增加的部分变更。在预算执行中,地方各级政府因上级政府增加不需要本级政府提供配套资金的专项转移支付而引起的预算支出变化,不属于预算调整。

根据《预算法》的规定,在预算执行中,各级政府一般不制定新的增加财政收入或者支出的政策和措施,也不制定减少财政收入的政策和措施;必须作出并需要进行预算调整的,应当在预算调整方案中作出安排。在预算执行中,由于发生自然灾害等突发事件,必须及时增加预算支出的,应当先动支预备费;预备费不足支出的,各级政府可以先安排支出,属于预算调整的,列入预算调整方案。省、自治区、直辖市一般公共预算年度执行中出现短收,通过调入预算稳定调节基金、减少支出等方式仍不能实现收支平衡的,省、自治区、直辖市政府报本级人大或者其常委会批准,可以增列赤字,报国务院财政部门备案,并应当在下一年度预算中予以弥补。

经全国人大批准的中央预算和经地方各级人大批准的地方各级预算,在执行中出现下列情况之一的,应当进行预算调整:(1)需要增加或者减少预算总支出的;(2)需要调入预算稳定调节基金的;(3)需要调减预算安排的重点支出数额的;(4)需要增加举借债务数额的。

中央预算的调整方案应当提请全国人大常委会审查和批准。县级以上地方各级预算的调整方案应当提请本级人大常委会审查和批准;乡、民族乡、镇预算的调整方案应当提请本级人大审查和批准。未经批准,不得调整预算。

此外,接受增加专项转移支付的县级以上地方各级政府应当向本级人民代表大会常务委员会报告有关情况;接受增加专项转移支付的乡、民族乡、镇政府应当向本级人民代表大会报告有关情况。

二、决算

(一)决算的概念

决算,是指对年度预算收支执行结果的会计报告。决算是预算执行的总结,是国家管理预算活动的最后一道程序。

(二)决算草案的编制

《预算法》规定,决算草案由各级政府、各部门、各单位,在每一预算年度终了后按照国务院规定的时间编制。编制决算草案的具体事项,由国务院财政部门部署。编制决算草案,必须符合法律、行政法规,做到收支真实、数额准确、内容完整、报送及时。决算草案应当与预算相对应,按预算数、调整预算数、决算数分别列出。一般公共预算支出应当按其功能分类编列到项,按其经济性质分类编列到款。

(三)决算的审查、批准和批复

国务院财政部门编制中央决算草案,经国务院审计部门审计后,报国务院审定,由国务院提请全国人大常委会审查和批准。县级以上地方各级政府财政部门编制本级决算草案,经本级政府审计部门审计后,报本级政府审定,由本级政府提请本级人大常委会审查和批准。

各级决算经批准后,财政部门应当在20日内向本级各部门批复决算。各部门应当在接到本级政府财政部门批复的本部门决算后15日内向所属单位批复决算。

地方各级政府应当将经批准的决算及下一级政府上报备案的决算汇总,报上一级政府备案。县级以上各级政府应当将下一级政府报送备案的决算汇总后,报本级人大常委会备案。

三、违反预算法的法律责任

各级政府及有关部门有下列行为之一的,责令改正,对负有直接责任的主管人员和其他直接责任人员追究行政责任:(1)未依照《预算法》规定,编制、报送预算草案、预算调整方案、决算草案和部门预算、决算以及批复预算、决算的;(2)违反《预算法》规定,进行预算调整的;(3)未依照《预算法》规定对有关预算事项进行公开和说明的;(4)违反规定设立政府性基金项目和其他财政收入项目的;(5)违反法律、法规规定使用预算预备费、预算周转金、预算稳定调节基金、超收收入的;(6)违反《预算法》规定开设财政专户的。

各级政府及有关部门、单位有下列行为之一的,责令改正,对负有直接责任的主管人员和其他直接责任人员依法给予降级、撤职、开除的处分:(1)未将所有政府收入和支出列入预算或者虚列收入和支出的;(2)违反法律、行政法规的规定,多征、提前征收或者减征、免征、缓征应征预算收入的;(3)截留、占用、挪用或者拖欠应当上缴国库的预算收入的;(4)违反规定,改变预算支出用途的;(5)擅自改变上级政府专项转移支付资金用途的;(6)违反《预算法》规定拨付预算支出资金,办理预算收入收纳、划分、留解、退付,或者违反《预算法》规定冻结、动用国库库款或者以其他方式支配已入国库库款的。

各级政府、各部门、各单位违反《预算法》规定举借债务或者为他人债务提供担保,或者挪用重点支出资金,或者在预算之外及超预算标准建设楼堂馆所的,责令改正,对负有直接责任的主管人员和其他直接责任人员给予撤职、开除的处分。

各级政府有关部门、单位及其工作人员有下列行为之一的,责令改正,追回骗取、使用的资金,有违法所得的没收违法所得,对单位给予警告或者通报批评;对负有直接责任的主管人员和其他直接责任人员依法给予处分:(1)违反法律、法规的规定,改变预算收入上缴方式的;(2)以虚报、冒领等手段骗取预算资金的;(3)违反规定扩大开支范围、提高开支标准的;(4)其他违反财政管理规定的行为。

此外,违反《预算法》的规定,构成犯罪的,依法追究刑事责任。

第三节 政府采购法

一、政府采购的概念

采购,是指以合同方式有偿取得货物、工程和服务的行为,包括购买、租赁、委托、雇用等。政府采购,是指各级国家机关、事业单位和团体组织,使用财政性资金采购依法制定的集中采购目录以内的或者采购限额标准以上的货物、工程和服务的行为。

《政府采购法》所称财政性资金,是指纳入预算管理的资金。以财政性资金作为还款来源的借贷资金,视同财政性资金。国家机关、事业单位和团体组织的采购项目既使用财政性资金又使用非财政性资金的,使用财政性资金采购的部分,适用《政府采购法》及《政府采购法实施条例》;财政性资金与非财政性资金无法分割采购的,统一适用《政府采购法》及《政府采购法实施条例》。《政府采购法》所称工程,是指建设工程,包括建筑物和构筑物的新建、改建、扩建、装修、拆除、修缮等。《政府采购法》所称服务,包括政府自身需要的服务和政府向社会公众提供的公共服务。

二、政府采购法的立法宗旨和基本原则

政府采购法的立法宗旨是规范政府采购行为,提高政府采购资金的使用效益,维护国家利益和社会公共利益,保护政府采购当事人的合法权益,促进廉政建设。我国《政府采购法》规定了以下基本原则:

1. 公开、公平、公正和诚实信用原则。《政府采购法》第 3 条规定:"政府采购应当遵循公开透明原则、公平竞争原则、公正原则和诚实信用原则。"

2. 集中采购和分散采购相结合的原则。集中采购的范围由省级以上人民政府公布的集中采购目录确定。属于中央预算的政府采购项目,其集中采购目录由国务院确定并公布;属于地方预算的政府采购项目,其集中采购目录由省、自治区、直辖市人民政府或者其授权的机构确定并公布。纳入集中采购目录的政府采购项目,应当实行集中采购。集中采购目录包括集中采购机构采购项目和部门集中采购项目。技术、服务等标准统一,采购人普遍使用的项目,列为集中采购机构采购项目;采购人本部门、本系统基于业务需要有特殊要求,可以统一采购的项目,列为部门集中采购项目。列入集中采购目录的项目,适合实行批量集中采购的,应当实行批量集中采购,但紧急的小额零星货物项目和有特殊要求的服务、工程项目除外。

3. 有助于实现国家的经济和社会发展政策目标的原则。政府采购应当有助于实现国家的经济和社会发展政策目标,包括保护环境,扶持不发达地区和少数民族地区,促进中小企业发展等。

4. 本国货物、工程和服务优先采购原则。政府采购应当采购本国货物、工程和服务。但有下列情形之一的除外:(1)需要采购的货物、工程或者服务在中国境内无法获取或者无法

以合理的商业条件获取的;(2)为在中国境外使用而进行采购的;(3)其他法律、行政法规另有规定的。

5. 回避原则。在政府采购活动中,采购人员及相关人员与供应商有利害关系的,必须回避。供应商认为采购人员及相关人员与其他供应商有利害关系的,可以申请其回避。相关人员包括招标采购中评标委员会的组成人员、竞争性谈判采购中谈判小组的组成人员、询价采购中询价小组的组成人员等。在政府采购活动中,采购人员及相关人员与供应商有下列利害关系之一的,应当回避:(1)参加采购活动前3年内与供应商存在劳动关系;(2)参加采购活动前3年内担任供应商的董事、监事;(3)参加采购活动前3年内是供应商的控股股东或者实际控制人;(4)与供应商的法定代表人或者负责人有夫妻、直系血亲、三代以内旁系血亲或者近姻亲关系;(5)与供应商有其他可能影响政府采购活动公平、公正进行的关系。

三、政府采购当事人

政府采购当事人,是指在政府采购活动中享有权利和承担义务的各类主体,包括采购人、供应商和采购代理机构等。

(一)采购人

采购人,是指依法进行政府采购的国家机关、事业单位、团体组织。

(二)供应商

供应商,是指向采购人提供货物、工程或者服务的法人、其他组织或者自然人。根据《政府采购法》的规定,供应商参加政府采购活动应当具备下列条件:(1)具有独立承担民事责任的能力;(2)具有良好的商业信誉和健全的财务会计制度;(3)具有履行合同所必需的设备和专业技术能力;(4)有依法缴纳税收和社会保障资金的良好记录;(5)参加政府采购活动前3年内,在经营活动中没有重大违法记录;(6)法律、行政法规规定的其他条件。采购人可以根据采购项目的特殊要求,规定供应商的特定条件,但不得以不合理的条件对供应商实行差别待遇或者歧视待遇。采购人可以要求参加政府采购的供应商提供有关资质证明文件和业绩情况,并根据《政府采购法》规定的供应商条件和采购项目对供应商的特定要求,对供应商的资格进行审查。

两个以上的自然人、法人或者其他组织可以组成一个联合体,以一个供应商的身份共同参加政府采购。以联合体形式进行政府采购的,参加联合体的供应商均应当具备《政府采购法》第22条规定的条件,并应当向采购人提交联合协议,载明联合体各方承担的工作和义务。联合体各方应当共同与采购人签订采购合同,就采购合同约定的事项对采购人承担连带责任。

供应商不得以向采购人、采购代理机构、评标委员会的组成人员、竞争性谈判小组的组成人员、询价小组的组成人员行贿或者采取其他不正当手段谋取中标或者成交。

(三)采购代理机构

采购代理机构,是指集中采购机构和集中采购机构以外的采购代理机构。集中采购机构是设区的市级以上人民政府依法设立的非营利事业法人,是代理集中采购项目的执行机构。集中采购机构以外的采购代理机构,是从事采购代理业务的社会中介机构。

根据《政府采购法》的规定,采购人采购纳入集中采购目录的政府采购项目,必须委托集中采购机构代理采购;采购未纳入集中采购目录的政府采购项目,可以自行采购,也可以委托集中采购机构在委托的范围内代理采购。纳入集中采购目录属于通用的政府采购项目的,应当委托集中采购机构代理采购;属于本部门、本系统有特殊要求的项目,应当实行部门集中采购;属于本单位有特殊要求的项目,经省级以上人民政府批准,可以自行采购。

采购人可以委托集中采购机构以外的采购代理机构,在委托的范围内办理政府采购事宜。采购人有权自行选择采购代理机构,任何单位和个人不得以任何方式为采购人指定采购代理机构。

采购人依法委托采购代理机构办理采购事宜的,应当由采购人与采购代理机构签订委托代理协议,依法确定委托代理的事项,约定双方的权利义务。

集中采购机构进行政府采购活动,应当符合采购价格低于市场平均价格、采购效率更高、采购质量优良和服务良好的要求。采购代理机构不得以向采购人行贿或者采取其他不正当手段谋取非法利益,不得以不正当手段获取政府采购代理业务,不得与采购人、供应商恶意串通操纵政府采购活动。

四、政府采购方式

根据《政府采购法》的规定,政府采购采用公开招标、邀请招标、竞争性谈判、单一来源采购、询价,以及国务院政府采购监督管理部门认定的其他采购方式。

(一)公开招标

公开招标是政府采购的主要采购方式。采购人采购货物或者服务应当采用公开招标方式的,其具体数额标准,属于中央预算的政府采购项目,由国务院规定;属于地方预算的政府采购项目,由省、自治区、直辖市人民政府规定;因特殊情况需要采用公开招标以外的采购方式的,应当在采购活动开始前获得设区的市、自治州以上人民政府采购监督管理部门的批准。

采购人不得将应当以公开招标方式采购的货物或者服务化整为零或者以其他任何方式规避公开招标采购。

货物和服务项目实行招标方式采购的,自招标文件开始发出之日起至投标人提交投标文件截止之日止,不得少于 20 日。在招标采购中,出现下列情形之一的,应予废标:(1)符合专业条件的供应商或者对招标文件作实质响应的供应商不足 3 家的;(2)出现影响采购公正的违法、违规行为的;(3)投标人的报价均超过了采购预算,采购人不能支付的;(4)因重大变故,采购任务取消的。废标后,采购人应当将废标理由通知所有投标人。此外,废标后,除采购任务取消情形外,应当重新组织招标;需要采取其他方式采购的,应当在采购活动开始前获得设区的市、自治州以上人民政府采购监督管理部门或者政府有关部门批准。

(二)邀请招标

符合下列情形之一的货物或者服务,可以依法采用邀请招标方式采购:(1)具有特殊性,只能从有限范围的供应商处采购的;(2)采用公开招标方式的费用占政府采购项目总价值的比例过大的。

货物或者服务项目采取邀请招标方式采购的,采购人应当从符合相应资格条件的供应商中,通过随机方式选择3家以上的供应商,并向其发出投标邀请书。

(三)竞争性谈判

符合下列情形之一的货物或者服务,可以依法采用竞争性谈判方式采购:(1)招标后没有供应商投标或者没有合格标的或者重新招标未能成立的;(2)技术复杂或者性质特殊,不能确定详细规格或者具体要求的;(3)采用招标所需时间不能满足用户紧急需要的;(4)不能事先计算出价格总额的。

采用竞争性谈判方式采购的,应当遵循下列程序:(1)成立谈判小组。谈判小组由采购人的代表和有关专家共3人以上的单数组成,其中专家的人数不得少于成员总数的2/3。(2)制定谈判文件。谈判文件应当明确谈判程序、谈判内容、合同草案的条款以及评定成交的标准等事项。(3)确定邀请参加谈判的供应商名单。谈判小组从符合相应资格条件的供应商名单中确定不少于3家的供应商参加谈判,并向其提供谈判文件。(4)谈判。谈判小组所有成员集中与单一供应商分别进行谈判。在谈判中,谈判的任何一方不得透露与谈判有关的其他供应商的技术资料、价格和其他信息。谈判文件有实质性变动的,谈判小组应当以书面形式通知所有参加谈判的供应商。(5)确定成交供应商。谈判结束后,谈判小组应当要求所有参加谈判的供应商在规定时间内进行最后报价,采购人从谈判小组提出的成交候选人中根据符合采购需求、质量和服务相等且报价最低的原则确定成交供应商,并将结果通知所有参加谈判的未成交的供应商。

(四)单一来源采购

符合下列情形之一的货物或者服务,可以依法采用单一来源方式采购:(1)只能从唯一供应商处采购的;(2)发生了不可预见的紧急情况不能从其他供应商处采购的;(3)必须保证原有采购项目一致性或者服务配套的要求,需要继续从原供应商处添购,且添购资金总额不超过原合同采购金额10%的。

采取单一来源方式采购的,采购人与供应商应当遵循《政府采购法》规定的原则,在保证采购项目质量和双方商定合理价格的基础上进行采购。

（五）询价

采购的货物规格、标准统一、现货货源充足且价格变化幅度小的政府采购项目，可以依法采用询价方式采购。

采取询价方式采购的，应当遵循下列程序：（1）成立询价小组。询价小组由采购人的代表和有关专家共3人以上的单数组成，其中专家的人数不得少于成员总数的2/3。询价小组应当对采购项目的价格构成和评定成交的标准等事项作出规定。（2）确定被询价的供应商名单。询价小组根据采购需求，从符合相应资格条件的供应商名单中确定不少于3家的供应商，并向其发出询价通知书让其报价。（3）询价。询价小组要求被询价的供应商一次报出不得更改的价格。（4）确定成交供应商。采购人根据符合采购需求、质量和服务相等且报价最低的原则确定成交供应商，并将结果通知所有被询价的未成交的供应商。

另外，国务院政府采购监督管理部门还可采取其他经认定的采购方式。

五、政府采购合同

（一）政府采购合同的订立

政府采购合同应当采用书面形式。采购人和供应商之间的权利和义务，应当按照平等、自愿的原则以合同方式约定。采购人可以委托采购代理机构代表其与供应商签订政府采购合同。由采购代理机构以采购人名义签订合同的，应当提交采购人的授权委托书，作为合同附件。

采购人与中标、成交供应商应当在中标、成交通知书发出之日起30日内，按照采购文件确定的事项签订政府采购合同。中标、成交通知书对采购人和中标、成交供应商均具有法律效力。中标、成交通知书发出后，采购人改变中标、成交结果的，或者中标、成交供应商放弃中标、成交项目的，应当依法承担法律责任。

政府采购项目的采购合同自签订之日起7个工作日内，采购人应当将合同副本报同级政府采购监督管理部门和有关部门备案。

（二）政府采购合同的履行

在政府采购合同生效之后，各方应当严格按照合同的约定履行各自的义务。《政府采购法》规定，经采购人同意，中标、成交供应商可以依法采取分包方式履行合同。政府采购合同分包履行的，中标、成交供应商就采购项目和分包项目向采购人负责，分包供应商就分包项目承担责任。

政府采购合同履行中，采购人需追加与合同标的相同的货物、工程或者服务的，在不改变合同其他条款的前提下，可以与供应商协商签订补充合同，但所有补充合同的采购金额不得超过原合同采购金额的10%。

政府采购合同的双方当事人不得擅自变更、中止或者终止合同。政府采购合同继续履行将损害国家利益和社会公共利益的，双方当事人应当变更、中止或者终止合同。有过错的一方应当承担赔偿责任，双方都有过错的，各自承担相应的责任。

六、违反政府采购法的法律责任

(一)采购人、采购代理机构的法律责任

1. 采购人、采购代理机构有下列情形之一的，责令限期改正，给予警告，可以并处罚款，对直接负责的主管人员和其他直接责任人员，由其行政主管部门或者有关机关给予处分，并予通报：(1)应当采用公开招标方式而擅自采用其他方式采购的；(2)擅自提高采购标准的；(3)以不合理的条件对供应商实行差别待遇或者歧视待遇的；(4)在招标采购过程中与投标人进行协商谈判的；(5)中标、成交通知书发出后不与中标、成交供应商签订采购合同的；(6)拒绝有关部门依法实施监督检查的。

2. 采购人、采购代理机构及其工作人员有下列情形之一，构成犯罪的，依法追究刑事责任；尚不构成犯罪的，处以罚款，有违法所得的，并处没收违法所得，属于国家机关工作人员的，依法给予行政处分：(1)与供应商或者采购代理机构恶意串通的；(2)在采购过程中接受贿赂或者获取其他不正当利益的；(3)在有关部门依法实施的监督检查中提供虚假情况的；(4)开标前泄露标底的。

3. 采购人对应当实行集中采购的政府采购项目，不委托集中采购机构实行集中采购的，由政府采购监督管理部门责令改正；拒不改正的，停止按预算向其支付资金，由其上级行政主管部门或者有关机关依法给予其直接负责的主管人员和其他直接责任人员处分。

4. 采购人未依法公布政府采购项目的采购标准和采购结果的，责令改正，对直接负责的主管人员依法给予处分。

5. 采购人、采购代理机构违反《政府采购法》规定隐匿、销毁应当保存的采购文件或者伪造、变造采购文件的，由政府采购监督管理部门处以2万元以上10万元以下的罚款，对其直接负责的主管人员和其他直接责任人员依法给予处分；构成犯罪的，依法追究刑事责任。

6. 采购代理机构在代理政府采购业务中有违法行为的，按照有关法律规定处以罚款，可以在1~3年内禁止其代理政府采购业务，构成犯罪的，依法追究刑事责任。

(二)供应商的法律责任

供应商有下列情形之一的，处以采购金额5‰以上10‰以下的罚款，列入不良行为记录名单，在1~3年内禁止参加政府采购活动，有违法所得的，并处没收违法所得，情节严重的，由市场监督管理机关吊销营业执照；构成犯罪的，依法追究刑事责任：(1)提供虚假材料谋取中标、成交的；(2)采取不正当手段诋毁、排挤其他供应商的；(3)与采购人、其他供应商或者采购代理机构恶意串通的；(4)向采购人、采购代理机构行贿或者提供其他不正当利益的；(5)在招标采购过程中与采购人进行协商谈判的；(6)拒绝有关部门监督检查或者提供虚假情况的。

(三)政府采购监督管理部门及其工作人员的法律责任

1. 政府采购监督管理部门的工作人员在实施监督检查中违反《政府采购法》规定滥用职权，玩忽职守，徇私舞弊的，依法给予行政处分；构成犯罪的，依法追究刑事责任。

2. 政府采购监督管理部门对供应商的投诉逾期未作处理的，给予直接负责的主管人员和其他直接责任人员行政处分。

3. 政府采购监督管理部门对集中采购机构业绩的考核，有虚假陈述，隐瞒真实情况的，或者不作定期考核和公布考核结果的，应当及时纠正，由其上级机关或者监察机关对其负责人进行通报，并对直接负责的人员依法给予行政处分。

4. 集中采购机构在政府采购监督管理部门考核中，虚报业绩，隐瞒真实情况的，处以 2 万元以上 20 万元以下的罚款，并予以通报；情节严重的，取消其代理采购的资格。

（四）其他承担法律责任的情形

任何单位或者个人阻挠和限制供应商进入本地区或者本行业政府采购市场的，责令限期改正；拒不改正的，由该单位、个人的上级行政主管部门或者有关机关给予单位责任人或者个人处分。

政府采购当事人违反《政府采购法》有关规定，给他人造成损失的，并应依照有关民事法律规定承担民事责任。

复习与思考

一、名词解释

单式预算　　复式预算　　预算　　决算　　一般公共预算

转移支付　　采购代理机构　　集中采购　　单一来源采购

二、简答

1. 财政法的基本原则。
2. 我国预算支出的范围。
3. 政府采购的方式。

第十六章 税 收 法

内容导读

税收是国家财政收入最主要的来源，也是国家用以加强宏观调控的重要经济杠杆。税收法是国家及纳税人依法征税、依法纳税的行为准则，它在保障国家利益和纳税人的合法权益、维护正常的税收秩序、保证国家的财政收入等方面发挥着重要的作用。本章讲述税收法的构成要素、我国现行的主要税种、税收征收管理制度等内容。

第一节 税收法概述

一、税收的概念和特征

税收，是指国家为了实现其职能，凭借政治权力，依法强制地、无偿地向纳税人征收货币或实物所形成的一种特殊分配活动。税收具有以下主要特征：

1. 无偿性。税收的无偿性，是指国家征税既不需要事先支付对价，也不需要事后向各纳税人返还。在征纳税过程中，国家与纳税人之间不存在私法上的等价有偿的交换关系。

2. 强制性。税收的强制性，是指国家凭借政治权力，依据法律征税，纳税人必须依法纳税，否则会受到法律制裁。

3. 固定性。税收的固定性，又称税收标准的确定性，是指国家应当根据法律预先规定的范围、标准、环节和期限征税，不得随意征税。《税收征收管理法》第 3 条规定："税收的开征、停征以及减税、免税、退税、补税，依照法律的规定执行；法律授权国务院规定的，依照国务院制定的行政法规的规定执行。任何机关、单位和个人不得违反法律、行政法规的规定，擅自作出税收开征、停征以及减税、免税、退税、补税和其他同税收法律、行政法规相抵触的决定。"

二、税收法的构成要素

1. 征税对象。征税对象又称纳税客体，是指在税收法律关系中征纳双方权利义务所指向的物或行为。这是区分不同税种的主要标志。例如，企业所得税的征税对象为应税所得，增值税的征税对象为商品或劳务在生产和流通过程中的增值额。

2. 纳税人。纳税人又称纳税义务人或纳税主体，是指税法规定的直接负有纳税义务的法人、自然人及其他组织。

3. 税种和税目。税种，是指税收的种类，如增值税、消费税和关税等。税目，是指各个税种所规定的具体征税项目，如消费税具体规定的烟、酒等 15 个项目。

4. 税率。税率是指应纳税额与计税基数之间的比例。计税基数，也称计税依据或者税基，是指根据税法所确定的用以计算应纳税额的依据。税率是计算税额的尺度，也是衡量税负轻重与否的重要标志。我国现行的税率主要有：

（1）比例税率，即对同一征税对象，不分数额大小，规定相同的征收比例。我国的增值税、城市维护建设税、企业所得税等采用的是比例税率。

（2）超额累进税率，即把征税对象按数额的大小分成若干等级，每一等级规定一个税率，税率依次提高，但每一纳税人的征税对象则依所属等级同时适用几个税率分别计算，将计算结果相加后得出应纳税款的税率。目前采用这种税率的有个人所得税。

（3）超率累进税率，即以征税对象数额的相对率划分若干级距，分别规定相应的差别税率，相对率每超过一个级距的，对超过的部分就按高一级的税率计算征税。目前土地增值税实行四级超率累进税率。

（4）定额税率，即按征税对象确定的计算单位，直接规定一个固定的税额。目前采用定额税率的有资源税、车船税等。

5. 纳税环节。纳税环节主要指税法规定的征税对象在从生产到消费的流转过程中应当缴纳税款的环节。如流转税在生产和流通环节纳税、所得税在分配环节纳税等。

6. 纳税期限。纳税期限是指纳税人按照税法规定缴纳税款的期限。比如，企业所得税在月份或者季度终了后 15 日内预缴，年度终了后 5 个月内汇算清缴，多退少补。

7. 纳税地点。纳税地点是指根据各个税种征税对象的纳税环节和有利于对税款的源头控制而规定的纳税人（包括代征、代扣、代缴义务人）的具体纳税地点。

8. 税收优惠。税收优惠主要是指对某些纳税人和征税对象采取减免税、税收抵免、亏损结转、出口退税等特殊措施。

9. 法律责任。法律责任是指对纳税人违反税法的行为采取的处罚措施。

三、我国税收法的立法概况

自中华人民共和国成立以来，我国税收制度经历了一个曲折的发展过程，先后进行过多次重大的改革。1950 年 1 月 30 日，中央人民政府政务院发布了《全国税政实施细则》，标志着新中国税制的建立。1958 年我国进行了第一次大规模税制改革，其主要内容是简化税制，试行工商统一税，以适应社会主义改造基本完成、经济管理体制改革之后形势的要求。1973 年我国进行了第二次大规模税制改革，其主要内容仍然是简化税制。税制的片面简化，大大缩小了税收在经济领域中的活动范围，严重地影响了税收职能的发挥。党的十一届三中全会以后，为了适应对外开放初期引进外资，开展对外经济技术合作的需要，我国税制进行了重大改革。1983 年，国务院决定在全国试行国营企业利改税，即将国营企业向国家上缴利润的制度改为缴纳企业所得税。在试点取得初步成功后，经第六届全国人大及其常委会批准，国务院决定从 1984 年 10 月起在全国实施第二步利改税和工商税收制度的全面改革，发布了关于征收国营企业所得税、国营企业调节税、产品税、增值税、营业税、房产税、城镇土地使用税、盐税、资源税、印花税的一系列行政法规。此后，国务院又陆续发布了关于征收集体企业所得税、私营企业所得税、城乡个体工商业户所得税、个人收入调节税、奖金税等的税收法规。

1992 年 9 月召开的党的十四大，提出了建立社会主义市场经济体制的战略目标，其中包括税制改革任务。为此，财税部门开始加快税制改革的准备工作，并于 1993 年迅速制定了全面改革工商税制的总体方案和各项具体措施。目前在工商税制方面，主要立法和规范性文件如下表所示：

名称	发文机关	发布时间	修正(修订)时间	废止时间
增值税暂行条例	国务院	1993.12.13	2008、2016、2017	—
营业税暂行条例	国务院	1993.12.13	2008	2017.11.19
消费税暂行条例	国务院	1993.12.13	2008	—
土地增值税暂行条例	国务院	1993.12.13	2011	—
资源税暂行条例	国务院	1993.12.25	2011	2020.09.01
增值税暂行条例实施细则	财政部	1993.12.25	2008、2011	—
营业税暂行条例实施细则	财政部	1993.12.25	2008、2011	2017.11.19
消费税暂行条例实施细则	财政部	1993.12.25	2008	—
增值税小规模纳税人征收管理办法	国家税务总局	1994.04.23	—	2009.02.02
契税暂行条例	国务院	1997.07.07	2019	2021.09.01
进出口关税条例	国务院	2003.11.23	2011、2013、2016、2017	2024.12.01
农业税条例	全国人大常委会	1958.06.03	—	2006.01.01
耕地占用税暂行条例	国务院	2007.12.01	—	2019.09.01
房产税暂行条例	国务院	2011.01.08	—	2021.09.01
城市维护建设税暂行条例	国务院	2011.01.08	—	2021.09.01
城镇土地使用税暂行条例	国务院	2011.01.08	2013、2019	—
车船税法	全国人大常委会	2011.02.25	2019	—
耕地占用税法	全国人大常委会	2018.12.29	—	—
资源税法	全国人大常委会	2019.08.26	—	—
契税法	全国人大常委会	2020.08.11	—	—
城市维护建设税法	全国人大常委会	2020.08.11	—	—

续表

名称	发文机关	发布时间	修正(修订)时间	废止时间
印花税法	全国人大常委会	2021.06.10	—	—
关税法	全国人大常委会	2024.04.26	—	—
关于授权国务院在部分地区开展房地产税改革试点工作的决定	全国人大常委会	2021.10.23	—	—
关于小规模纳税人免征增值税征管问题的公告	国家税务总局	2021.03.31	—	2023.01.01
关于对增值税小规模纳税人免征增值税的公告	财政部、国家税务总局	2022.03.24	—	2024.01.20
关于增值税小规模纳税人减免增值税政策的公告	财政部、国家税务总局	2023.08.01	—	—

为了建立健全有利于科学发展的税收制度,促进经济结构调整,支持现代服务业发展,2011年11月16日,财政部、国家税务总局联合下发《营业税改征增值税试点方案》。经过几年的营改增试点,2017年10月30日国务院第191次常务会议通过了《关于废止〈中华人民共和国营业税暂行条例〉和修改〈中华人民共和国增值税暂行条例〉的决定》,并于2017年11月19日公布施行,这标志着我国营业税正式退出历史舞台。

在个人所得税方面,主要立法如下表所示:

名称	发文机关	发布时间	修正(修订)时间	废止时间
个人所得税法	全国人大	1980.09.10	1993、1999、2005、2007.06、2007.12、2011、2018	—
个人所得税法实施条例	国务院	1994.01.28	2005、2008、2011、2018	—
个体工商户个人所得税计税办法(试行)	国家税务总局	1997.03.26	—	2015.01.01
个体工商户税收定期定额征收管理办法	国家税务总局	2006.08.30	2018	—
个体工商户个人所得税计税办法	国家税务总局	2014.12.27	2018	—
个人所得税专项附加扣除暂行办法	国务院	2018.12.13	—	—
关于设立3岁以下婴幼儿照护个人所得税专项附加扣除的通知	国务院	2022.03.19	—	—
关于个人养老金有关个人所得税政策的公告	财政部、税务总局	2022.11.03	—	—
关于提高个人所得税有关专项附加扣除标准的通知	国务院	2023.08.28	—	—

在企业所得税方面,主要立法如下表所示:

名称	发文机关	发布时间	修正(修订)时间	废止时间
外商投资企业和外国企业所得税法	全国人大	1991.04.09	—	2008.01.01
企业所得税暂行条例	国务院	1993.12.13	—	2008.01.01
企业所得税法	全国人大	2007.03.16	2017、2018	—
企业所得税法实施条例	国务院	2007.11.28	2019	—

在税收征收管理制度方面,主要立法如下表所示:

名称	发文机关	发布时间	修正(修订)时间	废止时间
税收征收管理暂行条例	国务院	1986.04.21	—	1993.01.01
税收征收管理法	全国人大常委会	1992.09.04	1995、2001、2013、2015	—
税收征收管理法实施细则	国务院	1993.08.04	2002、2012、2013、2016	—
境外所得个人所得税征收管理暂行办法	国家税务总局	1998.08.12	2018	2023.06.01
税务登记管理办法	国家税务总局	2003.12.17	2014、2018、2019	—
个体工商户税收定期定额征收管理办法	国家税务总局	2006.08.30	2018	—
税务行政复议规则	国家税务总局	2010.02.10	2015、2018	—
增值税一般纳税人登记管理办法	国家税务总局	2017.12.29	—	—
税务行政处罚"首违不罚"事项清单	国家税务总局	2021.03.31	—	—

第二节　我国现行的主要税种

我国现行税收法律体系是在原有税制的基础上,经过1994年工商税制改革逐渐形成并完善的。按征税对象的不同,我国现行的主要税种有五类:流转税、所得税、资源税、财产税、行为目的税。

一、流转税类

(一)增值税

增值税,是指以在我国境内销售货物或者加工、修理修配劳务,销售服务、无形资产、不动产以及进口货物的单位和个人取得的增值额为计税依据征收的一种流转税。增值额,是指新增价值。凡在我国境内销售货物或者加工、修理修配劳务，销售服务、无形资产、不动产以及进口货物的单位和个人，为增值税的纳税义务人。我国境外的单位或者个人在境内销售劳务，在境内未设有经营机构的，以其境内代理人为扣缴义务人；在境内没有代理人的，以购买方为扣缴义务人。

增值税纳税人分一般纳税人和小规模纳税人。年应税销售额超过财政部、国家税务总局规定的小规模纳税人标准的，除另有规定外，应当向主管税务机关办理一般纳税人登记。年应税销售额未超过规定标准的纳税人，会计核算健全，能够提供准确税务资料的，可以向主管税务机关办理一般纳税人登记。一般纳税人有权领购使用增值税专用发票和按规定取得进项税额的抵扣权。一般纳税人适用的税率，其税率又分为13%、9%、6%、0。

未被认定为一般纳税人的，是小规模纳税人。小规模纳税人被认定为增值税一般纳税人后，不得再转为小规模纳税人。小规模纳税人增值税征收率为3%，国务院另有规定的除外。

为进一步支持小微企业和个体工商户发展，2023 年 8 月 1 日财政部、税务总局发布的《关于增值税小规模纳税人减免增值税政策的公告》规定，对月销售额 10 万元以下（含本数）的增值税小规模纳税人，免征增值税。增值税小规模纳税人适用3%征收率的应税销售收入，减按 1%征收率征收增值税；适用3%预征率的预缴增值税项目，减按 1%预征率预缴增值税。以上减免增值税政策执行至2027 年 12 月 31 日。

（二）消费税

消费税，是指对在我国境内生产、委托加工和进口、销售应税消费品的单位和个人就其销售收入或者销售数量征收的一种税。在我国境内生产、委托加工和进口、销售应税消费品的单位和个人，为消费税的纳税义务人。

消费税的征税对象是销售额和销售数量。销售额为纳税人销售应税消费品向购买方收取的全部价款和价外费用。销售数量是指应税消费品的数量，包括销售应税消费品的销售数量、自产自用应税消费品的移送使用数量、委托加工应税消费品的纳税人收回的应税消费品数量、进口应税消费品海关核定的应税消费品进口征税数量。

现行消费税有 15 个税目。消费税实行从价定率、从量定额，或者从价定率和从量定额复合计税的办法计算应纳税额。其中比例税率最低的为1%，最高的为56%。

（三）关税

关税，是指对通过一国关境的进出口货物征收的一种税。中华人民共和国准许进出口的货物、进境物品，由海关依法征收关税。进口货物的收货人、出口货物的发货人、进境物品的携带人或者收件人，是关税的纳税人。从事跨境电子商务零售进口的电子商务平台经营者、物流企业和报关企业，以及法律、行政法规规定负有代扣代缴、代收代缴关税税款义务的单位和个人，是关税的扣缴义务人。

进出口货物的关税税目、税率以及税目、税率的适用规则等，依照《海关法》所附《进出口税则》执行。

个人合理自用的进境物品,按照简易征收办法征收关税。超过个人合理自用数量的进境物品,按照进口货物征收关税。个人合理自用的进境物品,在规定数额以内的免征关税。

进口关税设置最惠国税率、协定税率、特惠税率、普通税率。出口关税设置出口税率。对实行关税配额管理的进出口货物,设置关税配额税率。对进出口货物在一定期限内可以实行暂定税率。

依法对进口货物征收反倾销税、反补贴税、保障措施关税的,其税率的适用按照有关反倾销、反补贴和保障措施的法律、行政法规的规定执行。

《海南自由贸易港法》对海南自由贸易港的关税事宜另有规定的,依照其规定。

进口环节海关代征税的征收管理,适用关税征收管理的规定。船舶吨税的征收,《船舶吨税法》未作规定的,适用关税征收管理的规定。

二、所得税类

(一)企业所得税

企业所得税,是指对企业就其生产、经营所得和其他所得所征收的一种税。《企业所得税法》所称所得,包括销售货物所得、提供劳务所得、转让财产所得、股息红利等权益性投资所得、利息所得、租金所得、特许权使用费所得、接受捐赠所得和其他所得。在我国境内,企业、事业单位、社会团体以及其他取得收入的组织(以下统称企业)为企业所得税的纳税人。但是,《企业所得税法》第 1 条第 2 款规定:“个人独资企业、合伙企业不适用本法。”也就是说,个人独资企业和合伙企业无须缴纳企业所得税。

企业每一纳税年度的收入总额,减除不征税收入、免税收入、各项扣除以及允许弥补的以前年度亏损后的余额,为应纳税所得额。企业纳税年度发生的亏损,准予向以后年度结转,用以后年度的所得弥补,但结转年限最长不得超过 5 年。

企业分为居民企业和非居民企业。首先,居民企业,是指依法在中国境内成立,或者依照外国(地区)法律成立但实际管理机构在中国境内的企业。居民企业应当就其源于中国境内、境外的所得缴纳企业所得税,税率为 25%。其次,非居民企业,是指依照境外国家(地区)法律成立且实际管理机构不在中国境内,但在中国境内设立机构、场所的,或者在中国境内未设立机构、场所,但有源于中国境内所得的企业。非居民企业在中国境内设立机构、场所的,应当就其所设机构、场所取得的源于中国境内的所得,以及发生在中国境外但与其所设机构、场所有实际联系的所得,缴纳企业所得税,税率为 25%。非居民企业在中国境内未设立机构、场所的,或者虽设立机构、场所但取得的所得与其所设机构、场所没有实际联系的,应当就其源于中国境内的所得缴纳企业所得税,税率为 20%。

(二)个人所得税

个人所得税,是指对在我国境内有住所或者无住所而在境内居住的个人,就其从我国境内和境外取得的所得征收的一种税。

个人所得税的纳税人分为两类,即居民纳税人和非居民纳税人。在中国境内有住所,或者无住所而一个纳税年度内在中国境内居住累计满 183 日的个人,为居民个人。居民个人从中国境内和境外取得的所得,依法缴纳个人所得税。在中国境内无住所又不居住,或者无住所而一个纳税年度内在中国境内居住累计不满 183 日的个人,为非居民个人。非居民个人从中国境内取得的所得,依法缴纳个人所得税。纳税年度,自公历 1 月 1 日起至 12 月 31 日止。

个人所得税以所得人为纳税人,以支付所得的单位或者个人为扣缴义务人。纳税人取得应税所得没有扣缴义务人的,应当在取得所得的次月 15 日内向税务机关报送纳税申报表,并缴纳税款。

个人所得税的征税对象是个人的应税所得,包括:(1)工资、薪金所得;(2)劳务报酬所得;(3)稿酬所得;(4)特许权使用费所得;(5)经营所得;(6)利息、股息、红利所得;(7)财产租赁所得;(8)财产转让所得;(9)偶然所得。其中第 1 ~4 项所得称综合所得。

应纳税所得额的计算分别为:(1)居民个人的综合所得,以每一纳税年度的收入额减除费用 6 万元以及专项扣除、专项附加扣除和依法确定的其他扣除后的余额,为应纳税所得额。专项附加扣除包括子女教育、继续教育、大病医疗、住房贷款利息或者住房租金、赡养老人、3 岁以下婴幼儿照护等支出。(2)非居民个人的工资、薪金所得,以每月收入额减除费用 5000 元后的余额为应纳税所得额;劳务报酬所得、稿酬所得、特许权使用费所得,以每次收入额为应纳税所得额。(3)经营所得,以每一纳税年度的收入总额减除成本、费用以及损失后的余额,为应纳税所得额。(4)财产租赁所得,每次收入不超过 4000 元的,减除费用 800 元;每次收入 4000 元以上的,减除 20% 的费用,其余额为应纳税所得额。(5)财产转让所得,以转让财产的收入额减除财产原值和合理费用后的余额为应纳税所得额。(6)利息、股息、红利所得和偶然所得,以每次收入额为应纳税所得额。

个人所得税的税率分别为:(1)综合所得,适用 3% ~45% 的超额累进税率;(2)经营所得,适用 5% ~35% 的超额累进税率;(3)利息、股息、红利所得,财产租赁所得,财产转让所得和偶然所得,适用比例税率,税率为 20% 。

三、资源税类

(一)资源税

资源税,是指以应税资源为征税对象,对开发应税资源产品征收的一种税。在中华人民共和国领域和中华人民共和国管辖的其他海域开发应税资源的单位和个人,为资源税的纳税人。

资源税按照《税目税率表》实行从价计征或者从量计征。纳税人开采或者生产不同税目应税产品的,应当分别核算不同税目应税产品的销售额或者销售数量;未分别核算或者不能准确提供不同税目应税产品的销售额或者销售数量的,从高适用税率。纳税人开采或者生产应税产品自用的,应当依法缴纳资源税;但是,自用于连续生产应税产品的,不缴纳资源税。

有下列情形之一的,免征资源税:(1)开采原油以及在油田范围内运输原油过程中用于加热的原油、天然气;(2)煤炭开采企业因安全生产需要抽采的煤成(层)气。

有下列情形之一的,减征资源税:(1)从低丰度油气田开采的原油、天然气,减征 20% 资源税;(2)高含硫天然气、三次采油和从深水油气田开采的原油、天然气,减征30%资源税;(3)稠油、高凝油减征40%资源税;(4)从衰竭期矿山开采的矿产品,减征30%资源税。根据国民经济和社会发展需要,国务院对有利于促进资源节约集约利用、保护环境等情形可以规定免征或者减征资源税,报全国人民代表大会常务委员会备案。

有下列情形之一的,省、自治区、直辖市可以决定免征或者减征资源税:(1)纳税人开采或者生产应税产品过程中,因意外事故或者自然灾害等原因遭受重大损失;(2)纳税人开采共伴生矿、低品位矿、尾矿。前款规定的免征或者减征资源税的具体办法,由省、自治区、直辖市人民政府提出,报同级人民代表大会常务委员会决定,并报全国人民代表大会常务委员会和国务院备案。

纳税人的免税、减税项目,应当单独核算销售额或者销售数量;未单独核算或者不能准确提供销售额或者销售数量的,不予免税或者减税。

(二)城镇土地使用税

城镇土地使用税,是指以城镇土地为征税对象,对拥有土地使用权的单位和个人征收的一种税。在城市、县城、建制镇、工矿区范围内使用土地的单位和个人,为城镇土地使用税的纳税人。单位,包括国有企业、集体企业、私营企业、股份制企业、外商投资企业、外国企业以及其他企业和事业单位、社会团体、国家机关、军队以及其他单位;个人,包括个体工商户以及其他个人。

下列土地免缴土地使用税:(1)国家机关、人民团体、军队自用的土地;(2)由国家财政部门拨付事业经费的单位自用的土地;(3)宗教寺庙、公园、名胜古迹自用的土地;(4)市政街道、广场、绿化地带等公共用地;(5)直接用于农、林、牧、渔业的生产用地;(6)经批准开山填海整治的土地和改造的废弃土地,从使用的月份起免缴土地使用税5~10年;(7)由财政部另行规定免税的能源、交通、水利设施用地和其他用地。除上述情形以外,纳税人缴纳土地使用税确有困难需要定期减免的,由县以上税务机关批准。

城镇土地使用税以纳税人实际占用的土地面积为计税依据,依照规定税额计算征收。城镇土地使用税采用定额税率,即按大城市、中等城市、小城市和县城、建制镇、工矿区分别规定城镇土地使用税每平方米年税额。

(三)耕地占用税

耕地占用税,是指以非用于农业建设的占用耕地为征税对象,对占用耕地建设建筑物、构筑物或者从事非农业建设的单位和个人征收的一种税。耕地,是指用于种植农作物的土地。在中华人民共和国境内占用耕地建设建筑物、构筑物或者从事非农业建设的单位和个人,为耕地占用税的纳税人。

占用耕地建设农田水利设施的,不缴纳耕地占用税。军事设施、学校、幼儿园、社会福利机构、医疗机构占用耕地,免征耕地占用税。铁路线路、公路线路、飞机场跑道、停机坪、港口、航道、水利工程占用耕地,减按每平方米2元的税额征收耕地占用税。农村居民在规定用地标准以内占用耕地新建自用住宅,按照当地适用税额减半征收耕地占用税;其中农村居民经批准搬迁,新建自用住宅占用耕地不超过原宅基地面积的部分,免征耕地占用税。农村烈士遗属、因公牺牲军人遗属、残疾军人以及符合农村最低生活保障条件的农村居民,在规定用地标准以内新建自用住宅,免征耕地占用税。根据国民经济和社会发展的需要,国务院可以规定免征或者减征耕地占用税的其他情形,报全国人民代表大会常务委员会备案。

耕地占用税以纳税人实际占用的耕地面积为计税依据,按照规定的适用税额一次性征收。

耕地占用税采用地区差别定额税率。各地区耕地占用税的适用税额,由省、自治区、直辖市人民政府根据人均耕地面积和经济发展等情况,在前款规定的税额幅度内提出,报同级人民代表大会常务委员会决定,并报全国人民代表大会常务委员会和国务院备案。各省、自治区、直辖市耕地占用税适用税额的平均水平,不得低于《各省、自治区、直辖市耕地占用税平均税额表》规定的平均税额。

四、财产税类

(一)房产税

房产税,是指以在城市、县城、建制镇和工矿区的房屋为征税对象,向房产所有人、经营管理单位、承典人、房产代管人或者使用人征收的一种税。

房产税由产权所有人缴纳。产权属于全民所有的,由经营管理的单位缴纳。产权出典的,由承典人缴纳。产权所有人、承典人不在房产所在地的,或者产权未确定及租典纠纷未解决的,由房产代管人或者使用人缴纳。

房产税依照房产原值一次减除10%~30%后的余值计算缴纳。具体减除幅度,由省、自治区、直辖市人民政府规定。没有房产原值作为依据的,由房产所在地税务机关参考同类房产核定。房产出租的,以房产租金收入为房产税的计税依据。

房产税的税率,依照房产余值计算缴纳的,税率为1.2%;依照房产租金收入计算缴纳的,税率为12%。

下列房产免纳房产税:(1)国家机关、人民团体、军队自用的房产;(2)由国家财政部门拨付事业经费的单位自用的房产;(3)宗教寺庙、公园、名胜古迹自用的房产;(4)个人所有非营业用的房产;(5)经财政部批准免税的其他房产。除上述规定者外,纳税人纳税确有困难的,可由省、自治区、直辖市人民政府确定,定期减征或者免征房产税。

房产税按年征收、分期缴纳。纳税期限由省、自治区、直辖市人民政府规定。

房产税由房产所在地的税务机关征收。

(二)车船税

车船税,是指以车船为征税对象向车船所有人或者管理人所征收的一种税。在中华人民共和国境内属于《车船税税目税额表》规定的车辆、船舶(以下简称车船)的所有人或者管理人,为车船税的纳税人。车船具体包括乘用车、商用客车、商用货车、挂车、专用作业车、轮式专用机械车、摩托车、机动船舶、游艇。

从事机动车第三者责任强制保险业务的保险机构为机动车车船税的扣缴义务人,应当在收取保险费时依法代收车船税,并出具代收税款凭证。车船税的纳税地点为车船的登记地或者车船税扣缴义务人所在地。依法不需要办理登记的车船,车船税的纳税地点为车船的所有人或者管理人所在地。

车船的适用税额依照《车船税税目税额表》执行。车辆的具体适用税额由省、自治区、直辖市人民政府依照《车船税税目税额表》规定的税额幅度和国务院的规定确定。船舶的具体适用税额由国务院在《车船税税目税额表》规定的税额幅度内确定。

下列车船免征车船税:(1)捕捞、养殖渔船;(2)军队、武装警察部队专用的车船;(3)警用车船;(4)悬挂应急救援专用号牌的国家综合性消防救援车辆和国家综合性消防救援专用船舶;(5)依照法律规定应当予以免税的外国驻华使领馆、国际组织驻华代表机构及其有关人员的车船。

对节约能源、使用新能源的车船可以减征或者免征车船税;对受严重自然灾害影响纳税困难以及有其他特殊原因确需减税、免税的,可以减征或者免征车船税。具体办法由国务院规定,并报全国人民代表大会常务委员会备案。

省、自治区、直辖市人民政府根据当地实际情况,可以对公共交通车船,农村居民拥有并主要在农村地区使用的摩托车、三轮汽车和低速载货汽车定期减征或者免征车船税。

(三)契税

契税,是指对土地、房屋权属发生转移时征收的一种税。在中华人民共和国境内转移土地、房屋权属,承受的单位和个人为契税的纳税人。

转移土地、房屋权属,是指下列行为:(1)土地使用权出让;(2)土地使用权转让,包括出售、赠与、互换(但不包括土地承包经营权和土地经营权的转移);(3)房屋买卖、赠与、互换。以作价投资(入股)、偿还债务、划转、奖励等方式转移土地、房屋权属的,应当依法征收契税。

契税的计税依据如下:(1)土地使用权出让、出售,房屋买卖,为土地、房屋权属转移合同确定的成交价格,包括应交付的货币以及实物、其他经济利益对应的价款;(2)土地使用权互换、房屋互换,为所互换的土地使用权、房屋价格的差额;(3)土地使用权赠与、房屋赠与以及其他没有价格的转移土地、房屋权属行为,为税务机关参照土地使用权出售、房屋买卖的市场价格依法核定的价格。纳税人申报的成交价格、互换价格差额明显偏低且无正当理由的,由税务机关依照《税收征收管理法》的规定核定。

有下列情形之一的,免征契税:(1)国家机关、事业单位、社会团体、军事单位承受土地、房屋权属用于办公、教学、医疗、科研、军事设施;(2)非营利性的学校、医疗机构、社会福利机构承受土地、房屋权属用于办公、教学、医疗、科研、养老、救助;(3)承受荒山、荒地、荒滩土地使用权用于农、林、牧、渔业生产;(4)婚姻关系存续期间夫妻之间变更土地、房屋权属;(5)法定继承人通过继承承受土地、房屋权属;(6)依照法律规定应当予以免税的外国驻华使馆、领事馆和国际组织驻华代表机构承受土地、房屋权属。

根据国民经济和社会发展的需要,国务院对居民住房需求保障、企业改制重组、灾后重建等情形可以规定免征或者减征契税，报全国人民代表大会常务委员会备案。

省、自治区、直辖市可以决定对下列情形免征或者减征契税：(1)因土地、房屋被县级以上人民政府征收、征用，重新承受土地、房屋权属；(2)因不可抗力灭失住房，重新承受住房权属。

纳税人改变有关土地、房屋的用途，或者有其他不再属于规定的免征、减征契税情形的，应当缴纳已经免征、减征的税款。

契税税率为3%～5%。契税的具体适用税率，由省、自治区、直辖市人民政府在规定的税率幅度内提出，报同级人民代表大会常务委员会决定，并报全国人民代表大会常务委员会和国务院备案。省、自治区、直辖市可以依照规定的程序对不同主体、不同地区、不同类型的住房的权属转移确定差别税率。

契税由土地、房屋所在地的税务机关依法征收管理。

五、行为目的税类

（一）土地增值税

土地增值税，是指以转让国有土地使用权、地上的建筑物及其他附着物（房地产）所取得的土地增值额为征税对象而征收的一种税。转让国有土地使用权、地上的建筑物及其附着物（以下简称转让房地产）并取得收入的单位和个人，为土地增值税的纳税义务人（以下简称纳税人）。

土地增值税以纳税人转让房地产所取得的增值额为征税对象。纳税人转让房地产所取得的收入，包括货币收入、实物收入和其他收入。土地增值额是纳税人转让房地产所取得的收入减去扣除项目金额后的余额。

计算增值额可以扣除项目包括：(1)取得土地使用权所支付的金额；(2)开发土地的成本、费用；(3)新建房及配套设施的成本、费用，或者旧房及建筑物的评估价格；(4)与转让房地产有关的税金；(5)财政部规定的其他扣除项目。

有下列情形之一的，免征土地增值税：(1)纳税人建造普通标准住宅出售，增值额未超过扣除项目金额20%的；(2)因国家建设需要依法征收、收回的房地产。

纳税人有下列情形之一的，按照房地产评估价格计算征收：(1)隐瞒、虚报房地产成交价格的；(2)提供扣除项目金额不实的；(3)转让房地产的成交价格低于房地产评估价格，又无正当理由的。

土地增值税实行四级超率累进税率，分别为：增值额未超过扣除项目金额50%的部分，税率为30%；增值额超过扣除项目金额50%、未超过扣除项目金额100%的部分，税率为40%；增值额超过扣除项目金额100%、未超过扣除项目金额200%的部分，税率为50%；增值额超过扣除项目金额200%的部分，税率为60%。

（二）城市维护建设税

城市维护建设税简称城建税，是指为了加强城市的维护建设，扩大和稳定城市维护建设资金的来源，对缴纳增值税、消费税的单位和个人征收的一种税。在中华人民共和国境内缴纳增值税、消费税的单位和个人,为城市维护建设税的纳税人。但是,对进口货物或者境外单位和个人向境内销售劳务、服务、无形资产缴纳的增值税、消费税税额,不征收城市维护建设税。

城市维护建设税以纳税人依法实际缴纳的增值税、消费税税额为计税依据。计税依据应当按照规定扣除期末留抵退税退还的增值税税额。计税依据的具体确定办法,由国务院依本法报全国人民代表大会常务委员会备案。

根据国民经济和社会发展的需要,国务院对重大公共基础设施建设、特殊产业和群体以及重大突发事件应对等情形可以规定减征或者免征城市维护建设税,报全国人民代表大会常务委员会备案。

城市维护建设税税率如下:(1)纳税人所在地在市区的,税率为7%;(2)纳税人所在地在县城、镇的,税率为5%;(3)纳税人所在地不在市区、县城或者镇的,税率为1%。

城市维护建设税纳税人所在地,为纳税人住所地或者与纳税人生产经营活动相关的其他地点,具体地点由省、自治区、直辖市确定。

城市维护建设税的纳税义务发生时间与增值税、消费税的纳税义务发生时间一致,分别与增值税、消费税同时缴纳。城市维护建设税的扣缴义务人为负有增值税、消费税扣缴义务的单位和个人,在扣缴增值税、消费税的同时扣缴城市维护建设税。

(三)印花税

印花税,是指对经济活动和交往中书立应税凭证、进行证券交易的行为征收的一种税。《印花税法》第1条规定:"在中华人民共和国境内书立应税凭证、进行证券交易的单位和个人,为印花税的纳税人,应当依照本法规定缴纳印花税。在中华人民共和国境外书立在境内使用的应税凭证的单位和个人,应当依照本法规定缴纳印花税。"

印花税的征税对象为书立应税凭证和证券交易行为。应税凭证,是指《印花税法》所附《印花税税目税率表》列明的合同、产权转移书据和营业账簿。具体而言,合同包括:借款合同、融资租赁合同、买卖合同、承揽合同、建设工程合同、运输合同、技术合同、租赁合同、保管合同、仓储合同、财产保险合同;产权转移书据包括:土地使用权出让书据,土地使用权、房屋等建筑物和构筑物所有权转让书据(不包括土地承包经营权和土地经营权转移),股权转让书据(不包括应缴纳证券交易印花税的)以及商标专用权、著作权、专利权、专有技术使用权转让书据。

下列凭证免征印花税:(1)应税凭证的副本或者抄本;(2)依照法律规定应当予以免税的外国驻华使馆、领事馆和国际组织驻华代表机构为获得馆舍书立的应税凭证;(3)中国人民解放军、中国人民武装警察部队书立的应税凭证;(4)农民、家庭农场、农民专业合作社、农村集体经济组织、村民委员会购买农业生产资料或者销售农产品书立的买卖合同和农业保险合同;(5)无息或者贴息借款合同、国际金融组织向中国提供优惠贷款书立的借款合同;(6)财产所有权人将财产赠与政府、学校、社会福利机构、慈善组织书立的产权转移书据;(7)非营利性医疗卫生机构采购药品或者卫生材料书立的买卖合同;(8)个人与电子商务经营者订立的电子订单。

印花税的税率按照具体科目的不同,适用不同的比例税率,最低的为0.5‰,最高的为1‰。

根据国民经济和社会发展的需要,国务院对居民住房需求保障、企业改制重组、破产、支持小型微型企业发展等情形可以规定减征或者免征印花税,报全国人民代表大会常务委员会备案。

第三节 税收征收管理制度

一、税收征收管理的概念

税收征收管理,是指税务机关为了贯彻执行税收法规,实现税收计划,协调征纳关系,组织税款入库所开展的一系列活动,包括税务管理、税款征收、税务检查等。

二、税务管理

税务管理是税收征收管理的主要内容,也是税款征收的前提条件。它主要涉及税务登记,账簿、凭证管理,纳税申报等内容。

(一)税务登记

税务登记,又称纳税登记,是指纳税人在开业、注销之前,以及生产经营期间税务登记内容发生变化时,向税务机关办理登记的一项法定手续。根据现行规定,企业,企业在外地设立的分支机构和从事生产、经营的场所,个体工商户和从事生产、经营的事业单位(以下统称从事生产、经营的纳税人)应当自领取营业执照之日起30日内,向生产、经营地或者纳税义务发生地的主管税务机关申报办理税务登记,如实填写税务登记表,并按照税务机关的要求提供有关证件、资料。扣缴义务人应当自扣缴义务发生之日起30日内,向所在地的主管税务机关申报办理扣缴税款登记,领取扣缴税款登记证件;税务机关对已办理税务登记的扣缴义务人,可以只在其税务登记证件上登记扣缴税款事项,不再发给扣缴税款登记证件。

从事生产、经营的纳税人,税务登记内容发生变化的,自工商行政管理机关办理变更登记之日起30日内或者在向市场监督管理机关申请办理注销登记之前,持有关证件向税务机关申报办理变更或者注销税务登记。

(二)账簿、凭证管理

账簿、凭证是税务机关进行财务监督和税务检查的重要依据。

根据现行规定,纳税人、扣缴义务人按照有关法律、行政法规和国务院财政、税务主管部门的规定设置账簿,根据合法、有效凭证记账,进行核算。单位、个人在购销商品、提供或者接受经营服务以及从事其他经营活动中,应当按照规定开具、使用、取得发票。从事生产、经营的纳税人、扣缴义务人必须按照国务院财政、税务主管部门规定的保管期限保管账簿、记账凭证、完税凭证及其他有关资料。账簿、记账凭证、完税凭证及其他有关资料不得伪造、变造或者擅自损毁。

(三)纳税申报

纳税申报,是指纳税人、扣缴义务人就纳税事项向税务机关提出书面报告的一项法定手续。

根据现行规定,纳税人必须依照法律、行政法规规定或者税务机关依照法律、行政法规的规定确定的申报期限、申报内容如实办理纳税申报,报送纳税申报表、财务会计报表以及税务机关根据实际需要要求纳税人报送的其他纳税资料。扣缴义务人必须依照法律、行政法规规定或者税务机关依照法律、行政法规的规定确定的申报期限、申报内容如实报送代扣代缴、代收代缴税款报告表以及税务机关根据实际需要要求扣缴义务人报送的其他有关资料。

纳税人、扣缴义务人不能按期办理纳税申报或者报送代扣代缴、代收代缴税款报告表的,经税务机关核准,可以延期申报。经核准延期办理前述申报、报送事项的,应当在纳税期内按照上期实际缴纳的税额或者税务机关核定的税额预缴税款,并在核准的延期内办理税款结算。

三、税款征收

税款征收是税务机关按照税法规定将纳税人的应纳税款收缴入库的行为。目前,我国税款征收的方式主要有:查账征收、查定征收、查验征收、定期定额征收、代扣代缴、委托代征等。根据现行规定,税务机关依照法律、行政法规的规定征收税款,不得违反法律、行政法规的规定开征、停征、多征、少征、提前征收、延缓征收或者摊派税款。除税务机关、税务人员以及经税务机关依照法律、行政法规委托的单位和人员外,任何单位和个人不得进行税款征收活动。

扣缴义务人依照法律、行政法规的规定履行代扣、代收税款的义务。对法律、行政法规没有规定负有代扣、代收税款义务的单位和个人,税务机关不得要求其履行代扣、代收税款义务。扣缴义务人依法履行代扣、代收税款义务时,纳税人不得拒绝。纳税人拒绝的,扣缴义务人应当及时报告税务机关处理。税务机关按照规定付给扣缴义务人代扣、代收手续费。

纳税人、扣缴义务人按照法律、行政法规规定或者税务机关依照法律、行政法规的规定确定的期限,缴纳或者解缴税款。纳税人因有特殊困难,不能按期缴纳税款的,经省、自治区、直辖市国家税务局、地方税务局批准,可以延期缴纳税款,但是最长不得超过3个月。

纳税人依照法律、行政法规的规定办理减税、免税。地方各级人民政府、各级人民政府主管部门、单位和个人违反法律、行政法规规定,擅自作出的减税、免税决定无效,税务机关不得执行,并向上级税务机关报告。

四、税务检查

税务检查,是指税务机关依据税法和财务会计制度的规定,对纳税人履行纳税义务和扣缴义务人履行代扣代缴义务的情况进行的审查和监督活动。

根据现行规定,纳税人、扣缴义务人必须接受税务机关依法进行的税务检查,如实反映情况,提供有关资料,不得拒绝、隐瞒。税务机关依法进行税务检查时,有权向有关单位和个人调查纳税人、扣缴义务人和其他当事人与纳税或者代扣代缴、代收代缴税款有关的情况,有关单位和个人有义务向税务机关如实提供有关资料及证明材料。税务机关对从事生产、经营的纳税人以前纳税期的纳税情况依法进行税务检查时,发现纳税人有逃避纳税义务行为,并有明显的转移、隐匿商品、货物以及其他财产或者应纳税的收入的迹象的,可以按照法定的批准权限采取税收保全措施或者强制执行措施。

税务机关派出的人员进行税务检查时,应当出示税务检查证和税务检查通知书,并有责任为被检查人保守秘密;未出示税务检查证和税务检查通知书的,被检查人有权拒绝检查。

第四节 违反税收法的法律责任

一、纳税主体的法律责任

纳税主体违反税收法的情形主要有:(1)纳税人不办理税务登记或者未按照规定的期限申报办理税务登记、变更或者注销登记;(2)纳税人未按照规定设置、保管账簿或者保管记账凭证和有关资料;(3)纳税人未按照规定将财务、会计制度或者财务、会计处理办法和会计核算软件报送税务机关备查;(4)纳税人未按照规定将其全部银行账号向税务机关报告;(5)纳税人未按照规定安装、使用税控装置,或者损毁或者擅自改动税控装置;(6)纳税人未按照规定办理税务登记证件验收或者换证手续;(7)纳税人未按照规定使用税务登记证件,或者转借、涂改、损毁、买卖、伪造税务登记证件;(8)扣缴义务人未按照规定设置、保管代扣代缴、代收代缴税款账簿或者保管代扣代缴、代收代缴税款记账凭证及有关资料;(9)纳税人、扣缴义务人未按规定进行纳税申报;(10)纳税人不进行纳税申报或者未按照规定的期限办理纳税申报和报送纳税资料;(11)偷税,即纳税人伪造、变造、隐匿、擅自销毁账簿、记账凭证,或者在账簿上多列支出或者不列、少列收入,或者经税务机关通知申报而拒不申报或者进行虚假的纳税申报,不缴或者少缴应纳税款;(12)纳税人欠缴应纳税款,采取转移或者隐匿财产的手段,妨碍税务机关追缴欠缴的税款;(13)以假报出口或者其他欺骗手段,骗取国家出口退税款;(14)抗税,即以暴力、威胁方法拒不缴纳税款;(15)扣缴义务人应扣未扣、应收而不收税款;(16)纳税人、扣缴义务人逃避、拒绝或者以其他方式阻挠税务机关检查;(17)非法印制发票,非法印制、转借、倒卖、变造或者伪造完税凭证;(18)从事生产、经营的纳税人、扣缴义务人有《税收征收管理法》规定的税收违法行为而拒不接受税务机关处理。

纳税主体违反税收法的行政责任形式主要有:追缴税款、滞纳金,罚款,责令限期改正,销毁非法印制的发票,没收违法所得和作案工具,吊销其营业执照。纳税主体的行为构成犯罪的,依法追究其刑事责任。

二、税务机关及其工作人员的法律责任

税务机关及其工作人员的违法行为主要有:(1)税务机关违反规定擅自改变税收征收管理范围;(2)税务人员徇私舞弊,对依法应当移交司法机关追究刑事责任的不移交;(3)税务机关、税务人员查封、扣押纳税人个人及其所扶养家属维持生活必需的住房和用品,或者税务人员私分扣押、查封的商品、货物或者其他财产;(4)税务人员与纳税人、扣缴义务人勾结,唆使或者协助纳税人、扣缴义务人实施《税收征收管理法》规定的行为;(5)税务人员利用职务上的便利,收受或者索取纳税人、扣缴义务人财物或者谋取其他不正当利益;(6)税务人员徇私舞弊或者玩忽职守,不征或者少征应征税款,致使国家税收遭受重大损失;(7)税务人员滥用职权,故意刁难纳税人、扣缴义务人;(8)税务人员对控告、检举税收违法违纪行为的纳税人、扣缴义务人以及其他检举人进行打击报复;(9)违反法律、行政法规的规定提前征收、延缓征收或者摊派税款;(10)违反法律、行政法规的规定,擅自作出税收的开征、停征或者减税、免税、退税、补税以及其他同税收法律、行政法规相抵触的决定;(11)税务人员在征收税款或者查处税收违法案件时,未按照《税收征收管理法》规定进行回避。

税务机关及其工作人员实施违法行为,情节严重,构成犯罪的,依法追究刑事责任;尚不构成犯罪的,依法给予行政处分。

三、相关当事人的法律责任

相关当事人违反税收法的主要情形包括:(1)银行及其他金融机构未依照《税收征收管理法》的规定在从事生产、经营的纳税人的账户中登录税务登记证件号码,或者未按规定在税务登记证件中登录从事生产、经营的纳税人的账户账号;(2)银行及其他金融机构为纳税人、扣缴义务人非法提供银行账户、发票、证明或者其他方便,导致未缴、少缴税款或者骗取国家出口退税款;(3)纳税人、扣缴义务人的开户银行或者其他金融机构拒绝接受税务机关依法检查纳税人、扣缴义务人存款账户,或者拒绝执行税务机关作出的冻结存款或者扣缴税款的决定,或者在接到税务机关的书面通知后帮助纳税人、扣缴义务人转移存款,造成税款流失;(4)有关单位拒绝税务机关依照规定到车站、码头、机场、邮政企业及其分支机构检查纳税人有关情况;(5)未经税务机关依法委托征收税款;(6)税务代理人违反税收法律、行政法规,造成纳税人未缴或者少缴税款。

相关当事人违反税收法的法律责任主要有:责令其限期改正、没收违法所得、罚款。其中,未经税务机关依法委托征收税款的,责令退还收取的财物,依法给予行政处分或者行政处罚;致使他人合法权益受到损失的,依法承担赔偿责任;构成犯罪的,依法追究刑事责任。

复习与思考

一、名词解释

比例税率　　超额累进税率　　增值税　　消费税

偷税　　抗税

二、简答

1. 税收的特征。
2. 我国现行的主要税种。
3. 税收征收管理的主要内容。

第六编　劳动与社会保障法

第十七章　劳　动　法

内容导读

企业的生产经营活动乃至社会的发展都离不开劳动者的劳动。劳动是宪法赋予公民的一项基本权利，同时也是宪法规定公民应尽的一项义务。劳动者和用人单位在法律地位上是平等的。但是，由于劳动力相对过剩以及劳动者个体的经济能力不足，劳动者在现实中往往处于弱势地位，因此，劳动者的正当权益需要法律加以保护。此外，女职工和未成年人还需要特殊的保护。本章讲述我国劳动就业制度、劳动合同、劳务派遣、工作时间与休息休假制度、工资制度、劳动保护制度、劳动争议处理制度、劳动监督制度等内容。

第一节　劳动法概述

一、我国劳动法的立法概况

劳动法是指调整劳动者与用人单位之间的劳动关系，以及与劳动关系有密切联系的其他社会关系的法律规范的总称。改革开放以后，随着计划经济向市场经济的转变，我国开始对计划经济下的固定工制度进行改革。

截至目前，我国有关劳动关系和劳动者权益保护的主要立法和规范性文件如下表所示：

名称	发文机关	发布时间	修正（修订）时间	废止时间
工会法	全国人大	1992.04.03	2001、2009、2021	—
劳动法	全国人大常委会	1994.07.05	2009、2018	—
安全生产法	全国人大常委会	2002.06.29	2009、2014、2021	—
劳动合同法	全国人大常委会	2007.06.29	2012	—
劳动争议调解仲裁法	全国人大常委会	2007.12.29	—	—

续表

名称	发文机关	发布时间	修正(修订)时间	废止时间
国营企业实行劳动合同制暂行规定	国务院	1986.07.12	—	2001.10.06
企业劳动争议处理条例	国务院	1993.07.06	—	2011.01.08
劳动监察规定	劳动和社会保障部	1993.08.04	—	2005.02.01
工伤保险条例	国务院	2003.04.27	2010	—
劳动保障监察条例	国务院	2004.11.01	—	—
关于实施《劳动保障监察条例》若干规定	劳动和社会保障部	2004.12.31	2022	—
劳动合同法实施条例	国务院	2008.09.18	—	—
关于执行《工伤保险条例》若干问题的意见	人力资源社会保障部	2013.04.25	—	—
关于执行《工伤保险条例》若干问题的意见(二)	人力资源社会保障部	2016.03.28	—	—
劳务派遣行政许可实施办法	人力资源社会保障部	2013.06.20	—	—
劳务派遣暂行规定	人力资源社会保障部	2014.01.24	—	—
关于审理劳动争议案件适用法律若干问题的解释	最高人民法院	2001.04.16	—	2021.01.01
关于审理劳动争议案件适用法律若干问题的解释(二)	最高人民法院	2006.08.14	—	2021.01.01
关于审理劳动争议案件适用法律若干问题的解释(三)	最高人民法院	2010.09.13	—	2021.01.01
关于审理劳动争议案件适用法律若干问题的解释(四)	最高人民法院	2013.01.18	—	2021.01.01
关于审理劳动争议案件适用法律问题的解释(一)	最高人民法院	2020.12.29	—	—

二、劳动法的适用范围

《劳动法》第2条规定:“在中华人民共和国境内的企业、个体经济组织(以下统称用人单位)和与之形成劳动关系的劳动者,适用本法。国家机关、事业组织、社会团体和与之建立劳动合同关系的劳动者,依照本法执行。”但是,公务员和比照实行公务员制度的事业组织和社会团体的工作人员,以及农村劳动者(乡镇企业职工和进城务工、经商的农民除外)、现役军人和家庭保姆等不适用《劳动法》。

《劳动合同法》第2条规定:“中华人民共和国境内的企业、个体经济组织、民办非企业单位等组织（以下称用人单位）与劳动者建立劳动关系，订立、履行、变更、解除或者终止劳动合同，适用本法。国家机关、事业单位、社会团体和与其建立劳动关系的劳动者，订立、履行、变更、解除或者终止劳动合同，依照本法执行。”

三、劳动法的基本原则

劳动法的基本原则是制定劳动法制度和法律规范的指导思想，是调整劳动关系以及与劳动关系有密切联系的其他关系的基本准则。根据我国《宪法》和《劳动法》的有关规定，劳动法的基本原则有以下几方面：

（一）公民享有劳动权利和义务

《宪法》第 42 条规定：“中华人民共和国公民有劳动的权利和义务……劳动是一切有劳动能力的公民的光荣职责……”

公民享有劳动权利和义务原则的基本含义为：（1）每一个有劳动能力的公民均有参加劳动的权利，公民在法律规定的条件下，享有平等的就业机会权和选择职业的自主权。国家通过各种方式创造就业条件、促进就业，保障公民劳动权利的实现。（2）劳动是一切有劳动能力的公民的法定义务，每一个有劳动能力的公民都应该参加劳动，完成劳动任务或工作任务。

《劳动法》第 4 条规定：“用人单位应当依法建立和完善规章制度，保障劳动者享有劳动权利和履行劳动义务。”

（二）保护劳动者合法权益

《宪法》对公民作为劳动者所应享有的劳动权、劳动报酬权、劳动保护权、休息权、职业培训权、物质帮助权等基本权利作了原则性规定。

《劳动法》第 3 条第 1 款规定：“劳动者享有平等就业和选择职业的权利、取得劳动报酬的权利、休息休假的权利、获得劳动安全卫生保护的权利、接受职业技能培训的权利、享受社会保险和福利的权利、提请劳动争议处理的权利以及法律规定的其他劳动权利。”第 70 条规定：“国家发展社会保险事业，建立社会保险制度，设立社会保险基金，使劳动者在年老、患病、工伤、失业、生育等情况下获得帮助和补偿。”

（三）各尽所能、按劳分配

《宪法》第 6 条第 1 款规定：“……社会主义公有制消灭人剥削人的制度，实行各尽所能、按劳分配的原则。”各尽所能、按劳分配原则的基本要求为：（1）每一个具有劳动能力的公民，都有劳动的平等权利和义务，都应尽自己的能力为社会劳动；社会则以劳动为尺度，按照劳动的数量和质量分配个人消费品，即劳动报酬，多劳多得。（2）必须实行同工同酬，不分性别、年龄、民族和种族，等量劳动取得等量报酬。

《劳动法》第 46 条第 1 款规定：“工资分配应当遵循按劳分配原则，实行同工同酬。”

(四)促进就业

《劳动法》规定,国家通过促进经济和社会发展,创造就业条件,扩大就业机会。国家鼓励企业、事业组织、社会团体在法律、行政法规规定的范围内兴办产业或者拓展经营,增加就业。国家支持劳动者自愿组织起来就业和从事个体经营实现就业。地方各级人民政府应当采取措施,发展多种类型的职业介绍机构,提供就业服务。劳动者就业,不因民族、种族、性别、宗教信仰不同而受歧视。妇女享有与男子平等的就业权利。在录用职工时,除国家规定的不适合妇女的工种或者岗位外,不得以性别为由拒绝录用妇女或者提高对妇女的录用标准。

在促进就业的同时,为了保护未成年人的身心健康,《劳动法》第15条规定:“禁止用人单位招用未满十六周岁的未成年人。文艺、体育和特种工艺单位招用未满十六周岁的未成年人,必须遵守国家有关规定,并保障其接受义务教育的权利。”

第二节　劳动合同

一、劳动合同的概念和种类

劳动合同,是指劳动者与用人单位确立劳动关系,明确双方权利和义务的协议。

根据劳动合同期限的不同,劳动合同分为固定期限劳动合同、无固定期限劳动合同和以完成一定工作任务为期限的劳动合同。固定期限劳动合同,是指用人单位与劳动者约定合同终止时间的劳动合同。无固定期限劳动合同,是指用人单位与劳动者约定无确定终止时间的劳动合同。以完成一定工作任务为期限的劳动合同,是指用人单位与劳动者约定以某项工作的完成为合同期限的劳动合同。

根据与用人单位订立劳动合同的当事人的不同,劳动合同分为一般劳动合同和集体合同。一般劳动合同,是指单个劳动者与用人单位订立的劳动合同。集体合同,是指劳动者集体与用人单位订立的劳动合同。

二、劳动合同的订立

建立劳动关系,应当订立书面劳动合同。订立劳动合同,应当遵循合法、公平、平等自愿、协商一致、诚实信用的原则。

用人单位与劳动者协商一致,可以订立固定期限劳动合同、无固定期限劳动合同和以完成一定工作任务为期限的劳动合同。有下列情形之一,劳动者提出或者同意续订、订立劳动合同的,除劳动者提出订立固定期限劳动合同外,应当订立无固定期限劳动合同:(1)劳动者在该用人单位连续工作满10年的;(2)用人单位初次实行劳动合同制度或者国有企业改制重新订立劳动合同时,劳动者在该用人单位连续工作满10年且距法定退休年龄不足10年的;(3)连续订立两次固定期限劳动合同,且劳动者没有《劳动法》第39条和第40

条第1项、第2项规定的解除劳动合同的情形，续订劳动合同的。用人单位自用工之日起满1年不与劳动者订立书面劳动合同的，视为用人单位与劳动者已订立无固定期限劳动合同。

三、劳动合同的内容

劳动合同应当具备以下条款：(1)用人单位的名称、住所和法定代表人或者主要负责人；(2)劳动者的姓名、住址和居民身份证或者其他有效身份证件号码；(3)劳动合同期限；(4)工作内容和工作地点；(5)工作时间和休息休假；(6)劳动报酬；(7)社会保险；(8)劳动保护、劳动条件和职业危害防护；(9)法律、法规规定应当纳入劳动合同的其他事项。劳动合同除前列规定的必备条款外，用人单位与劳动者可以约定试用期、培训、保守秘密、补充保险和福利待遇等其他事项。

劳动合同对劳动报酬和劳动条件等标准约定不明确，引发争议的，用人单位与劳动者可以重新协商；协商不成的，适用集体合同规定；没有集体合同或者集体合同未规定劳动报酬的，实行同工同酬；没有集体合同或者集体合同未规定劳动条件等标准的，适用国家有关规定。

劳动合同期限3个月以上不满1年的，试用期不得超过1个月；劳动合同期限1年以上不满3年的，试用期不得超过2个月；3年以上固定期限和无固定期限的劳动合同，试用期不得超过6个月。同一用人单位与同一劳动者只能约定一次试用期。以完成一定工作任务为期限的劳动合同或者劳动合同期限不满3个月的，不得约定试用期。试用期包含在劳动合同期限内。劳动合同仅约定试用期的，试用期不成立，该期限为劳动合同期限。劳动者在试用期的工资不得低于本单位相同岗位最低档工资或者劳动合同约定工资的80%，并不得低于用人单位所在地的最低工资标准。在试用期中，除劳动者有《劳动法》第39条和第40条第1项、第2项规定的解除劳动合同的情形外，用人单位不得解除劳动合同。用人单位在试用期解除劳动合同的，应当向劳动者说明理由。

用人单位为劳动者提供专项培训费用，对其进行专业技术培训的，可以与该劳动者订立协议，约定服务期。劳动者违反服务期约定的，应当按照约定向用人单位支付违约金。违约金的数额不得超过用人单位提供的培训费用。用人单位要求劳动者支付的违约金不得超过服务期尚未履行部分所应分摊的培训费用。用人单位与劳动者约定服务期的，不影响按照正常的工资调整机制提高劳动者在服务期期间的劳动报酬。

用人单位与劳动者可以在劳动合同中约定保守用人单位的商业秘密和与知识产权相关的保密事项。对负有保密义务的劳动者，用人单位可以在劳动合同或者保密协议中与劳动者约定竞业限制条款，并约定在解除或者终止劳动合同后，在竞业限制期限内按月给予劳动者经济补偿。劳动者违反竞业限制约定的，应当按照约定向用人单位支付违约金。竞业限制的人员限于用人单位的高级管理人员、高级技术人员和其他负有保密义务的人员。竞业限制的范围、地域、期限由用人单位与劳动者约定，竞业限制的约定不得违反法律、法规的规定。在解除或者终止劳动合同后，前列人员到与本单位生产或者经营同类产品、从事同类业务的有竞争关系的其他用人单位，或者自己开业生产或者经营同类产品、从事同类业务的竞业限制期限，不得超过2年。

除用人单位为劳动者提供专项培训费用对其进行专业技术培训,以及劳动合同中约定保守用人单位的商业秘密和与知识产权相关的保密事项的情形外,用人单位不得与劳动者约定由劳动者承担违约金。

四、无效劳动合同

下列劳动合同无效或者部分无效:(1)以欺诈、胁迫的手段或者乘人之危,使对方在违背真实意思的情况下订立或者变更劳动合同的;(2)用人单位免除自己的法定责任、排除劳动者权利的;(3)违反法律、行政法规强制性规定的。

对劳动合同的无效或者部分无效有争议的,由劳动争议仲裁机构或者人民法院确认。

无效的劳动合同,从订立的时候起就没有法律约束力。劳动合同部分无效的,不影响其他部分效力的,其他部分仍然有效。劳动合同被确认无效的,劳动合同规定的当事人双方的权利义务关系自然终止,终止履行合同,尚未履行的不得履行。劳动者已付出劳动的,用人单位应当向劳动者支付劳动报酬。劳动报酬的数额,参照本单位相同或者相近岗位劳动者的劳动报酬确定。

五、劳动合同的履行

劳动合同依法订立即具有法律约束力,当事人必须履行劳动合同规定的义务。劳动合同的履行,应当遵循以下原则:

1. 亲自履行原则。劳动合同是针对具体的、特定的劳动行为而达成的协议,必须由特定的人去履行。只有由劳动合同双方当事人亲自履行劳动合同,才能确保劳动合同所约定的权利和义务得以实现。

2. 全面履行原则。劳动合同规定的各项条款有其内在联系,是不能割裂的统一整体,当事人双方必须按劳动合同约定的时间、地点和方式,全面履行劳动合同规定的各项义务。只有当事人双方按照约定全面履行自己的义务,才能保证劳动合同得以全部履行。

3. 协作履行原则。劳动法律关系的客体是劳动行为,而劳动行为是在运用劳动能力,进行劳动过程中发生的行为,只有当事人双方协作才能完成劳动合同规定的任务。因此,协作履行是劳动合同履行的必然要求。

六、劳动合同的终止和解除

(一)劳动合同的终止

劳动合同订立后,双方当事人不得随意终止劳动合同。根据《劳动合同法》的规定,有下列情形之一的,劳动合同终止:(1)劳动合同期满的。(2)劳动者开始依法享受基本养老保险待遇的。(3)劳动者死亡,或者被人民法院宣告死亡或者宣告失踪的。(4)用人单位被依法宣告破产的。(5)用人单位被吊销营业执照、责令关闭、撤销或者用人单位决定提前解散的。(6)法律、行政法规规定的其他情形。

（二）劳动合同的解除

劳动合同的解除，是指当事人双方在已生效的劳动合同履行完毕之前，提前终止劳动合同的效力，解除双方的权利和义务关系。

根据《劳动合同法》的规定，在下列情况下劳动合同可以解除：

1. 用人单位与劳动者协商一致，可以解除劳动合同。

2. 劳动者提前30日以书面形式通知用人单位，可以解除劳动合同。劳动者在试用期内提前3日通知用人单位，可以解除劳动合同。

3. 用人单位有下列情形之一的，劳动者可以解除劳动合同：（1）未按照劳动合同约定提供劳动保护或者劳动条件的；（2）未及时足额支付劳动报酬的；（3）未依法为劳动者缴纳社会保险费的；（4）用人单位的规章制度违反法律、法规的规定，损害劳动者权益的；（5）因《劳动合同法》第26条第1款规定的情形致使劳动合同无效的；（6）法律、行政法规规定劳动者可以解除劳动合同的其他情形。

用人单位以暴力、威胁或者非法限制人身自由的手段强迫劳动者劳动的，或者用人单位违章指挥、强令冒险作业危及劳动者人身安全的，劳动者可以立即解除劳动合同，不需事先告知用人单位。

4. 劳动者有下列情形之一的，用人单位可以解除劳动合同：（1）在试用期间被证明不符合录用条件的；（2）严重违反用人单位的规章制度的；（3）严重失职，营私舞弊，给用人单位造成重大损害的；（4）劳动者同时与其他用人单位建立劳动关系，对完成本单位的工作任务造成严重影响，或者经用人单位提出，拒不改正的；（5）因《劳动合同法》第26条第1款第1项规定的情形（以欺诈、胁迫的手段或者乘人之危，使对方在违背真实意思的情况下订立或者变更劳动合同）致使劳动合同无效的；（6）被依法追究刑事责任的。

5. 有下列情形之一的，用人单位提前30日以书面形式通知劳动者本人或者额外支付劳动者1个月工资后，可以解除劳动合同：（1）劳动者患病或者非因工负伤，在规定的医疗期满后不能从事原工作，也不能从事由用人单位另行安排的工作的；（2）劳动者不能胜任工作，经过培训或者调整工作岗位，仍不能胜任工作的；（3）劳动合同订立时所依据的客观情况发生重大变化，致使劳动合同无法履行，经用人单位与劳动者协商，未能就变更劳动合同内容达成协议的。

6. 有下列情形之一，需要裁减人员20人以上或者裁减不足20人但占企业职工总数10%以上的，用人单位提前30日向工会或者全体职工说明情况，听取工会或者职工的意见后，裁减人员方案经向劳动行政部门报告，可以裁减人员：（1）依照《企业破产法》规定进行重整的；（2）生产经营发生严重困难的；（3）企业转产、重大技术革新或者经营方式调整，经变更劳动合同后，仍需裁减人员的；（4）其他因劳动合同订立时所依据的客观经济情况发生重大变化，致使劳动合同无法履行的。

裁减人员时，应当优先留用下列人员：（1）与本单位订立较长期限的固定期限劳动合同的；（2）与本单位订立无固定期限劳动合同的；（3）家庭无其他就业人员，有需要扶养的老人或者未成年人的。用人单位依照前述规定裁减人员，在6个月内重新招用人员的，应当通知被裁减的人员,并在同等条件下优先招用被裁减的人员。

劳动者有下列情形之一的,用人单位不得依照《劳动合同法》第40条、第41条的规定解除劳动合同:(1)从事接触职业病危害作业的劳动者未进行离岗前职业健康检查,或者疑似职业病病人在诊断或者医学观察期间的;(2)在本单位患职业病或者因工负伤并被确认丧失或者部分丧失劳动能力的;(3)患病或者非因工负伤,在规定的医疗期内的;(4)女职工在孕期、产期、哺乳期的;(5)在本单位连续工作满15年,且距法定退休年龄不足5年的;(6)法律、行政法规规定的其他情形。

七、集体合同

企业职工一方与用人单位通过平等协商,可以就劳动报酬、工作时间、休息休假、劳动安全卫生、保险福利等事项订立集体合同。集体合同草案应当提交职工代表大会或者全体职工讨论通过。集体合同由工会代表企业职工一方与用人单位订立;尚未建立工会的用人单位,由上级工会指导劳动者推举的代表与用人单位订立。企业职工一方与用人单位可以订立劳动安全卫生、女职工权益保护、工资调整机制等专项集体合同。在县级以下区域内,建筑业、采矿业、餐饮服务业等行业可以由工会与企业方面代表订立行业性集体合同,或者订立区域性集体合同。

集体合同订立后,应当报送劳动行政部门;劳动行政部门自收到集体合同文本之日起15日内未提出异议的,集体合同即行生效。依法订立的集体合同对用人单位和劳动者具有约束力。行业性、区域性集体合同对当地本行业、本区域的用人单位和劳动者具有约束力。

集体合同中劳动报酬和劳动条件等标准不得低于当地人民政府规定的最低标准;用人单位与劳动者订立的劳动合同中劳动报酬和劳动条件等标准不得低于集体合同规定的标准。用人单位违反集体合同,侵犯职工劳动权益的,工会可以依法要求用人单位承担责任;因履行集体合同发生争议,经协商解决不成的,工会可以依法申请仲裁、提起诉讼。

第三节　劳 务 派 遣

一、劳务派遣的概念

劳务派遣,也称劳动派遣、人事派遣、劳动力租赁,是指由用人单位(劳务派遣单位)与劳动者(被派遣劳动者,也称为劳务派遣工)订立劳动合同并支付报酬,将劳动者派往其他实际用工单位(也称要派企业,以下简称用工单位)工作,再由用工单位向劳务派遣单位支付一定的服务费用的劳动用工方式。

二、劳务派遣中的劳动合同与劳务派遣协议

劳务派遣单位应当与被派遣劳动者订立2年以上的固定期限劳动合同。劳务派遣单位可以依法与被派遣劳动者约定试用期。劳务派遣单位与同一被派遣劳动者只能约定一次

试用期。

劳务派遣单位派遣劳动者应当与接受以劳务派遣形式用工的单位(用工单位)订立劳务派遣协议。劳务派遣协议应当约定派遣岗位和人员数量、派遣期限、劳动报酬和社会保险费的数额与支付方式以及违反协议的责任。劳务派遣协议应当载明下列内容:(1)派遣的工作岗位名称和岗位性质;(2)工作地点;(3)派遣人员数量和派遣期限;(4)按照同工同酬原则确定的劳动报酬数额和支付方式;(5)社会保险费的数额和支付方式;(6)工作时间和休息休假事项;(7)被派遣劳动者工伤、生育或者患病期间的相关待遇;(8)劳动安全卫生以及培训事项;(9)经济补偿等费用;(10)劳务派遣协议期限;(11)劳务派遣服务费的支付方式和标准;(12)违反劳务派遣协议的责任;(13)法律、法规、规章规定应当纳入劳务派遣协议的其他事项。用工单位应当根据工作岗位的实际需要与劳务派遣单位确定派遣期限,不得将连续用工期限分割订立数个短期劳务派遣协议。

劳务派遣单位应当将劳务派遣协议的内容告知被派遣劳动者。

三、经营劳务派遣业务的条件及劳务派遣的限制

《劳动合同法》第57条规定,经营劳务派遣业务应当具备下列条件:(1)注册资本不得少于人民币200万元;(2)有与开展业务相适应的固定的经营场所和设施;(3)有符合法律、行政法规规定的劳务派遣管理制度;(4)法律、行政法规规定的其他条件。经营劳务派遣业务,应当向劳动行政部门依法申请行政许可;经许可的,依法办理相应的公司登记。未经许可,任何单位和个人不得经营劳务派遣业务。

劳动合同用工是我国的企业基本用工形式。劳务派遣用工是补充形式,只能在临时性、辅助性或者替代性的工作岗位上实施。所谓临时性工作岗位,是指存续时间不超过6个月的岗位;辅助性工作岗位,是指为主营业务岗位提供服务的非主营业务岗位;替代性工作岗位,是指用工单位的劳动者因脱产学习、休假等原因无法工作的一定期间内,可以由其他劳动者替代工作的岗位。

根据现行规定,用工单位应当严格控制劳务派遣用工数量,使用的被派遣劳动者数量不得超过其用工总量的10%。用工总量,是指用工单位订立劳动合同人数与使用的被派遣劳动者人数之和。用人单位不得设立劳务派遣单位向本单位或者所属单位派遣劳动者。劳务派遣单位不得以非全日制用工形式招用被派遣劳动者。

违反《劳动合同法》规定,未经许可,擅自经营劳务派遣业务的,由劳动行政部门责令停止违法行为,没收违法所得,并处违法所得1倍以上5倍以下的罚款;没有违法所得的,可以处5万元以下的罚款。劳务派遣单位、用工单位违反《劳动合同法》有关劳务派遣规定的,由劳动行政部门责令限期改正;逾期不改正的,以每人5000元以上1万元以下的标准处以罚款,对劳务派遣单位,吊销其劳务派遣业务经营许可证。用工单位给被派遣劳动者造成损害的,劳务派遣单位与用工单位承担连带赔偿责任。

四、劳务派遣单位的义务和责任

劳务派遣单位应当履行用人单位对劳动者的义务。劳务派遣单位应当对被派遣劳动

者履行下列义务:(1)如实告知被派遣劳动者《劳动合同法》第8条规定的事项、应遵守的规章制度以及劳务派遣协议的内容;(2)建立培训制度,对被派遣劳动者进行上岗知识、安全教育培训;(3)按照国家规定和劳务派遣协议约定,依法支付被派遣劳动者的劳动报酬和相关待遇;(4)按照国家规定和劳务派遣协议约定,依法为被派遣劳动者缴纳社会保险费,并办理社会保险相关手续;(5)督促用工单位依法为被派遣劳动者提供劳动保护和劳动安全卫生条件;(6)依法出具解除或者终止劳动合同的证明;(7)协助处理被派遣劳动者与用工单位的纠纷;(8)法律、法规和规章规定的其他事项。

被派遣劳动者在无工作期间,劳务派遣单位应当按照所在地人民政府规定的最低工资标准,向其按月支付报酬。劳务派遣单位不得克扣用工单位按照劳务派遣协议支付给被派遣劳动者的劳动报酬。劳务派遣单位不得向被派遣劳动者收取费用。

劳务派遣单位跨地区派遣劳动者的,被派遣劳动者享有的劳动报酬和劳动条件,按照用工单位所在地的标准执行。劳务派遣单位跨地区派遣劳动者的,应当在用工单位所在地为被派遣劳动者参加社会保险,按照用工单位所在地的规定缴纳社会保险费,被派遣劳动者按照国家规定享受社会保险待遇。

劳务派遣单位在用工单位所在地设立分支机构的,由分支机构为被派遣劳动者办理参保手续,缴纳社会保险费。劳务派遣单位未在用工单位所在地设立分支机构的,由用工单位代劳务派遣单位为被派遣劳动者办理参保手续,缴纳社会保险费。

五、用工单位的义务和责任

用工单位应当履行下列义务:(1)执行国家劳动标准,提供相应的劳动条件和劳动保护;(2)告知被派遣劳动者的工作要求和劳动报酬;(3)支付加班费、绩效奖金,提供与工作岗位相关的福利待遇;(4)对在岗被派遣劳动者进行工作岗位所必需的培训;(5)连续用工的,实行正常的工资调整机制。

此外,用工单位不得将被派遣劳动者再派遣到其他用人单位。用工单位不得向被派遣劳动者收取费用。

六、被派遣劳动者的权利

被派遣劳动者享有与用工单位的劳动者同工同酬的权利。用工单位应当按照同工同酬原则,对被派遣劳动者与本单位同类岗位的劳动者实行相同的劳动报酬分配办法。用工单位无同类岗位劳动者的,参照用工单位所在地相同或者相近岗位劳动者的劳动报酬确定。

被派遣劳动者有权在劳务派遣单位或者用工单位依法参加或者组织工会,维护自身的合法权益。

被派遣劳动者可以依照《劳动合同法》第36条、第38条的规定与劳务派遣单位解除劳动合同。

第四节　工作时间与休息休假制度

一、工作时间

工作时间又称劳动时间，是指法律规定的劳动者在企业、事业单位、机关、团体等用人单位，从事劳动、完成本职工作的时间。工作时间包括每日应工作的时数和每周应工作的天数，它们分别称为工作日和工作周。

国家实行劳动者每日工作时间不超过8小时、平均每周工作时间不超过44小时的工时制度。用人单位由于生产经营需要，经与工会和劳动者协商后可以延长工作时间，一般每日不得超过1小时；因特殊原因需要延长工作时间的，在保障劳动者身体健康的条件下延长工作时间每日不得超过3小时，但是每月不得超过36小时。

在特殊情况下，延长工作时间可不受限制。《劳动法》第42条规定的情况有：(1)发生自然灾害、事故或者其他原因，威胁劳动者生命健康和财产安全，需要紧急处理的；(2)生产设备、交通运输线路、公共设施发生故障，影响生产和公众利益，必须及时抢修的；(3)法律、行政法规规定的其他情形。

用人单位不得违反《劳动法》规定延长劳动者的工作时间。有下列情形之一的，用人单位应当按照下列标准支付高于劳动者正常工作时间工资的工资报酬：(1)安排劳动者延长工作时间的，支付不低于工资的150%的工资报酬；(2)休息日安排劳动者工作又不能安排补休的，支付不低于工资的200%的工资报酬；(3)法定休假日安排劳动者工作的，支付不低于工资的300%的工资报酬。

二、休息时间

休息时间，是指法律规定的劳动者不必从事生产和工作而自行支配的时间。依据劳动法的规定，休息时间包括工作间歇时间、公休假日、法定节假日、探亲假、带薪年休假等。

1. 工作间歇时间。这是劳动者在一个工作日内所享有的休息时间。间歇时间根据不同情况分别规定：(1)实行一班制或两班制的单位，其间歇时间应在工作开始4小时后，并不应少于半小时；(2)实行三班制的单位，每班的间歇时间为20分钟；(3)两个工作日之间的休息时间以足以保证劳动者的体力和工作能力能够得到恢复为标准，一般为15～16小时。

2. 公休假日。用人单位应当保证劳动者每周至少休息1日。

3. 法定节假日。根据2013年12月11日国务院发布的《关于修改〈全国年节及纪念日放假办法〉的决定》的规定，全体公民放假的节日如下：(1)新年，放假1天(1月1日)；(2)春节，放假3天(正月初一、初二、初三)；(3)清明节，放假1天(农历清明当日)；(4)劳动节，放假1天(5月1日)；(5)端午节，放假1天(农历端午当日)；(6)中秋节，放假1天(农历中秋当日)；(7)国庆节，放假3天(10月1日、2日、3日)。全体公民放假的假日，如果适逢星期六、星期日，应当在工作日补假。此外，还有部分公民放假的节日以及少数民族习惯的节日。

4. 探亲假。我国《劳动法》规定,工作地点与父母或配偶分居两地,且不能在公休假日团聚的职工,每年可享受一定期限的带薪假期。国务院《关于职工探亲待遇的规定》(1981年3月14日发布)具体规定了享受探亲假的条件等内容。

5. 带薪年休假。带薪年休假是法律规定的职工每年享有保留职务和工资的一定期限连续休息的假期。《劳动法》第45条规定:"国家实行带薪年休假制度。劳动者连续工作一年以上的,享受带薪年休假。具体办法由国务院规定。"

6. 其他假。除了以上介绍的假期外,我国规定的其他假期还有女职工生育时的产假、职工婚丧假等,用人单位应依法支付工资。

第五节　工 资 制 度

一、工资的概念

工资,又称薪金,是指劳动关系中,劳动者因履行劳动义务而获得的,由用人单位以法定方式支付的作为劳动报酬的一定数额的货币。在我国现阶段,工资仍然是劳动者及其家庭成员生活的主要来源。一个国家的职工工资通常是考察该国家国民经济发展水平和国民生活水平的重要依据。

二、工资分配的基本原则

根据劳动法的规定,我国工资分配主要遵循以下几项原则:

1. 按劳分配原则。这是我国工资分配的基本原则。按劳分配主要是要求用人单位按照劳动者提供的劳动数量和质量支付工资,多劳多得,少劳少得。贯彻这一原则要求:第一,必须坚持同工同酬,即所有劳动者不分性别、年龄、种族等,一律按照等量劳动获得等量报酬;第二,必须反对平均主义,对不同质的劳动给予不同量的劳动报酬,把脑力劳动与体力劳动、复杂劳动与简单劳动、熟练劳动与非熟练劳动区别开来。

2. 用人单位自主分配原则。这是社会主义市场经济对企业的一项基本要求。在市场经济中,企业作为市场主体,应当拥有包括工资分配自主权在内的经营管理自主权。贯彻这一原则要求:第一,效益优先,兼顾公平,允许企业之间存在差距,拉开档次;第二,把工资分配权真正还给企业,不仅非国有企业要自主分配工资,国有企业也要自主分配工资。

3. 工资水平随经济发展逐步提高原则。企业工资改革的总体思路就是真正实现企业工资总额同经济效益挂钩,职工的工资水平同劳动成果挂钩,实现企业与职工的责、权、利三结合。贯彻这一原则要求:第一,劳动生产率提高以后,必须提高工资水平;第二,不能不顾经济增长的可能,提出过高的消费要求;第三,确立一个经济增长与工资增长的科学比例,正确处理好生产和消费的关系,要用发展生产的方法来增加劳动者收入,用增加劳动者收入的手段来发展生产。

4. 工资总额宏观调控原则。国家工资总额宏观调控的目的在于控制用工成本的上升,保持经济总量平衡,以实现国民经济持续、稳定、协调发展。贯彻这一原则要求:第一,国家根据企业经济效益的好坏来核定其工资总额,并在此基础上确定社会的工资总额,使消费与经济的发展相适应;第二,减少通货膨胀的潜在因素,促使全社会的生产、消费、积累三者按比例协调发展。

三、工资形式

工资形式,是指计量劳动和支付工资的形式。我国现行的工资形式主要有计时工资、计件工资两种基本形式和奖金、津贴两种辅助形式。具体采用什么工资形式,一般可由企业确定。

四、最低工资

最低工资是指劳动者在法定工作时间内提供了正常劳动的前提下,其所得的劳动报酬不应低于法定的最低限度的数额。在社会主义市场经济体制下,国家通过法律形式确立最低工资保障制度,对保护广大工薪劳动者的切身利益、体现社会主义的合理与公平、维护社会秩序的稳定都具有重要的现实意义。

依据《劳动法》第49条的规定,最低工资标准的确定和调整应当综合参考的因素是:(1)劳动者本人及平均赡养人口的最低生活费用;(2)社会平均工资水平;(3)劳动生产率;(4)就业状况;(5)地区之间经济发展水平的差异。

五、工资保障

工资保障,是对劳动者获得全部应得工资及其所得工资支配权的保障,亦即要求用人单位严格按照法定的工资支付办法向劳动者支付工资。它给劳动者所提供的保护,较之最低工资保障更进一步,因为它所保护的客体已不只限于最低工资,而是覆盖全部应得工资。它所干预的对象已由工资额的确定转到工资支付的行为。

(一)工资支付的一般规则

工资支付的一般规则是指用人单位在正常情况下支付工资的规则。根据现行法律规定,其内容包括以下几个方面:(1)工资应当以法定货币支付,不得以实物及有价证券替代货币支付。(2)支付工资时,用人单位必须书面记录支付劳动者工资的数额、时间、领取者的姓名以及签字,并保存2年以上备查。(3)支付工资时,用人单位应向劳动者提供一份其个人的工资清单。(4)工资至少每月支付一次,实行周、日、小时工资制的可按周、日、小时支付工资。对完成一次性临时劳动或某项具体工作的劳动者,用人单位应按有关协议或合同规定在其完成劳动任务后即支付工资。

(二)工资保障措施

用人单位不得克扣劳动者的工资,除非符合法定允许扣除的条件,但每月扣除的部分不得超过劳动者当月工资的20%;若扣除后的剩余部分低于当地月最低工资标准,则按最低工资标准支付。

《劳动合同法》第85条规定,用人单位有下列情形之一的,由劳动行政部门责令限期支付劳动报酬、加班费或者经济补偿;劳动报酬低于当地最低工资标准的,应当支付其差额部分;逾期不支付的,责令用人单位按应付金额50%以上100%以下的标准向劳动者加付赔偿金:(1)未按照劳动合同的约定或者国家规定及时足额支付劳动者劳动报酬的;(2)低于当地最低工资标准支付劳动者工资的;(3)安排加班不支付加班费的;(4)解除或者终止劳动合同,未依照该法规定向劳动者支付经济补偿的。

第六节 劳动保护制度

一、劳动保护的概念

劳动保护,是指为了改善劳动条件,保护劳动者在劳动过程中的安全和健康所采取的各项措施。它包括休息时间制度、劳动安全卫生保护、女职工和未成年工的特殊保护。

二、劳动安全卫生保护

1. 用人单位必须建立健全劳动安全卫生制度,严格执行国家劳动安全卫生规程和标准,对劳动者进行劳动安全卫生教育,防止劳动过程中的事故,减少职业危害。

2. 劳动安全卫生设施必须符合国家规定的标准。新建、改建、扩建工程的劳动安全卫生设施必须与主体工程同时设计、同时施工、同时投入生产和使用。

3. 用人单位必须为劳动者提供符合国家规定的劳动安全卫生条件和必要的劳动防护用品,对从事有职业危害作业的劳动者应当定期进行健康检查。

4. 对从事特种作业的劳动者实行特种作业资格制度。

5. 劳动者在劳动过程中必须严格遵守安全操作规程。劳动者有权拒绝执行用人单位管理人员违章指挥、冒险作业的命令,有权对危害生命安全和身体健康的行为提出批评、检举和控告。

6. 建立伤亡事故和职业病统计报告和处理制度。县级以上各级人民政府劳动行政部门、有关部门和用人单位应当依法对劳动者在劳动过程中发生的伤亡事故和劳动者的职业病状况,进行统计、报告和处理。

三、女职工和未成年工的特殊保护

女职工劳动特殊保护,是指根据女职工的生理特点和抚育子女需要,对其在劳动过程中的安全健康采取的有别于男子的特殊保护。根据劳动法及相关规定,对女职工特殊的劳动保护主要包括:

1. 女职工禁忌劳动范围。女职工禁忌从事的劳动范围如下:(1)矿山井下作业;(2)森林业伐木、归楞及流放作业；(3)国家规定的第四级体力劳动强度的作业；(4)建筑业脚手架的组装和拆除作业，以及电力、电信行业的高处架线作业；(5)连续负重(指每小时负重次数在6次以上)每次负重超过20公斤，间断负重每次负重超过25公斤的作业；(6)已婚待孕女职工禁忌从事铅、汞、苯、镉等作业场所属于《有毒作业分级》标准中第三级、第四级的作业。

2. 女职工"四期"保护。(1)月经期保护。不得安排女职工在经期从事高处、低温、冷水作业和国家规定的第三级体力劳动强度的劳动。(2)怀孕期保护。不得安排女职工在怀孕期间从事国家规定的第三级体力劳动强度的劳动和孕期禁忌从事的劳动。对怀孕7个月以上的女职工，不得安排其延长工作时间和夜班劳动。(3)生育期保护。女职工生育享受不少于90天的产假。(4)哺乳期保护。对有未满1周岁婴儿的女职工，应依照法律规定，在每班工作时间内安排其哺乳时间。不得安排女职工在哺乳未满1周岁的婴儿期间从事国家规定的第三级体力劳动强度的劳动和哺乳期禁忌从事的其他劳动，不得安排其延长工作时间和夜班劳动。

未成年工劳动特殊保护，是指根据未成年工生长发育的特点和对其进行义务教育的需要，对其在劳动过程中的健康所采取的特殊保护。未成年工是指年满16周岁未满18周岁的劳动者。对未成年工劳动特殊保护的措施主要有：(1)上岗前培训。未成年工上岗前，用人单位应对其进行有关的职业安全卫生教育、培训。(2)限制工作时间。国家规定未成年工实行缩短工作时间的措施。(3)禁止安排有害健康的工作。用人单位不得安排未成年工从事矿山井下、有毒有害、国家规定的第四级体力劳动强度的劳动和其他禁忌从事的劳动。(4)定期进行健康检查。用人单位应当对未成年工定期进行健康检查。

第七节　劳动争议处理和劳动监督制度

一、劳动争议处理制度

(一)劳动争议的概念及范围

劳动争议，是指劳动法律关系当事人关于劳动权利、义务的争执。

劳动者与用人单位之间发生的下列纠纷，属于劳动争议，当事人不服劳动争议仲裁机构作出的裁决，依法提起诉讼的，人民法院应予受理：(1)劳动者与用人单位在履行劳动合同过程中发生的纠纷；(2)劳动者与用人单位之间没有订立书面劳动合同，但已形成劳动关系后发生的纠纷；(3)劳动者与用人单位因劳动关系是否已经解除或者终止，以及应否支付解除或者终止劳动关系经济补偿金发生的纠纷；(4)劳动者与用人单位解除或者终止劳动关系后，请求用人单位返还其收取的劳动合同定金、保证金、抵押金、抵押物发生的纠纷，或者办理劳动者的人事档案、社会保险关系等移转手续发生的纠纷；(5)劳动者以用人单位未为其办理社会保险手续，且社会保险经办机构不能补办导致其无法享受社会保险待遇为由,要求用人单位赔偿损失发生的纠纷;(6)劳动者退休后,与尚未参加社会保险统筹的原用人单位因追索养老金、医疗费、工伤保险待遇和其他社会保险待遇而发生的纠纷;(7)劳动者因为工伤、职业病,请求用人单位依法给予工伤保险待遇发生的纠纷;(8)劳动者依据《劳动合同法》第85条规定,要求用人单位支付加付赔偿金发生的纠纷;(9)因企业自主进行改制发生的纠纷。

下列纠纷不属于劳动争议:(1)劳动者请求社会保险经办机构发放社会保险金的纠纷;(2)劳动者与用人单位因住房制度改革产生的公有住房转让纠纷;(3)劳动者对劳动能力鉴定委员会的伤残等级鉴定结论或者对职业病诊断鉴定委员会的职业病诊断鉴定结论的异议纠纷;(4)家庭或者个人与家政服务人员之间的纠纷;(5)个体工匠与帮工、学徒之间的纠纷;(6)农村承包经营户与受雇人之间的纠纷。

(二)劳动争议的解决途径

用人单位与劳动者发生劳动争议,当事人可以依法申请调解、仲裁、提起诉讼,也可以协商解决。调解原则适用于仲裁和诉讼程序。

解决劳动争议,应当根据合法、公正、及时处理的原则,依法维护劳动争议当事人的合法权益。

劳动争议发生后,当事人可以向本单位劳动争议调解委员会申请调解;调解不成,当事人一方要求仲裁的,可以向劳动争议仲裁委员会申请仲裁。当事人一方也可以直接向劳动争议仲裁委员会申请仲裁。对仲裁裁决不服的,可以向人民法院提起诉讼。

在用人单位内,可以设立劳动争议调解委员会。劳动争议调解委员会由职工代表、用人单位代表和工会代表组成。劳动争议调解委员会主任由工会代表担任。劳动争议经调解达成协议的,当事人应当履行。

劳动争议仲裁委员会由劳动行政部门代表、同级工会代表、用人单位方面的代表组成。劳动争议仲裁委员会主任由劳动行政部门代表担任。提出仲裁要求的一方应当自劳动争议发生之日起60日内向劳动争议仲裁委员会提出书面申请。仲裁裁决一般应在收到仲裁申请的60日内作出。对仲裁裁决无异议的,当事人必须履行。劳动争议当事人对仲裁裁决不服的,可以自收到仲裁裁决书之日起15日内向人民法院提起诉讼。一方当事人在法定期限内不起诉又不履行仲裁裁决的,另一方当事人可以申请人民法院强制执行。

因签订集体合同发生争议,当事人协商解决不成的,当地人民政府劳动行政部门可以组织有关各方协调处理。因履行集体合同发生争议,当事人协商解决不成的,可以向劳动争议仲裁委员会申请仲裁;对仲裁裁决不服的,可以自收到仲裁裁决书之日起15日内向人民法院提起诉讼。

二、劳动监督制度

(一)劳动监督的概念

劳动监督,是指劳动行政部门、其他有关部门、组织以及社会公众为保护劳动者合法权益,对用人单位执行劳动法的情况进行的监督。

（二）劳动监督体系

根据《劳动法》等有关规定，我国的劳动监督包括劳动行政部门的劳动监察、其他有关部门监督、工会监督以及社会监督等。

1. 劳动监察。《劳动法》规定，县级以上各级人民政府劳动行政部门依法对用人单位遵守劳动法律、法规的情况进行监督检查，对违反劳动法律、法规的行为有权制止，并责令改正。县级以上各级人民政府劳动行政部门监督检查人员执行公务，有权进入用人单位了解执行劳动法律、法规的情况，查阅必要的资料，并对劳动场所进行检查。

2. 其他有关部门监督。《劳动法》规定，县级以上各级人民政府有关部门在各自职责范围内，对用人单位遵守劳动法律、法规的情况进行监督。其他有关部门监督涉及内容较多，大致可分为两类：一是用人单位主管部门监督；二是市场、财税、审计、卫生、公安等专项执法部门的监督。

3. 工会监督。工会是企业、事业单位及机关团体职工的群众性组织。工会是职工代表大会的工作机构，代表广大职工群众的利益。同时，工会又是监督用人单位执行劳动法的重要组织。《劳动法》第 88 条第 1 款规定："各级工会依法维护劳动者的合法权益，对用人单位遵守劳动法律、法规的情况进行监督。"

4. 社会监督。《劳动法》规定，任何组织和个人对于违反劳动法律、法规的行为有权检举和控告。

复习与思考

一、名词解释

劳动合同　　无固定期限劳动合同　　劳务派遣　　集体合同

劳动保护　　劳动争议

二、简答

1. 劳动法的基本原则。
2. 无效劳动合同适用的情形。
3. 工资分配的基本原则。
4. 劳动争议的解决途径。

第十八章　社会保障法

内容导读

社会保障制度是伴随市场经济的逐步发展而建立和完善起来的。在市场条件下,社会存在形式平等而实质不平等的现象,存在弱势群体。社会保障制度旨在克服或减轻这种实质的不平等,帮助、保护社会的弱势群体,进而最大限度地实现社会的公平与公正。它在现代社会中发挥着“社会减震器”的重要作用。本章讲述社会保障法的基本原理,以及社会保险、社会救助、社会福利和社会优抚等法律制度。

第一节　社会保障法概述

一、社会保障的概念和特征

社会保障,是指为了保障社会安全和经济发展依法建立的,在公民由于年老、疾病、失业、伤残及其他灾难发生使生存陷入困难的情况下,由国家和社会给予物质上的帮助,以保障其基本生活需要的制度。社会保障包括社会保险、社会救助、社会福利和社会优抚等内容。

社会保障具有以下主要特征:

1. 强制性。社会保障是由国家以强行性法律规范予以确立和推行的制度。无论市场发生何种变化,政府、社会保障机构和企事业单位都必须向公民履行提供社会保障的法定责任,而不得以任何形式限制和取消法律赋予公民的社会保障权利。

2. 社会性。社会保障的社会性体现在两方面:其一,社会保障的对象具有普遍性,即全体社会成员均是社会保障的对象;其二,社会保障责任与义务的社会化,即通过国家、用人单位和公民个人合理分担保障责任和义务,共同筹集社会保障所需资金,形成风险共担的社会保障制度,以分散社会成员的生存风险,使人人得到保障。

3. 公益性。社会保障是造福于国民的社会公益事业,不能商业化。人人为我,我为人人,是社会保障的道德基础。社会保障基金对被保障对象不谋求财产利益。

4. 人道性。社会保障在为全体社会成员提供保障的同时,给予弱势群体特别保护,包含着人道主义精神。

5. 互济性。社会保障所遵循的基本原理是“集聚众多资金,分散危险损失”的互助共济准则。由于存在年老、疾病、失业、伤残等情况的人员在社会上分布不均,各地区和各单位承受的压力情况是不相同的。社会保障实行互济原则，集中资金在大范围内分散风险，保障劳动者在失去生活来源时能够获得物质帮助，维持基本的生活水平。

二、我国社会保障法的立法概况

社会保障法是调整社会保障关系的法律规范的总称。我国《宪法》规定公民享有劳动权、休息权和物质帮助权等权利，这是我国社会保障法的基本依据。中华人民共和国成立以后，我国逐步建立了一套与计划经济相适应的社会保障制度。党的十一届三中全会以后，随着我国经济体制改革的不断深入，我国的社会保障制度也相应地进入了改革和创新阶段。

在社会保险方面，主要立法和规范性文件如下表所示：

名称	发文机关	发布时间	修正(修订)时间	废止时间
社会保险法	全国人大常委会	2010.10.28	2018	—
军人保险法	全国人大常委会	2012.04.27	—	—
关于企业职工养老保险制度改革的决定	国务院	1991.06.26	—	—
关于当前开展农村社会养老保险工作有关事宜的通知	民政部	1991.07.15	—	—
关于职工医疗保险制度改革试点意见的通知	劳动部	1993.10.08	—	1998.08.03
关于深化企业职工养老保险制度改革的通知	国务院	1995.03.01	—	—
关于建立统一的企业职工基本养老保险制度的决定	国务院	1997.07.16	—	—
关于建立城镇职工基本医疗保险制度的决定	国务院	1998.12.14	—	—
失业保险条例	国务院	1999.01.22	—	—
社会保险费征缴暂行条例	国务院	1999.01.22	2019	—
关于建立新型农村合作医疗制度意见的通知	卫生部等	2003.01.16	—	—
工伤保险条例	国务院	2003.04.27	2010	—
关于进一步做好新型农村合作医疗试点工作指导意见	国务院办公厅	2004.01.13	—	—
关于扩大做实企业职工基本养老保险个人账户试点有关问题的通知	劳动和社会保障部、财政部	2005.11.15	—	—

续表

名称	发文机关	发布时间	修正(修订)时间	废止时间
关于完善企业职工基本养老保险制度的决定	国务院	2005.12.03	—	—
关于开展城镇居民基本医疗保险试点的指导意见	国务院	2007.07.10	—	—
关于开展新型农村社会养老保险试点的指导意见	国务院	2009.09.01	—	—
实施《中华人民共和国社会保险法》若干规定	人力资源和社会保障部	2011.06.29	—	—
关于执行《工伤保险条例》若干问题的意见	人力资源和社会保障部	2013.04.25	—	—
关于执行《工伤保险条例》若干问题的意见(二)	人力资源和社会保障部	2016.03.28	—	—
关于建立统一的城乡居民基本养老保险制度的意见	国务院	2014.02.21	—	—
关于机关事业单位工作人员养老保险制度改革的决定	国务院	2015.01.03	—	—
关于整合城乡居民基本医疗保险制度的意见	国务院	2016.01.03	—	—
生育保险和职工基本医疗保险合并实施试点方案	国务院办公厅	2017.01.19	—	—
关于建立企业职工基本养老保险基金中央调剂制度的通知	国务院	2018.05.30	—	—

在社会救助与社会优抚方面,主要立法和规范性文件如下表所示:

名称	发文机关	发布时间	修正(修订)时间	废止时间
防震减灾法	全国人大常委会	1997.12.29	2008	—
伤残抚恤管理暂行办法	民政部	1997.04.04	—	2007.08.01
国家扶贫资金管理办法	国务院办公厅	1997.07.15	—	—
关于在全国建立城市居民最低生活保障制度的通知	国务院	1997.09.02	—	2016.06.25
城市居民最低生活保障条例	国务院	1999.09.28	—	—
军人抚恤优待条例	国务院和中央军事委员会	2004.08.01	2011、2019	—
伤残抚恤管理办法	民政部	2007.07.31	2013、2019	—

续表

名称	发文机关	发布时间	修正(修订)时间	废止时间
关于在全国建立农村最低生活保障制度的通知	国务院	2007.07.11	—	—
烈士褒扬条例	国务院	2011.07.26	2019.03、2019.08	—
关于加强见义勇为人员权益保护的意见	民政部、教育部等	2012.07.19	—	—
优抚对象补助经费管理办法	财政部、民政部	2012.12.25	2019、2024	—
社会救助暂行办法	国务院	2014.02.21	2019	—
人民警察抚恤优待办法	民政部、最高人民法院等	2014.04.30	—	—
关于加快推进社会救助领域社会工作发展的意见	民政部、财政部	2015.05.04	—	—
关于做好农村最低生活保障制度与扶贫开发政策有效衔接指导意见	民政部等部门	2016.09.17	—	—

在社会福利方面，主要立法和规范性文件如下表所示：

名称	发文机关	发布时间	修正(修订)时间	废止时间
残疾人保障法	全国人大常委会	1990.12.28	2008、2018	—
未成年人保护法	全国人大常委会	1991.09.04	2006、2012、2020	—
妇女权益保障法	全国人大	1992.04.03	2005、2018、2022	—
老年人权益保障法	全国人大常委会	1996.08.29	2009、2012、2015、2018	—
社会福利基金使用管理暂行办法	财政部、民政部	1998.10.05	—	2019.11.22
社会福利机构管理暂行办法	民政部	1999.12.30	2015	2019.05.31
关于支持社会力量兴办社会福利机构的意见	民政部	2005.11.16	—	—
住房公积金管理条例	国务院	1999.04.03	2002、2019	—
城镇最低收入家庭廉租住房管理办法	建设部、财政部等	2003.12.31	—	2007.12.01
廉租住房保障办法	建设部、发展改革委等	2007.11.08	—	—
关于保障性安居工程建设和管理的指导意见	国务院办公厅	2011.09.28	—	—

续表

名称	发文机关	发布时间	修正(修订)时间	废止时间
关于公共租赁住房和廉租住房并轨运行的通知	住房和城乡建设部、财政部、国家发展和改革委员会	2013.12.02	—	—

综上所述,我国已基本形成以劳动法为基础,以社会保险法为核心,包括社会优抚法、社会救助法、社会福利法等内容,体系较为完整的社会保障法律制度体系。

三、社会保障法的基本原则

社会保障法的基本原则,是指贯穿整个社会保障法体系之中,集中体现社会保障法的精神,调整社会保障关系所应遵循的指导思想和基本准则。我国社会保障法应遵循以下原则:

(一)社会保障水平与经济社会发展水平相适应原则

社会生产力的发展水平是社会保障产生的前提,也必然制约着社会保障的总体水平。同时,社会保障水平不适度,将会阻碍社会生产力的发展。如果社会保障水平过高,政府和企业在经济上都难以承受;如果社会保障水平过低,人们的基本生活将难以保证,进而导致社会动荡和不稳定。我国《社会保险法》第 3 条规定:“社会保险制度坚持广覆盖、保基本、多层次、可持续的方针,社会保险水平应当与经济社会发展水平相适应。”

(二)普遍性和差别性相结合的原则

普遍性,是指社会保障的实施范围应包括全体社会成员,使之在生活发生困难时享有社会保障的共同权利;差别性,是指针对不同类型的社会成员制定不同的社会保障项目和标准。我国在市场经济条件下的社会保障立法,既不能忽视普遍性,也不能忽视差别性,而应当把二者结合起来。

(三)权利与义务对等原则

社会保障法律关系是一种权利与义务相对应的关系。在社会保障特别是社会保险法律关系中,国家、企业、个人都是受益者。国家通过完善社会保障制度获得社会稳定和经济发展;企业通过社会保障制度卸下了包袱,可以专心组织生产经营活动,提高经济效益;个人因社会保障制度而免去后顾之忧,一旦发生困难、面临生存危机,其就可以从国家或社会获得物资帮助。与此同时,各方都应承担相应的义务,这既可以减轻国家财政负担,又可以增强劳动者的责任感和互助精神。当然,社会保障法坚持权利与义务对等原则,并不否定对特殊主体的社会保障。比如对无劳动能力的人,不能要求他们履行特定义务,对这些人的救助是国家和社会的责任。

第二节　社会保险法律制度

一、社会保险的概念和特征

社会保险，是指劳动者出于生育、年老、疾病、伤残、死亡等原因暂时或永久丧失劳动能力，以及失业时，从国家和社会获得物质帮助和补偿的一种社会保障制度。社会保险的主要特征如下：

1. 社会保险具有强制性。社会保险是国家以立法形式强制推行的社会保障项目。在法定范围内，每一个劳动者都必须参加社会保险；劳动者及其家属享受社会保险的权利也是法律赋予的。

2. 社会保险具有公益性和福利性。社会保险是非营利性质的，它主要以社会效益为目的，目标在于预防社会风险。

3. 社会保险具有社会共济互助性。社会保险建立在互保互济基础上，劳动者必须先尽劳动和缴费的义务，才能获得享受保险补偿的权利。当然，一旦发生保险风险，具备资格的社会成员都可以得到保障基本生活需要的物质补偿。社会保险基金来源于国家、用人单位和个人三方筹资，且用人单位和国家交费占大部分。这既体现了国家和社会对劳动者提供基本生活保障的责任，又体现了劳动者个人的自我保障。

4. 社会保险具有普遍性。社会保险的对象是法定范围内的全体劳动者，其化解社会风险的理论依据是保险业遵循的大数法则。

社会保险与商业保险在法律性质、保险对象、权利义务关系、给付标准等方面均有明显的差别。

二、社会保险的具体制度

目前，我国社会保险制度主要由基本养老保险制度、基本医疗保险制度、工伤保险制度、失业保险制度、生育保险制度等构成。

（一）基本养老保险制度

基本养老保险制度，是指缴费达到法定期限且达到法定退休年龄后，国家和社会提供物质帮助以确保因年老而退出劳动领域者稳定、可靠的生活来源的社会保障制度。根据《社会保险法》的规定，基本养老保险制度由职工基本养老保险、新型农村社会养老保险、城镇居民社会养老保险三项制度组成。2014 年 2 月 21 日，国务院发布《关于建立统一的城乡居民基本养老保险制度的意见》，决定将新型农村社会养老保险和城镇居民社会养老保险两项制度合并实施，在全国范围内建立统一的城乡居民基本养老保险制度。

关于职工基本养老保险，根据《社会保险法》的规定，职工应当参加基本养老保险，由用人单位和职工共同缴纳基本养老保险费。无雇工的个体工商户、未在用人单位参加基本养老保险的非全日制从业人员以及其他灵活就业人员可以参加基本养老保险,由个人缴纳基本养老保险费。公务员和参照公务员法管理的工作人员养老保险的办法由国务院规定。基本养老保险实行社会统筹与个人账户相结合。基本养老保险基金由用人单位和个人缴费以及政府补贴等组成。基本养老金由统筹养老金和个人账户养老金组成。参加基本养老保险的个人,达到法定退休年龄时累计缴费满15年的,按月领取基本养老金。参加基本养老保险的个人,达到法定退休年龄时累计缴费不足15年的,可以缴费至满15年,按月领取基本养老金;也可以转入城乡居民基本养老保险制度,按照国务院规定享受相应的养老保险待遇。

(二)基本医疗保险制度

基本医疗保险制度,是指按照国家规定缴纳一定比例的医疗保险费,在参保人因患病和意外伤害而就医诊疗时,由医疗保险基金支付其一定医疗费用的社会保险制度。根据《社会保险法》的规定,基本医疗保险制度由职工基本医疗保险、新型农村合作医疗、城镇居民基本医疗保险三项制度组成。2016年1月3日国务院发布的《关于整合城乡居民基本医疗保险制度的意见》中明确提出,"推进城镇居民医保和新农合制度整合,逐步在全国范围内建立起统一的城乡居民医保制度"。2019年全国范围内统一的城乡居民医保制度全面启动实施。

关于职工基本医疗保险,根据《社会保险法》的规定,职工应当参加职工基本医疗保险,由用人单位和职工按照国家规定共同缴纳基本医疗保险费。无雇工的个体工商户、未在用人单位参加职工基本医疗保险的非全日制从业人员以及其他灵活就业人员可以参加职工基本医疗保险,由个人按照国家规定缴纳基本医疗保险费。

(三)工伤保险制度

工伤保险制度,是指由用人单位缴纳工伤保险费,对劳动者出于工作原因遭受意外伤害或者患职业病,造成死亡、暂时或者永久丧失劳动能力等后果时,给予职工及相关人员工伤保险待遇的一项社会保险制度。根据现行规定,工伤保险制度的内容主要有:

1. 工伤保险费的负担。职工应当参加工伤保险,由用人单位缴纳工伤保险费,职工不缴纳工伤保险费。

2. 工伤补偿原则。工伤保险实行无过失补偿原则,即在劳动过程中发生的职业伤害,无论用人单位有无过错,受害者均应得到必要的补偿。

3. 工伤的认定。工伤的认定,由劳动保障行政部门负责。职工有下列情形之一的,应当认定为工伤:(1)在工作时间和工作场所内,因工作原因受到事故伤害的;(2)工作时间前后在工作场所内,从事与工作有关的预备性或者收尾性工作受到事故伤害的;(3)在工作时间和工作场所内,因履行工作职责受到暴力等意外伤害的;(4)患职业病的;(5)因公外出期间,由于工作原因受到伤害或者发生事故下落不明的;(6)在上下班途中,受到非本人主要责任的交通事故或者城市轨道交通、客运轮渡、火车事故伤害的;(7)法律、行政法规规定应当认定为工伤的其他情形。

职工有下列情形之一的，视同工伤：(1)在工作时间和工作岗位，突发疾病死亡或者在48小时之内经抢救无效死亡的；(2)在抢险救灾等维护国家利益、公共利益活动中受到伤害的；(3)职工原在军队服役，因战、因公负伤致残，已取得革命伤残军人证，到用人单位后旧伤复发的。

职工因下列情形之一导致本人在工作中伤亡的，不认定为工伤：(1)故意犯罪；(2)醉酒或者吸毒；(3)自残或者自杀；(4)法律、行政法规规定的其他情形。

4. 工伤保险待遇。因工伤发生的下列费用，按照国家规定从工伤保险基金中支付：(1)治疗工伤的医疗费用和康复费用；(2)住院伙食补助费；(3)到统筹地区以外就医的交通食宿费；(4)安装配置伤残辅助器具所需费用；(5)生活不能自理的，经劳动能力鉴定委员会确认的生活护理费；(6)一次性伤残补助金和一至四级伤残职工按月领取的伤残津贴；(7)终止或者解除劳动合同时，应当享受的一次性医疗补助金；(8)因工死亡的，其遗属领取的丧葬补助金、供养亲属抚恤金和因工死亡补助金；(9)劳动能力鉴定费。

因工伤发生的下列费用，按照国家规定由用人单位支付：(1)治疗工伤期间的工资福利；(2)五级、六级伤残职工按月领取的伤残津贴；(3)终止或者解除劳动合同时，应当享受的一次性伤残就业补助金。

(四)失业保险制度

失业保险制度，是指国家为因失业而暂时失去工资收入的社会成员提供物质帮助，以保障失业人员的基本生活，维持劳动力的再生产，为失业人员重新就业创造条件的一项社会保险制度。现行《失业保险条例》对失业保险的覆盖范围、资金来源、享受失业保险待遇的条件、领取失业保险金的条件和程序、失业人员医疗补助金和遗属待遇、失业保险关系转移等作了规定。

(五)生育保险制度

生育保险制度，是指由用人单位缴纳保险费，其职工按照国家规定享受生育保险待遇的一项社会保险制度。现阶段，我国生育保险费由用人单位全额负担，职工不缴纳生育保险费。用人单位已经缴纳生育保险费的，其职工享受生育保险待遇；职工未就业配偶按照国家规定享受生育医疗费用待遇。所需资金从生育保险基金中支付。生育保险待遇包括生育医疗费用和生育津贴。

第三节　社会救助法律制度

一、社会救助的概念和特征

社会救助，又称社会救济，是指国家和社会对出于各种原因陷入生存困境的公民，给予财物接济和生活扶助，以保障其最低生活标准的制度。

社会救助具有以下主要特征:

1. 社会救助的对象具有选择性和动态性。扶贫济困是社会救助的目标,只有缺乏劳动能力又没有生活来源的孤、老、幼、残人士和疾病患者,或者因遭遇重大灾害陷入生存困境的人才可成为社会救助的对象,能正常生活的公民不能成为社会救助的对象。同时,在不同时期,社会救助对象的范围是变动的,原享受救助的公民一旦解困就不再成为救助对象。

2. 社会救助的期限性和形式多样性。除小部分长期救助对象外,大部分社会救助对象是突然遭遇困境,因而对他们的帮助也是临时性的。一旦救助对象摆脱困境,其基本生活有了保障,社会救助就不再对之继续。此外,社会救助的形式多种多样。按救助时间长短,可分为临时性救助和定期性救助;按救助方式,可分为资金救助和实物救助;从救助提供者看,可以分为官方救助和民间救助。

3. 社会救助保障标准具有低层次性和地域差别性。国家和社会向救助对象提供满足其最低生活需求的物质、资金资助,以帮助救助对象维持最基本的物质生活。此外,在不同地区,由于社会经济发展水平不同,维持最低生活需要的标准也不同,社会救助的标准当然不一样。

4. 社会救助权利义务具有单向性。在社会救助法律关系中,公民只是享受救助的权利主体,国家和社会只是提供救助的义务主体。也就是说,公民只要符合社会救助的条件就有权申请和得到救助而无须承担与此对应的义务;国家和社会对符合社会救助条件的公民必须提供救助而不要求受救助者事先或事后作某种给付。

二、社会救助的具体制度

(一)最低生活保障制度

最低生活保障,是指对家庭人均收入低于当地政府公告的最低生活标准的人口,由国家给予一定现金资助,以保证该家庭成员基本生活所需的社会救助。我国自1993年上海市率先实施最低生活保障制度,至1996年在全国范围内铺开。1999年国务院颁布了《城市居民最低生活保障条例》,使最低生活保障走上了统一规范之路。

最低生活保障制度主要是一种临时性的日常生活费用补贴。由于无收入或收入极少,部分人口缺乏购置日常必需生活用品的经济能力。为此,政府定期向他们发放适当现金,以保证这部分人口日常生活。如果受保障者家庭收入增加超过了最低生活保障线标准,则不再享受最低生活保障。

(二)灾害救助制度

灾害救助制度,是指国家和社会对因自然灾害而陷入生存危机的公民进行抢救和援助,以维持其最低生活水平并使其脱离灾难和危险的社会救助制度。

灾害具有突然发生、损害面广、损失量大等特点,会造成受害人重大财产损失甚至人身伤亡,而受害人的抵御力量有限。因此,国家和社会需要给予直接具体的援助,对遭受自然灾害、社会灾害的人口紧急提供物质、人力救助。救灾的形式,应当是生活救济与生产扶助相结合、有偿救助和无偿救助相结合,力争在维持灾民最低生活需要的同时,增强灾区和灾民的抗灾能力。

（三）法律援助制度

法律援助制度，是指对因经济困难无力承担诉讼费或者法律服务费用的公民，由司法机关给予诉讼费减免，或者由政府指定专业法律人员提供减费或免费法律服务，以保证其诉讼权利实现的救助制度。

法律援助是国家实施的援助行为，接受法律援助的只能是公民个人。法律援助的方法是减免费用，援助范围仅限于诉讼。只有在公民遇到法律纠纷，需要通过诉讼方式维护自身合法权益，又缺乏必要金钱支付相关费用时，才可以请求法律援助。

（四）贫困地区扶助制度

贫困地区扶助制度，是指国家有计划地帮助贫困地区脱贫致富的社会救助制度。

扶贫的方式有救济式和开发式两种。救济式扶贫是指从生活上供给贫困人口钱物，以帮助其维持基本生活。开发式扶贫是指帮助贫困地区发展当地经济、文化教育、医疗等事业，使贫困人口逐步从根本上摆脱贫困。扶贫所需资金主要来自国家财政预算拨款、地方自筹资金，部分来自社会各界的捐助和国际社会援助。

第四节　社会福利法律制度

一、社会福利的概念和特征

广义的社会福利泛指国家和社会对全体社会成员在生命过程中所需要的生活、卫生、环境、住房、教育、就业等方面提供的全面的公共服务。狭义的社会福利是指为解决已经出现的社会问题及减少社会病态和预防社会问题恶化所采取和发展的社会保险和社会救助事业。

社会福利有下列特征：

1. 社会福利的保障水平处于较高层次。社会福利的保障目标，不是为了济贫，不是为了维持公民的最低生活水平、基本生活水平或一般生活水平，而是通过提供物质帮助使公民的生活质量不断得到改善和提高。

2. 社会福利的权利与义务不对等。国家和社会向公民提供社会福利待遇，一般无须公民对国家和社会履行相应义务或做出相应贡献。

3. 社会福利对象的普惠性。社会福利在一定范围内人人有份，社会成员在获得社会福利待遇前，无须提供家庭经济状况资料。这是社会福利与社会救助相区别的最显著特征。

4. 社会福利待遇标准一致性。社会福利待遇在一定范围内按一致的标准进行分配，而不考虑享受福利者之间的贫富差别和贡献大小。至于对残疾人、老年人和未成年人等特殊人群提供专门的福利，并不代表福利的增加，而是对其出于某些社会原因而丧失的福利或未享有部分给予补偿,即国家和社会对这些特殊对象给予特殊照顾和保护,使他们能与全体社会成员一样平等享受社会文明成果,平等地参与社会生活。

二、社会福利的具体制度

(一)公共福利制度

公共福利,是指国家和社会为满足全体社会成员的物质和精神生活基本需要兴办的公益性设施和提供的相关服务。公共福利的内容十分广泛,涉及住房、卫生、教育、文娱等居民生活各个方面。

1. 住房福利制度

(1)住房公积金制度。住房公积金,是指国家机关、国有企业、城镇集体企业、外商投资企业、城镇私营企业及其他城镇企业、事业单位、民办非企业单位、社会团体(以下统称单位)及其在职职工缴存的长期住房储金。

根据《住房公积金管理条例》的规定,住房公积金管理条例单位录用职工的,应当自录用之日起30日内向住房公积金管理中心办理缴存登记,并办理职工住房公积金账户的设立或者转移手续。单位与职工终止劳动关系的,单位应当自劳动关系终止之日起30日内向住房公积金管理中心办理变更登记,并办理职工住房公积金账户转移或者封存手续。单位应当按时、足额缴存住房公积金,不得逾期缴存或者少缴。对缴存住房公积金确有困难的单位,经本单位职工代表大会或者工会讨论通过,并经住房公积金管理中心审核,报住房公积金管理委员会批准后,可以降低缴存比例或者缓缴;待单位经济效益好转后,再提高缴存比例或者补缴缓缴。

职工个人缴存的住房公积金和职工所在单位为职工缴存的住房公积金,属于职工个人所有。住房公积金应当用于职工购买、建造、翻建、大修自住住房,任何单位和个人不得挪作他用。住房公积金的存、贷利率由中国人民银行提出,经征求国务院建设行政主管部门的意见后,报国务院批准。

(2)保障性住房制度。保障性住房,是指为了基本解决中等偏下和低收入家庭住房困难问题而建设或供应的经济适用住房、限价商品住房、廉租房、公共租赁住房等。根据住房和城乡建设部、财政部、国家发展和改革委员会联合印发的《关于公共租赁住房和廉租住房并轨运行的通知》,自2014年起,各地廉租住房(含购改租等方式筹集)建设计划调整并入公共租赁住房年度建设计划。廉租住房并入公共租赁住房后,地方政府原用于廉租住房建设的资金来源渠道,调整用于公共租赁住房(含2014年以前在建廉租住房)建设。原用于租赁补贴的资金,继续用于补贴在市场租赁住房的低收入住房保障对象。

(3)住房补贴制度。住房补贴,是指在停止原住房福利性实物分配以后,为解决职工住房问题而给予的补贴资助。住房补贴的发放分为一次性补贴、基本补贴加一次补贴、按月补贴三种形式。

2. 卫生福利制度

卫生福利,是指国家和社会以保障公民身体健康为目的所提供的以医疗和保健为内容的公共福利。卫生福利的主要内容是保健福利,即初级卫生保健。初级卫生保健是国家卫生系统和社会福利机构向全社会提供的具有增进性、预防性、治疗性和综合性的促进人人健康的服务，其中包括增进必要的营养和供应充足的安全饮用水、提供清洁的卫生环境、开展妇幼保健和计划生育、主要传染病的预防接种、地方病的防治、普及健康教育、提供基本药物等内容。

3. 教育福利制度

教育福利，是指国家和社会以提高国民素质为目的所提供的以兴办和扶持教育、实现全体公民的受教育权利为内容的公共福利。

九年义务教育制度是我国教育福利的主要内容。国家有义务为学龄儿童和少年提供受教育的一切便利条件，保障每一位儿童和少年无论民族、性别，都拥有平等受教育的机会。同时，国家还采取减免学杂费，设立助学金、贷学金、奖学金等措施保证国民义务教育的落实。

4. 文化康乐福利制度

文化康乐福利，指国家和社会为满足人们文化康乐需要兴办的具有福利性质的文体活动设施和提供的服务。我国的文化康乐福利主要有公园、图书馆、博物馆、群众艺术馆及其他群众性体育运动设施。

（二）特殊群体福利制度

1. 未成年人福利制度

未成年人，是指未满 18 周岁的公民。确立未成年人福利制度的目的在于保护未成年人的身心健康，保障未成年人合法权益，促进未成年人在品德、智力、体质等方面全面发展。国家保障未成年人的生存权、发展权、受保护权、参与权等权利。县级以上人民政府应当将未成年人保护工作纳入国民经济和社会发展规划，相关经费纳入本级政府预算。各级人民政府及其有关部门对困境未成年人实施分类保障，采取措施满足其生活、教育、安全、医疗康复、住房等方面的基本需要。县级以上人民政府及其民政部门应当根据需要设立未成年人救助保护机构、儿童福利机构，负责收留、抚养由民政部门监护的未成年人。

2. 妇女福利制度

妇女福利，指国家和社会为保障妇女的特殊需要和特殊利益而提供的照顾和服务。妇女在政治的、经济的、文化的、社会的和家庭的生活等各方面享有同男子平等的权利。国家采取必要措施，促进男女平等，消除对妇女一切形式的歧视，禁止排斥、限制妇女依法享有和行使各项权益。国家保护妇女依法享有的特殊权益。国家发展社会保障事业，保障妇女享有社会保险、社会救助和社会福利等权益。国家实行生育保险制度，建立健全婴幼儿托育服务等与生育相关的其他保障制度。国家建立健全职工生育休假制度，保障孕产期女职工依法享有休息休假权益。地方各级人民政府和有关部门应当按照国家有关规定，为符合条件的困难妇女提供必要的生育救助。各级人民政府和有关部门应当采取必要措施，加强贫困妇女、老龄妇女、残疾妇女等困难妇女的权益保障，按照有关规定为其提供生活帮扶、就业创业支持等关爱服务。

3. 老年人福利制度

老年人，是指年满 60 周岁以上的公民。国家建立多层次的社会保障体系，逐步提高对老年人的保障水平。国家建立和完善以居家为基础、社区为依托、机构为支撑的社会养老服务体系。国家通过基本养老保险制度,保障老年人的基本生活。国家通过基本医疗保险制度,保障老年人的基本医疗需要。享受最低生活保障的老年人和符合条件的低收入家庭中的老年人参加新型农村合作医疗和城镇居民基本医疗保险所需个人缴费部分,由政府给予补贴。国家逐步开展长期护理保障工作,保障老年人的护理需求。对生活长期不能自理、经济困难的老年人,地方各级人民政府应当根据其失能程度等情况给予护理补贴。国家对经济困难的老年人给予基本生活、医疗、居住或者其他救助。老年人无劳动能力、无生活来源、无赡养人和扶养人,或者其赡养人和扶养人确无赡养能力或者扶养能力的,由地方各级人民政府依照有关规定给予供养或者救助。对流浪乞讨、遭受遗弃等生活无着的老年人,由地方各级人民政府依照有关规定给予救助。地方各级人民政府在实施廉租住房、公共租赁住房等住房保障制度或者进行危旧房屋改造时,应当优先照顾符合条件的老年人。国家建立和完善老年人福利制度,根据经济社会发展水平和老年人的实际需要,增加老年人的社会福利。国家鼓励地方建立80周岁以上低收入老年人高龄津贴制度。国家建立和完善计划生育家庭老年人扶助制度。农村可以将未承包的集体所有的部分土地、山林、水面、滩涂等作为养老基地,收益供老年人养老。老年人依法享有的养老金、医疗待遇和其他待遇应当得到保障,有关机构必须按时足额支付,不得克扣、拖欠或者挪用。国家根据经济发展以及职工平均工资增长、物价上涨等情况,适时提高养老保障水平。国家鼓励慈善组织以及其他组织和个人为老年人提供物质帮助。

4. 残障人福利制度

残疾人,是指在心理、生理、人体结构上,某种组织、功能丧失或者不正常,全部或者部分丧失以正常方式从事某种活动能力的人,包括视力残疾、听力残疾、言语残疾、肢体残疾、智力残疾、精神残疾、多重残疾和其他残疾的人。残疾人在政治、经济、文化、社会和家庭生活等方面享有同其他公民平等的权利。国家采取辅助方法和扶持措施,对残疾人给予特别扶助,减轻或者消除残疾影响和外界障碍,保障残疾人权利的实现。县级以上人民政府应当将残疾人事业纳入国民经济和社会发展规划,加强领导,综合协调,并将残疾人事业经费列入财政预算,建立稳定的经费保障机制。国家保障残疾人享有各项社会保障的权利。政府和社会采取措施,完善对残疾人的社会保障,保障和改善残疾人的生活。

(三)职业福利制度

职业福利,又称职工福利或劳动福利,是指用人单位和有关社会服务机构为满足劳动者生活的共同需要和特殊需要,在工资和社会保险之外向职工及其亲属提供一定货币、实物、服务等形式的物质帮助。

职业福利与其他社会福利项目相比,具有明显特征。第一,职业福利以业缘关系为标志,凡本行业、本单位就业职工均能享受,某些项目职工家属也可享受。第二,职业福利一般普遍向职工提供,但对允许有些项目按服务时间长短或贡献大小享受差别待遇。第三,职业福利具有明显功利性。职业福利的直接目的,在于提高职工一定的生活水平并提高生活质量;而对雇主和企业而言,在于保证职工的向心力、凝聚力,培养职工的归属感和群体意识，留住和吸引高质量的劳动力为本行业、本企业服务。第四，职业福利的水平取决于企业的经济效益，也受企业所有者、经营者观念的左右。

职业福利的主要内容：(1)职工个人福利补贴。它是指由职工福利基金或其他有关经费中开支的，主要以货币形式构成的职工个人收入。根据现行立法规定，职工个人福利主要有职工探亲补贴、职工上下班交通费补贴、生活消费品价格补贴、独生子女补贴、婚丧假工资、年休假工资、职工互助互济金等项目。(2)职工集体福利。它是指用人单位兴办或者通过社会服务机构创办的供职工集体享用的福利性设施和服务，包括职工食堂、职工宿舍、浴室、理发室、休息室、哺乳室等生活设施，托儿所、幼儿园、文化室、俱乐部、职工图书馆等文化教育设施，以及运动场、泳池、健身房等康乐设施。

第五节　社会优抚法律制度

一、社会优抚的概念和特征

社会优抚，是指国家和社会对有特殊贡献者及其家属提供褒扬和优惠性质的物质帮助，以保障其生活不低于当地一般生活水平的制度。

社会优抚的主要特征有：

1. 社会优抚对象的特定性。社会优抚对象是法定的特殊群体，即有特殊贡献者及其家属。

2. 社会优抚内容的优待性。社会优抚的主要宗旨就是保障抚恤优待对象的生活不低于当地的平均生活水平。

二、社会优抚的具体制度

(一)社会优抚对象

根据现行《军人抚恤优待条例》的规定，中国人民解放军现役军人(以下简称现役军人)、服现役或者退出现役的残疾军人以及复员军人、退伍军人、烈士遗属、因公牺牲军人遗属、病故军人遗属、现役军人家属。该条例适用于中国人民武装警察部队。军队离休、退休干部和退休士官的抚恤优待，依照该条例有关现役军人抚恤优待的规定执行。因参战伤亡的民兵、民工的抚恤，因参加军事演习、军事训练和执行军事勤务伤亡的预备役人员、民兵、民工以及其他人员的抚恤，参照该条例的有关规定办理。

根据现行《优抚对象补助经费管理办法》的规定，优抚对象等人员是指按规定享受抚恤金和生活补助的残疾军人(含伤残人民警察、伤残预备役人员和民兵、其他因公伤残人员)、“三属”(烈士遗属、因公牺牲军人遗属和病故军人遗属)、在乡退伍红军老战士(含红军失散人员)、在乡复员军人、带病回乡退役军人、参战参试退役军人(含直接参与铀矿开采退役军人)、烈士老年子女(含中华人民共和国成立前错杀后被平反人员的子女)、农村籍退役士兵、中华人民共和国成立前加入中国共产党的农村老党员和未享受离退休待遇的城镇老党员等人员。

此外,根据民政部、教育部等七部门印发的《关于加强见义勇为人员权益保护的意见》,对见义勇为死亡人员,凡符合烈士评定条件的,依法评定为烈士,其家属按照《烈士褒扬条例》享受相关待遇。不符合烈士评定条件,属于因公牺牲情形的,按照《军人抚恤优待条例》有关规定予以抚恤;国家对公民在法定职责、法定义务之外,为保护国家利益、社会公共利益和他人的人身、财产安全挺身而出的见义勇为行为,依法予以保护,对见义勇为人员的合法权益,依法予以保障,对见义勇为人员及其家庭的生活困难给予必要帮扶。

(二)社会优抚管理机构与职责

根据现行《军人抚恤优待条例》的规定,国务院退役军人事务部门主管全国的军人抚恤优待工作;县级以上地方人民政府退役军人事务部门主管本行政区域内的军人抚恤优待工作。国家机关、社会团体、企业事业单位应当依法履行各自的军人抚恤优待责任和义务。

根据现行《优抚对象补助经费管理办法》的规定,各级财政、退役军人事务部门和兵役机关及其工作人员负责优抚对象补助经费的分配、审核、使用、管理等工作。

(三)社会优抚资金的来源、管理与使用

根据现行《军人抚恤优待条例》的规定,军人抚恤优待所需经费由国务院和地方各级人民政府分级负担。中央和地方财政安排的军人抚恤优待经费,专款专用,并接受财政、审计部门的监督。国家鼓励社会组织和个人对军人抚恤优待事业提供捐助。

根据现行《优抚对象补助经费管理办法》的规定,中央财政每年根据各省(自治区、直辖市,以下简称省)当年各类优抚对象群体人数和规定补助标准安排优抚对象抚恤和生活补助中央财政补助资金。各地可统筹使用中央财政补助资金和地方财政安排的补助资金用于发放优抚对象定期抚恤金和生活补助,以及国家按规定向优抚对象发放的一次性生活补助等。中央财政每年根据各省当年和上年度义务兵批准入伍人数以及规定补助标准安排义务兵家庭优待金中央财政补助资金。各地可统筹使用中央财政补助资金和地方财政安排的补助资金用于义务兵服现役期间对其家庭发放的优待金。

复习与思考

一、名词解释

社会保障　　社会保险　　社会救助　　社会福利　　社会优抚

工伤保险

二、简答

1. 社会保障的特征。
2. 社会保障法的基本原则。
3. 社会保险与商业保险的区别。
4. 我国社会保险制度的内容。